中华水文化专题丛书

水与水工程文化

◎ 董文虎 刘冠美 编著

中国水利水电出版社
www.waterpub.com.cn

内 容 提 要

本书是一部以探讨"如何建设高品位水工程文化"为中心议题，研究"水与水工程文化"这一人类文化现象的著作。书中介绍了建设高品位水工程文化的相关理论、途径和措施。其中，重点是从决策、规划、设计、施工、管理等方面介绍典型水工程提升水工程文化内涵与品位的途径和实施方法。同时，通过对历史和现代典型水工程文化的发掘、开发、保护、利用、传播等过程的解析，提出了鉴赏和利用水工程文化的有关措施和方法。在此基础上，对建设水工程文化的过程及其发展规律进行了初步探索；旨在使高品位的水工程文化更好地满足人民群众日益提高的精神文化需求。

图书在版编目（ＣＩＰ）数据

水与水工程文化 / 董文虎，刘冠美编著. -- 北京：中国水利水电出版社，2015.4
（中华水文化专题丛书）
ISBN 978-7-5170-3157-4

Ⅰ. ①水… Ⅱ. ①董… ②刘… Ⅲ. ①水－文化－中国 Ⅳ. ①K928.4

中国版本图书馆CIP数据核字(2015)第095743号

书　名	中华水文化专题丛书 水与水工程文化
作　者	董文虎　刘冠美　编著
出版发行	中国水利水电出版社 （北京市海淀区玉渊潭南路1号D座　100038） 网址：www.waterpub.com.cn E-mail: sales@waterpub.com.cn 电话：（010）68367658（发行部）
经　售	北京科水图书销售中心（零售） 电话：（010）88383994、63202643、68545874 全国各地新华书店和相关出版物销售网点
书籍设计	李菲
排　版	中国水利水电出版社微机排版中心
印　刷	北京嘉恒彩色印刷有限责任公司
规　格	170mm×230mm　16开本　24印张　452千字
版　次	2015年4月第1版　2015年4月第1次印刷
印　数	0001—3000册
定　价	49.00元

凡购买我社图书，如有缺页、倒页、脱页的，本社发行部负责调换
版权所有·侵权必究

《中华水文化书系》编纂工作领导小组

顾　问： 张印忠　中国职工思想政治工作研究会会长
　　　　　　　　　中华水文化专家委员会主任委员
组　长： 周学文　水利部党组成员、总规划师
成　员： 陈茂山　水利部办公厅巡视员
　　　　　孙高振　水利部人事司副司长
　　　　　刘学钊　水利部直属机关党委常务副书记
　　　　　　　　　水利部精神文明建设指导委员会办公室主任
　　　　　袁建军　水利部精神文明建设指导委员会办公室副主任
　　　　　陈梦晖　水利部新闻宣传中心副主任
　　　　　曹志祥　教育部基础教育课程教材发展中心副主任
　　　　　汤鑫华　中国水利水电出版社社长兼党委书记
　　　　　朱海风　华北水利水电大学党委书记
　　　　　王　凯　南京市水利局巡视员
　　　　　张　焱　中国水利报社副社长
　　　　　王　星　中华水文化专家委员会副主任委员
　　　　　王经国　中华水文化专家委员会副主任委员
　　　　　靳怀堎　水利部海委漳卫南运河管理局副局长
　　　　　　　　　中华水文化专家委员会副主任委员
　　　　　符宁平　浙江水利水电学院党委书记

领导小组下设办公室
主　任： 胡昌支
成　员： 李　亮　淡智慧　周　媛　杨　薇　李晔韬　王艳燕　刘佳宜

《中华水文化书系》包括以下丛书：
《水文化教育读本丛书》
《图说中华水文化丛书》
《中华水文化专题丛书》

《中华水文化专题丛书》编委会

主　任　李中锋
副主任　周　媛
委　员（按姓氏笔画排序）
王国永　王瑞平　毛佩琦　史月梅　史鸿文　白音包力皋　朱海风　伍海平　刘少华　刘　军
刘树坤　刘冠美　邱艳艳　张宇明　张艳斌　张朝霞　陈文学　相玉梅　侯全亮　饶明奇
董文虎　靳怀堾　翟志强　魏天辉

丛书主编　李宗新

《水与水工程文化》编写人员
董文虎　刘冠美　编著
李宗新　主审

责任编辑：刘佳宜
美术编辑：李　菲

丛书各分册编写人员
《水与治国理政》：毛佩琦　刘少华　魏天辉　翟志强　著／靳怀堾　主审
《中外水文化比较》：刘冠美　编著／李宗新　主审
《水与水工程文化》：董文虎　刘冠美　编著／李宗新　主审
《水与文学艺术》：朱海风　史月梅　张艳斌　著／舒　怀　主审
《水与生态环境》：刘树坤　白音包力皋　陈文学　编著／王晓松　主审
《水与民风习俗》：王瑞平　史鸿文　邱艳艳　编著／王培君　主审
《水与流域文化》：刘　军　侯全亮　靳怀堾　伍海平　张宇明　相玉梅　编著／李宗新　主审
《水与哲学思想》：李中锋　张朝霞　著／朱海风　主审
《水与制度文化》：饶明奇　王国永　著／尉天骄　主审

弘扬先进水文化
推进治水兴水千秋伟业
——《中华水文化书系》总序

水是人类文明的源泉。我国是一个具有悠久治水传统的国家,在长期实践中,中华民族创造了巨大的物质和精神财富,形成了独特而丰富的水文化。这是中华文化和民族精神的重要组成,也是引领和推动水利事业发展的重要力量。面对当前波澜壮阔的水利改革发展实践,积极顺应时代发展要求和人民群众期盼,大力推进水文化建设,努力创造无愧于时代的先进水文化,既是一项紧迫工作,也是一项长期任务。

水利部党组高度重视水文化建设,近年来坚持从水利工作全局出发谋划水文化发展战略,着力把水文化建设与水利建设紧密结合起来,与培育发展水利行业文化紧密结合起来,与群众性宣传教育活动紧密结合起来,明确发展重点、搭建有效平台、突出行业特色,有力发挥了水文化对水利改革发展的支撑和保障作用。特别是2011年水利部出台《水文化建设规划纲要(2011—2020年)》,明确了新时期水文化建设的指导思想、基本原则和目标任务,勾画了进一步推动水文化繁荣发展的宏伟蓝图。

水文化建设是一项社会系统工程,落实好规划纲要各项部署要求,必须统筹协调各方力量,充分发挥各方优势,广泛汇聚各方智慧,形成共谋文化发展、共建文化兴水的强大合力。为抓紧落实规划纲要明确的编纂水文化丛书、开展水文化教育等任务,中国水利水电出版社在深入调研论证基础上,于2012年组织策划"中华水文化书系"大型图书出版选题,并获得了财政部资助。为推动项目顺利实施,水利部专门成立《中华水文化书系》编纂工作领导小组,启动了编纂工作。在编纂工作领导小组的组织领导下,在各有关部门和单位的鼎力支持下,在所有参与编纂人员的共同努力下,经过历时一年的艰辛付出,《中华水文化书系》终于编纂完成并即将付梓。

《中华水文化书系》包括《水文化教育读本丛书》《图说中华水文化丛书》《中华水文化专题丛书》三套丛书及相应的数字化产品,总计有26个分册,约720万字。《水文化教育读本丛书》分别面向小学、中学、大学、研究生和水利职工及社会大众等不同层面读者群,《图说中华水文化丛书》采用图文并茂形式对水文化知识进行了全面梳理,《中华水文化专题丛书》从理论层面分专题对传统水文化进行了深刻解读。三套丛书既有思想性、理论性、学术性,又兼顾了基础性、普及性、可读性,各自特色鲜明又在内容上相互补充,共同构成了较为系统的水文化理论研究体系、涵盖大中小学的水文化教材体系和普及社会公众的水文化知识传播体系。《中华水文化书系》作为水利部牵头组织实施的一项大型图书出版项目,是动员社会各界人士总结梳理、开发利用中华水文化成果的一次有益尝试,是水文化领域一项具有开创意义的基础性战略性工程。它的出版问世是水文化建设结出的丰硕成果,必将有力推动水文化教育走进学校课堂、水文化传播深入社会大众、水文化研究迈向更高层次,对促进水文化发展繁荣具有十分重要的意义。

文化是民族的血脉和灵魂。习近平总书记明确指出:"一个国家、一个民族的强盛,总是以文化兴盛为支撑的,中华民族伟大复兴需要以中华文化发展繁荣为条件。"水文化建设是社会主义文化建设的重要组成部分,大力加强水文化建设,关系社会主义文化大发展大繁荣,关系治水兴水千秋伟业。我们要以《中华水文化书系》出版为契机,紧紧围绕建设社会主义文化强国、推动水利改革发展新跨越,认真践行"节水优先、空间均衡、系统治理、两手发力"新时期水利工作方针,不断加大水文化研究发掘和传播普及力度,继承弘扬优秀传统水文化,创新发展现代特色水文化,努力推出更多高质量、高品位、高水平的水文化产品,充分发挥先进水文化的教育启迪和激励凝聚功能,进一步深化和汇集全社会治水兴水共识,奋力谱写水利改革发展新篇章,为实现"两个一百年"奋斗目标和中华民族伟大复兴的中国梦提供更加坚实的水利支撑和保障。

是为序。

2014 年 12 月 28 日

丛书序

文化,是一个国家和民族的灵魂和精神家园,是民族凝聚力和创造力的重要源泉,是国家发展和民族振兴的精神支撑,是衡量社会文明和人民生活质量的显著标志。文化是一种软实力,是一个国家或地区凝聚力、生命力、创造力、传播力、感召力和影响力的根基。人类历史充分表明,一个国家,一个民族,如果没有先进文化的积极引领,没有人民精神世界的极大丰富,没有全民族创造精神的发挥,就不可能屹立于世界民族之林。当今时代,文化在综合国力竞争中的地位日益重要,谁占据了文化发展的制高点,谁就能在激烈的竞争中更好地掌握主动权。灿烂的文化之花必然结出丰硕的经济之果。因此,提高国家文化软实力已成为重要的发展战略。

水文化,是以水为载体、以人与水的关系为纽带形成的一种独特的文化形态,是中华文化的重要组成部分。水是生命之源、文明之母、生产之要、生态之基。我们的祖先很早就以文化的眼光来看待水。早在2600多年前,管仲在《管子·水地篇》中说:"水者,何也?万物之本原也,诸生之宗室也。"老子在《道德经》中说:"上善若水,水善利万物而不争,处众人之所恶,故几于道。"孔子在《论语》中说:"智者乐水",如此等等,不胜枚举,都说明水具有显著的文化意义。

水文化,作为文化领域的一个重要方面,逐步成为全国乃至全球关注的热门话题。2006年,联合国为第十四个世界水日确定的主题为"水与文化"。水文化之所以越来越为人们所重视,是因为在当今社会中,人与水的矛盾、人类所面临的水问题,比以往任何一个时代都更为突出。为了实现人与水的和谐相处，在科技手段之外，需要借助文化的视野进行思考和定位。当前，我国水利事业正面临着前所未有的历史机遇和新的挑战。水利事业的发展需要以先进文化和科学理论为引领，形成新的工作思路，开创新的局面。加强水文化研究和建设正适应了现实社会的客观需求。

文化的功能不仅取决于其内容和形式的独特魅力，还取决于传播能力的强弱。20世纪人类最大的嬗变是文化传播对人类社会和人类生产生活的全面渗透。水文化在传播过程中有着增值功能，主要是继承和传播、选择和创造、积淀和享用。在水利部和财政部的大力支持下，由中国水利水电出版社组织各方力量，以庞大的阵容和宏大的规模实施的"中华水文化书系"及其数字化项目，对挖掘、整理、弘扬和传承先进的中华水文化具有重要的现实意义和深远的历史意义，是我国水文化传播史上的空前壮举。"中华水文化专题丛书"作为项目的三大丛书之一，选取博大精深的水文化中若干重大课题进行较为深入的探讨，对于深入了解中华水文化的丰富内容，构建中华水文化的理论体系有着十分重要的作用。经过广大作者的艰苦努力，"中华水文化专题丛书"终于同广大读者见面了，这是一件可喜可贺的大好事。

水文化的精髓是水的哲学和水的精神。我国著名学者北京大学教授王岳川，在美国马里兰大学和乔治梅森大学以"中国文化的美丽精神"为题的讲演中说："只有认识了中国文化中的几个'关键词'，才能认识中华文化。其中最重要的一个'关键词'就是水，因为水体现了中华文化精神的几大美德：公正、勇敢、坚韧、洁净；体现出了生命时间的观念。'水的哲学、水的精神'是中国人在人与人、人与自然、人与社会的和谐中把握自己本真精神的集中体现。了解了水文化，就了解了中华文明的根本。"

老子说"上善若水"，认为水具有"居善地，心善渊，与善仁，言善信，正善治，事善能，动善时"等七种美德；孔子说"智者乐水"，认为水具有"德、仁、义、智、勇、察、贞、善、正、度、意"等十一种美德。这些都是"水的哲学、水的精神"

的生动体现。在波澜壮阔的新中国水利事业中发扬光大这些"水的哲学、水的精神",成为中华民族核心价值观的重要内容,成为一座照亮人们心灵的精神灯塔,在这种核心价值观和精神灯塔的照耀下,人们为国家、为民族、为事业、为自己去创造更加美好的未来。发扬光大中华水文化的哲学和精神,对建立我们对中华文化的自觉、自信和自豪,创新和发展先进的中华文化;对坚定中华民族追求"真、善、美"的信仰,重振民族精神雄风;对践行社会主义核心价值观,铸牢中华文化之魂都有十分重要的意义。

加强水文化建设是发展和繁荣水文化的根本途径。水文化建设不仅是水利行业的大事,也是全社会都应关注的大事。水文化和一般文化一样,有其落后和糟粕的一面,但我们倡导和弘扬的是先进和优秀的水文化,这种水文化的主旋律是一曲颂扬水伟大、水贡献、水精神的高亢赞歌,是一幅描绘人水相亲、人水和谐、人水共荣愿景的美好蓝图,是一部记述人们爱水、治水、管水、护水思想智慧的鸿篇巨制。因此,我们要大力加强水文化建设,促进水文化的发展繁荣。

为加强水文化建设,促进水文化的发展繁荣,就要通过大力传播水文化,动员和吸引全社会特别是水利行业的职工,更加积极地投入水文化建设的行列,有计划、有步骤地实施水文化建设的各项任务。在当前和今后一个时期,水文化建设任务的重点是:培育全社会"人水和谐"的生产生活方式,增强全社会的水意识;弘扬优秀的"水的哲学、水的精神",培育和践行社会主义核心价值观,全面提高人民思想道德素质和科学文化素质;践行"节水优先,空间均衡,系统治理,两手发力"的治水新思路,奋力开创水利事业新局面;不断充实民生水利的文化内涵,使水利工作真正做到保障民生、服务民生、改善民生;加强水生态文明建设,为建设"美丽中国"做出应有贡献;提高水工程的文化品位,满足人民精神文化需求;繁荣水文化事业,发展水文化产业,增强水文化实力;保护和整理优秀的水文化遗产,服务当代水利建设;加强水文化研究,构建水文化的理论体系;加强水文化教育和传播,扩大水文化在国内及国际上的影响力，为人类文明的进步做出更大贡献。

恩格斯在《自然辩证法》中说："一个民族想要站在科学的最高峰，就一刻也不能没有理论思维。"（《马克思恩格斯选集》第三卷 467 页）水文化研究正是一项艰苦的理论思维活动。一个拥有五千年中华文明，又在为实现中华民族伟大复兴的"中国梦"而奋斗的伟大民族，在攀登水文化科学最高峰中一定会大有作为！"中华水文化书系"及其数字化项目告成以及"中华水文化专题丛书"的出版，必将使水文化常青的理论之树开出鲜艳的实践之花，为推进我国水事业的改革发展、为建设社会主义文化强国做出新的贡献！

李宗新

2014 年 12 月

前 言

本书是一部对"水工程文化"这一人类文化现象作探索性研究和指导提升水工程文化内涵与品位实践的著作。

首先，书中论述了水工程文化这一现象产生、发展的时空演变过程及对水利事业发展的重大意义。

其次，对文"化"水工程的路径进行了归纳总结，包括决策、规划、设计、施工、管理等环节。提出文化水工程在水工程文化的欣赏、鉴定、保护、开发等环节运用中探讨水利风景区建设涉及的相关问题。水工程文化的综合性开发探讨了文"化"水工程的品位、品赏、品牌的形成，水工程文化项目的衍生，水工程文化的产业链的构成，对水工程文化消费的引导，携手旅游业共同发展等环节。另外，文"化"水工程还应加强水工程的文化传播，确立传播的重点和解读典型水工程，对传播运用的手段进行总结分类。

最后，提出要进一步加强水工程文化的科研、教育工作。

本书为研究水工程文化现象提供了大量可供参考案例，对我国水工程文化的发展做出科学性的分析，并为提升水工程文化内涵与品位的实践提供了一套较为完整的途径和方法，进而为建立水工程文化学奠定了扎实的基础。

本书由董文虎、刘冠美共同编写，由于作者水平有限，疏漏之处在所难免，请广大读者批评指正。

目 录

弘扬先进水文化　推进治水兴水千秋伟业
——《中华水文化书系》总序

丛书序

前言

第一章　水与水文化	001
第一节　水与人类	002
第二节　人类与文化	004
第三节　文化与水文化	010
第四节　水文化与水文明	019

第二章　水工程文化	023
第一节　水工程的相关概念	024
第二节　水工程文化的相关概念	029
第三节　水与水工程文化的时空性	035
第四节　水工程理念的转变	093
第五节　水工程文化学的理论框架	118

第三章　文"化"水工程的路径	123
第一节　文"化"水工程决策过程	124
第二节　文"化"水利规划	131
第三节　文"化"水工程设计	142
第四节　文化水工程施工要求	196
第五节　文化水工程的管理	206

第四章　提升水工程文化品位的主要措施	217
第一节　加强水工程文化的科研、教育工作	218
第二节　加强水工程文化的传播	229
第三节　提升水工程文化品位的其他措施	245

第五章　水工程文化利用	249
第一节　历史水工程文化的欣赏与鉴定	250
第二节　历史水工程文化的保护与开发	300
第三节　当代水工程文化的鉴赏	317
第四节　当代水工程文化的运用	340
第五节　水工程文化的综合性开发	349

第一章 水与水文化

水工程文化是一门专门研究与水工程相关文化知识，涉及水与人、人与文化、水与文化、水与工程、人与水工程、水工程与文化等诸多方面的内容，既涉及人文科学，也涉及自然科学。本章重点阐述与水工程文化相关的内容和一些基本概念。

第一节　水与人类

一、地球上的水

从太空中观察地球，地球是一只大部分地区被水包围的蓝色星球。地球上的水是从哪里来的？科学界一直存在着两种不同的看法。一种看法认为水来自地球本身；另一种看法则认为水来自地球外部。

来自地球本身说认为，大约在50亿～55亿年前，云状宇宙微粒和气态物质聚集在一起，形成了最初的地球。原始的地球，既无大气，也无河流、海洋，更是一个没有生命的世界。在地球形成后的最初几亿年里，由于地壳较薄，加上宇宙中小天体频繁冲击地球表面及地球自转引力，导致地幔里的熔融岩浆不断上涌，向四周喷薄而出，使地球成为一片火海包围的星球。但因地球内部物质随同岩浆喷出的同时，也释放出大量的氢气和氧气，加上太阳发出的粒子流带来的氢气和氧气，这些气体通过化学反应，形成大量水蒸气、二氧化碳，从地球表面升腾到空中，

太空看地球

渐渐笼罩了地球。由这些水蒸气集聚而成的云层，产生降雨，形成了地球上的水。经过很长时间的云层覆盖、降雨汽化和气候的变化，地壳表面温度逐渐下降，在原始地壳极低洼处，不断积储水体，形成了最原始的海洋。原始海洋的海水并不多，又经历几十亿年地质历史的沧桑巨变，原

始的海洋才逐渐形成为如今的汪洋大海。大量降在地球陆地表面的雨，通过渗透、汇集，流向峡谷、大川，产生了河流。

来自地球外部说认为，水是地球形成时从宇宙空间捕获来的。当含有水分的陨石凝聚形成地球时，水被封存在地球内部物质的结构中。后来由于地球温度升高，自转速度加快，在地球自转离心力的作用下，轻而活跃的水被挤出地球表面，呈现水气状态。再经汽化冷凝形成降水，落到地面，从而形成了地表水。

近期，美国科学家又提出海水来自冰彗星雨的一种新的假说。这一理论，是根据卫星提供的某些资料而得出的。1987年，科学家从卫星获得高清晰度的照片。在分析这些照片时，发现一些过去从未见到过的黑斑，或者说是"洞穴"。美国科学家认为，这些"洞穴"是冰彗星造成的。而且初步判断，冰彗星的直径多在20千米。大量的冰彗星进入地球大气层，经过数亿年，或者更长的时间，使地球表面得到非常多的水，于是就形成了今天的海洋。但是，这种理论有其不足之处，就是缺乏对地球形成发育的机理过程作出判断。

根据测算，地球上的水，覆盖了71%的地球表面，水的总量约为13.6亿立方千米，其中97%存在于海洋中，仅有3%存在于大气中的云、水蒸气和河流、湖泊、冰盖、冰谷与所有生物的体内。

尽管从太空中看，地球大部分区域被美丽的蓝色海洋所覆盖，但实际上，相对地球体积来说，水并不算多。美国地质勘探局勘测结果显示，即使我们将每一片海、每一条河与每一个地上湖的水都聚集起来，也只不过形成一个蓝色的小水泡挂在地球的旁边。这个水泡直径约1384千米，是地球直径（12756.28千米）的10.8%；相对地球体积而言就显得更小了，水体体积仅占地球体积10832亿立方千米的0.126%。

二、有水才有人类

不管地球上的水来自何方，也不管地球上的水是多少，地球上的水却给地球带来了宇宙间其他星球（最起码直至目前）尚未发现的生命体——动物、植物、微生物；带来了生物体中的精灵——具有智慧的人类。

首先，水对任何生物体都是不可缺少的重要组成成分，地球上生物体的含水量一般为60%~80%，有些生物甚至可达90%以上（如水母、蝌蚪等），从这个意义上说，没有水就没有生命。其次，不管是动物、植物还是微生物，一切生物的新陈代谢活动，都必须以水为介质，生物体内营养的运输、废物的排出、激素的传递以及生命赖以存在的各种生物化学过程，都必须在水溶液中才能进行,而所有物质也都必须以溶解状态才能出入细胞,所以在生物体和它们的环境之间,时时刻刻都在进行着水交换。再次,一切生物的起源,大多在水中,物种的进化,90%的时间都是在海洋中进行的。生物登陆后,进化的主要表现又多为减少水分蒸发和保持体内的水分平衡。

水对人类的生命也起着至关重要的作用,人的生命一刻也离不开水。据生命学家研究,人类的进化也是从海生哺乳动物登陆进化而成的。现代人出生的前十个月零十天是在母体的羊水里长大的,而羊水与海水的成分相似。对人体而言其生理功能是多方面的,人体内发生的一切化学反应都是在介质水中进行,没有水,养料不能被吸收;氧气不能运送到所需部位;养料和激素也不能到达它的作用部位;废物不能排出,新陈代谢将停止,人必然会死亡。人体内的水分,大约占到体重的65%(胎儿时期90%,婴儿80%以上,成年人60%~70%,老年人60%以下)。其中,脑髓含水75%,血液含水83%,肌肉含水76%,连坚硬的骨骼里也含水22%。没有水,食物中的营养不能被吸收,人体内的废物不能排出体外,药物不能到达起作用的部位。人体一旦缺水,后果是非常严重的。缺水1%~2%,感到渴;缺水5%,口干舌燥,皮肤起皱,意识不清,甚至出现幻视;缺水15%,往往甚于严重饥饿。没有食物,人可以活较长时间(有人估计为两个月),如果连水也没有,顶多只能活一周左右。因此说,水是人类赖以生存和发展的不可缺少的最重要的物质资源之一。其他生命也是一样!在地球上,哪里有水,哪里就有生命。一切生命都是起源于水的。

水存在于地球的自然环境和社会环境中,山清水秀,鸟语花香,风调雨顺,五谷丰登,是人类追求向往的美境,也是人类劳动创造和精心爱护的硕果。水在不停地运动,在人体,在农田,在工厂,在山川,在地球,水使地球的世界充满了生机和活力。当人们徜徉在大自然怀抱的时候,其实所面对的,全部是水的世界。

水孕育了生命,孕育了地球上多彩的大千世界、芸芸众生。所以说,"水,是生命之源"的说法,是毫不夸张的。

第二节 人类与文化

一、有人类就有文化

之所以说人类是生物体中的精灵,因为其具有意识、思维、智慧和语言。为此,人类虽属于动物,但却是唯一的高级动物。人与普通动物的区别是什么，是个古老而又永恒的话题。可以得到很多的答案：①人会劳动，动物不会；②人有语言文字，动物没有；③人会制造工具，动物不会；④人类有复杂的社会，动物没有，等等。

恩格斯在《自然辩证法》中作了如下论述："正如我们已经指出的，动物通过它们的活动也改变外部自然界，虽然在程度上不如人所作的那样。……但是，如果说动物不断地影响它周围的环境，那么，这是无意识发生的，而且对于动物本身来说是偶然的事情。但是人离开动物愈远，他们对自然界的作用就愈带有经过思考的、有计划的、向着一定的和事先知道的目标前进的特征"[①]。恩格斯还明确指出作为"人同其他动物的最后的本质的区别"是对自然界的"利用"，甚至是"支配"这一点上。从生物学的视角看，比较人和动物，其实人原本也是自然界的动物之一，和动物没有太大的区别。因为，所有的动物多少都有人的某一些特点。为什么偏偏是人能统治地球？其关键只能是人的智力比别的动物好，人类智能发育程度要远远高于动物，动物和人的根本区别就是人比动物多了一点智商，能说话，会思维，有创造能力。动物与人一样，也要生存，它们也要为必需的生存资料而奔忙。但是，动物的生存行为不是劳动，而是一种活动。动物的这种生存活动是本能的，或者说是受遗传因素决定的。动物在这种低级的生存活动中，虽然也不乏一些精彩的表现，但都是无意识的、条件反射的活动，无法同人的劳动相比。这是因为人的劳动是有意识的，并具有创造性的活动；有意识的、创造性劳动与本能的生存活动这一根本区别，就决定了人有不断发展的无限广阔前景，而动物则只有其本身的自然变化而已。发展是指人通过自己劳动和意识的进步，而使自然界不断为人类自己服务。而变化是指动物面对自然界的变化，消极被动地去适应，使动物自身得到改变。人类在自然界的生存中懂得了劳动，劳动决定了人与动物的根本区别。如果我们把人类劳动进一步分为创造性劳动和重复性劳动，又可以进一步发现，创造性劳动是人脱离动物的根本力量。人属哺乳动物中的高级动物，其高级主要体现在两方面：一是智力高，二是社会性强，制造工具、从事劳动、组织家庭、成立国家等均由此派生而出。动物在这两

原始人类的劳动

---

① 恩格斯.自然辩证法［M］.北京：人民出版社，1971：156-158.

方面或则没有，或则表现极为低级。从哲学上看，由于人是一种有意识的社会性的动物，人和动物的本质区别还在于，人的活动往往不是受单纯的个体生存欲望所支配，而其他所有动物的活动，基本都是其个体生存欲望的本能表现。人和动物的区别还在于人具有独立思考和判断能力，而动物一般则不具备这两项功能；虽然在某些实验中也发现某些灵长目类动物（比如猿、猩猩）对事物也有喜、怒、哀、乐的表情和一些简单判断能力的表现，但它们并不具备独立思考的能力。人类早期，创造性劳动还只是偶然发生，人的劳动与动物的活动混淆不清，难以准确辨认。此时，人的意识还处在低级的萌芽状态，因而，对劳动的认识还只是经验性的和不稳定的。原始人类在千百次的投掷石块中，感觉到锋利的石头比圆滑的石头有更大的杀伤力，用锋利的石头劈、砍树枝，既省力，效率又高，于是对锋利的石头有了初步认识，经过创造性的思维，便发生了创造性的劳动加工，出现了最原始的工具——石刀、石斧；森林大火使烧熟的动物的肉吃起来比生肉香，要从火中取出烤肉，抑或要把小动物放在火上烤，原始人从手被烫坏，经过思维，开始尝试用树枝拨出烤熟的动物或串着小动物去烤，便发生了用锋利的石块把树枝取下来，抑或削尖，可以穿进小动物体内去烤，通过创造性的劳动加工，出现了最原始的生活用具——打火石、陶具。由于智慧劳动而形成的工具、用具的出现，就开始了人类脱离动物的漫长进程。在人类发展的初级阶段，在劳动上所取得的创造性进步可以说是微乎其微，创造性劳动的火花，往往被漫长的重复性劳动所淹没，重复性劳动使制造工具、用具的技艺，虽然一代一代相传下去，但改变较慢，从进化论的视角看，是人本身动物的遗传因素仍然在发挥作用，所以人类所经历的石器时代长达几十万年。

但是人类因为智慧的存在，劳动总是向高级形态发展，其标志就是创造性劳动的数量和水平的增长。正是创造性劳动的不断增长，构成了社会生产力进步的核心内容，并驱使经济和社会关系不断演变。从社会学上讲，人类在改造自然的程度上要远远高于动物。从哲学上讲，人类在主观能动性方面要远远强于动物。从历

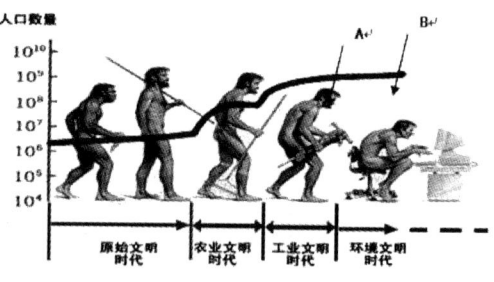

人类劳动进化示意图

史学上讲，人类文明沉淀的跨度要远远长于动物。《现代汉语词典》上对人的定义是：人是能制造工具并使用工具进行劳动的高等动物。《不列颠简明百科全书》中更为全面，几乎包括人的所有与其他动物不同的特质，如直立、两足行走、颅圆、脑大，并使用语言进行交流，具有抽象思维功能，制造工具和使用工具等。上述两种解释，似乎是形成了工具（用具）的使用是人最根本的

特征的概念。其实，人具备了并知道运用意识、思维、语言，才是人最本质的特征。人通过意识的反应、思维的创造、语言的交流，使人形成了一个统一的人类社会；加上劳动的成果，形成了文化；人还可以一代又一代地，快速传承前人的文化成果，促成人类社会递进式发展，这才是人与动物最大的区别。人脱离动物变成人，最明显的差别是，人有文化，动物没有。人，如果不接受文明的熏陶，可以成为动物，而动物即便接受文明的熏陶，依然不能成为人。

二、什么是文化

据统计，有关"文化"的各种不同的定义至少有200多种，1988年中央民族学院出版社出版的《文化辞典》中甚至讲，文化的定义多达500多种。据美国S.南达在其所著《文化人类学》一书中介绍，他对从1871年到1952年期间有关西方文化学概念进行的整理与统计，得到164种关于文化的定义。然而，迄今为止仍没有获得一个大家公认的、令人满意的定义。

2002年版的《辞海》对文化给出的定义为：广义文化——"指人类在社会实践过程中所获得的生产能力和所创造的物质、精神财富的总和"。狭义文化——"指精神生产能力和精神产品，包括一切社会意识形态；有时又专指教育、科学、文学、艺术、卫生、体育等方面的知识与设施"。并进一步阐述文化"作为一种历史现象，文化的发展有历史的继承性；在阶级社会中，又具有阶级性，同时也具有民族性、地域性。不同民族、不同地域的文化又形成了人类文化的多样性。"接着又进一步指出"作为社会意识形态的文化，是一定社会的政治和经济的反映，同时又给予一定社会的政治和经济以巨大的影响"。文化的基本要素是人类使用的符号、语言、价值、规范及人体形态等，由它们构成了各种不同文化的框架。简单地说，文化包括"人化"和"化人"两个方面，人类对自然的改造和包装就是"人化"，人类对人类自己的改造和提升就是"化人"。"人化"和"化人"是人类行为在同一过程中，同时在这两个方面取得的孪生效果和成果。

"文化（Cul-tura）"的拉丁文词意是"耕种""耕作物"，后被引申、转义为"耕种活动的精神表现"。

英国的人类学家泰勒认为"文化或文明是包括知识、信仰、艺术、道德、法律、习俗，以及人类社会成员获得的种种能力、

人类学家泰勒

习性的一种复合体","文化是人类整个生活方式的总和","文化的科学本质是改革者的科学"[①]。

恩格斯曾指出文化产生于欲望。他还认为生存、物质生活、精神享受是人生的三大需求,欲望是人类加工自然、改造自然的动力,在这一过程中产生了文化这一结晶。据此理解。

(1)文化是一种社会现象。如"一个人住"与"一家人住"是一种偶然现象、没有共性特征,但"一族人住"与"一群人住"是一种社会现象、具有共性特征。这种共性特征就是文化。

(2)文化具有"超自然性"、"超个体性"等特性。如"吃"是生理现象,"吃什么"和"怎么吃"是文化现象,文化排除"自然性"、"个体性"欲望。在文化的创造过程中,目标和过程具有统一性,形式和方法具有差异性。

(3)文化具有"工具"和"武器"的本质。文化是人与自然斗争中为克服自身缺点和软弱而创造的工具。人类创造"工具"和"武器"的目的在于适应环境。

三、文化是名词还是动词

《辞海》在"文化"的词条中,还给了文化另外两个概念:一是"泛指一般知识,包括语文知识";二是"中国古代封建王朝所施的文治和教化"。这两个文化的概念,前者为名词,后者则为动词。在我国古代的典籍中,将"文"与"化"并联使用,较早地出现于战国末年,由一些儒生编辑的《易·贲卦·象传》:"刚柔交错,天文也。文明以止,人文也。观乎天文,以察时变;观乎人文,以化成天下"。讲的是支配世界的权力有两种形式,一是"刚",武力胁迫征服天下;一是"柔",用文德之教,化成天下。古人称文化,显然指倡导通过文化的力量去"化成天下"。西汉以后的《说苑·指武》,正式将"文"与"化"合成一个整词,"圣人之治天下也,先文德而后武力。凡武之兴,为不服也。文化不改,然后加诛"。将文化的力量与刚武的力量对应阐述,讲述"文德"能够使人心悦诚服地服从圣人的领导,而"武力"只能是在"以文化人"不奏效时,不得已才使用的手段。从上述典籍所用"文化"一词看,系"人文化之"的简称。《康熙字典》对"文"字的解释为:"《上书·序》:古者,伏羲氏之王天下,始书八卦、造字契,以带结绳之政,由是文籍生焉。疏:文,文字也"。对"化"字的解释为:"《说文》:教行也。《增韵》凡以道业诲人为之教,躬行于上,风动于下谓之化"。据此解释,可将"文化"一词解释为:以文字、文典教行、诲人,亦即:以文化人。《论语·雍也》讲:"质胜文则野,文胜质则史。文质彬彬,然后君子也"。文中"质"

[①] [美]罗杰·皮尔逊. 文化与社会 [A]. 冯利,覃光广. 当代国外文化学研究(译文集)[M]. 北京:中央民族学院出版社,1986:151.

即自然之意,"文"指人之主观能动性的创造和改造,与"自然"一词是相对的。"化"即教行于人,亦即以道教人、化人归道的意思。《易·系辞下》云:"男女构精,万物化生",讲的是"化"有"化生"之意;《素问》云:"化不可代,时不可违"讲的是"化"为"造化"之意;《礼记·中庸》云:"可以赞天地之化育,则可以与天地参矣"、《庄子·刻意》:"化育万物。'疏':化导苍生,含育万物。"讲的是"化"为"化育"之意。"化"字则具备了化生、造化、化育、变、改等意,即指两物相接,其中一方或者双方改变形态性质。据这一解释,其中暗含了一个对人原有的思想意识进行调整的过程。这一调整包括:思想的扬弃、扩充和升华,从而使人的思想意识与社会、自然相和谐。根据对"文""化"上述二字的释义,可以将文化引申为:以文(道)改造自然,使之与人相谐。也可以引申为教行、迁善、告喻使人回心、化而成之等意。故,"文化"可释义为"人文化",其中并不具有可指明的特定"所指"对象,因此说,"文化"本身不是名词,而是偏正简化动词。对于"文化"一词作名词词性和释义的"人类创造的一切物质与精神财富的总和"等意,应属于对"文化"一词的转意义。荷兰哲学家C.A.冯·皮尔森在其所著《文化战略》中也认为"文化不是一个名词,而是一个动词。""文化是我们自己的制作,是我们自己的责任"[1]。为此,可以明确地认为:"文化"一词为双性词,既可以当名词用,如水工程文化;又可当动词用,如文"化"水工程(在化字上加""号,以区别名词文化)。

四、文化与文明

文明一词最早出自《易经·乾卦·文言》:"见龙在田,天下文明。"这里的"文明"是指光明。孔颖达疏说:"天下文明者,阳气在田,始生万物,故天下有文章而光明也"。《尚书·尧曲》也有"睿哲文明"的记载,孔颖达疏曰:"经天纬地曰文,照临四方曰明。""经天纬地",意思指人类要用自己规划天地的"文"思,去改造(化)自然,才能形成有利于人的物质文明,同时也要在改造自然的同时,形成光照人间改造人类自己的精神文明。

《辞海》将文明解释为"犹言文化",并同时注释为"是指人类社会的进步状态,与'野蛮'一词相对"。由此可见,文化是中性的,文明是褒义的。文明是文化的进步,并相对指进步前文化的表现,也是指人类社会进步的表现。原始文明是与原始、野蛮、落后相对应的现象。按照人类意志对自然的改造(人化),对人类自己的改造(化人),每前进一步都可以算是对以前文明的改造,也是人类文化不断提升的正面表观。确切地说,以人类在社会历史发展过程中所创造的物质财富

---

[1] [荷].C.A.冯·皮尔森.文化战略[M].北京:中国社会科学出版社,1992:263.

和精神财富的总和这一概念为基础的文化,只是中性的。而人类社会的进步需要的是褒义的文化即"文明"。文明与文化既相似,又有差别。文化是文明的基础。文化可以决定文明的命运,而文明程度又在不断影响着文化的走向。文化有优秀的文化、先进的文化,但也有糟粕的文化、落后的文化。而文明则是文化成果中的先进和优秀的成果。文化存在于人类生存的始终,从猿变成人,进入石器时代就有文化;文明则是人类历史发展到较高文化阶段的产物。文化一词是中性的,文明一词则是褒义的。从时间上看,文化在先,文明在后;从空间上看,文化无处不在,文明有地区性。文化创造了文明,文明丰富了文化;文化中有文明,文明中有文化。

社会文明包括物质与精神两种文明。这两种文明都是因为地球上有了人,有了文化才出现的。"化人"多指精神文明;"人化"多指物质文明。精神与物质两个文明是相辅相成,互相推进的。没有人,地球乃至宇宙根本谈不上文明。有了人,才有文化,才有在"人化"与"化人"交递进步过程中文明的出现。

第三节 文化与水文化

一、文化的层次及分类

(一)文化的层次

人类的文化,涉及方方面面。文化可从文化形态学的角度分为若干层次。由于文化是人类改造自然和改造人类自己的成果总和,产生文化少不了自然,人类首先要认识自然,自然成为与文化相对的第一层次;人类改造自然,创造了用具、工具、工程、设施等器物,由物化知识构成了物态文化层,成为第二层次。有人类,就形成了人类社会,人类社会在社会生活、生产的实践中,制定了各种社会生活的规章、制度,生产技术的规范、标准、定额等所构成的文化层,称为制度文化层,成为第三文化层;人类的社会实践,如人类社会生活的习惯、方式,人际交往形成的礼仪、风俗及人们进行改造自然的工农业生产及水利、交通、城乡建设,出现的见之于动作的行为模式构成了行为文化层,成为第四文化层;由人类社会实践形成的对自然界和社会的需求意识以及由这些活动和意识升华所形成的思想意识、思维方式、价值观念、审美情趣等,形成了文化的核心即所谓心态文化,而其中的社会心理，指未经加工的人类普遍社会需求，也就是社会大众存在的潜意识心理，为第五文化层；心态文化中的另一种是作为人的高层意识形态出现的科学、哲学、艺术、文学、宗教等，在社会心理基础上经过人类精英意识加工形成的一系列文化所共构的社会意识层次，为第六文化层。

（二）文化的分类

由于文化的概念较多，必然带来文化的类型也很多。

文化类型是对文化进行分类的术语，是人们在特定的地理环境和长期的历史生活中形成的某种文化形态特征。《不列颠简明百科全书》认为：在文化分类中，一种以经过选择并互相起作用的各特征或各组特征为主要内容的结构。因为任何文化样式都有分类学上的意义，那些为分类而选择的形象，就要以考虑中的特殊问题为依据。……可以按照惯用的价值定向、整合原则或风俗习惯的复杂程度，作类型学的探索。考古学家为了建立时间和空间的序列，已经使用了根据各种典型的人工制品体系去划定的类型。使用这一概念还包括许多问题，包括选择比较特征、选择比较点以及确定这些抽象概念以外的实用价值等。这样，对文化的分类就可以各种文化形态体系中最有特色、最能体现一种文化本质属性的特征进行分类，而不是指根据它的全部特征进行分类。例如，除了按《辞海》的文化概念分为广义文化、狭义文化和物质文化、精神文化的两两分类外，人们还把文化分作三大类：即观念文化、制度文化和器物文化。观念文化，是精神文化的一个分支，主要是指某个国家、某个民族、某个地域（或流域）的心理结构、思维方式和价值体系，它既不同于哲学，也不同于意识形态，又未形成思想体系，是介于哲学、思想体系两者之间而未上升为哲学理论的一种，被某个国家、某个民族、某个地域（或流域）的个人、部分人或大多数人承认的意识流，是一种深层次的文化；制度文化，是指在哲学理论、意识形态和某种思想体系的影响下，在历史发展过程中，某个国家、某个民族、某个地域（或流域）或某个团体所形成的各种约定、规定、规范、法规、法律等制约其可控范围内人的行为的条约或法度。它们或历代相沿，或不断变化，或兴或废，或长或短，既没有具体的存在物，又不是抽象的看不见的东西，它是一种中层次的文化。其实，以制度文化的实质而论，从大的分类上划分，仍可归属于精神文化一类；器物文化即物质文化，是指能体现人一定劳动价值和生活方式的那些具体存在的物质，如建筑工程、使用工具、生活用具等，它们是人的创造，也为人服务，是看得见、摸得着的东西，是一种表层文化。再如，对传统文化的分类中，还可按国家进行分类，如中国传统文化、美国传统文化、英国传统文化等。中国的传统文化又可分为：民族文化、历史文化、语言文字文化、宗教文化、传统道德文化、园林文化、书法文化、绘画文化、曲艺文化，林林总总，不胜枚举。但在 20 世纪 80 年代以前，我国难以计数的文化分类中，唯独没有水文化一类。

然而早在 19 世纪 80 年代，时任湖广总督的林则徐在《娄水文徵序》中一语道破地说出了水与文化的关系、水利与文化的关系："夫水之行于地也，焕然而成文，水利之兴废，农田系焉，人文亦系焉。""水"与"文"，"水利"与"人文"，相辅相成、契合而生。同样，因其时之水利主要以水工程为主，则也就点出了水工程与文化的关系。这也是对水工程文化形成机理最为精辟的诠释。

二、水文化分类研究及发展

水文化是出现得最早，但从文化中析出专门研究较迟的一类文化。

（一）水文化提出及自发研究阶段

一切生物都离不开水，人类当然也不能例外，自有人类开始，便产生了水文化。人类在文化的认知、利用、传播之中，一直存在对水文化潜在的认知、实际的利用和客观的传播。唯将水文化作为单独的一类文化，专门从文化中析出研究，却出现得较迟，直至 20 世纪 80 年代才开始。水文化作为一类专门的文化研究，虽然起步较迟，但发展较快，已在文化研究领域占了一席之地。根据靖江市水利局董因《浅论加强水文化建设是社会发展的新需求》一文中对"水文化研究的兴起与发展"的研究认为：我国水文化研究的发展分三个阶段，分别为自发研究阶段、群团组织推动阶段和水利部重视阶段。文章认为：伴随着人类而来的习以为常的水文化，这一十分重要的文化，一直被人们忽略，未做专门分类研究。直至 1986 年 10 月 25 日，时任淮河水利委员会办公室主任的李宗新在他的一篇《加强治淮宣传工作，推进治淮事业发展》讲话中，首先提出了"要研究……水文化与人类文明、社会发展的密切关系"，他在水利行业乃至全国，最早地使用了"水文化"一词。1989 年李宗新又在《治淮》第 4 期杂志发表了《应该开展对水文化的研究》一文。这一观点，深得《治淮》杂志社的支持，专门加了按语："李宗新同志首次提出了水文化研究这个课题，我们希望有兴趣的同志来稿参加讨论，以便更好地开拓水的开发利用新领域。"由此，将水文化这一文化类别推到了文化研究的平台之上，并引起了共鸣。对李宗新提出的"要研究水文化"的观念，

李宗新宣讲水文化

《人民中国》杂志社编委沈大兴认为："提出水文化研究，的确是一件值得提倡的事情。一部人类史，其实是一部水文化史，而我国水文化尤其悠久，尤其丰富，尤其值得研究。这种研究，尤其具有现实和战略意义。"北京大学哲学系王守常教授认为："将水利提到文化问题研究是很有意义的。将一个具体对象提升到文化层次来认识，将会加深人们对此问题的了解。水治理和管理不完全是技术问题，也是观念问题所使然"。从1986年至1993年期间，我国对水文化的研究，仅仅处于由提出人到接受影响的相关人各自分散研究阶段。这一阶段对水文化的概念、内涵、外延的阐释主要为"任何一个行业，如果只有产品，没有精神，没有自己的行业文化，就不可能成为真正意义上完整的行业……博大精深的行业文化即水文化。"从理论上看，这一阶段的研究，尚属从行业文化的角度去研究水文化的初始"自发研究阶段"。

（二）群团组织推动阶段

1993年在中国水利文协李宗新、孙秀蕊等同志的积极建议下，中国水利文协的第三届理事会决定成立中国水利文协水文化研究会，开启了我国由群团组织推动的水文化研究活动。1994年在全国首届水利艺术节中，把征集水文化论文作为其中的重要内容。在艺术节上时任水利部党组成员的李昌凡指出："研究水利文化很有意义。"会后，由水利文协和松花江、辽河水利委员会创办的《水文化》刊物面世。1995年12月水文化研究会第一届理事会成立并召开了第一次全国水文化研讨会，与会代表除了水利系统人员外，还有中央文献研究室《人民日报（海外版）》等单位的代表。这次会议进行了论文征集，还将征集到的60篇论文中的31篇汇编为《水文化论文集》，由黄河水利出版社出版。会后人民日报（海外版）于1996—1997年，先后连续刊载水文化征文20余篇。这一系列的动作，较大地推动了我国水文化研究的开展。1997年第二届全国水利艺术节又一次把水文化论文征集作为重要内容，收到论文144篇，且于同年11月又召开了第二次全国水文化研讨会。论文主要以研究水利行业相关的事业文化、企业文化、校园文化和区域文化为主，出现了其他从文学、哲学、美学、人才学、民俗学的角度研究水文化的文章。在此期间，社会文化工作者对水文化研究的兴趣也开始变浓，先后有张耀南、吴铭能编著的《水文化》（中国经济出版社，1995年出版），郑国铨的专著《水文化》（人民大学出版社，1998年出版）、陈水云编著的《中国山水文化》（武汉大学出版社，2001年出版）等专著和文章面世。在水文化理论研究方面有了较为明显的突破，已初步将水文化从"行业文化"的概念，拓延至"社会文化"的层面，并展开了对中华水文化的进一步研究和挖掘。2001年10月9日，本书笔者之一时任泰州市水利局局长董文虎，向市委、市政府提交了一份《泰州主城区水系规划总思路》报告,在全国地级市编列的水利规划中,第一个编列了"人文景观布置规划",并在市委、市政府的支持下,于次年在全国省、市两级中,第一个正式成立了"泰州市水文化研究咨询小组",时任泰州市常务市长吕振霖专门对董文虎在"小组"成立会议上所作《要努力推进水文化研究活动》的发言,作了批示。此后泰州市在城市水利建设中,理性地接受水文化研究咨询小组的影响,注重植入文化元素,建成了被时任市委宣传部副部长于国建认为"抓一把泥都是文化味"的凤凰河工程。该工程虽系工程量较小的城市人工河道工程,但由于其从规划思路到规划编制,从工程设计到工程施工,都能将文化及景观工程和常规的水利河道工程同步推进,从理念到实践,为推进现代水工程这一物态水文化建设,带了一个好头。因此,受到水利部专家评审组的一致好评,一致同意让此项"规模不大"的水工程,评为国家水利风景区,并获得水利部批准。泰州的这一做法,时任中国水利报社副社长王经国评论说:"泰州主要城区水系综合整治规划和工程设计中,就融入了很多文化元素,使看过的人耳目为之一新"。2002 年江苏省姜堰市《现代快报》工作站的王荣华发起成立了姜堰市华夏水文化研究所,于 2005 年又专门开设了"中国水文化"网站。其后,全国以水文化为名设立网站的不断增加,已多达 30 多家,初步估计约有 8 万多项水文化选项,虽说不少是房地产与旅游商家的广告,但在社会大众中扩大对水文化的认识面起了一定作用。中国水利文协水文化研究会于 2003 年 1 月和 2005 年 6 月先后召开了第三和第四次全国水文化研讨会。第三次研讨会征集论文 50 余篇,第四次研讨会征集论文 70 多篇,从中选出 53 篇及相关经验介绍 5 篇和会议文献 9 篇汇编为《水文化文集》,由长江水利出版社出版。这个文集,既有从宏观上整体系统地论述水利文化,架构水利文化体系的文章,又有以城市与水为题,论述水文化与城市发展关系的论文,还有对我国著名水利工程,从文化的角度所作的分析,以及从古代某一著名人物或历史事件论述有关水文化方面的文章。总的来说体现了我国水文化的研究已开始向深度和为社会特别是城市水利服务推进的方向发展。2005 年以后水文化的研究及活动更加丰富多彩,如全国十运会闭幕式上,以"江、河、湖、海"为艺术构思主题的大型文艺演出,中央电视台拍摄的大型系列片《水与中华》等引起了社会较好的反响。作家余秋雨认为"中华文明之所以能延续到今天,就是水文化的胜利"。国际历史学会和云南省社科院还在昆明召开了"水文化与水环境保护国际会议",与会者多达十多个国家。2006 年世界水文化研究会和国家发改委公众营养发展中心召开的"中国首届水文化高峰论坛"通过了《北京水文化宣言》。这一阶段有关水文化方面正式出版的著作、论文集多了起来,主要有:研究水文化基本理论方面的如李宗新主编或编著的《水文化初探》、《漫谈中华水文化》、《水文化文稿》、《中华水文化概论》、《水文化文集》,

王真琛编著的《水文化文集》(2007年12月);挖掘中国历史水文化方面的,如靳怀堾的《中华文化与水》、《水之礼赞》、《追寻大禹的足迹》、《智者乐水》、《千里走运河》、《水润名城》,盛鸿郎的《绍兴水文化》,耿鸿江主编的《云南水文化丛书——丽江之水》,潘杰所著《中国水文化学研究》;有研究赋予当代水利建设以文化内涵方面的,如董文虎的《泰州市水文化研究与实践》、《水利发展与水文化研究》、《凤凰河凤祥泰州》、《泰州的文化桥梁》,刘冠美的《水工美学概论》,邱志荣的《鉴水流长·论绍兴水利文化》、《浙东古运河——运河园》,徐志麟的《绍兴环城河景点匾联鉴赏》;有研究水利行业文化方面的,如李文芳所著《中国当代水利文化建设思考》等。这些出版物中,以靳怀堾的《中华文化与水》一书及其所领导的中华水文化工作委员会的影响力、渗透力最大。这一阶段可能还有一些实质属水文化研究方面的册子,但未能冠以类似书名,上述未能兼顾。这

正式出版的水文化研究书籍

些书籍的出版为我国水文化建设的推进,作了坚实的铺垫。从1993年到2007年,水文化从单一研究开始,迈向了研究加建设的方向。这一阶段,我国对水文化的研究发展到了"群团组织推动阶段"。

(三)水利部重视阶段

从2007年起水文化开始"登堂入室",进入"水利部重视阶段"。这一阶段的具体表征有三个方面:

第一方面,水利部领导参与群团组织的水文化研究活动。在当今世界多元化与全球经济一体化的时代,在全球气候变化、水资源短缺、生态环境问题突出等一系列问题出现之际,人们开始认识到仅靠现代的自然技术、工程手段难以解决这些重大问题,而依靠文化的力量和作用往往会出现较为理想的效果。2006年世界水日,联合国确定"水与文化"为主题,力图以此进一步推动用文化的力量去解决世界各地的水问题。这一活动大大引起了我国水利高层对水文化研究的关心和重视。特别是党的"十七大"提出"推动社会主义文化大发展大繁荣,兴起社会主义文化建设新高潮"后,2007年中国水利文协举办的全国第五次水文化征文活动中,时任水利部总工程师,现任副部长的刘宁亲自与会,作了《文化视野里的中国水资源问题》论文讲演,成为活动的亮点。文章非常明晰地提出:"虽然自然形态的水本身并不能产生文化,但水作为一种载体,一旦与人类

的实践结合在一起,就会产生文化。人类文明离不开水,人类创造文化离不开水,自从人类社会形成以后,水与文化须臾不可分离"。他认为作为文化资源的水,是自然形态的水与人类物质活动与精神活动相结合的产物,主要由三类文化要素构成:一是物质形态的文化要素;二是制度形态的文化要素;三是精神形态的文化要素。他还阐述了水的三种文化功能:第一,维系人类文明的生存和发展;第二,维护人类的文化多样性;第三,启示、影响和塑造人类的精神生活。此文使十多年来分散研究的众多水文化理论渐成系统。刘宁切入水文化的研究,标志着我国水文化研究从群团组织的推动开始受到水行政主管部门高层领导的关注。

第二方面,水文化研究课题开始列为部级科研课题。2008年初,水利部在确定当年研究有关水利发展的十大课题时,把《传承、发展和弘扬水文化》纳入其中,公开招标由河海大学课题组中标研究。以郑大俊为首的河海大学课题组提交的成果报告中,既对水文化的含义、水文化的发展及对狭义水文化的精髓作了研究,又对当前水文化建设的成效与问题作了分析,更对新时期水文化建设的架构作了设想,对新时期水文化建设提出了有关指导思想、总目标、建设思路、基本原则、主要内容、建设途径和保障机制等较为完整的架构。课题还对传承、发扬和弘扬水文化提出了一些具体对策,主要为:第一,通过整合与保护达到传承水文化,其中包括:①建立国家水文化遗产库;②加强水文化遗产修缮与保护;③推进修志立鉴工作;④传承河流祭祀文化。第二,通过规划与建设达到发展水文化,其中包括:①强化政府主导水文化建设;②切实加强水文化载体建设;③强化水文化融入水工程。第三,通过宣传和教育达到弘扬水文化,其中包括:①开展行业水文化宣传教育;②增加学校水文化教育;③加强水文化研究工作;④弘扬水文化与行业精神文明建设相结合;⑤加大社会水文化宣传力度。

第三方面,水利部高层领导直接切入推动水文化的研究和建设。2008年2月,水利部精神文明建设指导委员会决定,由水利部精神文明建设委员会办公室、中国水利文学艺术会、中国水利学会共同发起,中国水利水电科学研究院承办,举办《首届中国水文化论坛》。论坛的主题为"水文化与可持续发展水利",旨在深入研讨水文化与治水实践、水文化与民族精神和时代精神、水文化的继承和创新等理论问题和现实问题,从文化层面去研究和破解制约、影响水利事业科学发展、和谐发展的问题。中国首届水文化论坛的召开,象征着我国水文化研究和实践活动进入到一个全新的阶段[①]。

其后于2011年12月18日水利部正式下达了《水文化建设规划纲要(2011—2020年)》,开启了以部正式文件专题下达有关水文化工作的先例,使水文化研究、建设,正式纳入政府部门的

---

① 周英,等. 首届中国水文化论坛优秀论文集[M]. 北京:中国水利水电出版社,2009.

职能。2013年8月23日成立了"中华水文化专家委员会",旨在打造一个水文化研究高端人才的聚集中心和注重水文化创新成果转化,为加快我国水利改革发展提供更加有力的支撑。

通过20多年对水文化的研究,应该说已大致理清水文化的理论—实践—建设的基本脉络,并将其跻身于我国林林总总的各类文化之林。

(四)水文化概念的深入探讨

要为水文化作出定义式概念,同样与为文化定义式概念相似,也会有多解。例如:

李宗新给出的最简明的说法是:"有关水的文化或是人与水打交道的文化"。并且他在《中华水文化概论》中给出对水文化概念的界定为:"广义的水文化是人们在水事活动中创造物质财富和精神财富的能力和成果的总和;狭义的水文化是指观念形态的文化,主要包括与水有密切关系的思想意识、价值观念、精神成果。"

河海大学教授尉天骄在《水文化与景观》讲座中认为:"水文化指的是在人水关系中产生的文化现象和文化规律"。

云南省社会科学院院长助理、国际水历史学会主席郑晓云在《水文化的理论与前景》一文中认为:"水文化是人类认识水、利用水、治理水的相关文化。它包括了人们对水的认识与感受、关于水的观念;管理水的方式、社会规范、法律;对待水的社会行为、治理水和改造水环境的文化结果等。"

中华水文化概论

陈雷部长,在中国水利水电出版社2009年10月出版的《首届中国水文化论坛优秀论文集》的题为"弘扬和发展先进文化促进传统水利向现代水利转变"的序中认为:"水文化是人与水关系的文化",是"人类活动与水发生关系时所产生的以水为载体的各种文化现象的总和"。他认为水文化与文化的概念类似,同样有广义和狭义之分,"广义的水文化是指人类在社会发展过程中,通过人类与水密不可分的生产活动中所创造的物质和精神成果的总和";"狭义的水文化应是人类水事活动的观念、心理、方式及其所创造的精神产品,包括与水有密切关系的思想意识、价值观念、行业精神、行为准则、政策法规、文学艺术等"。这是迄今为止对水文化所下的最为水利行业和社会所接受的一种定义,为水文化研究奠定了一定的理论基础。

更具体一点说，水孕育了生命、养育了人类，人类从一开始出现，因其具有智慧，便带来了文化、创造了文明、共构了社会。人类要生存、繁衍离不了水，人类社会的发展也离不开水，人对水必然会形成各自的意识，产生各自的理性（创造性）思维，发生个体或（经过语言或符号的交流和统一后的）社会群体的各种涉水活动和劳动的人水关系，这一"人水关系"，范围非常广泛，包括：用水、治水、管水、护水、亲水、乐水、游水、嬉水、观（赏）水、咏水……涉及社会生活的方方面面和社会的每一位成员。通过各种涉水活动和劳动（即水事活动），同时形成以水为媒介的文化现象和文化规律，在物质上和精神上都必然会产生一定成果，这些成果的总和就是水文化。

水事活动是一种客观的社会存在，必然会形成与之相适应的社会意识，水文化就是人们对水事活动的理性思考所形成的社会意识。人们对水事活动的认识都有一个从感性到理性的认识过程。水文化就是人们对各种水事活动理性思考的结晶。而水事活动又是创造水文化的源泉。

根据这些水文化的概念，还必须进一步了解以下几点：

第一，水文化的架构。水文化基本架构由三个层面、五大要素构成。三个层面为：物态水文化、行为水文化和精神水文化。其中精神水文化是内核，物态水文化为表层，行为水文化则是处于二者之间的中层；五大要素为物态水文化、行为水文化、精神水文化、地域水文化、时代水文化等。五大要素中地域水文化和时代水文化则是从时空的角度上划分的。

第二，水文化研究的对象。水文化作为一门科学，它的研究对象有宏观和微观之分。宏观水文化研究的对象是通过对水与人类、社会、经济、文化等方面的内在关系的研究，揭示水文化的形成、发展及其变化的规律，从而科学地认识水在人类生存、社会进步和经济发展中的地位和作用。微观水文化研究的对象是指水与社会生活的任何一个方面联系所构成具体研究对象。具体的研究对象较多，如水与国家、水与政治、水与经济、水与民生、水与城市、水与军事、水与哲学、水与宗教、水与工程、水与生态、水与环境、水与文学、水与艺术、水与生活、水与旅游……，都是研究的对象。

第三，文化与水文化的关系。水文化属文化的范畴，是文化的重要组成部分，是各种分类文化中的一类。纵观人类社会长期的历史进程，历朝历代都少不了治水、管水的工作，水利是国家形成的基础，也是社会发展的基本保障，从某种意义上讲，水文化是文化的基础文化之一，亦可说水文化是文化的母体文化，因为没有水，便没有人，文化也就没有了。为此，对水文化的研究和建设，更应引起全社会的重视。

第四，水利文化是水文化的主体。水文化与水利文化是既有联系又有区别的两个概念。水文化泛指包括水利文化在内的一切涉水的有关文化，它的内涵与外延都比水利文化更宽泛，内容更丰富。水利文化是人们在开发水利，治理水害活动中创造的具有行业特征的水文化，这种文化对社会的进步和经济发展影响重大而深远，因此，它则在水文化中居主体地位。

第五，水工程文化是水利文化研究中最重要的一类文化。水利文化包括水利人文文化（指水利精神文化、水利制度文化）、水利物质文化（指水工程文化、水资源文化）。水利人文文化是属于一种无形的文化，它是要通过有形的物质载体才能表现出来。物质是第一性的，离开物质载体，水利文化就成为无本之木、无源之水。水与水工程就是水利文化的木之根本、水之源头。而在人类历史的长河中，水利人治水的手段主要是兴办水工程，因此水工程文化又成了水利文化的主体。虽然在近现代，世界针对局部地区出现的自然水危机，将水资源文化提到议事日程，但遍及世界各地已经存在的水工程和从未间断兴建的水工程仍然在与非工程措施并重地解决着水危机，故水工程文化仍然是水利文化中最为重要的一类文化。

第四节　水文化与水文明

一、水创造了人类文明

水孕育了地球上的生命体，养育了人类。人类须臾也离不开水，从原始本能地"缘水而居，不耕不稼"，逐步懂得了"得水而兴，失水而废"的道理，开始步入农耕时代，出现了以"利人"为目的的治水及管水的水利活动。这些活动为美国史学家哈佛大学K.A.魏特夫教授称之为"水利文明"。他在其所著《东方专制主义》中认为："古代埃及、美索不达米亚、中国和印度以及墨西哥和秘鲁都属于这种文明。"应该说这种文明一直延续了几千年，包括延伸到某一个国度、某一个流域水体承载能力许可下的整个水开发阶段。由于水利文明的存在，又使这种文明展伸至农业文明、工业文明、商业文明、交通文明、城市文明……乃至整个社会文明。是水创造了生命体，创造了生命的精灵——人类，更创造了地球上充满生机和活力的全人类的文明。

魏特夫著《东方专制主义》

二、人类水文明的提升

（一）水物质文明的提升

人类从"穴居野处"、"采食经济"的原始文明迈向"逐水而居"并"制土田，各因所生而远"的农耕文明，再迈向"苏湖熟，天下足""广厦安居""佳肴美食"的近代文明，直至"小康社会"的现代物质文明，都是以社会经济的提升而逐步提升的。针对自然水体、河流等而言的治水技术（人化）的提升，同样印证了"水利文明"中物质文明的进步。从"鲧作城""壅防百川""九年而水不息"，向"禹决江、浚河""浚畎浍""功成水土"而"四奥既居"，再向开挖陂塘沟渠，建设堤堰闸坝的"以水就人"直到"高峡出平湖"和"南水北调"等现代水利工程的出现，均属水文化"人化"范畴的水利物质文明逐步提升现象。水物质文明的每一步提升，都是随社会、经济、文化的发展，在有技术、有条件、有财力的情况下才得以实现的。

（二）水精神文明的提升

人类文明的提升，不仅表现在物质文明的提升上，而且也表现在精神文明的提升上。"水生民，民生文，文生万象"，人类通过对自然界（包括对人类自己）的认知，并在改造自然的活动中，逐步形成水意识、水思维、水精神、水品格、水智慧，逐步形成水哲学、水美学、水文学、水艺术、水伦理、水道德、水情操等属精神一类的水文明。水精神文明也是随着社会、经济、文化的发展而在不断提升的。

三、当代水文明的展现

（一）"利水水利"[①]是水文明意识提升的表现。

从"鲧障洪水"始，直至20世纪末，四五千年以来，人水之间总是围绕以人们对水物质为最基本需求的灌、排、引、航等目标，形成不断进化的"利人水利"和"工程水利"的治水思维和治水、管水技术。但是随着人类社会发展，自然界水体已难以承载人类这方面需求的"水掠夺阶段"，北方缺水——黄河断流、城市水荒；南方污水——淮河污染、太湖蓝藻的出现，人们开始思考要"变

---

① 董文虎. 利水水利——水利发展高级阶段的理性思维模式 [J]. 水利发展研究，2007.

工程水利为资源水利"、"资源水利的本质特征——人与水、与自然和谐相处",并从水文化的战略高度,提出了要形成"利水水利"——"人首先要利水,否则水就利不了人"的"化人"之"利水"观点。这是当代人水关系中最能体现水文明意识提升的典型表现。

(二)水生态文明建设是人类展现"利他"文明的最高境界

生态文明的提出,是人类对人以外一切生物的人文关怀。水生态文明建设则是人类通过对水的关爱,从而达到对人以外一切需水生物的人文关怀。水生态文明是水文化中水伦理境界的升华和水道德标准的提高,是人类水自觉、水自律的文化表现;水生态文明建设,是从"利己(人)"的水利建设飞跃向"利他(它)"的水利建设的阶段性转换,更是人类展现"利他(它)"文明的最高境界。

(三)"让河流有形功能与无形功能并存"是水文明建设的理论基础

"让河流有形功能与无形功能并存"就是在重视河流(水工程)的传统功能如灌排引航等有形功能的同时"要十分重视河流的无形功能——生态功能、环境功能和人文功能"[①]的理念。这一理念已成为当代水文明建设的理论基础,并受到了社会的普遍重视。这一理论从形成到受到重视,本身就是现代人类水精神文明的体现,也是水文化研究具有时代性象征的重要成果。

四、水生态文明建设与水文化

(一)党中央在水生态文明建设中提出了文化要求

2011年中央1号文件和中央水利工作会议明确提出:"力争通过5年到10年努力,从根本上扭转水利建设明显滞后的局面,基本建成水资源保护和河湖健康保障体系"。"河湖健康"是将河湖视为生命体,而提出的一个水伦理文化方面的问题。各级水利部门在继续实施大江大河大湖治理的同时,正在大力推进河湖水系连通、中小河流治理、水生态修复与保护等使水"活"起来、"健康"起来的工作。这次十八大报告又把生态文明建设独立成章,和经济、政治、文化、社会建设并列,形成"五位一体"并重建设总格局。其中,第一次提出了"建设美丽中国"。并明确提出了"山清水秀"属人们感知层面之文化意识方面的要求,成为报告的新亮点。

---

① 董文虎. 让河流有形功能与无形功能并存[J]. 中国水利报, 2005.

（二）水生态文明建设离不开水文化作支撑

随着我国水利建设的改革进程不断提速、工作内涵不断深化、社会服务功能不断拓展，除了要强化供水、防洪、排涝等基本功能外，特别提出了要对以"山清水秀"为形象目标的河湖水资源保护与优化配置、水生态修复、水环境整治、水景观打造等文化内涵越来越丰富的水生态文明建设予以高度关注。并使为上述任务服务的水文化建设，也成了水利工作必须重视的重要任务和关键环节。统筹水利建设与城乡发展，以水资源的永续利用支撑社会经济的可持续发展，以水的良性循环保障流域其他生物具有良性生态条件，以打造富有文化内涵和高品位的水工程和景观性水环境，以适应人们不断增长的水精神需求等水生态文明建设，极大地丰富了现代水利、民生水利、利水水利工作内容，进一步拓展了水利的发展空间。这些现代水文明建设的主攻目标，哪一项都少不了水文化和水文化工程技术的支撑。

（三）水生态文明建设项目是水文化建设的重要载体

水生态文明建设，主要任务是统筹协调水利建设与生态建设，强调水工程造型与周边景观相协调、水工程布局与自然生态相适应，采取水工程措施与非工程措施并重，加强水生态修复与保护。充分发挥大自然的自我修复能力，给水以休养生息的环境，化水害为水利，使水资源和水环境保持良好的生态平衡。推进水生态文明建设，有利于提高各地的防洪安全、排涝安全、水工程设施安全；有利于优化水资源配置，统筹保障工业用水、居民用水、城乡用水和生态用水；有利于营造山更青、水更秀、景更美、人水更和谐的良好生态环境，打造独具特色的滨水景观风光带；有利于挖掘、弘扬厚重的水文化；有利于现代水利双重科技知识的运用；有利于建立以水系为骨架、与水资源相匹配的产业布局和城乡规划发展的架构，有利于改善人居环境，满足人们亲水、近水、玩水和滨水而居的需要。

水生态文明建设项目又是水文化传承的重要平台。水生态文明建设往往是建设以水域及水工程为主体的水利风景区逐步展开的，在建设中又以深度挖掘水文化内涵，做好水文化景观开发，建立水利宣传教育示范基地，加强水文化价值推广，加强我国悠久的治水历史和水利科学知识宣传，让人民群众更多地享受水利优美环境，感受当代水利事业巨大成就和水文化丰富内涵为主要工作方向和内容的。这样，大多水生态文明建设项目就又成为了水文化建设的重要载体。水生态文明建设项目的推进有利于推进水文化建设和水文化传播方式转变，有利于统筹水工程建设和文化建设，增加水利工程的景观元素和文化元素，提升水工程的文化内涵和文化品位。

第二章 水工程文化

研究水与水工程文化的目的，主要是用水工程文化学的理论，指导如何提升水工程的文化内涵与品位的实践。由于在我国尚未建立水工程文化学，因此，有必要先对水工程及水工程文化相关的几个概念做些阐述。

第一节　水工程的相关概念

要了解水工程文化，先要了解有关水工程的几个相关概念。

一、水用具

要了解水用具的概念，首先要从了解"用具"的概念开始。用具即用品、器具。例如：生活用具、学习用具、医疗用具等。用具一般与工具概念相似，并无实质性差别，人们习惯于将劳动生产所用的器具多称为工具，而将与生活相关的器具多称为用具；用具也有比喻专门秉承他人意志办事犹如用具的人，是作贬义之用的。例如鲁迅先生在《书信集·致黄源》中就写了"个人被当作用具，也讨厌的"。本书涉及到的水用具之"用具"的概念，属第一种用具释义的概念，即指生活中所需用的器具。

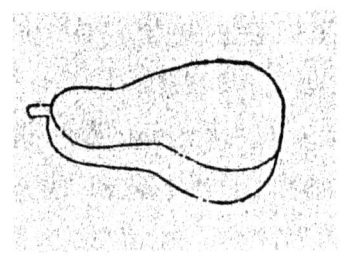

水用具——水瓢
（摘自《王祯农书》）

水用具。根据用具的定义，我们可把凡是涉水和涉及以水为主制成相关液体的用具都称为水用具，例如，水瓢、斗笠、水桶、雨具、餐具、茶具、酒具等。

二、水工具

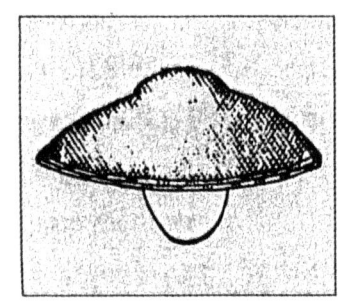

水用具——斗笠
（摘自《王祯农书》）

要了解水工具的概念，也必先了解"工具"的概念。工具的概念有三种，第一种概念是泛指从事劳动生产所使用的器具，有用在手工操作上的，也有用在机器工作上的。如木工用的刨子、凿子、锯子，机械工人用的车刀、砂轮、量具、台虎钳、扳手，农民用的锄、犁、耙等。使用工具的好处可以是机械性，也可以是智能性的。大部分工具都是简单机械。例如，一根棍子可以当作杠杆使用，力点离开支点越远，杠杆传递的力就越大。人类工具的进化，先后经历了五个时代，分别是：旧石器时代（选用天然未经加工的石器）、新石器时代（使用经过打磨的石器）、铜器时代（知道使用铜制作工具）、铁器时代（能使用铁制作工具）、现代工具时代（出现精密或智能化工具）。第二种概念是比喻用以达到某种目的事物或为完成、促进某一事物的手段。如：语言是交流思想的工具、民主成为垄断资本家的工具等；第三种概念是比喻专门秉承他人意志办事犹如工具的人，多含贬义。如：他是恶霸欺压平民的工具。这三种概念之间，从本质上讲，并不存在某种文化意义上的内在联系，第二、第三种概念仅是借用第一种概念的词语，作比喻。本书涉及到的水工具之"工具"的概念，仅为第一种工具释义的概念，即指工作时所需用的器具。

水工具，简括地说，一般水工具应该是指能作用于水的器具；具体地说是以除水害、兴水利为目的，经过人的实践劳动而形成的可以使用的器具。这种器具，有的是直接用手工操作的简单水工具，如戽瓢（在剖开的瓢上扎上一根竹子或木柄，站在水边向田里浇水的工具）、戽斗；也有借助人力或风力通过类似机械的器具对农田引、排水的工具，如水车（古代叫翻车，今人也有叫龙骨车的）、筒车等。这类水工具，亦即初始的水工程，它必须有一定的土工构筑物如小水渠、小水沟、抑或小水池与之相配套，才能达到引、排水的效果。另外，在水工具中还有一种为水工程服务的工具，它虽不直接接触水，但在水工程的建造过程中，又是必不可少的器具，如古代用的"准绳"（即现代的测量工具之一，测绳）、"规矩"（水工程设计绘图和施工放样的器具）等。

水工具——戽斗
（摘自《王祯农书》）

水工具——龙骨车
（摘自《王祯农书》）

三、水工程

（一）水工程概念

要了解水工程的概念，同样首先要了解"工程"的概念。

工程的概念有三种，第一种概念是将自然科学原理应用到工农业生产部门中去而形成各学科的总称。如：水利工程、土木建筑工程、化学工程、遗传工程、系统工程、生物工程、海洋工程环和境微生物工程等。这些学科是应用数学、力学、物理、化学、生物学、测量学、水力学、水文学等基础科学的原理，结合科学实验及生产实践中所积累的技术经验而发展起来的，主要内容有：对于工程基地的勘察、设计、施工、原材料的选择研究，设备和产品的设计制造，工艺和施工方法的研究等；第二种概念是指具体基建项目。把工程看成是人工改造物质世界的建造活动的产物，即以某组设想的目标为依据，应用有关的科学知识和技术手段，通过一群人的有组织劳动，将某个（或某些）现有实体（自然的或人造的）转化为具有预期使用价值的人造产品过程。这种"工程"是某些工程学科的具体应用，通过这一应用，使自然界物质（包括能源、水资源）的特性、特征、条件有所改变，能够通过各种构造体、机器、产品、系统和过程，以最短的时间和精而少的人力做出高效、可靠，对人类有用的东西，如河渠工程、水库工程、房屋工程、铁道工程、船舶工程等；第三种概念是指涉及面广、需各方合作、共同投入人力物力的工作。把工程定义为一种实践活动或者建造过程，如现代化工程、数字化工程、脱贫工程等；这三种概念之间有着某种文化意义上的内在联系。本书涉及到的水工程之"工程"的概念，为第二种工程释义的概念，即把"工程"视为人类实践劳动的产物（具有静态的存在特点），但也吸收第三种概念的精神实质（具有动态的过程特点），在此基础上，把水工程看做是一个已经完成的工程建造产物，分析其构成因素。同时也把它看做是一个工程建造过程，以及分解的各相关建造环节。

水工程的概念，简括地说，直接涉及到水物质的工程称为水工程。也就是指用于控制和调配自然界的地表水和地下水，达到除害兴利目的而修建的工程，称为水工程。具体地说是以除水害、兴水利为目的，经过人的实践劳动而形成的由水体、土工构筑物、水工建筑物以及相关机械设施、管理设施共同组成的物质建造成果。现代意义上的水工程是防洪、除涝、灌溉、航运、发电、供水、围垦、水土保持、移民、水资源保护等工程（包括新建、扩建、改建、加固、修复、更新）及其配套和附属的管理工程，以及涉水的环境工程、生态工程、人文工程的统称。不附属于水工程的单体另建的水（利）展览馆、水（利）博物馆，水利图书馆等，虽系与水文化有密切联系的建筑物工程，但因其与水体没有直接联系，只属习惯的房建工程分类，不属水工程之列。

水资源自然存在的状态一般不能完全符合人类的需要，只有修建水工程，才能控制水流、水量，防止洪涝灾害，进行水资源的调节和分配，形成吸引人的美感和蕴涵文化，以满足人民生活和生产对水资源、水环境、水景观的需要。水工程是人类为改变自身处境而进行的自觉的创造。

（二）水工程的产生

自然界存在水，自然界有了人，人的生活、生产离不开对水的需求，人的生存离不开与自然界存在的水灾害作斗争。河水挡住了人通往对岸的路，人无法过河，突然发现一棵不知什么时候被风刮倒在小河上的树，人们于是发现了可以从树上跨水过河。人类是有智慧的，由此类推，人们开始有意识地把树伐倒，建成了第一座涉跨河水工程——桥，从树上过了河；"人往高处走，水往低处流"，这句民间谚语讲解了人水关系的自然现象。"采食而生"时代的人，为了饮水或猎渔，总是"傍水而处"，但每遇雨涝（洪），河水上涨，只能是"遇洪水而陟（zhì，至）"的"人往高处走（逃）"。当人类逐步向"产食时代"过渡，鲧开始知道了"息壤"可"堙"洪水的道理、禹发现了"水往低处流"的自然现象，于是鲧作"城"的圩堤，禹作"尽力乎沟洫"的沟渠等，由此直接作用于水的水利工程出现了。随着生产力的发展，"壅防百川，各以自利"（《汉书·沟洫志》）、"决通川防，夷去险阻"（《史记·秦始皇本纪》）的大规模"挡"和"疏"的水利工程也随之逐步出现。水利工程是随着人类文明曙光的出现，人类对自然水的认知、利用、抗争而产生的。

（三）水工程的分类

水工程一般有以下几种分类方法。

（1）第一种方法是按水工程的主要建造材料进行分类，可分两大类：

1）土工构造物，指运用土方完成的水工程，如河、渠、圩、堤等。

2）水工建筑物，指运用砂、石、水泥、钢筋等建筑材料建造的水工程，如涵、闸、站等。

（2）第二种方法是按水工程功能进行分类，大致可以分为以下几类：

1）挡水建筑物，如闸、坝、堤、海塘等。

2）泄水建筑物，如溢洪道、泄洪隧洞等。

3）取水建筑物，如进水塔、进水闸等。

4）输水建筑物，如渠道、输水隧洞、管道等。

5）治导建筑物，如丁坝、护岸、护坡、挡墙等。

6）扬水建筑物，如泵站的房屋、进出水池等。

7）蓄水建筑物，如井、窖、储水池、塘等。

8）专用建筑物，如水电站的厂房、船闸及升船机、防波堤及码头、鱼道、筏道、给水过滤池、桥梁等。

（3）第三种方法是按工程服务目的或服务对象分类，大致分为以下几类：

1）防止洪水灾害的防洪工程。

2）专为农业生产服务的防止旱、涝、渍等灾害的农田水利工程，也被称灌溉和排水工程。

3）将水能转化为电能的水力发电工程。

4）改善和创建航运条件的航道和港口工程。

5）为工业和生活用水服务，并处理和排除污水和雨水的城镇供水和排水工程。

6）防止水土流失和水质污染，维护生态平衡的水土保持工程和环境水利工程。

7）保护和增进渔业生产的渔业水利工程。

8）围海造田，满足工农业生产或交通运输需要的海涂围垦工程等。

9）为水工程建设和管理服务的配套工程，如移民工程、管理房屋工程等。

一项水工程同时为防洪、灌溉、发电、航运等多种目标服务的，称为综合利用水工程，如长江三峡水利枢纽工程。

（4）第四种方法是按工程规模分类，以上各类水工程又可各自分别分为大、中、小型三类水工程[①]。

（四）河流与水工程

河流是否属于水工程？河流是陆地表面宣泄水流的通道，是溪、川、江、河的总称。河流是自然物质循环的环节之一，本属自然物，不属水工程。然而，由于人类对河流的依存度极大，先是"逐水草而居，遇洪涝而陟"，进而是"壅防百川"、"疏九河、瀹（yuè，粤）齐漯而注诸海，

---

① 史梦熊，等.中国水利百科全书[M].北京：水利电力出版社，1991.

决汝汉、排淮泗而注之江",又发展至可以通过修堤筑台、丁坝顺坝、改道分流、束水攻沙、建闸引水、造泵扬水乃至拦河造库、跨流域调水等工程手段,影响河流,改变河流。自鲧、禹治水,4000年来人类对原本纯属自然的河流施加的影响已达到可以开挖千里京杭大运河,建三峡"截断巫山云雨、高峡出平湖"的程度。人类的活动上到珠峰之巅,下至海洋深底,远至南北两极,乃至空中集云降水、驱云止雨。对地球上的河流而言,几乎没有一条河流没有留下人类的足迹,只是人类的影响程度大小而已。因此,只要受到人类干预或干扰的河流,就已经不是自然概念的河流,而应归属于水工程的范畴。当然,人类的水事活动还没有涉及的少数河流中纯自然的源头河段,目前仍可不纳入水工程范畴。

从水工程的功能这一视角看,水工程同样应包括人类已通过工程对水发生作用的相关溪、川、江、河以及湖泊、沼泽、湿地等。

第二节 水工程文化的相关概念

由于水工程文化是本书介绍的核心内容,且较复杂,需分层次介绍。

一、工程文化

要了解水工程文化的概念,必须先要了解"工程文化"的概念。

工程文化是近年来人们日益关注的一门新兴学科,也是一个新兴的研究领域。随着经济全球化与我国市场经济的不断发展,工程文化日益繁荣;工程活动与文化的结合日趋紧密,二者相互联系,相互促进,共同发展,呈现出工程文化与文化工程化的发展趋势。目前学术界通常从三个方面对"工程文化"进行定义:一是把工程文化定义为一种专门的文化,即由工程学科的基础知识、专业技术知识和相应的学术规范、建造标准等构成的一系列知识和技术体系。这一文化是广义文化中非精神文化之中的一个部分,是一种以自然科学学科为主体的文化,类属自然科学文化,它的对象是自然界,主要是认识自然界的客观规律。二是把工程文化定义为工程师职业文化,即工程师在从事工程建设活动中体现的职业道德、伦理价值观念、对工程和环境、社会、经济等关系的态度和处理方式等。这一文化属狭义文化中的一个部分,专指工程师这一特定人群的职业文化,是一种以人文科学学科为主体的文化。人文文化,对象是精神世界,要求终极关怀,要解决"应是什么"

的问题，是为人之根本，即"为人之本"的文化。三是把工程文化定义为工程建造物"有形文化"及其蕴涵的建设历史、建造技术、建筑艺术等这样一种的"工程文化"。这一类文化可称之为具有工程特质的"意识文化"，抑或也可称为"无形文化"、"精神文化"。本书所述工程文化概念，一般采用工程文化的第三种工程文化概念，既包括建造之物的"有形文化"，又包括工程特质的"无形文化"。如中国的故宫、赵州桥等很多著名建筑就集中体现了这一文化的定义，即把工程文化视为工程实体及其蕴含的精神文化内容的总和。这一工程文化涉及文化学、历史学、文学、哲学、美学、人类学、心理学、经济学、工程学、建筑学、制造学、环境学、法学等多学科；跨越政治、经济、文化、艺术、科技等多领域；交融生产、流通、消费等多环节。

大自然创造了人类，人类创造了文化。其实，物质产品的工程，本身也属于广义文化范畴内的财富之一，而工程毕竟是人创造的，其内含的非物质文化，已成为客观存在的、普遍的、能给人们深刻印象的一种社会现象，有必要把它们作为一个整体来研究。"文化"是基础，"工程"是平台，而在这个"平台"上，不同的产业现象，又不断演绎着不同文化的发展与变迁。一般专门的工程文化对象只仅仅是物质性工程，通过掌握与应用自然界规律，物化自然界规律的技术，用于物质，形成实物性工程，来实现和满足社会的物质的需求。但这一需求，往往并不能满足人们的全部需求，因为人们客观上还对工程存在有精神享受和依托的需求，这种能同时解决兼具满足人们物质和精神两种需求的物化自然产品中的文化，定义为工程文化的完整概念。

河海大学尉天骄教授认为："工程"的"工"字，有人解释为：上面一横表示"天"，下面一横表示"地"，"工"就是连接"天"与"地"的事业。此说有一定的合理性。"天"可以理解为自然界，"地"可以理解为人类社会，工程就是为了改变人类的处境而在自然界与人类社会之间探索一种解决的途径。工程通常要使用物质材料。物质材料如何使用，涉及科学技术问题。传统的思路是把"工程"与"技术"联系在一起，人们通常说的"工程技术人员"，就是在这样的意义上使用的。但是，深入一层看，比"技术"更为宽广和深远的是"文化"，比如，技术该不该运用？如何运用？技术是不是万能的？技术之外还有没有问题要解决？诸如此类的问题就不是技术本身能够回答的，需要借助文化的思考。但以往在对工程的认识上，过多注意工程的技术成分，对工程的文化属性重视不够。当我们突破单纯技术化的思路而从"人"（人类社会）与"天"（自然界）的关系层面思考问题时，工程文化就成为必须关注的内容。文化的核心是价值观。工程文化的核心就是按照一定目的运用工程材料和科技手段的过程中所体现的思维方法、原则、精神、意义、影响等。这一对工程文化的解释，更为形象，更可以给人以深刻的印象。

二、水工程文化

（一）水工程文化的定义

有了对工程文化的定义，即可将涉水工程中能兼具满足人们物质和精神两种需求的文化叫做水工程文化，水工程文化是水工程所具有的各种文化元素的总和。水是人类生产和生活必不可少的宝贵资源，水本身就既有自然属性，也有文化属性，则水工程的文化属性必然会潜在的存在，必然比一般工程更为鲜明。

（二）水工程文化的出现

水工程文化是伴随着人类的水利行为——水工具、水工程的制作和建造，一同出现，一同前行的。

由于，水文化是人类对人类社会发展过程中，各个时代和各个时期所有指导涉水行为之观念的外化，也是人类为适应自然水环境与满足水需求，所形成的一切兴水之利、除水之害的种种方式和具体行为的成果。因此，水工程文化也就是人类社会各个时代和各个时期，不同地区和不同流域，不同人群和不同个人，根据对自然水、对生态水之环境的认识程度、思想观念、思维模式、指导思想，进行制作水用具、打造水工具、建设水工程等一切水事行为和这些行为方式及其思想意识的外化的成果。

在人类社会形成的初期，除了建造栖身之所（洞穴、茅舍）和狩猎获取食物（包括猎取水中食物）之外，治水是最早体现人类与自然抗争的创造性劳动。先民对水工程的建造要远远早于对陶器的制作和青铜器的铸造。治水非一人之力可以完成，需要利用物质材料，运用技术手段，更需要调集人力，它是人类社会较早的大规模的文化行为。可以说，在中华民族形成和发展的历史上，正是水工程的建造，促进了原始部落的团结和奴隶制社会的形成。在一定意义上可以说，水工程焕发出了人类社会最初的文明之光。

人类要生存、繁衍，绝对离不开水。而且大自然对人类的水之为利、水之为害，本就客观存在。人类从懂得用器具取水而饮、在水中猎鱼而食开始，就形成了水利。我国水利一词，最早出现在战国末年（公元前239年前后）秦国丞相吕不韦组织属下门客们集体编撰的杂家著作，《吕氏春秋·孝行览·慎人》中，记述舜之事迹的"以其徒属，堀地财、取水利、编蒲苇、结罘（fú，浮）网，手足胼（pián，骈）胝（zhī，支）不居，然后免于冻馁之患"。此中所述"取水利"是指取

古代人类取水之利

水中的鱼虾之利。舜时代能"结罘网"的意识和技术,成为了我国最早的有记载的水工具文化。而在此书约100年后的汉武帝时,司马迁考察了许多河流及大量的治河、引水工程后,在其所著《史记·河渠书》中写下了"甚哉,水之为利害也","自是之后,用事者争言水利"。司马迁所言的水利,已含有"穿渠"之渠、"溉田"之洫、"堵口"之坝等人类对水所做的水利工程。这些水工程对人类而言,已具有兴利和除害的功能,一般认为汉代司马迁笔下所记之水利,是我国有记载的、最早的、较为具体的水工程文化。其实,成书于先秦时代的《山海经》记载了在禹之前的鲧,在自己部族领地河南崇(嵩)"窃帝之息壤以堙(yīn,因——指'环城堆土'成堤挡住)洪水"(《山海经·海内经》)。鲧带领群众筑"三仞之城"(《淮南子·原道训》),始开水被人所做的水利工程按人的意志挡在城外的先例。其所筑之"城",才是我国有文字记载的、最早的、成功的防洪水利工程。这一行为的创造性思维和实践成果,也是我国有文字记载的、最早的除害性水工程文化。

(三)水工程文化的内涵

可以认为水工程文化,既是水工程本身这一物质形态的文化,也是水工程这一物质实体之中蕴含着的制度内容和精神内容的创造。也就是说,水工程文化,既应包含水科技凝聚的结晶、水工程制作工艺、水工程建造技术、水工程社会效益等方面共构形成的水工程实体之心物文化,还应包含水工程中蕴涵的人文理念、外溢的哲学观念、形成的审美形象等这些归属于水工程精神文化的全部文化。或者说,水工程文化是不仅包括对水工程的建设全过程的行为活动,其中包括水工程的相关建造技术、建造制度等以及这些行为的活动成果——水工程,还包括对这一水工程涉及到的人们对自然水的认识、社会对水工程建造需求及决策,以及人类社会通过社会实践形成对水工程的建造意识、建造观念、建造思潮、审美观念等建造思想和所形成的建筑艺术成果。水工程文化既表现于水工程外部可感层面直观形象的文化艺术风格,也表现于水工程物质实体之建设流程、水工程的质量效益、水工程的精神价值这些内在的要素之中。水工程文化包括每一座水工程所内含的文化要素，是指在水工程建造过程中，所有参与人物的思想、意识、精神，通过作用于水工程建设每一环节的行为，以及其所产生的可以外化的文化成果。

水工程文化，既包括水工程有形的直观形象，又包括水工程物质实体之中蕴含的无形的精神文化。水工程都是以实体的物质形态呈现的，但在其建造之前和建造过程之中，总是有理论、技术等水科技文化作支撑；总是有社会背景、经济发展等社会文化需求在推进；还有制度、审美、人文等精神文化在起作用。因此，认识和鉴赏水工程，不能仅根据工程对水物质所产生的具体作用评定，而忽视其与水共构的环境形象；也不能仅仅注意水工程外在的躯壳，而忽视其内在的文化内涵。

（四）水工程文化的研究重点

要建成水工程，必然要与水科技文化同时并存，否则，不可能建成水工程。如果，其行为过程中，不蕴含精神类文化，并不会影响水工程的建成。然而，一项水工程，在物质建造方面虽符合技术要求，甚至结实耐用，如其中非物质性质的精神文化内容乏善可陈，那只能是有缺陷的水工程。因为，精神文化是人类社会的基因，也是水工程的灵魂，富有精神文化的水工程才是完整的乃至完美的水工程。由于水利科技文化已早就为人们所重视，建立了各种学科。因此，本书所重点研究的水工程文化，从某种意义上说，主要是指水工程中所含的科技文化类以外的人文理念、哲学观念、审美形象等哲学社会科学类的文化。

自从有了人，人类就开始使用水工（用）具、水工程，去用水、治水、理水乃至保护水。在人与水的关系中，形成了最为重要的直接关系。也就是说，从有史以来，直至当今的现代，人们从未离开通过对水工程的建设、管理，去某种程度地满足人类（进而包括生态）对水的需求。因此，水工程文化对于世界上每个人的影响，也都和水工程一样，处处存在。今后，要达到人水平衡、和谐相处，仍然需要水工程发挥主体作用，而且随着人们物质享有水平的提高，精神享有的需求也会越来越高，水工程文化对人也会发挥越来越重要的作用。我国水工程、水利事业与各种相关文化之间的关系，中华民族自古至今在对于我国特定的水规律的领悟过程中，所建立起来的带有独具中国特色的水工程文化现象，也是需要研究的重点。

（五）水文化、水利文化、水工程文化关系

从古至今，有水、有人，就有水文化。人要用水、治水、管水，就有水利文化。几千年来乃至未来要建水工程，都需要水工程文化。而各项水工程的建设，包括决策、规划、设计、施工和

管理、修复、改造、更新，又都必然会创造出与其相适应的水工程文化、水利文化和水文化。各个时代和各个时期，不同地区和不同流域的不同人群和不同个人涉水的文化意识、文化理念、文化需求、文化习惯、文化素养等，反过来又会促进（或抑制）人对自然水的重新认识，并会把这种观念、思想、行为、价值观等反映于新的水利工程建设的决策、规划、设计、施工和管理、修复、改造、更新中，形成新的对应于融入这种文化的，时代或时期的水工程产品。因此，水工程文化、水利文化与水文化之间的相互关系，是一种长期持续、交融演替、辩证耦合、相对统一、梯度发展的关系。从概念外延看，水文化是文化的一个子系统，水利文化则是水文化的核心部分，水工程文化又是水利文化的最为重要的组成部分。文化——水文化——水利文化——水工程文化之间形成的逻辑关系，是从上位概念到下位概念逐层向下地递进；反之，水工程文化则是形成水利文化的最为重要基础，水利文化又是水文化最为重要基础，水文化则应是文化大概念中客观存在的基础文化之一。人类对水的认识、对水的行为、对水开展的水利活动，所制作的水利工、用具，所构筑和管理的水利工程行为产生的各种水文化、水利文化与水工程文化之间的关系均密不可分。通过阐述水工程与水利、水文化之间的关系及内涵，并从水工程文化与水利文化、水文化的历史沿革与演变中，将会进一步认识水工程、水利与水文化之间的辩证、耦合、统一、致用、助益和互为作用的关系，也是研究水工程文化的另一重要侧面。

（六）要形成研究水工程文化的自觉

由于长期以来，我国大部分地区的水利建设一直沿袭单纯注重水工程以兴利除害为主的经济功能，忽视了水工程对陶冶人的情操、提高人的素质等文化方面的功能，这是造成水工程文化建设存在着不同程度的滞后局面的根本原因。温家宝在中央文史研究馆成立60周年的讲话中说：文化对一个国家发展进程的影响，比经济和政治的影响更深刻、更久远。……如果说经济发展改变的是一个国家的面貌，那么文化繁荣则可以化育一个民族的风骨。……文化建设的滞后，必然对经济发展、社会进步、生态保护乃至政治文明形成一定制约。因此，今后在水工程规划、建设、管理中，必须形成努力提升水工程文化内涵与高度的文化自觉。

三、文化水工程

从"文化"一词作为名词词性解释，广义文化是"人类创造的一切物质与精神财富的总和"角度看，政治、经济、科技都是文化的构成部分。但工程主要是人类为了克服与自然界的矛盾而创造的产物，它体现的是人的创造性劳动。但"工程"与"文化"本来是两个很大的领域，长期以来，人们大都是对"工程"、"文化"分别加以研究的，形成两个不同研究方向而不能互相兼容的文化。长期以来建成的水工程，从所含文化分类看，大致可分为两类：一类为仅根据人们对水物质需求，仅单纯地使用水科学技术建成的仅对水物质发生作用的水工程；一类则为根据人们对水物质和水精神双重需求，不仅使用包含科技思想、社会效益等水科技文化，而且兼用人文理念、哲学观念、审美形象等水精神方面的文化，建成的不仅可以对水物质发挥作用，而且同时可以对涉及此工程的人之精神发挥作用的水工程。前者习惯称为水工程，为了区别前者，后者则称为文化水工程，即指不仅可供人使用，而且内含精神文化，可供人欣赏、品鉴和还可对非工程直接水受益范围内的人产生影响的水工程。

四、文"化"水工程

前面已对"文化"一词本身具有双重词性作过阐述。文化一词的出现，首先就是"以文（或文字）化（教）人"之意的偏正简化动词，而不是名词。在"文'化'水工程"中的"文'化'"一词，也就是将其作为动词"文化"之用的，指在水工程的建造中，注入精神文化内涵的工作过程，具体指的是在这个过程中的行为。由于文化一词双重词性的存在，本书为了区别文化一词使用时的词性，将名词词性的文化仍写作"文化"；将动词词性的文化专门在"化"字上，加上引号，写作"文'化'"，让读者读之，更能产生直观印象。

第三节　水与水工程文化的时空性

对水工程文化的研究，就是为探讨水工程作为人类的一种文化现象的起源、演变、结构构成、本质功能、传播及其进化中的个性与共性、特殊与一般的规律。由于水工程文化是与人类进入文明社会同步出现的，又是与有人类分布的地方同时并存的，其存在的时间性与分布的空间性也是我们必须了解的。

一、水与水工程文化的时间性

水与水工程文化的时间性，即时代性或历时性、阶段性等。

水与水工程文化时期的划分原则是：以与水工程文化的因素——水工程及文化的发展为划分断代的基本检索依据，以水工程文化研究历程对水与水工程文化作用的影响为主导线索，参照水及各种水工程思想等进行历时性的阶段划分。

按中国水工程文化存在形态的发展规律、特点，来对水工程文化总体以及各区域、各时期水工程文化分期可初步确定为：史前原始社会的水工程文化——神化性水工程文化、奴隶社会时代的春秋战国时期的水工程文化——中小土方型水工程文化、我国漫长的封建社会时期秦汉至清中期的水工程文化——大中小土石方水工程文化、半封建半殖民地社会时期清后期至建国前的水工程文化——新型建筑材料水工程文化、社会主义社会新时期的水工程文化——现代水工程文化。

根据水工程文化在揭示前与揭示后的不同作用来划分，主要分为水工程文化潜在时期、揭示时期和认知时期三个基本阶段。

潜在时期是指文化揭示以前的这段水工程文化的形成、发展过程，即从人类水工程文化产生以后到水工程文化的揭示前为止，主要是因为这一段人类水工程文化的过程有一个共同的特征——水工程文化都为无意识的潜在。

揭示时期是指广泛意义上的水工程文化被揭示所经历的过程，虽然水工程文化的揭示仅为一点，但孕育或产生这一行为的过程却是需要有一定的发展阶段的，将揭示以及揭示孕育过程合称为一个时期，包括文化本体研究的提出到文化应用至水工程的全过程。

认知时期是指水工程文化揭示以后，人们有意识地认识感知水工程文化存在和作用的这一阶段，这要根据水工程文化揭示点的被确认，而断定认知时期的开始。

研究水与水工程文化的时间性，实际上是对水与水工程文化学史的考察，即揭示和认知时间节点，考察、剖析该节点上的学说、人物、工程作品的文化内涵之发展脉络。水与水工程文化学史与水利史既有联系又有区别，水与水工程文化学史是以水工程为载体探讨水文化。而水利史是以历史为载体研究水利行为和水工程的。

（一）古代水与水工程文化

1. 史前时期

（1）水工程文化的曙光——井之文明。

中华先民最早修建的兴利水工程是井，井文明是我国史前水工程文化的曙光。东汉王充《论衡·感虚篇》引用尧时的"击壤歌"记有："吾日出而作，日入而息，凿井而饮，耕田而食，帝何力于我哉？"讲述了史前先人就懂得通过人工"凿"井的水工程技术，以及懂得用比地表水清净的井水"而饮"的文明，这是我国能流传下来的史前水工程文化之光辉。与尧有关的"尧井"可见《太平御览》卷一八九引《郡国志》云："尧井在汜水县东十五里。汉高祖败，项羽追之，入此井得免。见井中有双鸠飞出，有蜘蛛网，因而得免。"与这一水工程的延伸文化是十分丰富的。

山西临汾尧庙尧井

（2）水用具文化的精彩——马家窑彩陶。

水用具文化的精彩出现在5000多年前的马家窑彩陶上，先民们并没有满足陶罐装水、盛饭、烧水、煮饭的使用功能，他们用毛笔在马家窑彩陶上，对水作了淋漓尽致、出神入化的描绘：或波澜不惊，或春水微皱，或巨浪滔天，或同心圆扩散，或旋涡泛起，各类水符号和谐的组合，在对比中迸发出强烈的动感，像黄河奔流的千姿百态，生生不息，永世旋动，用以表达对水的崇拜和赞美。它的图案之多样，题材之丰富，花纹之精美，构思之灵妙，构成了典丽、古朴、大器、浑厚的艺术风格，"高端、大气、上档次"，是史前任何一种远古文化所不可比拟的。有关马家窑彩陶的文化内涵，将在第三章作详论。

2. 夏商周时期

（1）大禹治水的文化影响。

1）大禹治水路线图的文化内涵。

洪迈在《容斋随笔》对大禹治水的路线图进行了分析："《禹贡》叙治水，以冀、兖、青、徐、扬、荆、豫、梁、雍为次。考地理言之，豫居九州中，与兖、徐接境，何为自徐之扬，顾以豫为后乎？盖禹顺五行而治之耳。冀为帝都，既在所先，而地居北方，实于五行为水。水生木，木东方也，故次之以兖、青、徐。木生火，火南方也，故次之以扬、荆。火生土，土中央也，故次之以豫。土生金，金西方也，故终于梁、雍。所谓彝伦攸叙者此也。与鲧之汩陈五行，相去远矣。此说予得之魏几道。"①"禹顺五行而治之"，这是魏几道、洪迈的核心观点，其立论的推演源于《尚书·洪范》："箕子乃言曰：我闻在昔，鲧堙洪水，汩陈其五行。帝乃震怒，不畀《洪范》九畴，彝伦攸斁（dù，指败坏）。鲧则殛死，禹乃嗣兴，天乃锡禹《洪范》九畴，彝伦攸叙。"按五行相生排列，治水空

---

① ［宋］洪迈. 容斋随笔[M]. 北京：昆仑出版社，2001：9.

间序依次是北、东、南、中、西，实际上是先下游、再中游、后上游，先下游，出口问题解决了，洪水也就很容易消退。这是大禹治水的大局观，大局观正确是成功的先决条件。确定治水时空排序的五行方略实际上是《连山易》中的五行理论的推演和具体实践。

《尚书》的"虞书大禹谟"篇记载了禹对治水的总结："德惟善政，政在养民。水、火、金、木、土、谷惟修，正德、利用、厚生惟和，九功惟叙。"五行观跃然纸上，五行的生克制化，确确实实既是大禹的世界观，又是治水的方法论。宋代学人陆游在《禹庙赋》中对大禹治水的方法论作过精彩评点："世以己治水，而禹以水治水也。以己治水者，己与水交战，决东而西溢，堤南而北圮。治于此而彼败，纷万绪之俱起。则沟浍可以杀人，涛澜作于平地。此鲧所以殛死也。以水治水者内不见己，外不见水，惟理之视"。"以水治水"是循水之理，按水的自然规律治水，是科学治水；"以己治水"是逆水之理，是不作调研，不按自然规律治水，只按主观想象治水，难以成功。

2）大禹精神。

《史记》对大禹治水作了这样的描述："禹乃遂与益、后稷奉帝命，命诸侯百姓与徒以傅土，行山表木，定高山大川。禹伤先人父鲧功之不成受诛，乃劳身焦思，居外十三年，过家门不敢入。薄衣食，致孝于鬼神。卑宫室，致费于沟淢。路行乘车，水行乘船，泥行乘橇，山行乘檋。左准绳，右规矩，载四时，以开九洲，通九道，陂九泽，度九山。令益予众庶稻，可种卑湿。命后稷予众庶难得之食。食少，调有余相给，以均诸侯。禹乃行相地所有以贡，及山川之便利。"[①]

据此，当代水利人把大禹精神归结为：公而忘私，忧国忧民的奉献精神；艰苦奋斗，坚忍不拔的创业精神；尊重自然，因势利导的科学精神；以身为度，以声为律的律己精神；严明法度，公正执法的治法精神；民族融合，九州一家的团结精神。

3）大禹治水对文明基因的固化和强化。

大禹治水是人类第一次大规模对自然的干预，以治水开国，以治水治国，以治水定国。司马迁在《史记》中记述大禹治水时，从"下民皆服于水"讲到"众民乃定，万国为治"，道出我国治国先治水的铁的定律。在治水的庆功大典上，君、臣高歌："元首明哉，股肱良哉，庶事康哉！"反复吟唱的主题仍是大一统。这种群体统一规划、统一指挥、统一行动的征服自然的行为，是治河行为社会化，流域受益一体化，为建立大一统的中国超稳定社会结构，积累了经验。这是世界上其他文明所不具备的，仅为中华文明所独有。

---

① 司马迁. 史记 [M]. 北京：中华书局，1982.

清代乾隆花大本钱将大禹治水这一不朽题材雕刻在价值连城的巨玉上，并题诗云："功垂万古德万古，为鱼谁弗钦仰视。画图岁久或湮灭，重器千秋难败毁"，可见他对大禹治水如此青睐，不仅把它当作自己一生的总结，更重要的是："德万古"——大禹治水塑造了中华民族之魂；"功垂万古"的国之"重器"就是指大禹治水为构建大一统的国体和超稳定的社会结构所作出的重大贡献。

（2）周易对水与水工程文化的总结。

1)"三易"中卦元的演变。

关于易学的演化，《礼记·春官·大卜》说得比较清楚："掌《三易》之法，一曰《连山》，二曰《归藏》，三曰《周易》，其经卦皆八，其别皆六十有四。"三易:连山、归藏、周易分别是夏、商、周朝代的指导社会实践的基本理论，既是世界观又是方法论，大禹治水和连山易密切相连。《周易·系辞》云："河出图，洛出书，圣人则之。"河图、洛书演示宇宙万物变化规律，无疑对大禹治水有着深刻的启迪。

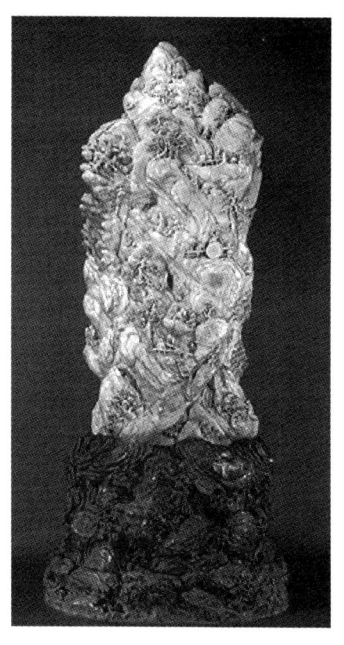

清代大禹治水玉雕

从北宋元丰年间发现的古书《三坟》中可看出《连山易》的来龙去脉和概貌，《三坟》中《太古河图代姓纪》有如下记载："伏羲氏，燧人氏子也。因风而生，故风姓。末甲八，太七成，三十二易草林。草生月，雨降日，河汛时，龙马负图，盖分五色文，开五易甲，象崇山。天皇始画八卦，皆连山，名易。君、臣、民、物、阴、阳、兵、象，始明于世。"[①]

《连山易》的八卦名称是：君、臣、民、物、阴、阳、兵、象。《归藏易》的八卦名称是：地、木、风、火、水、山、金、天。《周易》的前身《乾坤易》的八卦名称是：天、地、日、月、山、川、云、气。《周易》的八卦名称是：天、地、山、水、风、雷、火、泽。三易的八卦实质是远古先人们在对宇宙的认识和把握过程中所抽象出的八大基本要素，从三易的八卦名称的变化过程可看出《归藏易》和《周易》的八卦基本取自八种具体的自然现象，而《连山易》的八卦则取自八种自然现象和社会现象，君、臣、民、兵是具体的社会要素，阴、阳、物、象则是抽象的自然和社会要素。从上述可看出《连山易》和《周易》在八卦的取向上有着明显的不同:《连山易》

---

① 王兴业. 谈《三坟易》的校误与正文 [J]. 周易研究, 1998: 77.

的八卦取向的指导思想是抽象和具体相结合、自然和社会相结合；而《周易》的八卦取向的指导思想则完全是抛开抽象而选择的都是具体的自然。

从《连山易》的六十四卦的结构看，虽然它的基本卦元是具体和抽象相结合、社会和自然相结合，但其物象的生成却是直截了当、一目了然的；《周易》却不同，虽然它的基本卦元是具体的、自然的，但它的物象的生成却是转换的、联想的、形象思维的，从这点可以看出，《连山易》是《易经》的初级阶段，而《周易》却是《易经》的高级阶段，这也从另外一个层面说明了为什么《周易》会流传至今，而《连山易》《归藏易》却消亡了，这其中有历史的必然和逻辑的必然。《周易》基本卦元的选取与《连山易》和《归藏易》不同，《连山易》的基本卦元中未出现"水"；《归藏易》

周易八卦图

基本卦元中出现一个"水"；《周易》的八个基本卦元中就有两个与水有关：坎和兑，而六十四卦中与水有关的就有二十八个。这一易经结构演变历史充分说明，大禹治水的实践为《周易》提供了丰富的素材，甚至直接影响到《周易》卦系统的基本架构；而《周易》则是大禹治水的理论总结。

2)《周易》对水与水工程文化的总结。

如果说大禹开以易治水之先河，那么《周易》则如实反映了中国古代自大禹以来先民治水的实践和经验。《周易》六十四卦中专门讲述水工程的有两卦：风水涣和水风井，前者是防洪工程的调度和实施，后者是给水工程的建设。

《周易》风水涣卦，巽上坎下。"涣，亨，王假有庙。利涉大川，利贞"，在洪水灾害到来时，决策者用到太庙祭祀的手段，动员群众，统一思想。"初六，用拯马壮，吉"，想战胜自然灾害，要有充分的物质准备。"九二，涣奔其机，悔亡"，防洪决策应果敢有力，如错失良机，将丧其根本，则悔之晚矣。"六三，涣其躬。无悔"，战胜自然灾害，决策者应身先士卒。"六四，涣其群，元吉。涣有丘，匪夷所思"，决策的正确，方案的得当，损失的减少，大大出乎意料。"九五，涣汗其大号，涣王居，无咎"，检讨决策的正确与否，方能使救灾顺利进行。"上九，涣其血去，逖出，无咎"，通过这次抗洪救灾，总结经验，吸取教训，以利再战。[1]

《周易》水风井卦，坎上巽下，其内涵极为丰富，"井"是广义的取水工程。"初六井泥不食，旧井无禽"讲的是因淤塞水利工程报废，而造成生态退化。"九二井谷射鲋，瓮敝漏"。瓮漏则水泄，而失其用，讲的是水利工程因失修而功能减退。"九三井渫不食，为我心恻。可用汲，王明，并受其福"。这里讲的是水利工程的疏浚、水的有无、可食与不可食引起决策者的严重关切，水运系于国运。"六四井甃，无咎"，讲的是水利工程的维修、保护的重要性。"九五井洌寒泉食"，特别强调水质的重要性，视为"中正"。"上六井收勿幕，有孚元吉"，讲的是水利工程既成，就应该"勿幕"，发挥最大的效益。"象曰：木上有水，井，君子以劳民相劝"，这里已涉及思想工作、政治工作、水政问题了。

《周易》多处谈到治水，如果我们将《周易》的治水论说与西周盨铭文和《史记》中大禹治水的描述相对照，就会发现有惊人的一致。如《周易·恒卦》曰："初六，浚恒，讲的是防洪的最重要的手段：疏浚河道，理通水路，这实际上就是大禹治水时的"浚川"、"开九洲，通九道"的开通之道；又如《周易·泰卦》曰："无平不陂，无往不复"，讲的是水工建筑的功能、建造和使用应注意的问题，这实际上就是大禹治水时的"敷土"、"随山"、"陂九泽、度九山"的理论概括；又如《周易·坎卦》曰："坎不盈，祗既平"，讲的是水利工程中的高程测量和水流控制的问题，这实际上就是大禹治水时的"左准绳，右规矩"的形象注解。

3. 春秋战国时期

（1）《考工记》中的水工程文化。

《考工记》是中国目前所见年代最早的手工业技术文献，该书在中国科技史、工艺美术史和文化史上都占有重要地位。在当时世界上也是独一无二的。全书共7100余字，篇幅并不长，但科技信息含量却相当大，内容涉及先秦时代的制车、兵器、礼器、钟磬、练染、建筑、水利等手工业技术，还涉及天文、生物、数学、物理、化学等自然科学知识。

《考工记》十分重视水利灌溉工程的规划和兴修，它记述了包括"浍"（大沟）、"洫"（中沟）、"遂"（小沟）和"田"（田间小沟）在内的当时的沟渠系统，并指出要因地势水势修筑沟渠堤

考工记

---

[1] 金景芳，吕绍纲. 周易全解 [M]. 上海：上海古籍出版社，2005：460.

防,或使水畅流,或使水蓄积,以便利用。对于堤防的工程要求和建筑堤防的施工经验,它也作了详细的记述。

《周礼·地官·遂水》"凡治野,夫间有遂,遂上有径,十夫有沟,沟上有畛,百夫有洫,洫上有涂,千夫有浍,浍上有道,万夫有川,川上有路,以达于畿。""匠人为沟洫,耜广五寸,二耜为耦一耦之伐,广尺深尺,谓之㽙;田首倍之,广二尺,深二尺,谓之遂;九夫为井,井间广四尺,深四尺,谓之沟;方十里为成,成间广八尺,深八尺,谓之洫;方百里为同,同间广二寻,深二仞,谓之浍。专达于川,各载其名。凡天下之地埶,两山之间,必有川焉,大川之上,必有涂焉。凡沟逆地防谓之不行。水属不理孙,谓之不行。梢沟三十里,而广倍。"这里讲的是与井田制相配套的渠系设计,"沟"、"洫"的作用是引水、输水,"遂"是配水,"浍"是泄水,"专达于川"指渠与河的联系,或引或泄,"各载其名"除了各安其位、各行功能外,还隐喻周礼的等级制度的内涵,已形成完整的水工程的符号文化和制度文化。

"凡行奠水,磬折以参伍。凡为渊,则句于矩。凡沟必因水埶,防必因地埶。善沟者,水漱之;善防者,水淫之。凡为防,广与崇方,其殺(shài,指减杀;削减)参分去一,大防外殺,凡沟防,必一日先深之以为式,里为式,然后可以傅众力。凡任索约,大汲其版,谓之无任。""凡行奠水,磬折以参伍",是指溢流堰的合理配置;"凡为渊,则句于矩"是指合理配置跌水,调整水流速度,防止渠道冲刷;"善沟者,水漱之"主张水路要因势利导,借水冲淤,保持畅通。"凡为防,广与崇方,其殺参分去一,大防外殺"提出堤防设计,采用较缓的边坡维持河堤稳定。

《考工记》的本质是齐国政府制定的一套指导、监督和评价官府手工业生产及兴办水工程的技术制度。它的官书性质和严格的强制性、制度性表明了书中记载的技术文献已经超越了简单的技术资料记载,而成为当时国家精神和时代精神的浓缩,只不过这种浓缩不是以精神文化的集中形式而是以技术文化的形式。我们可以窥见其已极大地影响了古人的宇宙观、思维方式和人文关怀精神。其中所蕴含的天人合一、五行相生、虚实结合、仿生造物的美学思想迄今依然闪耀着智慧的光芒,它们开创了具有典范性和普适性的造物审美原则,有着借鉴价值和指导意义。也是水工程文化学值得认真挖掘的宝贵财富。

(2)《管子》中的水与水工程文化。

管仲当过齐国宰相,有丰富的治水实践经验。作为法家的代表,管子的水论是古代治水大全,涉及的学科有:世界本原论、水力学、水文学、水害学、水工程学、水利管理学等。

管子在《水地篇》中探讨世界本原论,开宗明义提出:"水者何也?万物之本原也,诸生之宗室也，美、恶、贤、不肖、愚、俊之所产也。""太一生水，水反辅太一，是以成天"（《郭店楚简》）。中华先民对世界的本原采用一元论。中华文明的两大流域黄河、长江具有"四同"：同源，发源地均在青藏高原；同向，均由西向东流动；同归，均注入太平洋；同国，全程均分布在中国境内。黄河文明和长江文明的"四同"，极大增强了中华文明的认同感和同一性，是世界本原一元论的地理环境基础。

水力学："水之性，行至曲，必留退，满则后推前。地下则平行，地高即控。杜曲则捣毁，杜曲瞠则跃。跃则倚，倚则环，环则中，中则涵，涵则塞，塞则移，移则控，控则水妄行。"这里已涉及水力学中的急流和缓流、水跃、弯道环流等基本概念。

水文学："水有大小，又有远近，水之出于山而流入于海者，命曰经水。水别于他水，入于大水及海者，命曰枝水。山之沟，一有水，一毋水者，命曰谷水。水之出于他水，沟流于大水及海者，命曰川水。出地而不流者，命曰渊水。此五水者，因其利而往之可也，因而扼之可也。而不久常有危殆矣。"分类就是认知，由于"五水"的划分，明确各自特点，治水才有方向，方能对症下药。

水害学："五害之属，水最为大。五害已除，人乃可治。""善为国者，必先除其五害"，相对水利学，反向思维，率先提出水害学，化害为利，"人乃终身无患害而孝慈焉"。

水工程学："大者为之堤，小者为之防，夹水四道，禾稼不伤。岁埤增之，树以荆棘，以固其地；杂之以柏杨，以备决水，"重点设防，就地取材，因地制宜。

水利管理学："请为置水官，令习水者为吏，大夫、大夫佐各一人，率部校长官佐各财足，乃取水左右各一人，使为都匠水工。令之行水道，城郭、堤川、沟池、官府、寺舍及洲中当缮治者，给卒财足。"分工明确，各司其职，号令统一，组织高效；工程规划、财政筹措，方案实施，赏罚分明，管理调度，既有可行性研究，又有施工组织设计。

4. 两汉时期

（1）贾让的水工程决策文化。

西汉时期，贾让提出"治河三策"，成为治理黄河的最早文献。上策是其核心思想："人不能与水争地"，"徙冀州之民当水冲者，决黎阳遮害亭，放河使北入海"。中策的具体内容是："多穿漕渠于冀州地，使民得以溉田，分杀水怒。"下策，贾让只作简略的表述："缮完故堤，增卑倍薄。"其结果是"劳费无已，数逢其害。"

贾让

贾让的"定山川之位,使神人各处其所,而不相奸"的观点现在看来,属于水工程决策文化。[①]

"三策"后来被王景应用于治理黄河的实践中。析读"治河三策",贾让提出的"不与水争地"、顺自然而用之的思想以及实地考察、比较分析而后形成决策的科学精神,是汉代水工程文化的光辉杰作和宝贵遗产。

王景

(2)王景的水工程文化理念。

王景是东汉时的水利专家又是易学家,王景的八世祖王仲"好道术,明天文"。《后汉书·王景传》对其治黄经历,作了专门记载:"景少学'易',遂广窥众书,又好天文术数之事,沈深多技艺。""时有荐景能理水者,显宗诏与人谒者王吴共修作浚仪渠。吴用景堰流法,水乃不复为害。"永平十三年,"夏,遂发卒数十万,遣景与王吴修渠筑堤,自荥阳东至千乘,海口千余里。景乃商度地执,凿山阜,破砥绩,直截沟涧,防遏冲要,疏决壅积,十里立一水门,令更相洄注,无复溃漏之患。"王景治黄方略,因地制宜,颇具实效。开凿水道,拆除洪障,加固防冲,疏浚河道,分流泄洪,上引中截下排等,均在防洪关键点上,足文章,水害即除。易经的"初六,浚恒"和"无平不陂,无往不复"的治水理念光辉又在治黄历史上闪耀,王景作为一代治水高手,其在治黄的规划、设计、施工等环节上凸显的水工程文化理念至今都被称赞,而永垂青史。

5. 魏晋南北朝时期

《水经注》是公元6世纪北魏时郦道元所著,全书30多万字,详细介绍了中国境内1000多条河流以及与这些河流相关的郡县、城市、物产、风俗、传说、历史等。该书还记录了不少碑刻墨迹和渔歌民谣,是中国古代较完整的一部以记载河道水系为主的综合性地理著作,是展示水工程文化的大观园。

《水经注》文笔雄健俊美,既是古代地理名

郦道元
(约465—527年),范阳涿县人。

《水经注》
全书40卷,近30万字。注文为原书文字20倍,引用书籍430余种。

郦道元与《水经注》

---

① [汉]班固.汉书[M].[唐]颜师古,注.北京:中华书局,1962:1648、1694、1696、1693.

著，又是优秀的文学作品，在中国长期历史发展进程中有过深远影响。它以河流为纲，以水谈地理，以水说历史，以水示景观，以水言人物，以水叙事件，以水续风俗，以水传神话，以水诵诗文，是中国6世纪的一部地理百科全书，无所不包。侯仁之教授概括得最为贴切："他赋予地理描写以时间的深度，又给予许多历史事件以具体的空间的真实感。"[①]《水经注》描写三峡景观的名句分外清新："春冬之时，则素湍绿潭，回清倒影。绝𪩘多生柽柏，悬泉瀑布，飞漱其间。清荣峻茂，良多趣味。每至晴初霜旦，林寒涧肃，常有高猿长啸，属引凄异，空谷传响，哀转久绝。"[②]四季不同的奇异风光，从不同的角度凸显了三峡的奇异、险峻、清拔、幽暗、深邃、空寂各种风貌，成为山水游记的范文。

6. 隋唐时期

隋唐时期是中国运河体系发展过程中的最为重要的阶段，是大规模开挖、沟通、修缮、拓浚大运河的时期，也是大运河航运较为繁荣的一个时期。已申遗成功的大运河就属复合型的历史水工程文化，涉及区域达8省市，时间跨度大，前后达2000年。大运河是世界上开凿最早、里程最长的人工运河，它是古代中国人民创造的最伟大的水工程之一，是我国历史上南粮北运、水利灌溉的黄金水道，是军资调配、商旅往来的经济命脉，是沟通南北、东西文化交融的桥梁，是集中展现历

隋运河分布图

史文化和人文景观的古代水工程文化的长廊。从隋唐至清末随着经济中心的逐渐南移，政治中心与经济中心分离的矛盾越来越突出，政治中心在北方，经济中心则转移至南方，大运河的沟通，使南北关系从此稳定下来。运河通过漕运将国都与经济中心连接起来，源源不断地供应，满足了京师各种物资需求，使京师粮食安全、经济安全得到充分的保障。

大运河承载着上千年的风雨沧桑，见证了沿河两岸城市的发展与变迁，积淀了内容丰富、底蕴深厚的运河文化，是中华民族弥足珍贵的物质和精神财富，是中华文明传承发展的纽带，涉

---

① 出自《水经注选释·前言》.

② 郦道元. 水经注 [M]. 北京：华夏出版社，2006.

文化品类极为丰富,有哲学、艺术、科技、景观、历史、民俗等,大运河是漕运文化、都市文化、民俗文化等的复合型水工程文化,开放性与凝聚性的统一、流动性与稳定性的统一、多样性与一体性的统一是大运河水工程文化的深刻内涵。

梁启超在《中国地理大势论》中说:"中国南北两大河流,各为风气,不相属也。自隋炀浚运河以连贯之,而两河之下游,遂别开交通之通之路。夫交通之不便,实一国政治上变迁之最大原因也。自运河既通以后,而南北一统之基础,遂以大定。以后千余年间,分裂者不过百年耳,而其结果,能使江河下游,日趋繁盛,北京、南京两大都,握全国之枢要,而吸其精华。"高度评价了隋唐大运河的对维持中国的统一和稳定的巨大历史功绩。

7. 宋元时期

(1)苏轼的水工程文化学研究。

苏轼,四川眉山人,是世界级文学家、艺术家,从蜀中走向全国的苏轼,首先提出要兴建"水学"的理念。他在策断"禹之所以通水之法"中说:"当今莫若访之海滨之老民,而兴天下之水学。古者将有决塞之事,必使通知经术之臣,计其利害,又使水工行视地势,不得其工,不可以济也。故夫三十余年之间,而无一人能兴水利者,其学亡也。"①

苏轼

从上下文看,这里的"水学"是指水工程学,但从苏轼的全部社会活动看,"水学"又包括水文化学。水工程学涵盖治水理论和实践,他的《东坡易传》、徐州抗洪抢险、西湖综合治理、水利规划论证等,充分显示苏轼是地地道道的水利专家,其逻辑思维之缜密令人叹服。苏东坡的水文化学包括文化水工程和水工程文化,他在这两方面均有伟大的建树。苏轼高屋建瓴创立的"水学"是对中华水文化的重大贡献,其水工程文化的理论与实践可谓"千古一人"。

1)苏轼的水文化学。

苏轼是水文化的倡导者、水景观的设计大师。苏轼留存于世的2700多首诗歌中,山水诗就占了近五分之一;词300多首,纯以山水为题材者约200首,可见他对水文化情有独钟。

a. 水理的感悟。

---

① 苏轼散文全集[M]. 北京:今日中国出版社,1996.7.

a）水生哲理。

《天庆观乳泉赋》曰："阴阳之相化，天一为水。""水之在天地之间者，下则为江湖井泉，上则为雨露霜雪，皆同一味之甘，是以变化往来，有逝而无竭。"水是天地的中介，天地的联系。

"凡水之在人者，为汗、为涕、为洟、为血、为溲、为泪、为矢、为涎、为沫，此数者，皆水之去人而外骛，然后肇形于有物，皆咸而不能返。"表明水是人体重要成分，水就是生命。

爱水："我性喜临水"，"吾家蜀江上，江水清如蓝"（《东湖》）。

赞水："水者，物之终始也"，"水心无己"（《东坡易传》）。

悟水："必将得于水之道也"（《日喻》）；水之道，"因物赋形"、"柔外刚中"、"水性故自清，不清或挠之。君看此廉泉，五色烂摩尼。"（《廉泉》）"地与楼台相上下，天随星斗共沉浮。一尘不向山中住，万象都从物外求。"（《潮中观月》）"使君非世人，心与古佛闲。时要声利客，来洗尘埃颜。""俯仰尽法界，逍遥寄人寰。亭亭妙高峰，了了蓬艾间。"（《南都妙峰亭》）

水与禅："闭眼观身如止水"、"水中照见万象空"，"水镜以一含万"（《送钱塘僧思聪归孤山叙》）表现出大地万象、丰富多彩、无限广大，皆含映于水中。

"水性故自清"（《廉泉》）。"道人胸中水镜清，万象起灭无逃形。"（《次韵僧潜见赠》）苏轼这里讲的是艺道同一的文艺本体论。

"江月照我心，江水洗我肝。"（《藤州江下夜起对月赠邵道士》）

"形倚一笠，地水转两轮。五霸之所运，毫端栖一尘。"（《赠月长老》）

"石眼杯泉举世无，要知杯度是凡夫。可怜狡狯维摩老，戏取江湖入钵盂。"（《游中峰杯泉》）

b）水育文学。

苏轼以水论文艺，最先受其父苏洵思想的启迪。苏洵在《仲兄字文甫说》中从美学角度对风水涣作了绝妙的解释："今夫风水之相遭乎大泽之陂也，纡余委蛇，蜿蜒沧涟，安而相推，怒而相投者如鲤，殊然疑态，而风水之极观备矣。故曰'风行水上涣'。此天下之至文也。""水"是指创作主体及其艺术修养，"风"则是指客观事物刺激了创作主体，而让创作主体产生了创作冲动、灵感和激情；"风水相遭"是指客观事物触动了创作主体，使创作主体产生了灵感。

《自评文》中说道："吾文如万斛泉源，不择地皆可出，在平地滔滔汩汩，虽一日千里无难，及其与山石曲折，随物赋形，而不可知也。所可知者，常行于所当行，常止于不可不止。如是而已矣，其他虽吾亦不能知也。"《与谢民师推官书》中说："大略如行云流水，初无定质，但常行于所当行，常止于所不可不止，文理自然，姿态横生。"苏轼在《滟滪堆赋》指出："天下之至信者，惟水而已。

江河之大与海之深，而可以意揣，惟其不自为形，因物以赋形，是故千变万化而有必然之理。"

苏轼从父亲那里接受了"风水相激"、"实中溢外"的观点，所以坚持有为而发，不勉强为文。"万斛泉源，不择地而出"是苏轼的艺术创作动力；"随物赋形，尽水之变"是苏轼的艺术表达、创作方法；"行云流水，文理自然"是苏轼的艺术鉴赏、创作风格。苏轼的水育文学论，正是"风水相激"观点的引申、充实和发挥。

b. 山水文化的鉴赏。

诗因景而生色，景因诗而扬名。山水文化鉴赏是苏轼"水学"的重要组成部分，通过山水文化鉴赏，揭示水流的不同形态如江河湖海、潭泉井瀑等的文化内涵，道出不同地区的水文化差异，达到怡情养性的目的，同时为构建水工程文化学、水工程美学、水景观学，提供了理论支撑。

巴山蜀水的雄奇、灵秀对苏轼创立"水学"产生了重要影响，《蜀中名胜记》说眉州"山不高而秀，水不深而清，列眉通衢，平直衍广，夹以槐柳。小南门城村，家多竹篱桃树，春色可爱，桥之下流，皆花竹杨柳。泛舟其间，乡人谓之小桃园"。

苏轼对眉山的水生态的描写是："清江入城郭，小圃生微澜"（《送千乘、千能两侄还乡》，诗集卷三十）。对乐山河流形态的描写是："锦水细不见，蛮江清可怜。奔腾过佛脚，旷荡造平川"（《初发嘉州》）。眉山被陆游誉为"蜿蜒回顾山有情，平铺十里江无声"，"孕奇蓄秀当此地，郁然千载诗书城"（《眉州披风榭拜东坡先生遗像》）故乡的山清水秀对苏轼青少年的浸润是"润物细无声"。

对黄河的水文化的领悟是："活活何人见混茫，昆仑气脉本来黄。浊流若解污清济，惊浪应须动太行。帝假一源神禹迹，世流三患梗尧乡。灵槎果有仙家事，试问青天路短长。"（《黄河》）其中"气脉本来黄"，揭示了黄河文化的精髓。

对长江的水文化的领悟是："山川同一色，浩若涉大荒"（《牛口见月》），"惟余八阵图，千古壮夔峡"（《八阵碛》），"长江连楚蜀，万派泻东南。合水来如电，黔波绿似蓝。余流细不数，远势竞相参"（《入峡》）。"游人出三峡，楚地尽平川。北客随南贾，吴樯间蜀船。江侵平野断，风卷白沙旋。欲问兴亡意，重城自古坚。"摘自《荆州十首》。其中，"同一色"、"涉大荒"、"尽平川"道出楚地的山水构型的特征。

《巫山》中写道"瞿塘迤逦尽，巫峡峥嵘起。连峰稍可怪，石色变苍翠。天工运神巧，渐欲作奇伟。块轧势方深，结构意未遂。旁观不暇瞬，步步造幽邃。苍崖忽相逼，绝壁凛可悸。仰观八九顶，俊爽滇颢气。晃荡天宇高，奔腾江水沸。"尽现了三峡奇观，鬼斧神工，夺人心魄。

苏轼在《次韵答荆门张都官维见和惠泉诗》中写道："楚人少井饮，地气常不泄。蓄之为惠泉，垄若有所折。泉源本无情,岂问浊与澈。"诗中将"井饮"与"地气"关联起来,透露出楚地民俗。

"襄阳逢汉水,偶似蜀江清。蜀江固浩荡,中有蛟与鲸。汉水亦云广,欲涉安敢轻。"(《汉水》)"已泛平湖思濯锦,更看横翠忆峨眉"《法惠寺横翠阁》诗集卷九,苏轼这两首诗里流露的不仅仅是思乡之情,更重要的是不断将巴山蜀水与异地山水进行比较,把蜀水文化推向全国。

对海文化的领悟是:"蓬莱海上峰,玉立色不改。孤根捍滔天,云骨有破碎。"摘自《文登蓬莱阁下,石壁千丈,为海浪所战,时有碎裂,淘洒岁久》。"万人鼓噪慑吴侬,犹是浮江老阿童。欲识潮头高几许,越山浑在浪花中。""江神河伯两醯(xī,嘻,指醋)鸡,海若东来气吐霓。安得夫差水犀手,三千强弩射潮低。"摘自《八月十五看潮五绝》,蓬莱看海,赞峰誉浪;钱塘观潮,说古论今。

对淮河的领悟是:"好在长淮水,十年三往来。功名真已矣,归计亦悠哉。今日风怜客,平时浪作堆。晚来洪泽口,捍索响如雷。"(《过淮三首赠景山兼寄子由》)

对江西山水的领悟是:"楚山澹无尘,赣水清可厉。"(《尘外亭》)"江西山水真吾邦,白沙翠竹石底江。舟行十里磨九泷,篙声荦确相舂撞。醉卧欲醒闻淙淙,真欲一口吸老庞。何人得俊窥鱼矼,举叉绝叫尺鲤双。"(《江西》)

苏轼的山水赋及游记有:《赤壁赋》《后赤壁赋》《天庆观乳泉赋》《洞庭春色赋》《钱塘六井记》《雩泉记》《石钟山记》《琼州惠通井记》等,无一不钟情于水。

《洞庭春色赋》中写道:"吹洞庭之白浪,涨北渚之苍湾。"

《赤壁赋》中写道:"白露横江,水光接天","天地之间,物各有主","江上之清风,与山间之明月。耳得之而为声,目遇之而成色。取之无禁,用之不竭,是造物者之无尽藏也。"

《后赤壁赋》中写道:"江流有声,断岸千尺;山高月小,水落石出","适有孤鹤,横江东来。翅如车轮,玄裳缟衣,戛然长鸣","梦一道士,羽衣蹁跹。"

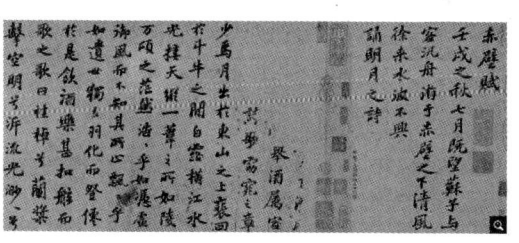

苏轼书《赤壁赋》

《石钟山记》中写道:"山下皆石穴罅,不知其浅深,微波入焉,涵淡澎湃而为此也。舟回至两山间,将入港口,有大石当中流,可坐百人,空中而多窍,与风水相吞吐,有窾坎镗鞳之声,与向之噌吰者相应,如乐作焉。""事不目见耳闻,而臆断其有无,可乎。"

《慈云四景甘露泉》中写道:"阶下有龙潭,一泓寒且碧。不须抚两掌,流出仙人液。"

《雩泉记》中写道:"庙门之西南十五步有泉,汪洋折旋如车轮,清凉滑甘,冬夏若一,余流溢去,达于山下。"吁嗟雩泉,维山之滋。维水作聪,我民所噫"。

苏轼的山水游记,文风清新,佳句迭出,意境深远,反复吟诵,受益匪浅。

c. 山水画点评。

苏轼在《画水记》中对古今画水做了评述:"古今画水,多作平远细皱,其善者不过能为波头起伏",指出水面画法的单调,就水画水;"唐广明中,处士孙位始出新意,画奔湍巨浪,与山石曲折,随物赋形,尽水之变,号称神逸。"孙位始出新意,以水石的激荡为表现主题,注重水与边界的相互作用,因"随物赋形",方可"尽水之变";"其后蜀人黄筌、孙知微皆得其笔法。始,知微欲于大慈寺寿宁院壁作湖滩水石四堵,营度经岁,终不肯下笔。一日,仓皇入寺,索笔甚急,奋袂如风,须臾而成,作输泻跳蹙之势,汹汹欲崩屋也",孙知微仍在水石激荡上下笔,"营度经岁"反复在结构、布局上推敲,然后一气呵成;"近岁成都人蒲永升,嗜酒放浪,性与画会,始作活水",蒲永升深得山无水不活、无活水不灵的真谛;"尝与余临寿宁院水,作二十四幅,每夏日挂之高堂素壁,即阴风袭人,毛发为立",其所画活水的视觉冲击力,可见一斑。

苏轼在《净因画院记》中说:"余尝论画以为人禽宫室器垺皆有常形。至于山石竹木水波斓云虽无常形而有常理。常形之失人皆知之。常理之不当虽晓画者有不知。故凡可以欺世而取名者必托于无常形者也。虽然常形之失止于所失而不能病其全。若常理之不当员举废之矣。以其形之无常是以其理不可不谨也。世之工人或能曲尽其形而至于其理非高人逸才不能辨。"苏轼抓住"常形"与"常理"的矛盾,揭示了绘画的精髓。

"出新意于法度之中,寄妙理于豪放之外,所谓游刃馀地、运斤成风。"摘自《书吴道子画后》)。"味摩诘之诗,诗中有画;观摩诘之画,画中有诗。"《书摩诘蓝田烟雨图》。

在苏轼一系列的山水题画诗当中,"烟雨"、"云烟"、"浮空"、"缥缈"都是高频出现的词汇,"浮空"、"缥缈"则是云山烟水给观者最直接的感受。苏轼由水的不同形态,提炼出了组成画面美感的三元素:烟、雨、云。

山水画:"山苍苍,水茫茫,大孤小孤江中央。崖崩路绝猿鸟去,惟有乔木攕天长。客舟何处来,棹歌中流声抑扬。沙平风软望不到,孤山久与船低昂。"摘自《李思训画〈长江绝岛图〉》。

"照眼云山出,浮空野水长。""经营初有适,挥洒不应难。""咫尺殊非少,阴晴自不齐。径蟠趋后崦,水会赴前溪。"摘自《宋复古画潇湘晚景图三首》。苏轼极为重视绘画构图,经营位置,实践上要做到"径蟠趋后淹,水会赴前溪",景物要错落有致、连绵呼应,这样才能在和谐中见变化,构成完美的整体。

"目尽孤鸿落照边，遥知风雨不同川。此间有句无人见，送与襄阳孟浩然。"

"木落骚人已怨秋，不堪平远发诗愁。要看万壑争流处，他日终烦顾虎头。"摘自《郭熙秋山平远二首》郭熙画论有三远：平远、高远、深远，苏轼对"平远"的理解是"目尽"、"顾虎头"，"目尽"是穷尽视线，"顾虎头"是凝聚画眼。

"江上愁心千叠山，浮空积翠如云烟。山耶云耶远莫知，烟空云散山依然。但见两崖苍苍暗绝谷，中有百道飞来泉。萦林络石隐复见，下赴谷口为奔川。川平山开林麓断，小桥野店依山前。行人稍度乔木外，渔舟一叶江吞天。使君何从得此本，点缀毫末分清妍。不知人间何处有此境，径欲往买二顷田。君不见武昌樊口幽绝处，东坡先生留五年。春风摇江天漠漠，暮云卷雨山娟娟。丹枫翻鸦伴水宿，长松落雪惊醉眠。桃花流水在人世，武陵岂必皆神仙。江山清空我尘土，虽有去路寻无缘。还君此画三叹息，山中故人应有招我归来篇。"摘自《书王定国所藏烟江叠嶂图（王晋卿画）》。

绘画可定格瞬间场景，而诗歌却能揭示场景变化、事件因果、画中情、画外音。苏轼这首山水画评诗就是明证。此诗意象繁茂，表情丰富。诗人采用大量虚词和散文句式加以表达，精炼隽永的诗歌语言的比例有所减少。首先是运用虚词连接词语和句子，造成语意转接连贯，其次，采用散文句式。

首句写烟江叠嶂，突出一个空字。景由阔至狭，又归于苍茫

郭熙 山水

气象。意象集中，用语紧凑，写出绘画所无法表现的烟云聚散的自然景象，同时又蕴含"守得云开见月明"的哲理，令人回味。前半部分用赋，铺叙景物。以烟江叠嶂为远景，描写绝谷、飞泉、萦林、络石，接着视线下移，以小桥野店点缀为近景。最末荡开一笔，以渔舟一叶，浮于江天之间，呼应首句。后半部分抒情议论为主，画图的景物安排有清妍之美，既赞美该画的布局，也抒发诗人归隐之念。

"却从尘外望尘中，无限楼台烟雨濛。山水照人迷向背，只寻孤塔认西东。"摘自《〈虔州八境图〉八首》之六。云烟变换，营造出的流动性的"空濛"，由尘外到尘中，"浮空出没有无间"，"迷远"之境由此而生。

"野水参差落涨痕，疏林出霜根。扁舟一棹归何处？家在江南黄叶村。"摘自《书李世南所画秋景》。"参差"、"欹倒"，山水画以正合，以奇胜，兵家、画家隔行不隔理。

《书晁补之所藏与可画竹三首》中说："与可画竹时，见竹不见人。岂独不见人，嗒然遣其身。其身与竹化，无穷出清新。庄周世无有，谁知此凝神。"画家作画，出神入化，忘去自身，身与物化，物我两忘，可谓思入杳冥，无我无物，方能达到"无穷出清新"的境界。

2）苏轼的水工程文化学。

a. 讴歌水利。

苏轼在踏踏实实兴修水利、为民造福的同时，还拿起诗歌这种宣传武器，大声为水利讴歌，留下许多脍炙人口的光彩篇章，是探索水工程文化学的先驱。

"今年粳稻熟苦迟，庶见霜风来几时。霜风来时雨如泻，杷头出菌镰生衣。眼枯泪尽雨不尽，忍见黄穗卧青泥。茅苫一月陇上宿，天晴获稻随车归。汗流肩赪载入市，价贱乞与如糠粞。卖牛纳税拆屋炊，虑浅不及明年饥。官今要钱不要米，西北万里招羌儿。龚黄满朝人更苦，不如却作河伯妇。"摘自《吴中田妇叹》。此诗与唐朝白居易的《卖炭翁》有异曲同工之妙，苏轼选取典型的生活情景和人物的行动，通过叙事抒情，间用议论的方式，形象地反映人民凄苦生活现实，揭露出造成人民悲惨命运的社会根源，真可谓三农咏叹调。

"天寒水落鱼在泥，短钩画水如耕犁。渚蒲拔折藻荇乱，此意岂复遗鳅鲵。偶然信手皆虚击，本不辞劳几万一。一鱼中刃百鱼惊，虾蟹奔忙误跳掷。渔人养鱼如养雏，插竿冠笠惊鹎䴗。岂知白挺闹如雨，搅水觅鱼嗟已疏。"摘自《画渔歌（湖州道中作）》。

《新渠诗（并叙）》："庚子正月，予过唐州。太守赵侯始复三陂，疏召渠，招怀远人散耕于唐。予方为旅人，不得亲执壶浆箪食，以与侯劝逆四方之来者，独为《新渠》诗五章，以告于道路，致侯之意。"其词曰：

"新渠之水，其来舒舒。溢流于野，至于通衢。渠成如神，民始不知。问谁为之，邦君赵侯。""新渠之田，在渠左右。渠来奕奕，如赴如凑。如云斯积，如屋斯溜。嗟唐之人，始识秔稌。""新渠之民，自淮及潭。挈其妇姑，或走而颠。王命赵侯，宥我新民。无与王事，以讫七年。""侯调新民，尔既来止。其归尔邑，告尔邻里。良田千万，尔择尔取。尔耕尔食，遂为尔有。""筑室于唐，孔硕且坚。生为唐民，饱粥与饘。死葬于唐，祭有雉豚。天子有命，我惟尔安。"

苏东坡的水利之歌，颂新渠之水、颂新渠之田、颂新渠之民，诗中为民请命，与民同喜同忧之情，溢于言表。

《河复（并叙）》："熙宁十年秋，河决澶渊，注钜野，入淮泗。自澶、魏以北皆绝流，而济、楚大被其害，彭门城下水二丈八尺，七十余日不退，吏民疲于守御。十月十三日，澶州大风终日，既止，而河流一枝已复故道，闻之喜甚，庶几可塞乎。乃作《河复》诗，歌之道路，以致民愿而迎神休，盖守土者之志也。"

"君不见西汉元光元封间，河决瓠子二十年。钜野东倾淮泗满，楚人恣食黄河鱣。万里沙回封禅罢，初遣越巫沉白马。河公未许人力穷，薪刍万计随流下。吾君仁圣如帝尧，百神受职河神骄。帝遣风师下约束，北流夜起澶州桥。东风吹冻收微渌，神功不用淇园竹。楚人种麦满河淤，仰看浮槎栖古木。""古井没荒莱，不食谁为恻。瓶罌下两绠，蛙蚓飞百尺。腥风被泥滓，空响闻点滴。上除青青芹，下洗凿凿石。沾濡愧童仆，杯酒暖寒栗。白水渐泓渟，青天落寒碧。云何失旧秽，底处来新洁。井在有无中，无来亦无失。"（《浚井》）表达有了除青苔，洗凿石，去旧秽，驱寒栗等浚井的辛苦，"井"就来；无浚井的辛苦，"井"就失。

b. 水工程美学的成就。

a）湖泊水文化的意境美。

在西湖，两条长堤横卧湖面，是两个大诗人建筑的，分别是白居易的白堤，苏东坡的苏堤。白堤东西方向，靠近湖的北岸；苏堤，长2.8公里，南北方向，靠近湖的西岸，六桥九亭连接，映波、锁澜、望山、压堤、东浦、跨虹，六桥烟柳，春晓雾蒙，潮光山色。苏堤的修建是系统工程的典型案例，既解决了交通问题，又解决了清淤的去处，同时营造了独特的亮丽的风景线，对西湖空间进行分

杭州西湖映波桥

割，内外由由此而生。长堤卧波，拱桥多姿，上飘彩云，下驶飞舟，柳丝浅绿鹅黄，轻拂半隐半现的石堤，而千年古塔，矗立天际。杭州西湖，四周群峰耸翠，山色空蒙，这是天然条件。湖中有白堤、苏堤，把湖面划分成不同的风景区。堤间拱桥，在低平的湖上，赋予了空间的曲线与立体感。堤上桃红柳绿，丰富了湖中色彩。桥下游船往来，时装笑语，波光桨影，堤边春风怡荡，长条拂水，更增添了山湖秀色，旖旎风光。还有花港观鱼，小瀛洲、平湖秋月等水面上的园中之园、景中之景，

给人以丰富多彩与多层次的感觉。春夏秋冬、花朝月夜，都有赏不完的风景。苏东坡诗云："我来钱塘拓湖绿，大堤士女争昌丰。六桥横绝天汉上，北山始与南屏通。"摘自《轼在颍州》。六桥指映波、锁澜、望山、压堤、东浦、跨虹桥，古朴美观，映波桥就是那六桥由南而北的第一桥，桥长17米，宽6.7米，单孔石拱桥，始建于北宋，民国九年桥面改石级为斜坡。水榭茶楼，小桥长廊，倒映在波光之中，将桥取名为"映波桥"正是恰到好处。站在桥上一边可见新建的雷峰塔，另一边则是西湖十景之一"花港观鱼"。随着时光的流逝，白堤已毁，苏堤健在，苏东坡开景观水利、人文水利的先河，构建西湖的美学框架，为西湖进入世界文化遗产名录奠定基础。

杭州西湖2011年入录世界文化遗产名录，世界遗产委员会对杭州西湖文化景观的评价是："杭州西湖文化景观是文化景观的一个杰出典范，它极为清晰地展现了中国景观的美学思想，对中国乃至世界的园林设计影响深远。""西湖文化景观遗产由承载其突出普遍价值的六大要素组成，包括西湖自然山水、'三面云山一面城'的城湖空间特征、'两堤三岛'景观格局、'西湖十景'题名景观、西湖文化史迹、西湖特色植物。"

苏轼对湖泊的景观美学诠释是："水光潋滟晴方好，山色空蒙雨亦奇。若把西湖比西子，淡妆浓抹总相宜。"摘自《饮湖上初晴后雨二首》。此诗是水景观的精品设计，丽日晴空，水生光，清晰分明，瑰美华艳，为浓抹；雨丝风片，山着色，缥缈隐约，素雅朦胧，为淡妆；"潋滟"为正，"空蒙"为奇，奇正相合，浓淡相宜，遂为西湖定评，千古绝唱。水天、山水、晴雨、人湖、浓淡的对比，诗画美、朦胧美、人文美、色彩美，美不胜收。"西湖之景甲天下，惟公能识西湖全"，阮元对苏轼的这一评价足证苏东坡对西湖风景了解之全面透彻。

当今的艺术家张艺谋在《印象西湖》实景演出的设计中，颇得"潋滟""空蒙"的真谛。水不再是载体，水是灵动的生命，水是充斥宇宙的主角，用水来表现水，用水来表现空间，用水来表现酷，用水来表现诗意，水会幻化成雨，时而大雨，时而小雨，时而方雨，时而圆雨，雨雨独特，它既是一种视角，也是一个形象，又是一份感情，还是一缕情愫。

b）河流水文化的生态美。

"我性喜临水，得颍意甚奇。到官十日来，九日河之湄。吏民笑相语：'使君老而痴。'使君实不痴，流水有令姿。绕郡十余里，不驶亦不迟。上流直而清，下流曲而漪。画船俯明镜，笑问汝为谁。忽然生鳞甲，乱我须与眉。散为百东坡，顷刻复在兹。此岂水薄相，与我相娱嬉。声色与臭味，颠倒眩小儿……"摘自《泛颍》。这首诗是苏轼对河流生态的赞美：颍水忽直忽曲，舟停时则水如明镜，舟行时又浪似锦文。它摄下诗人的身影，当舟中的诗人向水中的自己致问时，它竟然生出鳞甲，与诗人相嬉，扰乱水中的诗人的须眉，散而为上百个东坡，又在顷刻之间还原为一。亲水、近水、娱水、水之奇，水之清，水之活，水之趣，跃然纸上。[①]难怪清代文艺批评家刘熙载在《艺概·诗概》说："东坡长于趣"。

c）水力机械的造型美。

水车。"翻翻联联衔尾鸦，萦萦确确蜕骨蛇。分畴翠浪走云阵，刺水绿针抽稻芽。洞庭五月欲飞沙，鼍鸣窟中如打衙。天翁不见老翁泣，唤取阿香推雷车。"摘自《无锡道中赋水车》。他对水车之美，赞誉有加。前两句用"翻翻联联"、"萦萦确确"描述水车结构中的构件的连接和构件的造型的形式美，三、四句"浪走云阵"、"针抽稻芽"描述水车造就的绿色、动态环境美。

辘轳。"新系青丝百尺绳，心在君家辘轳上。我心皎洁君不知，辘轳一转一惆怅。何处春？风吹晓，江南绿水通珠阁。美人二八颜如花，泣向花前畏花落。临春风，听春鸟。别时多，见时少。愁人一夜不得眠，瑶井玉绳相对晓。"摘自《辘轳歌》。将青丝化为井绳，心情随辘轳转动而起伏，妻子对夫君的深深思念在辘轳上表现得淋漓尽致。

d）园林景观的布局美。

苏轼的《灵璧张氏园亭记》，透露出他的造园理念和美学思想。

"其外修竹森然以高，乔木蓊然以深"，"其外"是对园林边界的处理，以高深的修竹和乔木围隔成一个静谧的私密空间；"其中因汴之余浸以为陂池"，"其中"是对园林的整体设计，取汴河的余脉，以水贯园；"取山之怪石以为岩阜"，有水必有山，山水不能分离，叠石以"怪"为要义；"蒲苇莲茨，有江湖之思。椅桐桧柏，有山林之气。奇花美草，有京洛之态"，植物的配置及分区，营造不同的文化氛围，既有水岸的静思，又有山林的飘逸，还有都市的富态；"华堂厦屋，有吴蜀之巧。"建筑物的形制体现文化内涵，这里取吴蜀风格；"其深可以隐，其富可以养"，这是对园林功能的要求，既要躲避闹市的喧哗，又能颐养天年。"其木皆十围，岸谷隐然。凡园之百物，无一不可人意者，信其用力之多且久也。"造园者独具匠心，处处留心，方有"无一不可人意"的效果。

《李氏园》云："其西引溪水，活活转墙曲。东注入深林，林深窗户绿。水光兼竹净，时有独立鹄。""小桥过南浦，夹道多乔木。""尽东为方池，野雁杂家鹜。""其北临长溪，波声卷平陆。"理水是园林的灵魂，活水入园是关键，以水贯园使园林成为有机的整体，串接、引导游览路线。

咏园诗《和文与可洋川园池三十首》包括：湖桥、横湖、书轩、冰池、竹坞、荻蒲、蓼屿、望云楼、天汉台、待月台、二乐榭、泉亭、吏隐亭、霜筠亭、无言亭、露香亭、涵虚亭、溪光亭、过溪亭、

[①] [宋]苏轼. 苏轼文集[M]. 北京：中央人民大学出版社，2002：10810.

披锦亭、禊亭、菡萏亭、荼蘼洞、筼筜谷、寒芦港、野人庐、此君庵、金橙径、南园、北园，涉及桥、湖、轩、池、坞、蒲、屿、楼、台、榭、亭、洞、谷、港、庐、庵、径、园，几乎涵盖了园林的所有建筑，反映出苏轼对园林艺术的广阔的视野和高超的鉴赏水平。

・题泉。

"泉源従高来，走下随石脉。纷纷白沫乱，隐隐苍崖坼。萦回成曲沼，清澈见肝膈。众泻为长溪，奔驶荡蛙蝈。初开不容椀，渐去已如帛。传闻此山中，神物懒遭谪。不能致雷雨，滟滟吐寒碧。遂令山前人，千古灌稻麦。"摘自《荆门惠泉》。诗中揭示泉的地质构造，穷尽泉的千姿百态，诠释泉的无量功德。

"金沙泉涌雪涛香，洒作醍醐大地凉。倒浸九天河影白，遥通百谷海声长。僧来汲月归灵石，人到寻源宿上方。更续茶经校奇品，山瓢留待羽仙尝。"摘自《虎跑泉》。其中"涌雪"是动态美，"涛香"是味觉美，"汲月"是空灵美。

・题桥。

"群鲸贯铁索，背负横空霓。首摇翻雪江，尾插崩云溪。机牙任信缩，涨落随高低。辘轳卷巨绠，青蛟挂长堤。奔舟免狂触，脱筏防撞挤。"摘自《两桥诗东新桥》。铁索桥的功能美与造型美，跃然纸上。

・题井。

"岩泉未入井，蒙然冒沙石。泉嫩石为厌，石老生罅隙。异哉寸波中，露此横海脊。先生酌泉笑，泉秀神龙蛰。举手玉箸插，忽去银钉掷。大身何时布，大翮翔霹雳。谁言鹏背大，更觉宇宙窄。"摘自《双井白龙》。井泉一体，泉龙相生，井为小宇宙。

・题亭。

"唯有此亭无一物，坐观万景得天全。"摘自《涵虚亭》。从有限观无限、穷无限、知无限，回归于有限。

"决去湖波尚有情，却随初日动檐楹。溪光自古无人画，凭仗新诗与写成。"摘自《溪光亭》。坐亭赏溪光，灵感顿丛生。

"坐看阳谷浮金晕，遥想钱塘涌雪山。"摘自《浴日亭》。虚涵纳万境，亭因其虚，方可穷尽视线，方有"坐看"，方可"遥想"。

・题园。

"春池水暖鱼自乐，翠岭竹静鸟知还。莫言叠石小风景，卷帘看尽铜官山。"摘自《题陈公园》。园中山水、竹鱼、鸟石，各要素绝不可少。

·题轩。

"一轩高为黄花设,富拟人间万石君。佳本尽从方外得,异香多在月中闻。引泉北涧分清露,开迳南山破白云。此意欲为知者道,陶翁犹自未离群。"摘自《万菊轩》。轩廊曲径,分割空间,沟通楼台,增加景深,组织游览,引导观赏,体现形象美、节奏美。

·题寺。

"潮随暗浪雪山倾,远浦渔舟钓月明。桥对寺门松迳小,槛当泉眼石波清。迢迢绿树江天晓,霭霭红霞晚日晴。遥望四边云接水,碧峰千点数鸥轻。"摘自《题金山寺回文体》。回文体的对称性令人叹为观止,给出的正反两种空间序列,皆为妙景横生,对景观游览路线的设计,另辟蹊径。主客易位、全息对称、句句双景伴生;空间转换、步移景异、高潮序曲倒错。

·题楼。

"海上涛头一线来,楼前指顾雪成堆。从今潮上君须上,更看银山二十回。"摘自《望海楼晚景五绝》。望海楼上,更上一层,凭槛极目,销忧开怀。

·题潭。

"翠壁下无路,何年雷雨穿。光摇岩上寺,深到影中天。我欲然犀看,龙应抱宝眠。谁能孤石上,危坐试僧禅。"(《潭》)潭静且深,是禅宗"水观"的好去处。

(2)元代《王祯农书》。

王祯是元代著名的农学家,著有《王祯农书》共22卷(以下简称《农书》),分3部。其中《农桑通诀》6卷,包括农事起本、授时、地利、播种、灌溉、种植、祈报等;《百谷图》4卷,包括谷属、蔬属、果属、杂类等

《王祯农书》

11个属类;《农器图谱》22卷,包括:田制、灌溉、杵臼、舟车、鼎釜等20个门类,水工具文化,尽显其中。清代《四库全书》主编纪昀赞其书为"农书永乐大典",其特色为"其书典胆有法,图谱中所载水器尤为实用有神,每图之末必系以铭赞诗赋,亦风雅可诵",在比较各种农书时说,"唯祯书引据赅洽,文章尔雅,绘图亦工致,可谓华实兼资"。

王祯的《农书》,图、文、诗并茂,是中国古代科学著作中将科学与艺术融为一体的典范。农桑通诀按赋体论说,行云流水、气势磅礴;百谷图按散记行文,字句斟酌、文采飞扬;农器图谱图诗俱佳,作图或山水泼墨,或人物素描,或器物写生,每图配诗,字字珠玑,或借物抒情,或写景寓理,"谁念农工苦,徒知粒食鲜。拼将图谱事,编记作诗传。"字里行间,情系三农。详论见第三章第一节。

(3) 元代任仁发的水闸工艺。

上海元代水闸遗址被评选为"2006年度中国十大考古发现之一"。它是元代著名水利专家兼书画家任仁发设计的,据古书记载任仁发在上海共设计建造了10处水闸。水闸设置的目的在于利用潮汐原理配合开闸放闸,使泥沙不再淤积于主河道影响航行,进而利用人类和大自然的合力实现水网疏浚。在考古发掘中,专家们揭开元代水闸真面目的同时,元代水利工程施工工艺也得到了还原,通过计算机技术复原并呈现了这座水闸的数十道建设工序:先打下1万余根木桩,木桩上铺木梁,木梁上再铺木板,木板之上最后铺石板。整个工程施工十分精确,已经达到了令今人惊叹的地步,建造水平绝不逊于当今任何一件获得鲁班奖的作品。为了确保桩位施工精密度,每根木桩都由工匠用毛笔蘸墨汁用元代盛行的八思巴文编号,古代的施工人员根据天干地支的计数方法对上万根桩进行了编号。"一桩一位一编号",保证基础工程做得有章法,其施工监理的严格程度甚至超过了现代钢筋混凝土建筑工艺,令人敬佩。最上层的石板之间则用金元宝形状的铁榫固定,确保了石板的"无缝连接"。另一种与水闸相关的施工技术叫"上灰浆","灰浆"是用糯米、石灰等材料制成的古代"黏合剂",一般在古城墙等建筑工艺中较为常见,在对元代水闸的研究中也发现了这种糯米浆的神奇作用。在石板与石板的连接处,凡依靠"金元宝"形状的铁锭榫卯加固的部位,表面都发现了涂抹"灰浆"的痕迹,这种"黏合剂"比现代的胶水牢固得多,而且有防腐功能,以至于当700多年后用现代机械向下打桩时,依然难以撼动水闸的坚固实体。

任仁发主持疏浚吴淞,功绩卓著,水利专著有《浙西水利议答录十卷》。明初顾彧在《竹枝词十二首》中这样赞颂道:"不是青龙任水监,陆成沟壑水成田"。

任仁发还擅长国画,与赵孟頫齐名,许多创作灵感来自其治水生涯。他设计的水闸体现了功能美和造型美的有机统一。闸室

元代水闸遗址

《秋水凫鹭图轴》

的缩放、消力池石板的无缝对接、海曼群桩的星形布局,无不浸润着美学的追求。

任仁发的《秋水凫鹥图轴》一图作湖边双鸭戏水之景,线条勾勒精微凝练,设色妍丽。一株疏枝海棠斜出湖上,其下石畔丛竹野菊芦草茁壮,湖水涟漪,整体构图呈S形。三鸟与两鸭形成水天的对峙,而疏枝海棠则是水天的中介。三鸟的方向与体态各异,构成群内对比,二鸭中一鸭在水中游弋,一鸭在岸上梳羽,丰富了画面的动感。

任仁发的《二马图》,以肥瘦不同的两匹马,隐喻贪官和清官,是具有明确讽刺内容的绘画作品,寓意深刻,可以说因治水有感而发。《二马图》的画面十分简单,只画有一肥一瘦的两匹马,没有任何背景陪衬。两匹马的外形、神态对比强烈。右边那匹棕白相间的花马,膘肥肉厚,神采焕发。它踏着轻快的碎步,尾巴扬起飘动,一副养尊处优、自在得意的样子;左边那匹棕色瘦马,画家用曲线,突出马的骨瘦如柴。瘦马的条条肋骨清晰可见,它低着头,步履蹒跚,尾巴蹙缩着,一副被人冷落、疲惫不堪的样子。

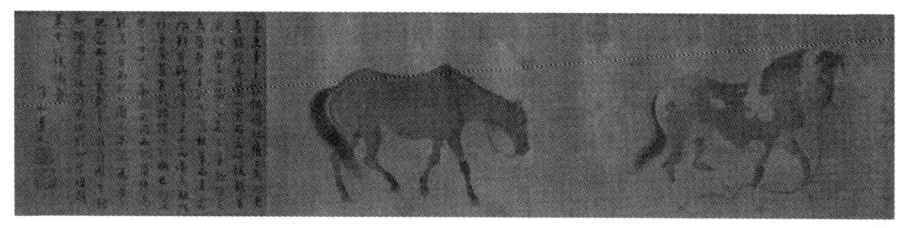

《二马图》

8. 明清时期

(1)潘季驯的"束水攻沙"治黄方略。

嘉靖至万历年间四任总理河道的潘季驯鲜明提出了"筑堤束水,束水攻沙,蓄清刷黄"的治河方略,他与前人不同,抓住了黄河水沙激荡的本性。他反对分流论说"水分则势缓,势缓则沙停,沙停则河饱,尺寸之水皆由沙面,止见其高。水合则势猛,势猛则沙刷,沙刷则河深,寻丈之水皆由河底,止见其卑。筑堤束水,以水攻沙,水不奔溢于两旁,则必直刷乎河底二,一定之理,必然之势。此合之所以愈于分也"。他在和改道论者辩论时指出:"夫议者欲舍其旧而新是图,何哉?盖见旧河之易淤,而冀新河之不淤也。事则以为不论新河之深且广,凿之未必如旧,即合捐内帑之财,竭四海之力而成之,数年之后,新者不旧乎?水行则沙行,旧亦新也。水溃则沙塞,新亦旧也,河无择于新旧也。借水攻沙,以水治水但当防水之溃,毋虑沙之塞也"。潘季驯束水攻沙理论包括利用缕堤"拘束水流,取其冲刷"和利用遥堤束水,借水攻沙(蓄清刷黄)两个体系。潘季驯束水攻沙理论多年来得到不断充实和完善,对于今后黄河下游河道治理工作仍有重要参考价值。

潘季驯对束水攻沙理论进行了较为全面的实践,力排众议,大刀阔斧,将这一方略付诸实施,对黄河下游进行了一次较大规模的治理,治绩卓著,使黄河出现了"流连数年,河道无大患"的局面。包世臣曾高度评价潘季驯的治河贡献"是故,神禹以后善河事者,未有能及潘氏者也。"

《河防一览图》图卷前端有潘季驯撰写的祖陵、皇陵和全河三个图说。《河防一览图》绢本,设色彩绘。此图将东西流向的黄河与南北流向的运河并排地组织在一个画面上。黄色的为黄河,排在上方;绿色的为运河,排在下方。但两河并非自始至终地排在一起。图的起端是黄河源,当黄河流经与延安河交汇处时,始将运河画入。当运河流经宝应县时,黄河则已到入海处,此后所绘便完全是运河了。由于这个原因,《河防一览图》所示的方位,黄河与运河是不相同的。大体说来,黄河以上为南,以下为北,以左为东,以右为西;运河则以上为西,以下为东,以左为南,以右为北。

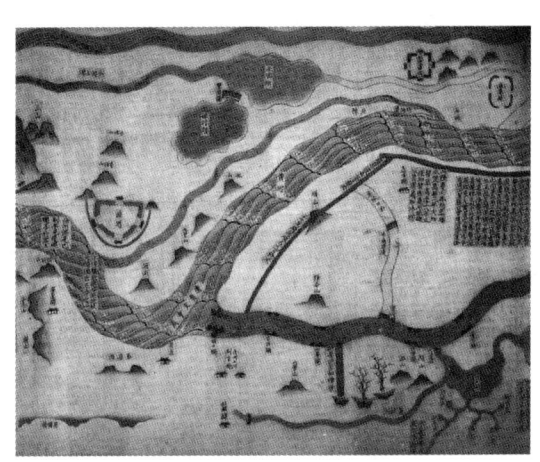

《河防一览图》

墨拓本的《河防一览图》是依《河防一览》原书附图放大一倍而成。图前附"祖陵图说""皇陵图说""全河图说"。该图采用传统的形象画法,府、州县用不同登记的符号,表示名胜古迹,形象逼真。河流用双线绘出边线,其中用不同形式的水波纹区别其等级,黄河绘成带有大浪花的波纹。其他河流只绘小波纹,湖泊绘鱼鳞状波纹,淤塞河不绘水纹。该图除详细表示自然素外主要反映河防工程。图上用较粗的线条绘画黄河两岸的各种堤坝防范工程及水小桥等并多处用文字注明决溢时间和地点、筑堤年代和堤长以及河流险要地段,该图反映了潘季驯的治河理论和方法。《河防一览图》实际就是现代水工程规划、设计阶段,提供决策人物观看的效果图或平面图,不仅有水工程技术价值,更有水工程文化价值。

《河防一览图》具有较高的文化和艺术价值,是明代水工程文化的奇葩。

(2)清代陈仪治水营田惠济直隶、燕赵。

陈仪,字子翙,号一吾,直隶文安(分属河北)人。他精于古文,学识渊博,浚治水患,经世济民,是清代著名学者、治水专家。他与稍晚的纪昀(字晓岚)并称"京南二才子",时人称之为"济世奇才"。他57岁始随怡亲王、朱域巡视治理直隶水利，并以怡亲王为主设立了水利管田府。当时，治水过程中的一切教令、章奏均出自陈仪之手。他治水理念主要有：一是"治河先从低处下手。天津为古渤海逆河之会，百川归海之处。今南北二运河，东西两淀盛涨，争趋于三岔口，加之海潮涌来，洄旋撞击，运河、涟水难以宣泄，因而导致上游泛滥成灾。要治河，不如先开宽达海之口，要开宽海口，不如先减少入口之水，入口之水减，就等于达海之口增宽"；二是："水，聚则为害，分则为利；变则为害，疏则为利。消除水害的方法，就是扩大狭隘之处，分减盈溢之水，疏通阻塞之所，统摄漫际之流。在田里探掘无数沟渠，直通河流，一河之水分散到百沟，一沟之水散布到千亩"；三是："用水应根据地势、水位高低的不同采取不同的方法：水高于地，开沟灌溉；水与地平，变土提高水位灌溉；水低于地，用水车升高水位灌溉。筑上挡以防雨水积聚，建闸洞以备蓄积、排泄。这些设施一开始就应该统筹安排，以十年为期，随时修补"。陈仪采取的是充分利用水资源，以利治害，化害为利，高水高用，低水低用的辨证论治的哲理去治水的。他还编撰了清钦定四库全书史部十一《直隶河渠志》。人们当时对陈仪的评价是："燕赵堵水，条分缕析，前有郦道元，后有郭守敬，公（指陈仪）实兼之"。

9. 近代水与水工程文化

（1）近代水工程文化的同质化。

1824年，英国建筑工人约瑟夫·阿斯谱丁（Joseph Aspdin）发明了水泥并取得了波特兰水泥的专利权。1889年，中国河北唐山开平煤矿附近，设立了我国第一家水泥生产企业——唐山"细绵土"厂。近代西方的工业革命，推动水工程科学的发展，与水工程息息相关的学科如水文学、水力学、土力学、材料力学、结构力学、地理学、测量学、电工学、农田水利学等的建立及混凝土这一建筑材料的横空出世，使西方水工程产生了建立在定量分析的实验科学基础上的伟大革命，超大型水工程相继问世，极大影响了水工程文化的发展。在我国一批爱国的科学家努力吸收和引进西方先进的水利科学技术，在兴办水利教育、创建基础学科、编纂水利文献、编写水利史志、实施水文和河道地形测量、引进水工程工机械和建筑材料、制定水工程管理制度都做了很大努力。

20世纪以来，中国也由于混凝土的广泛应用及相关的水科技理论的发展，并在西方科技尺度的统一作用下，我国近现代水工程呈飞跃式的发展，其质、其形、其意与传统水工程相比，发生了明显的变化。虽然水工程领域出现工程材料同质化（最基本的工程材料是钢筋、混凝土）、技术手段通用化、技术标准统一化、水下形体趋同化的现象。但在水工程上部建筑、水利景观的营造上，仍呈现出百花齐放、多姿多彩的文化氛围，水工程文化的多样化依然存在。

（2）近代水工程引领人物的决策文化。

1）张謇倡建水利高等学府。

张謇（1853年5月25日——1926年7月17日），字季直，号啬庵，中国近代著名的实业家、水利专家、教育家，主张"实业救国"。1911年任中央教育会长，江苏议会临时议会长，江苏两淮盐总理。1912年起草退位诏书，在南京政府成立后，任实业总长，后任北洋政府农商总长兼全国水利总长，1913年袁世凯政府在北平设导淮局，次年改为全国水利局，1914年请张謇兼任全国水利局总裁，主管全国水利建设。1913年他曾与美国红十字会签订导淮借款合约，计划导淮水全部入江，

近代水利专家——张謇塑像

后因第一次世界大战爆发而废止。1915年张謇为培养导淮技术人才，在江苏高邮开办了"江苏河海工程测绘养成所"，为水利培养了大量本科和速成科的测量技术人才。同年，又在他的倡导与组织下，由教育家黄炎培、沈恩孚在南京开办了"河海工程专门学校"，水利专家李仪祉受聘任教务部主任，兼任教授。河海工程专门学校成为我国第一座水利高等教育的学府，为集中式传播高等水工程技术方面的文化开了先河。此校成立之初提出的教育宗旨为"注重学生道德思想，以养成高尚之人格；注意学生身体之健康，以养成勤勉耐劳之习惯；教授河海工程必需之学理技术，注重自学辅导，实地练习，以养成切实应用之智识"，从所定教育宗旨看，首先是教育年轻学生"做人"——有道德思想，有高尚之人格；再培养学生"做事"——身体健康、勤勉耐劳，有水工程理论和技术、可用于实践的知识。这一水工程教育文化，当为现代水利教育之榜样。该校1924年改名河海工科大学，1928年并入中央大学工学院。

1919年张謇发表《江淮水利施工计划书》，主张导淮要江淮分流，提出要让淮水七分入江，三分入海。1921年他又拿出了《淮、沂、泗、沭治标商榷书》。虽然这一时期军阀混战、政局动乱，治淮经费无法得到落实，造成他的各项计划难以推进。但他所制定的计划确是合理的、科学的，对日后江淮的治理俱有较高的参考价值。

他一生创办了20多个企业，370多所学校，为我国近代民族工业的兴起，为教育事业的发展

作出了宝贵贡献,被称为"状元实业家"。毛泽东同志在谈到中国民族工业时曾说:"轻工业不能忘记张謇。"同样,水工程文化的传播也不能忘记张謇。

2)孙中山极有气魄的水利规划。

1918年孙中山以英文发表了《国际共同发展中国实业计划——补助世界战后整顿实业之方法》,三年后以中文发表,改名为《建国方略之二——实业计划(物质建设)》这是一个以国家工业化为中心,使国民经济全面发展的建设规划。其中,水利方面是以民国初年江、河、海初步勘测成果为依据,提出了兴建北方、东方、南方三大海港;整治长江、黄河、海河、淮河、珠江五大河,发展通航、水电、灌溉等方面水利全面开发发展规划。2006年11月3日重庆还发现了孙中山《建国方略》提及建设三峡大坝的原始设想。尽管这部宏伟的规划不可避免地带有历史的局限性,但是作为一位伟大政治家特有的磅礴气魄,极大地震撼和鼓舞了当时一大批首先接受过西方科学教育的知识分子,十分踊跃地投身于我国新兴的水利事业之中。为我国近现代水利的发展起到了不可替代的引领作用。这里,表现的就是水工程决策文化的潜在价值和作用。

孙中山及《建国方略》

三门峡水利枢纽(孙猛 摄)

(3)教训深刻的三门峡之争。

新中国建立后,人们征服自然的能力越来越大,兴修水利工程的规模也越来越大。因此,决策水工程文化的作用越来越受到人们的重视。大型水电站的建设对环境的影响引发社会的极大关注和争论,其中,影响最大的是1957年开工兴建的三门峡水利枢纽工程之争和1994年开工建设的三峡水利枢纽工程之争。一为教训深刻的水工程决策文化,一为慎重决策重大项目水工程文化。

三门峡工程从规划阶段开始，就有一些专业人士反对在三门峡建设大坝。其中以清华大学教授黄万里最具有代表性，他在中国水利部召集的学者和水利工程师会议上反对修建三门峡大坝，并批评中国政府邀请的苏联专家的规划，指出三门峡大坝的主要技术是依靠苏联列宁格勒水电设计院，而该院并没有在黄河这样多沙的河流上建造水利工程的经验。黄河泥沙淤积等一系列问题决定了三门峡水利枢纽的建设是不符合实际的决策。

另一个被外界传闻反对建设三门峡水库的水利专家，是现任黄河水利委员会设计院的温善章，但此说法现得到更正。据温善章本人所述，他并没有反对建造水库。在三门峡建立水库，是当时所有水利部专家的共识。只不过在具体技术问题上，他和主流的水利部专家产生分歧，主要针对原先三门峡大坝设计的"高坝"方案，主张"低坝、小库、滞洪、排沙"方案，旨在放弃一点大坝高度，减少若干库容，少淹一点上游的土地，尽量保护关中平原百姓的利益，将移民人数降低到15万人以下。他觉得当时水利专家对于下游的灾害看得重了，相反对于上游百姓可能遭受的损失，尤其是移民的问题，看得轻了。除此之外，当时《中国水利》杂志编辑部对1957年6月10日至24日召开的"三门峡水利枢纽讨论会"会议记录中，可查阅到70名水利专家学者有温善章、黄万里、叶永毅、梅昌华、方宗岱、张寿荫、王潜光、王屯、杨洪润、严恺、李蕴之等十多人，明确表示了不同意三门峡360米高坝方案。对黄万里关于"潼关以上将大淤，并不断向上游发展"，张寿荫的"回水离开西安40～50公里，淤积也可能在西安附近发生"，以及梅昌华关于移民等问题的警告等发言都有记录。尽管出席会议的专家，几乎都预见三门峡大坝今后可能出现的所有问题，但1957年正值"反右运动"最盛的时候，大部分与会者受到政治因素的影响，并不太愿意公然对三门峡大坝的技术问题提出反对意见。

1958年，在三门峡工程开工一年后，陕西仍在极力反对三门峡工程。理由是：黄河流域水土保持的好就能解决黄河水患问题，无须修建三门峡工程。但三门峡工程并没有因此停止。1960年，大坝基本竣工，并开始蓄水。到1962年3月其上游渭河潼关河床就抬高了45米，渭河成了地上悬河，严重危害着关中平原的安全。1973年河道淤积延至临潼以上，距西安只有14公里，又威胁到西安的安全。关中平原的地下水无法排泄，田地出现盐碱化甚至沼泽化。

2003年8月27日至10月，渭河流域发生了50多年来最为严重的水灾。有1080万亩农作物受灾，225万亩农作物绝收。这次洪水造成了多处决口，数十人死亡，515万人口受灾，直接经济损失达23亿元。但这次渭河洪峰仅相当于35年一遇的洪水流量，因而陕西省方面将这次水灾的原因归结为三门峡高水位运用，导致潼关高程居高不下，渭河倒灌以至于"小水酿大灾"。

水利界意识到问题的严重性，2003年10月11日，水利部召集陕、晋、豫三省相关部门及部分专家学者，在郑州召开了"潼关高程控制及三门峡水库运用方式专题调研会"（以下简称郑州会议）。在郑州会议上，中国水利部副部长索丽生指出，有必要对三门峡水库的运行方式进行调整，三门峡水库的防洪、防凌、供水等功能可由小浪底水库承担。

紧接着，10月31日，国内资深水利专家，92岁高龄的中国科学院、中国工程院院士张光斗和前水利部部长、80岁高龄的中国工程院院士、全国政协原副主席钱正英，在接受中央电视台《经济半小时》栏目采访时也共同呼吁：三门峡水库应该尽快停止蓄水和发电。

三门峡大坝从立项到建成至今的数十年里，围绕大坝的利弊，各方一直是争论不休，反映着生存之争与利益之争。陕西方面是为了自己的利益和生存而争，而三门峡水电站也是同样的处境。作为三门峡水库调度的负责人，三门峡水利枢纽管理局水库调度科科长张冠军对于水位的感受有着最深刻的体会：要发电，就需要保持高水位，但上游地区将因此出现严重的泥沙淤积；如果降低水位，又无法发电。他无奈地表示："水位是三门峡水利枢纽管理局的一道生死线。"

三门峡水电站作为新中国第一项大型水利工程，有人说是一个败笔。但作为新中国治理黄河的第一个大工程，其探索方法、积累经验的作用是不可小看的，丹江口、小浪底、葛洲坝、三峡等大工程都从它那里得到了极其宝贵的经验教训。但是，同样不能因此就拒绝做深刻的反思。例如决策与管理的科学性、民主性，例如部门之间的协调机制。在我国的水利建设史上，没有一个工程像三门峡这样，从工程设计到建设，从运行到管理，历经曲折，既有规划、决策的教训，也有建设和运行管理的经验，坎坎坷坷，风风雨雨，不时成为全国水利界乃至于全社会关注的焦点。党和国家领导人数次亲临现场，亲自协调，重视程度之高，力度之大，十分罕见。三门峡之争，是水工程文化的一种典型现象，既有水工程决策文化，也有水工程管理运用文化，而且这一水工程文化之殇，将会给水工程业界留下永久的记忆。正如潘家铮先生所说："按照最初的规划要求来衡量，三门峡工程无疑是失败的，而经过反复探索多次改造后，仍发挥了一定的效益，更重要的是它留给我们极其可贵的经验"。

10. 现代水与水工程文化

中国跨入现代化进程应以1978年改革开放为界，改革开放前30年，水工程多为以除害为主要目标而兴建的防洪除涝重点工程和在"水利是农业的命脉"主旨下为兴利目标而大办特办的农田水利工程，这些水工程的决策文化是其时水工程文化的真实写照。

改革开放后，经济飞速发展，水资源、电资源的需求越来越大，北方缺水、南方有河皆污的现象也引起人们的重视,国家把水定为"生命之源、生产之要、生态之基",将加快水利发展从"不仅事关农业农村发展"提高到"而且事关经济社会发展全局","关系到经济安全、生态安全、国家安全","努力走出一条中国特色水利现代化道路"等治水思路及在这些思指引下兴办的一些综合性特大现代水工程,又都是现代水工程决策文化的反映,特别是在生态文明影响下所形成的水工程文化意识,更是现代水工程文化现象的表征。

(1)慎之又慎的三峡水工程决策之争。

出现三门峡之争的同时又出现了三峡之争,后者争论范围更大、时间更长,论证更为严谨。

1958年南宁会议上,毛泽东主持了首次三峡辩论会,正方林一山从汉朝贾让治水谈起,历数长江洪水灾害给百姓和国家带来的损失以及至今存在的众多隐患;讲到长江流域丘陵地区也有的旱灾;讲到水力发电是我国工业的主要来源,以及为了15年内赶上英国,

三峡水利枢纽(刘君凤 摄)

我国钢铁工业的发展要求与电力增长要求之间的比例;林一山还谈到了三峡工程投资的可行性和技术上的可能性。

反方李锐则首先对黄河与长江不同的水量、洪水及泥沙量、最大与最小流量之差做了比较,说明长江自古以来就是一条好河,想以三峡工程一下子解决百年、千年一遇洪水是不现实的。李锐还提出,修建三峡工程需要移民100多万人,极为困难。他还讲到,修建三峡大坝是国家财力、经济发展的需要,是电力而不是防洪,而三峡这样大的电站,要在几十年后才可能有此需要。另外,还有地质情况及工程技术等问题不容有任何疏忽,三峡工程同国防与世界形势也有不容忽视的关系。

雄才大略、举重若轻、极想"高峡出平湖,当惊世界殊"的毛泽东,还是极为科学、慎重地未曾作出立即上马的决策,但仍然提出要抓紧做好建设三峡工程的各项前期工作的要求。

及至在20世纪80年代开始新一轮三峡工程论证中,反对意见的代表人物是李锐和黄万里。黄万里多次上书中央反对修建三峡工程,主要观点有:"三峡坝有四大工程本身的错误,还有两大生态环境的错误,不知床沙输的是卵石,而按悬移的泥沙一般处理。"提出五大问题:造坝后对于河道和流域的生态环境影响,大坝和航船上下的工程技术问题,社会影响或社会效益的合理性和可

行性，工程经济可行性是否成立，三峡建坝对于国防安全的考虑。

地方政府也积极介入方案论证，重庆市对坝高提出异议，认为150米方案，大坝抬高水位有限，水库回水末端仅在忠县至长寿县之间，长寿县至重庆市间的航道不能改善，万吨级船队不能直达重庆市。重庆市希望将正常蓄水位提至180米。在1985年3月召开的全国政协七届三次会议上，三峡工程问题列为会议的重要议题。一些政协委员从关心国家建设的角度提出了不同意见，并引起争论。

中共中央和国务院鉴于重庆市和社会各界人士对三峡工程的兴建还有不同意见，认为应当充分体现决策的民主和科学性，并于1986年6月联合发出《关于长江三峡工程论证工作有关问题的通知》。通知要求：①由水利电力部广泛组织各方面的专家，对"150米方案可行性研究报告"进行深入论证和修改，根据论证意见重编报告；②成立国务院三峡工程审查委员会，负责审查新编报告，再经中共中央和国务院批准，最后交全国人大代表会议审议。水利电力部随即成立了长江三峡工程论证领导小组。

1989年3月，长江委根据各专题论证报告重新编制的三峡工程175米方案可行性报告经论证领导小组研究通过。

1990年7月6日至14日，国务院在京召开三峡工程论证汇报会，听取论证领导小组关于论证工作和新编可行性报告的汇报。出席会议的有中央领导、民主党派负责人、一些学会的理事长、国务院有关部委与湘、鄂、渝等长江中上游沿江省市及地区的负责人以及特邀代表、专家共178人。会上，绝大部分人同意论证的结论"建比不建好，早建比晚建更为有利"，少数人有不同意见。会议认为：新编可行性报告已无原则问题，可报请国务院三峡工程审查委员会审查。

1990年12月，国务院三峡工程审查委员会第一次会议决定组织力量审查新编报告，并于次年6月审毕。

1991年7月中旬，国务院三峡工程审查委员会第二次会议决定将新编报告上报国务院批准，再转报全国人民代表大会常务委员会审议通过。

1992年4月3日，全国人民代表大会七届五次会议，根据对议案审查和出席会议代表投票的结果，通过了《关于兴建长江三峡工程的决议》，要求国务院适时组织实施。其时，出席会议的代表2633人。是日下午3时许，大会宣布投票结果：赞成1767票，反对177票，弃权664票，未投票25票，持不同意见的占三分之一。

三峡工程建成后取得很大成绩，也暴露一些问题，争论仍在继续，主要议题仍集中在环境、气候、水质、淤积、地质、下游湖泊水量等。

三峡之争同样是水工程的决策文化,既有科学决策又有民主决策。

(2)南水北调的决策与争议文化。

自1952年10月30日毛泽东主席提出"南方水多,北方水少,如有可能,借点水来也是可以的"设想以来,在党中央、国务院的领导和关怀下,广大科技工作者做了大量的野外勘查和测量,在分析比较50多种方案的基础上,形成了南水北调东线、中线和西线调水的基本方案,并获得了一大批富有价值的成果。其中包括:水利部的"东、中、西三线方案",水利部长江水利资源委员会主任林一山的"四江一河调水西进方案",黄河水利资源委员会的"大西线方案",中国科学院资源综合考察委员会研究员、水问题联合研究中心副主任陈传友的"大拐弯建大电站方案"和"四江进两湖方案",北京林业大学教授袁嘉祖、郭开等人的"大西线方案",中国科学院海洋研究所研究员朱效斌的"三江贯通,调水分洪方案",成都市南洋高新技术研究所退休研究员,年届82岁高龄的张世禧教授的"青藏高原大隧道方案"等非常有参考价值的十条线路。

国学大师南怀瑾1999年在邓英淘等编著的《再造中国》一书的序中认为"从宏观来讲,我们中国现代开始的最大内忧,就是缺水和沙漠的扩展问题","因此,便有一群有心之士和研究水利专家学者们提出拯救黄河和南水北调的呼声","所以便有西线、中线、东线调水等呼声迭起。甚之,要从青藏高原雅鲁藏布江调水的构案其实这些提议都是学者、专家科学性的论证,听者有心,言将无过,真正行动起来,那是靠智、仁、勇具备的大德者来推动,才能完成一代千秋不朽的事功。"

1)概况。

南水北调工程主要解决我国北方地区,尤其是黄淮海流域的水资源短缺问题,规划区人口4.38亿。南水北调工程规划最终调水规模448亿立方米,其中东线148亿立方米,中线130亿立方米,西线170亿立方米,建成后将解决700多万人长期饮用高氟水和苦咸水的问题。

南水北调总体规划包括:推荐东线、中线和西线三条调水线路。通过三条调水线路与长江、黄河、淮河和海河四大江河的联系,构成以"四横三纵"为主体的总体布局,以利于实现中国水资源南北调配、东西互济的合理配置格局。西线工程截至目前,还没有开工建设。

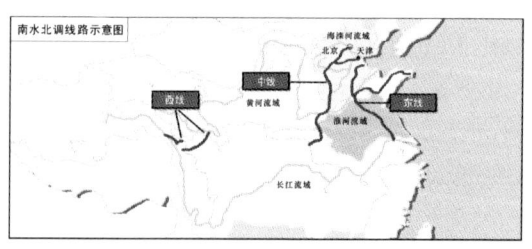

南水北调线路示意图

东线工程:利用江苏省已有的江水北调工程,逐步扩大调水规模并延长输水线路。东线工程从长江下游扬州抽引长江水,利用京杭大运河及与其平行的河道逐级提水北送,并连接起调蓄作用的洪泽湖、骆马湖、南四湖、东平湖。出东平湖后分两路输水:一路北上,在位山附近经隧洞穿过黄河;另一路向东,通过胶东地区输水干线经济南输水到烟台、威海。东线工程开工最早,并已于2013年8月初步建成通水。

中线工程:70%水源从陕西的汉中、安康、商洛地区,汇聚至汉江流向丹江口水库,从丹江口大坝加高后扩容的汉江丹江口水库调水,经陶岔渠首闸(河南淅川县),沿豫西南唐白河流域西侧过长江流域与淮河流域的分水岭方城垭口后,经黄淮海平原西部边缘,在郑州以西孤柏嘴处穿过黄河,继续沿京广铁路西侧北上,可基本自流到终点北京。

中线工程主要向河南、河北、天津、北京4个省市沿线的20余座大中城市供水。中线工程已于2003年12月30日开工,2013年年底前完成主体工程,2014年汛期后全线通水。

西线工程:在长江上游通天河、支流雅砻江和大渡河上游筑坝建库,开凿穿过长江与黄河的分水岭巴颜喀拉山的输水隧洞,调长江水入黄河上游。西线工程的供水目标主要是解决涉及青海、甘肃、宁夏、内蒙古、陕西、山西等6省(自治区)黄河上中游地区和渭

中线工程丹江口大坝开闸泄洪(王虎 摄)

河关中平原的缺水问题。结合兴建黄河干流上的骨干水利枢纽工程,还可以向邻近黄河流域的甘肃河西走廊地区供水,必要时也可及时向黄河下游补水。截至目前,还没有开工建设。

规划调水规模。规划的东线、中线和西线到2050年调水总规模为448亿立方米,其中东线148亿立方米,中线130亿立方米,西线170亿立方米。整个工程将根据实际情况分期实施。2014年1月15日,南水北调工程建设工作会议明确2014年建设目标:中线如期通水、东线运行平稳。

2)世界之最的水工程。

南水北调涉及长江、淮河、黄河、海河四大流域和十余省,牵涉水量和距离均为世界最大水利工程。

世界上最大泵站群,东线一期工程长1467千米,全线共设立34座泵站,总装机流量4447.6立方米/秒。

世界首次大输水隧道近距穿越地铁下,北京西四环暗河工程从下方仅3.67米穿越营运中的北

京市五棵松地铁站。

世界上最大穿河输水隧道,中线穿黄工程,长4千米多的两层衬砌水隧道穿越黄河激流。

世界最深的调水竖井,中线穿黄工程将长江水穿越黄河的抽水竖井深76.6米。

世界最大水坝升级,丹江口大坝加高工程,可相应增加库容116亿立方米。

3)南水北调的社会争论。

南水北调东线、中线工程已近完成,但争议可能还会继续下去,主要担心的还是负面影响。

a. 负面影响。

南水北调的工程自提出后就引起了广泛的争论,反对者主要认为南水北调工程耗资巨大,涉及大量的移民问题,调水量太少,发挥不了经济效益;调水量过多,枯水期可能会使长江的水量不足,影响长江河道的航运,长江口的咸潮加深,更有可能引发生态危机、水质的保障及水价问题等。

2010年初的中国西南大旱,中国水利水电科学研究院水力学所总工及灾害与环境研究中心总工刘树坤对南水北调工程提出了质疑。他认为,西南这次出现百年难遇的干旱,应该对水文资料重新修订,对干旱出现的频率、可能性都要重新评估。他认为这些评估的结果都会影响水利调度,重大水利工程何时开始做,做多大,影响程度有多大,都应重新评估。2011年长江中下游旱灾引发对南水北调工程的质疑,南方是否有足够水资源可以调配给北方,再次受到严峻的考验。当面临气候变化时,对长江流域的生态环境是否会产生深远的影响,也必须列入评估与考量。

移民问题:南水北调工程造成河南省和湖北省33万人搬迁,搬迁给移民生活带来颠簸动荡。有些移民因为得到的补偿款不足,在买下政府提供的住房之后,所剩款项只能购置一小块耕地。而安置地工作机会匮乏,有些人不得不计划背井离乡到大城市打工。由于国家投资少,安置标准偏低,水、电、道路、学校等生产生活设施不能满足基本需要,造成一些遗留问题。

南水北调中线工程移民搬迁全部结束

其他问题如:发电量减少,从丹江口水库调水,丹江口水电站的发电量有所减少(约减少年电量7亿~8亿千瓦时)。文明古物问题,南水北调东、中线工程穿越中国古代文化、文明的核心地区，其影响范围大，涉及文物遗存内涵丰富。虽然国家进行大量的抢救，但必将会淹没一些文明古迹。对回游生物的影响，调出区修建水库会对一些需要到上游产卵的生物产生影响，甚至导致灭绝。沿线截污难度较大以及工程水价高于地方水价等。

b. 正面影响。

支持者大多认为长江水量丰富，每年有大量的水流入大海，调一部分到北方缺水地区可解决北方的缺水问题，负面影响可以通过防范、补偿和综合治理开发措施，可以将影响减少到最低。南水北调中线工程以解决沿线100多个城市生活和工业用水为主要供水对象，兼顾农业及其他用水，建成以后经济效益和社会效益巨大。

缓解汛期对长江地区的威胁，大量的南水北调将减小洪水对长江地区的灾害。南水北调中线工程完成后，汉江防汛形势有望出现逆转。丹江口水库加高工程基本完成，而南水北调计划每年从丹江口调水95亿立方米。近些年类似汛情再度出现时，出现在中下游的洪峰将被"削"低30厘米。这意味着湖北宜城至沙洋之间的14个蓄洪民垸，遭遇百年一遇以下洪水可以不启用。近80万人、90余万亩耕地基本解除洪水威胁。促进了北方经济发展并较大地改善了北方地区的生态和环境特别是水资源条件，增加水资源承载能力，提高资源的配置效率，促进经济结构的战略性调整；对于扩大内需，保持中国经济快速增长，实现全国范围内的结构升级和经济社会环境的可持续发展，具有重要的战略意义。

有利于缓解水资源短缺对北方地区城市化发展的制约，促进当地城市化进程。可改善农牧业生产条件，调整农牧业种植结构，提高土地利用率。还可改污水灌溉为清洁水灌溉，减轻耕地污染及对农副产品的危害。

改善北方水质及生态环境，能有效解决北方一些地区地下水因自然原因造成的水质问题，如高氟水、苦咸水和其他含有对人体不利的有害物质的水源问题，改善当地饮水的质量。避免北方一些地区长期开采饮用有害深层地下水而引发的水源性疾病，遏止氟骨病与甲状腺病的蔓延，有利于提高居民健康水平。

通过改善水资源条件来促进潜在生产力形成现实的经济增长，逐步改善黄淮海地区的生态环境状况，提高北方供水能力后，可以减少对地下水的超采，并可结合灌溉和季节性调节进行人工回灌，补充地下水，改善水文地质条件，缓解地下水位的大幅度下降和漏斗面积的进一步扩大，控制地面沉陷造成对建筑物的危害。使中国北方地区逐步成为配置合理、水环境良好的社会。

任何一项大型水工程的兴办总是有利有弊的，关键是科学的论证和权衡利弊之决策者的信心，这就是水工程决策文化的核心要义。

（3）水工程生态关怀意识。

改革开放后30年，中国社会经济高速发展，资源的浪费、环境的污染、生态的破坏等问题越发严重，水工程文化学面临新的课题——人类的生态修复意识。

朱仁民根据自己的实践提出"人类生态修复学"，涵盖自然生态、文化生态、心灵生态。自然生态探讨的内容包括东方的自然观、西方的自然观、自然的形成、自然的处境等；文化生态探讨的内容包括人类艺术发展史、当代艺术与心灵变迁、宗教与艺术的互补等；心灵生态探讨的内容包括人类的宇宙意识、人类的道德观与现状、人类的天下意识等。

朱仁民的十大修复案例包括：荒岛、荒滩、荒沙、湿地、裸崖、运河、黄河、残礁、修路、桥梁，其中大多属水工程的范畴。画家、雕塑家、景观艺术家朱仁民长期以来醉心于对水工程文化内涵的发掘及提升，莲花岛上塑罗汉，大运河边现民俗，大漠中心造湿地，大手笔、大创意、大制作，别开生面，令人耳目一新。

朱仁民是个充满我国传统人文思想的一个艺术家，通常用中国画来传达他的思想，他的所有的项目方案都是由一幅中国的水墨画的构思开始的，然后解剖、解构这幅绘画，再进一步做出一个思想方案来，才正式做文本。几十年来沿用的这个方法，能使思维非常敏捷，造型非常明确，条理非常清晰。因画成像，可视性强，方案的吸引力极强。

朱仁民在1.3万亩的沙漠上营造鸣翠湖国家湿地公园时，从理论上提出完整的构思。

1）生态与艺术的互动是造园的重大创意。

生态与艺术的互动是让园区中具有功能、艺术、生态相统一的重大创意。席卷世界的生态主义不断地使设计师，规划师将"生态"列入创作的首要条例。虽然我们比之欧美，方才起步。但是，设计师的责任应该站在历史的高度，与世界同步，将自己的使命与整个地球、人类相关联。自然生态、艺术生态、心灵生态，贯穿于其作品的构思、设计、实施之中。

2）生态、文脉是西部景区建设的灵魂。

遵循"生态优先、最小干预、适度利用与持续发展"的原则。还原生态，还原历史，与河套平原中的一切生物链重归于好，是营造此园的首要宗旨。生态的保护和利用，本是辨证的统一，也是一把双刃剑，处理不好，生态无序，保护无力。针对历史上这一地方原有的自然水体、生态芦草，对这一西部难得的生态区块进行挖掘、恢复、强化是其主导思想。弥天漫地的芦苇、水草将园区编织进了天然环境的锦屏之中。当然自然风光尚不是园林，只有通过文化元素、使用材料的选择、块面的最佳布置与合成，将园区的景观形象、生态形象装入大众的心理形象之中，让大众能在这里体会到江南风情中的物境、情境和意境才能使鸣翠湖的"翠"字得以永恒地保留，并成为人们休身养性的好去处。

3）用艺术体现文脉是设计的最佳手段。

西部地区历史文化积淀深厚的文脉，是开发建设、园区营造的一项最强大的专利。地域性、个性化的历史文化加上时代的精神理论的需求，成为当地的"文脉主义"。文脉主义是促进一切成功景观设计营造所必不可少的思想灵魂。

在每个园区的建设中，文脉要通过各种手段体现，艺术是其最理想的承载物。通过艺术的处理、传达，或隐喻、或装饰、或夸张、或拟物，以在历史文脉的深层结构上，建立与民众的需求功能之间的联系。将园区的每一个角落都充满艺术之光、思想之光、文化之光。使它们的平面构成、艺术处理、业态布置都是崭新的、时尚的，但又是很乡土，很亲切，很耐读，很中国的。中国的造园之法，主要是臣服于大地，匍匐在大地之上，让灵魂与大地同步律动，使每个项目都赋予一定的仙气、灵气、地气。还要充分利用借景、对景、易景关系，强化对造型色彩形式的处理，比如建筑的体块，墙体的分割，让园区既很现代，又很乡土，既很文脉，又很讲究构成。

朱仁民以上构思，是水工程文化中先进现代设计文化的典范。不同的历史时段，有其不同的水工程文化。

二、水与水工程文化的空间性

水与水工程文化的空间分布主要体现在：地域性和民族性两个方面。水与水工程的地域性主要表现在流域性上，例如，我国宏观上可按六大流域来区别不同的河流（工程）文化，可以分别研究它们各自的水与水工程文化特征；水与水工程文化的民族性则为讨论国内主要少数民族的水与工程文化特征。

（一）地域性

水生民，民生文，文生万象。不同的河流（工程），养育了不同受益流域的人民；不同流域的人民，生成了不同特色的流域文化。

1. 黄河文化

黄河九曲第一湾

黄河流域界于北纬32°～45°，东经96°～119°之间，南北相差13个纬度，东西跨越23个经度，集水面积75.2万多平方千米，多年平均输沙量约16亿吨。含沙量大、几字弯纵跨13个纬度、地上河是黄河河流形态的主体特征。含沙量最多是黄河区别于世界上其他大河的独有特色。黄河文化具有先导性、开放性、多源一体性三个特点。水沙激荡演绎着黄河文明史，水来则沙来，沙来则造（河）床，沙淤则水溢，水溢则失稳，形成"善淤、善决、善徙"的独特型态，有别于世界其他河流。大漠的黄色，高原的黄色，水流的黄色，麦粟的黄色，种族的黄色，赋予中华文明的雄浑、沉稳、厚重的内涵。

李白的"君不见黄河之水天上来，奔流到海不复回"（《将进酒》）抓住一头一尾，揭示黄河大系统的雄浑；王维的"大漠孤烟直，长河落日圆"（《使至塞上》），描画出黄河的圆直、纵横构图的雄奇；刘禹锡的"九曲黄河万里沙，浪淘风簸自天涯。如今直上银河去，同到牵牛织女家。"（《浪淘沙》），演奏出水沙激荡旋律的雄壮，将黄河与银河并列，突出黄河的神圣和崇高。

黄河文化由三秦文化、中原文化、齐鲁文化组成。

在黄河上段，河与大漠伴行，北流造成13个纬度的跨越，造就农耕文明与游牧文明的碰撞、交叉、融合，形成三秦文化（亚文化河湟文化），"回首可怜歌舞地，秦中自古帝王州"（杜甫《秋兴八首》其六），为三秦文化定位。粗犷、豪放和较为开放的特性；安土知足的处世态度；重农轻商的经济传统，务实、厚重的民俗文化传统；讲求实际，量入为出，奉行节俭，待人诚实，不讲客套，不慕虚名，不谈玄理的民风。

在黄河中段，由中州文化、三晋文化共组的中原文化展现出：祖根性（帝都文化）、延续性、创造性、兼容性；地上之悬河，寓意高高在上之君临天下的威严。激荡的壶口瀑布，犹如中华文明的源头与核心。郑州段黄河的特点为悬河头、华北轴、百川口、万古流。河洛文化则是该段黄河文化的

壶口瀑布（王伟 摄）

核心,具有根源性、传承性、厚重性、辐射性四大特点。中原人的勇敢、坚定、倔强、雄浑、宽厚决定了中原文化的厚重、博大、宽广的精神品格,也决定了中原文化生态的原生、多样、茂密、外衍的特点。

黄河下段,流域面积虽然比较小。但由于黄河泥沙量大,下游河段长期淤积形成举世闻名的"地上悬河",黄河在出海口源源不断地造陆,彰显了齐鲁文化的创生性。几千年来,在华人意识形态领域高居统治地位的儒家学说就诞生于齐鲁大地。

齐国"民阔达多匿智"(《史记·齐太公世家》),"其俗宽缓阔达,而足智,好议论,地重,难动摇,怯于众斗,勇于持刺故多劫人者,大国之风也"。"齐俗贱奴虏","逐渔盐商贾之利","齐、赵设智巧,仰机利"(《史记·货殖列传》)。

鲁国《史记货殖列传》则称:"其俗宽、缓、阔达而足智,好议论",有大国之风也。"邹、鲁滨洙、泗,犹有周公遗风,俗好儒,备于礼"。其民"颇有桑麻之业","地小人众","好贾趋利"。

2500多年以前,孔子就指出了齐、鲁两种文化的差异:"智者乐水,仁者乐山;智者动,仁者静;智者乐,仁者寿。"(《论语·雍也》)道出齐文化属于智者型,鲁文化属于仁者型。齐文化是沿海文化类型,达于事理而周流无滞,有似于水;鲁文化是大陆文化类型,安于义理而厚重不迁,有似于山。齐鲁文化的汇合正是仁智的合璧。①

2. 长江文化

黄河文明连续不断,散发出阳刚之气;而长江文明断而又续,浸润着阴柔之美。

长江是世界第三长河,全长6397千米,水量也是世界第三。《国语》曰:"川,气之导也",水气交融揭示长江文明史,"水来则气来,水合则气止,水抱则气全,水汇则气蓄"(《山洋指迷》),蜀文化的"生气",巴文化的"豪气",楚文化的"大气",吴越文化的"灵气",江流气场的浑厚、冲和、曲流、汇水的千姿百态,上下天光的一碧万顷,岸芷汀兰的郁郁青青,赋予长江文明的坚韧、灵动、博大的内涵。

早在春秋战国时期,诸子横议、百家争鸣,如果说黄河流域贡献了以孔子为代表的儒家学派,而长江流域则贡献了以老子、庄子为代表的道家学派,以及范蠡、屈原等一大批思想家,楚文化、吴越文化和百越文化交相辉映,大大丰富了中国文化的思想宝藏。中国道教四大胜地:湖北十堰的武当山、江西鹰潭的龙虎山、安徽黄山的齐云山、四川都江堰的青城山,均分布在长江流域。

在中华的地图上,黄河与长江的流向组成一个大鹏鸟的形状,上游是向西的鸟头,黄河的

---

① 周立升,蔡德贵.齐鲁文化考辩[J].山东大学学报(哲学社会科学版),1997(1).

几字弯是鸟的右翼，长江的三角弯是鸟的左翼，中游构成鸟身，下游是散开的尾翼。这种构形和中华先民的图腾——太阳鸟，不谋而合，令人深思。蜀地的金沙遗址的四鸟绕日图案，楚地的高庙遗址飞鸟载日图案，吴越的良渚遗址的双鸟朝阳图案，说明长江文明均以鸟（凤凰）为自己部族的图腾，凸显系统性、趋同性。

长江文化由蜀文化、巴文化、楚文化、吴越文化组成。

蜀文化主要以川西成都平原为中心，巴文化起源于清江流域，楚文化以江汉平原为中心，吴越文化以太湖流域为中心。从源头上讲，如果说黄河文化的内涵是礼化，蜀文化就是仙化，巴文化就是鬼化，楚文化就是巫化，而吴越文化就是神化。岷江水系的河流形态特征是：水出山而来、水态的树状分流、扇形扩张，浸润着"大道氾兮，其可左右"的"生气"。"水经注"误认岷江是长江正源，从另一侧面折射出对蜀水文化的认可。唐诗人齐己颂岷江曰："玉垒峨嵋秀，岷江锦水清"（《酬西川楚峦上人卷》），《水经注》云："岷山导江，泉流深远，盛为四渎之首"，《河图括地象》曰："岷山之精，上为井络，帝以会昌，神以建福"，岷江、岷山的神圣可见一斑，其主要地理特征是川西扇形冲积平原、城市建立在千里沃野之中。

巴文化的河流形态特征是：水穿山过，层岩叠嶂、险滩礁石，显示出通道式的输水形态，其以码头文化、航运文化，凸显"高江急峡雷霆斗"的"豪气"（杜甫《白帝》）。韦应物说嘉陵江："凿崖泄奔湍，称古神禹迹"，"水性自云静，石中本无声。如何两相激，雷转空山惊"（《听嘉陵江水声，寄深上人》）。李商隐云："千里嘉陵江水色，含烟带月碧于蓝"（《望喜驿别嘉陵江水二绝》）。《华阳国志·巴志》记载的巴人"其民质直好义。土风敦厚，有先民之流。"，"重迟鲁钝，俗素朴，无造次辩丽之气"。三峡"旦为行云，暮为行雨，朝朝暮暮，阳台之下"，"春冬之时，则素湍绿潭，回清倒影，绝多生怪柏，悬泉瀑布，飞漱其间，清荣峻茂，良多趣味"（《水经注》）。《华阳国志》说："江州（今重庆）险，其人半楚，姿态敦重。"主要地理特征是峡江台地，城市建立在万里波涛之滨。

楚文化的河流形态特征是：弯多、湖多、支流多，沙洲林立，充溢着"楚塞三湘接，荆门九派通。江流天地外，山色有无中"的"大气"（王维《汉江临泛》）。"山随平野尽，江入大荒流。"（李白《渡荆门送别》）区别于蜀水文化的河流形态的树状分流、扇形扩张，楚水文化的河流形态则是"大荒"式的平面推进。《管子·水地》云："楚之水淖弱而清"，文学艺术的精灵注定要与"淖弱而清"的楚之水相匹配。《水经注》曰："楚谚云：洲不百，故不出王者。桓玄有问鼎之志，乃增一洲，以充百数"，可见河流形态对楚人的思维方式的影响。刘师培《南北文学不同论》云："大抵北方之地，土厚水深，民生其间，多尚实际。南方之地，水势浩洋，民生其际，多尚虚无，故所作文，多为言志、抒情之体。"宋玉《对楚王问》说,"有客里巴人"于楚都,"国中属而和着数千人"。当代考古发现东巴地多楚墓,鄂西楚地多巴物等,都说明先秦两汉时三峡地区是巴楚文化混合区。

吴越文化的河流形态特征是溯江、环湖、濒海、弥漫着"水如棋局分街陌,山似屏帷绕画楼"水网交结的"灵气"。江南山水的阴晴变化,更使山川景物淡妆浓抹,多姿多彩。《水经注》记载浙东临平湖时说:"传言此湖草秽壅塞,天下乱;是湖开,天下平",民间已意识到水生态的好坏与天下的治乱是紧紧联系在一起的。《世说新语》"言语"记载,王武子和孙子荆各言其土地人物之美,王云:"其

江南水乡古镇(郑帅 摄)

地坦而平,其水淡而清,其人廉而贞。"孙云:"其山崔嵬以嵯峨,其水甲渫而扬波,其人磊砢而英多。"地灵人杰,有什么样的山水,就出什么样的人物。《资治通鉴》说唐代就有"扬一益二"的断语,将扬州与成都并列。苏轼云:"吴蜀风流自古同",长江头尾的文化的同质性,显示长江文明的整体性和系统性。

3. 珠江文化

珠江干流总长 2214 千米,流域面积为 453690 平方千米,海岸线长度为 4963 千米。单位汇流面积的海岸线是中国大河中最长的,为 10.9 米。河流的流向对河流文化产生重要影响,与黄河、长江的西东流向不同,珠江是多条江河自西、北、东向南而交汇珠江三角洲河网区,最后分别由 8

珠江夜景

大口门(虎门、蕉门、洪奇沥、横门、虎跳门、磨刀门、崖门、鸡啼门)注入南海,整个水系呈扇状水系。江海汇流的形态,体现多元性和兼容性,多种文化在此相互碰撞、结合、交融形成江海一体的文化特质。

海岸线长短和出海口的多少是衡量河流文化的开放性的重要标志,与黄河、长江不同,黄河只有一个出海口,长江有两个出海口,珠江是江海一体的,有 8 个出海口,还有许

多小的出海口。众多出海口、海港码头与珠江水系密切连接，大量移民由此走向海外，海洋文化也最早由此涌入中华大地。由于地势上受南岭的隔绝，珠江文化受中原文化控制偏少，同时也由于中原文化与海洋文化及本土文化碰撞，造成珠江文化的变通性。珠江文化较鲜明的特性有5个方面：一是海洋性、共时性、领潮性；二是多元性、包容性、开放性；三是重商性、务实性、时效性；四是敏感性、变通性、机缘性；五是平民性、平等性、自在性。

珠江文化以其多元、包容、开放的形态及实效性、适应性、发展性，与黄河文化、长江文化等江河文化共同构成了多元一体的中华文化的系统。珠江文化，一可以与世界的"水文化"观念对接，二可以与黄河文化、长江文化并列。正如黄河文化系统有始祖黄帝、圣哲孔子，长江文化系统有始祖炎帝、圣哲老子，珠江文化也用自己的始祖舜帝、圣哲惠能构建自身的文化系统。李白诗云："黄河之水天上来，奔流到海不复回"，写出了黄河文化的神圣、永恒；苏东坡词云："大江东去浪淘尽，千古风流人物"，写出了长江文化的慷慨、风流；珠江是江海一体，岭南第一诗人张九龄有诗云："海上生明月，天涯共此时"，意味着珠江文化的开放、包容，下笔即着墨于"海"，即从海的视野看明月、看天涯、看此时、念亲朋。从而可见张九龄与上列这些代表黄河文化和长江文化的诗圣最大不同之处，是以海为视野。而这，恰恰也正是珠江文化与黄河文化、长江文化的最大区别所在，这就是：海洋性。可见这两句诗是珠江文化海洋性、宽宏性、共时性的最确切、生动的形象体现。

如果说黄河文化代表的是农耕文明，长江文化代表的是工业文明，而珠江文化代表的则是后工业文明。

梁启超在《中国地理大势论》中对珠江文化有绝妙的论述："粤人者，中华民族最有特性者也，其语言异，其习尚异，其掘大江之下流，而啜其精华也，与北部之燕京，中部之金陵，同一形胜，而中流之纷错过之，其两面环海，海岸线与幅员比较，其长率为各省之冠，其于海外各国交通，为欧罗巴、阿美利加、澳斯大利亚三洲之孔道。五岭亘其北，以界于中原，故广东包广西而以自捍。亦政治上一独立区域也。他日中国如有联邦分治之事乎，吾知为天下倡者，必此两隅也。""自今以往，而西江流域之发达，日以益进，他日龙拏虎攫之大业，将不在黄河与扬子江间之原野，而在扬子江与西江之原野，此又以进化自然之运推测之，而不可以知其概者也。"

由于珠江流域水流和顺，丘陵娇媚，人们的性格也较为恭谦礼让，受水之影响，珠江文艺多具柔美之风。音乐悠扬婉转，绘画渔歌唱晚，诗词秀丽优美。这里多民族聚居，是百越文化、荆楚文化、中原文化和海外文化的融合地，是复合型文化多于其他地域文化。

4. 淮河文化

淮河是南北的分界线,又是南北的交汇点,还是南北对峙的界河,历代政治、军事冲突的结合部。淮河的河流形态是融而不隔,古代有联通江、淮、河、济的邗沟、荷水、汴渠,现代有京杭运河。西北部为中原文化区、东北部齐鲁文化区。东南是吴越文化区、西南为荆楚文化区,呈现为王道文化、仙道文化与巫鬼文化等多元文化形态,具有极大的包容性、多元性、过渡性。梁启超在《中国地理大势论》中说:"淮水流域之民族,数千年来,最有大力于中原也。夫淮域所以能独占优势者,何也?其东通海、其北界河、其南控江,其地理之适于开化盖天然矣。"点出淮河文化的地理态势。《诗经》对淮河赞曰:"鼓钟将将,淮水汤汤。""鼓钟喈喈,淮水湝湝。"淮河充满乐感,7000年前的舞阳贾湖遗址出土的七音古笛便是明证。

《风俗通》曰:"淮者,均也,均其务也。"《春秋说题辞》云:"淮者,均其势也。"淮河虽然是居黄河与长江之间的南北界河,但在中华民族大家庭中,却是融而不阻的中间地带。南方人说它是北方,北方人说它是南方。"骏马秋风塞北,杏花春雨江南",平原与丘陵相伴,纤寨与山村共存,旱粮与水稻相长,南米北面各味,南茶北酒均香,南舟北车同行,南蛮北伶共鸣,南秀北雄相映,这两种截然不同的文化景观皆能融入淮河人的秉性。

体现南北融合的水工程景观建筑当属扬州五亭桥,其最大的特点是阴柔阳刚的完美结合、南秀北雄的有机融和。五亭桥造型典雅秀丽,黄瓦朱柱,配以白色栏杆,亭内彩绘藻井,富丽堂皇,具有南方建筑的特色;而桥下则是具有北方建筑特色的厚实桥墩,和谐地把南北方建筑艺术、园林设计和桥梁工程结合起来。难怪中国著名桥梁专家茅以升这样评价:中国最古老的桥是赵州桥,最壮美的桥是卢沟桥,最具艺术美的桥就是扬州的五亭桥。①

扬州五亭桥

5. 海河文化

海河是中国华北地区的最大水系,中国七大河流之一。它不穿山越岭,也不流经旷野,而是

---

① 吴宗越,葛海燕. 试论淮河历史文化与水环境关系[C]. 第二届淮河文化研讨会论文集,2003.

一条横穿上千万人口大城市的河流。干流全长 73 千米,流域面积 31.82 万平方千米,干流之短为全国之最。海河水系呈扇形拓展,单位长度的流域面积高达 4359 平方千米,是中国七大河流中最大的。该值表明海河的辐射范围最大,这是由树状分流、扇形扩张的河流形态决定的,几何学告诉我们,多边形当周长一定时,圆形的面积最大。单位河流长度的流域面积这个特征值折射出水文化的承载力和蕴藏量。海河流域是世界文化遗产最多的河流,包括周口店北京猿人遗址、长城、故宫、

海河

承德避暑山庄及周围寺庙、颐和园、清东陵、清西陵、十三陵、天坛。干流奇短,造成江海通津,南北荟萃,东西碰撞的特有的文化景观。

海河流域是中华文明的发祥地之一,具有丰富的史前文化,并在元、明、清三代成为全国的政治和文化中心。

海河干流的奇短,又显示水资源的匮乏,对可持续发展构成威胁,近期有引滦入津、南水北调等工程为海河文化注入新的活力。

6. 松辽江河文化

松花江的北源嫩江、南源第二松花江与松花江干流呈南北向与东西向交叉的丁字形布置,流域总面积 56.12 万平方千米。辽河支流呈东西向、干流呈南北向,全长 1345 千米,松花江流域总面积 22.11 万平方千米。

松辽文化在格局上表现为水、草相长,其多样性、多层次性体现在:松辽平原、松嫩平原的农耕文化,大兴安岭的畜牧文化,

乍暖还寒辽河口

东北部肃慎系的渔猎文化或农牧、渔兼有的混合型文化。松辽流域是多民族居地,如赫哲、锡伯、蒙古、朝鲜、鄂伦春、达斡尔、满族、回族、柯尔克孜等,多民族文化兼容并蓄、形态并存。

松辽古文化宗教信仰上表现为多神崇拜,尤以萨满教为甚。水草相长、寒冷的气候造就了松

辽文化的刚健、磊落、激昂慷慨而悲壮的格调,洋溢着奋发向上、开拓进取、乐观大度、淳朴豪爽的风貌等等。徐渭在《南词叙录》中曾说:"听北曲使人神气鹰扬,毛发洒淅,足以作人勇往之志。信胡人之怒也,所谓'善于鼓怒也',所谓'其声噍杀以立怒'是也。"道出松辽文化的内涵。①

如果说黄河、长江的西东流向代表着主导的汉文化,而松辽水系流向的东西与南北的交叉则隐喻对这种固定、僵硬的汉文化的冲击,松辽少数民族多次挥戈南下、问鼎中原、统一中华。

恩格斯在《家庭、私有制和国家的起源》中说:"只有野蛮人才能使一个在垂死的文明中挣扎的世界年轻起来。"只有松辽文化中自然粗犷的特质,才足以补救浮靡空泛,才能给汉文化注入新的活力。这正是松辽江河文化给我们的启示。②

7. 水与水工程文化的地域差异

水与水工程文化的地域差异,主要从以下几个方面表现出来:

(1)南北的文化差异。

梁启超在《论中国学术思想变迁之大事》中分析中国南北民俗差异:"大抵北方之地土厚水深,民生实际,多尚实际。南方之地,水势浩洋,民生其间,多尚虚无。民崇实际,故所著之文,不外记事、析理二端;民尚虚无,故所作之文,或为言志、抒情之体。"

梁启超在《中国地理大势论》中对南北文化差异做了精到的比较:

梁启超

"由此观之,历代帝王定鼎,其在黄河流域者最占多数,故由所蕴所受使然,亦由对于北狄,取保守之势,非据北方而不足为以据也,而据于此者,为外界现象所风动、所熏染,其规模常宏远,其局势常壮阔,其气魄常磅礴英鸷,有俊鹘盘云、横绝朔漠之概。"

"由此观之,建都于扬子江流域者,除明太祖外,大率皆创业未就,或败亡之余,苟且旦夕者也。其为外界之现象之所风动、所熏染,其规模常绮丽,其局势常清隐,其气魄常文弱,有月明画舫缓歌慢舞之规。"

哲学:"孔墨之在北,老庄之在南,商韩之在西,管驺之在东。或重实行,或毗理想,或之峻刻,

---

① 徐渭.南词叙录[A].中国古代戏著集成:三[M].北京:中国戏曲出版社,1989:241.
② 穆鸿利,冯永谦.松辽文化探论[J].社会科学辑刊,2002(03).

或崇虚无，其现象与地理一一相应。"

经学："北人最喜三礼，南人最喜治易。南人简约，得其英华，北学深芜，穷其枝叶。"

佛学：北方"学博见长"；南方"理解见长"。

词章："燕赵多慷慨悲歌之士，吴楚多放诞纤丽之文，自古然矣。长城饮马，河梁携手，北人气概也；江南草长，洞庭始波，南人之情怀也。散文之长江大河，一泻千里者，北人为优；骈文之镂云刻月，善移我情者，南人为优。"

美术音乐："北以碑著，南以帖名。""南帖为圆笔之宗，北碑为方笔之祖。""遒健雄浑、峻峭方整，北派之所长也。""秀逸摇曳，含蓄潇洒，南派之所长。""北派擅工笔，南派擅写意"。

风俗："北俊南孅，北肃南舒，北强南秀，北僿南华，其大较也。"

梁启超还认为大运河的开通，融合了中国的南北文化"大抵自唐以前，南北之界最甚，唐后则渐微。盖文学地理，常随政治地理为转移。自纵流之运河既通，两流域之形势日相接近，天下益日趋统一。唐代君臣上下，复努力以连贯之。"

梁启超从河流、地理环境入手，分析南北文化的特征，所论甚为精辟。

其实，早在战国时期，古邗沟已为江淮文化的融合；秦朝灵渠的开挖，也为连通长江和珠江两大流域文化的和合创造了条件。直至隋唐，永济河、通济河、江南运河、浙西（东）运河的开挖，才逐渐促成了中华大一统文化的形成。

（2）南北园林文化的差异。

以北京为代表的北方宫苑系统以及北方某些宅园，和以苏州为代表的江南宅园系统也有其较为明显的个性差异，主要表现为：小巧与崇高、淡雅与浓丽。

司马相如《上林赋》中说："君未睹夫巨丽也，独不闻天子之'上林'乎？"道出北方园林的"巨丽"特征。北京宫苑，在不同程度上存在着严整对称的秩序美。北京紫禁城里的小型宫苑，其布局可说是以整齐对称之美为主的，最典型的是地处紫禁城北部的御花园。该园的整个园基呈矩形。而坤宁门——天一门——在中国园林系统中，参差天趣也不是涵盖一切园林的普遍品格。在这方面，钦安殿一

御花园中钦安殿

承光门—顺贞门,这是一条由南至北的中轴线,居高而又居中的钦安殿是全园的主体,围绕着钦安殿所组成的宫院是一个园中之园,成了御花园的构图中心,布局往往非常讲究对称秩序之美。

江南宅园往往地不求广,园不求大,山不求高,水不求深,景不求多,只求能供流连、盘桓、守拙、养灵、隐退、归复自然。江南宅园的小巧之美,又和隐逸之善互为表里、相与为一了,就像北方宫苑的崇高之美,和雄主之尊严联在一起一样。崇高和秀美正是北方宫苑和江南宅园的对照。

苏州园林

北方宫苑之"丽",更集中体现在建筑物外观的色相、装修以及内部的敷彩、陈设上就是金铺交映,玉题生辉,室内雕绘藻饰,屋面绲丽斑斓。建筑物都喜用多种强烈的原色,如屋顶的黄、绿色琉璃瓦与屋身的红柱彩枋交错成文,以求鲜明的对比效果。

苏州园林粉墙黛瓦的建筑色调,多用大片粉墙为基调,配以黑灰色的瓦顶、栗壳色的柱、栏杆、挂落,内部装修则多用淡褐色或木纹本色,衬以白墙与灰色门框窗框,组成比较素净明快的色彩。江南宅园系统从总体上说,是既不壮丽,又不富丽。不是那种铺锦列绣、错彩镂金之美,而是一种清水芙蓉、自然天巺的风格,如果说,北京宫苑是一曲繁富宏丽的大型交响乐,那么苏州园林就是素朴恬淡的短小牧歌。①

南北园林的差异与山水环境有很大关系。龚自珍《己亥杂诗》云:"为恐刘郎英气尽,卷帘梳洗望黄河"。"浙东虽秀太轻孱,北地雄奇或犷顽。踏遍中华窥两戎,无双毕竟是家山。"道出南北山水环境的差异。

缪钺总结的宋词的四个特点:"其文小""其质轻""其径狭""其境隐",和江南的水态一一对应。

其文小"诗词贵用比兴,以具体之法表现情思,故不得不铸景于天地山川,借资鸟兽草木,而词中所用,尤必取其轻灵细巧者"。"盖词取资微物,造成一种特殊之境,借以表达情思,言近旨远,以小喻大。"相对黄河、长江的大河形态,江南水系,水量、水貌取其小,"雪堂西畔暗泉鸣,北山倾,小溪横。南望亭丘,孤秀耸曾城。"(苏轼《江神子·江子》)"清浅小溪如练,问玉堂何似,茅舍疏篱。"(李邴《汉宫春》)"暗泉""小溪"以"清浅"显其小,小是水量小、水道小,因其小方有"如练"之境。

其质轻:"唯其轻灵,故廻环宕折,如蜻蜓点水,空际回翔,如平湖受风,微波荡漾,反更多

---

① 金学智.中国园林美学[M].北京:中国建筑工业出版社,2002:82-91.

妍美之致，此又词之特长"。"故凝重有力，则词不如诗，而摇曳生姿，则诗不如词。"相对黄河的水质"浑灏"、"浊浪排空"，江南水景的"山青青，水清清"，水质取其清，"疏影横斜水清浅，暗香浮动月黄昏"（林逋《瑞鹧鸪》）。早在春秋战国时期，先秦诸子就在探讨水质对民情和地域的影响："楚之水，淖弱而清，故其民轻果而贼。""宋之水，轻劲而清，故其民闲易而好正"（《管子·水地篇三十九》）；"清水音小，浊水音大，湍水人轻，迟水人重"（《淮南子·地形训》）；"甘水所多好与美人"（《吕氏春秋·尽数》）。

其径狭："至于词，则唯能言情写景，而说理叙事绝非所宜。"相对黄河、长江的寥廓江天，江南水乡的"小桥流水人家"，水径取其狭，"一棹碧涛春水路，过尽晓莺啼处"。

其境隐："若夫词人，率皆灵心善感，酒边花下，一往情深，其感触于中者，往往凄迷怅惘，哀乐交融，于是借此要眇宜修之体，发其幽约难言之思，临渊窥鱼，若隐若现，泛海望山，时远时近。"相对黄河、长江的浩浩汤汤、横无际涯，江南水景的"细雨轻烟笼草树，斜桥曲水绕楼台"，水境取其隐，"水曲漪生遥岸"（朱雍《十二时慢》），"望涓涓、一水隐芙蓉，几被暮云遮。"（张炎《甘州·八声甘》）。①

（3）明代山水游记、笔记笔下水与水工程文化的差异。

其一，南北山水形胜。明代山水游记、笔记好作山水形胜比较，有比较方能鉴别，给人耳目一新之感。王思任有云："天下山水，有如人相"，"蜀得其险"，"秦得其壮"，"楚得其雄"，"吴得其媚"，"闽得其奇"，"滇粤得其丽"，"越得其佳"（《王季重十种·杂序·淇园序》）；王士性评点天下山水名胜："天下名山，……"；"水则长江汹涌，黄河迅急，洞庭浩淼，巴江险峭，钱塘怒激，西湖妩媚，严陵清俊，漓江巧幻。"（《广游志》卷下《杂志下》），各色山水，特征独具，无一雷同，变幻莫测。

其二，南北水工程。王士性谈到长江、黄河时，认为："江南四时有雨，霪潦不休，故其流迂缓而江尾阔。江惟缓而阔，又江南泥土黏，故江不移；河惟迅而狭，又河北沙土疏，故河善决。""缓"与"迅"，"阔"与"狭"，"不移"与"善决"，王士性抓住了长江与黄河水文特性的三大差别。在治水方法上亦有不同："黄河之冲，止利卷埽而不利堤石，盖河性遇疏软则过，遇坚实则斗。非不惜埽把之冲去也，计一埽足资一岁冲刷而止，明以一岁去此埽而护此堤也，来岁则再计耳。若堤以石，石不受水，水不让石，其首激如山，遂穿入石下，土去而石遂崩矣。余见近督河者所作石堤往往如此，而常自护过，不肯以为非。"

---

① 缪钺．诗词散论［M］．上海：上海古籍出版社，1982年：56-60．

王士性在其《广志绎》卷三中对关中和川中的水文化特性进行比较:"关中土厚水深"(编者按:指地下水埋深),"故其人禀者博大劲直而无委屈之态,川中则土厚而水不深,乃水出高原之意。人性之禀多与水推移也。"王士性认为"水不深"和"水出高原"是蜀地民性"与水推移"的两大基本要素,造就了川人的勤劳乐观、灵慧自信、古风不泯的特质。"土厚水深"之论后来为梁启超所用。

"蜀有五大水入。嘉陵江从汉中自北入,岷江从松潘自西北入,大渡河从西番自西入,马湖江出云南自西南入,涪江出贵州自南入,总会于瞿塘三峡向东而出。"(《广志绎》卷五)指出蜀地水系各河的流向及终汇长江的构造特点。

"川中郡邑,如东川、芒部、乌撒、乌蒙四土府亡论,即重庆、夔府、顺庆、保宁、叙州、马湖诸府,嘉、眉、涪、泸诸州,皆立在山椒水濆,地无夷旷,城皆倾跌,民居市店半在水上。惟成都三十余州县一片真土,号称沃野,既坐平壤,又占水利,盖岷、峨发脉,山才离祖,满眼石垅,抱此土块于中,实天作之,故称天府之国云。"(《广志绎》卷五)指出巴、蜀文化区各自的地理特征。

他还认为浙西、浙东民气迥乎不同,"浙西俗繁华,人性纤巧,雅文物,喜饰鞶(pán,盘,指衣带)帨(shuì,税,指佩巾),多巨室大豪,若家僮千百者,鲜衣怒马,非市井小民之利。浙东俗敦朴,人性俭啬椎鲁,尚古淳风,重节概,鲜富商大贾"。将两浙的居民划分为泽民、山谷、海滨三类,"杭、嘉、湖平原水乡,是为泽国之民;金、衢、严、处丘陵险阻,是为山谷之民;宁、绍、台、温连山大海,是为海滨之民。三民各自为俗,泽国之民,舟楫为居,百货所聚,闾阎易于富赉(jī,基,指以物送人),俗尚奢侈,缙绅气势大而众庶小;山谷之民,石气所钟,猛烈鸷愎,轻犯刑法,喜习俭素,然豪民颇负气,聚党羽而傲缙绅;海滨之民,餐风宿水,百死一生,以有海利为生不甚穷,以不通商贩不甚富,闾阎与缙绅相安,官民得贵贱之中,俗尚居奢俭之半。"(卷4《江南诸省·浙江》)在西方,所谓人水关系中的适应论与生态论的提出要迟到1930年,即黑格尔所提出的相似观点也要比王士性迟二百多年。王士性比较南北种植说:"江南泥土,江北沙土,南土湿,北土燥,南宜稻,北宜黍、粟、麦、菽,天造地设,开辟已然,不可强也。"讲的同样是水生态问题。

(4)王祯谈南北水利技术的差异。

《王祯农书》兼论北方农业技术和南方农业技术。王祯自己是山东人,在安徽、江西两省做过地方官,又到过江、浙一带,所到之处,常常深入农村作实地观察。因此,《农书》里无论是记述耕作技术,还是农具的使用,或是栽桑养蚕,总是时时顾及南北的差别,致意于其间的相互交流。

《授时篇》:"天下地土,南北高下相半,且以江淮南北论之。江淮以北,高田平旷,所种宜黍稷等稼。江淮以南，下土涂泥，所种宜稻秋。又南北渐远，寒暖殊别，故所种早晚不同，惟东西寒暖稍平，所种杂错，然亦有南北高下之殊。"

《垦耕篇第四》："北方农俗所传春宜早晚耕，夏宜兼夜耕，秋宜日高耕，中原地皆平旷，旱田陆地一犁必用两牛三牛或四牛，以一人执之，量牛强弱、耕地多少，其耕皆有定法。南方水田泥耕，其田高下阔狭不等，一犁用一牛挽之，作止，惟人所便。此南方地势之异宜也。""自北至南，习俗不同，曰垦曰耕，作事亦异。"

《耙耢篇第五》：说到平整土地工具：耙、耢、抄、挞的南北的区别："南人未尝识此，盖南北习俗不用同，故不知用挞之功，至于北方远近之间，亦有不同，有用耙而不知耢，有用耢而不知用耙，亦有不知用挞者。今并载之，使南北通知，随宜而用，无使偏废。"

《灌溉篇第九》："惟南方熟于水利，官陂官塘处处有之，民间自为溪曷水荡，难以数计，大可灌田数百顷，小可溉田数十亩。"重点介绍农田灌水工程。

可以说，在《王祯农书》以前所有的综合性整体农书，像《氾胜之书》《齐民要术》《农桑辑要》等，都只记述了北方的农业技术，没有谈及南方，更没有注意促进南北技术的交流。

（5）中国古代各有地方特色的水利技术。

中国古代水利技术是中华文明存在与发展的基础，正是依靠水土资源的不断开发，中华民族才得以持续发展，中华文明才得以延绵不断。中国古代水利技术包括灌溉技术如：清水自流灌溉技术、浑水淤灌技术、"长藤结瓜"灌溉技术、塘埔圩田技术、拒咸蓄淡技术、坎儿井技术、井泉灌溉技术；洪治河技术包括：堤防技术、埽工技术、堵口技术、护岸技术、河流治导技术；运河技术包括：水源工程技术、船闸技术、渠线规划技术等；古代城市水利技术包括城市供排水技术、城市防洪技术、城市交通技术与域区灌溉和环境美化技术；水利机械技术包括提水机具与水力加工机械。这些中国古代水利技术有很高的含金量，同时具有浓郁的地方特色，不同的流域、不同的地貌，创造出不同的水利技术，值得深入研究。

（二）民族性

这里重点介绍我国多姿多彩的少数民族的一些水与水工程文化。

1. 藏族

藏族水与水工程文化体现在对雪山、圣湖的崇拜。羊卓雍措是喜马拉雅山北麓最大的内陆湖泊，藏传佛教中，羊卓雍措湖的地位非常显赫，达赖喇嘛圆寂后，寻找转世灵童的班子会从湖中看出显影，指示灵童所在的更加具体的方位。发源于冈仁布钦的四支河流，由于其源头呈泉状，被分别命名为马泉河、狮泉河、象泉河和孔雀河，也众星捧月般地环拱于圣湖东北西南四方，因此佛典里称之为"江河之舟"。这四条河流在漫长的山谷中发育成为著名的雅鲁藏布江、恒河、印度河和萨特累季河。圣湖四周有四大洗浴门，八座寺庙。四大浴门分别为：东面的莲花浴门，南面的香甜浴门，西面的去污门，北面的信仰浴门。水神崇拜深深蕴含于藏族人民的传统习俗中，如抢头鸡水、上净水、水磨、水浴、水藏等。

羊卓雍措　　　　　　　　　　　　　　　工程示意图

2. 维吾尔族

新疆维吾尔等族人民对水的珍惜和利用最典型的例子就是坎儿井，因为坎儿井采用井、渠结合的方式，凭借山势，在引水路线的地表上挖出许多竖井，并在地下将这些竖井连通成一条条的渠道，这样一来，使得深层的地下水转为浅层的地下水，最末端成为地表水，让坎儿井四周的地下水，相对集中于人工构筑的地下水工程——暗渠中流动，这样可以防止水分的蒸发，把有限的水资源充分利用至农田的灌溉和生活的用水上。坎儿井独特的开凿技术，是勤劳智慧的维吾尔人对水合理利用的最好体现。

涝坝是新疆吐鲁番地区的特色水工程。实际上是坎儿井出水口的大小不同的蓄水池。首先涝坝，具有保证维吾尔人的日常生活用水及动植物所需水源的功能。在以前，维吾尔人聚居的城镇、乡村都建有涝坝，在一些驿站、寺院、麻扎附近和大路的拐弯处都会有涝坝的出现，并且在一些维吾尔人聚居的院落和园林中也发现建有涝坝。其次，涝坝具有生态功能。在有涝坝的地方，周围的植物生长都比较茂盛，动物所需水源也能得到保证。涝坝水，可以起到调节干旱地区空气湿润程度的作用，在大自然中保证了这一地区相对的生态平衡。第三，涝坝的文化功能也是比较明显的。涝坝水是维吾尔人先前的饮用水源，他们在这里集聚，获悉日常生活信息，这里的环境优美，成为小孩子嬉戏玩耍、青年男女约会的场所，也是他们节日载歌载舞欢庆的场所。

3. 蒙古族

蒙古族是我国北方古老的游牧民族，逐水草而居。在水草丰美之处放牧牲畜，进行渔猎活动，《黑鞑事略》也记载说，蒙古人居徙"迁就水草无常，得水则止，谓之定营"长期的历史文化积淀使蒙古族对水有着特殊的感情。游牧和渔猎，甚至是后来建立城市，也要以水为定。长期以来对水形成的依赖，使水文化在蒙古族的居住、生计和历史发展中都产生了广泛而深远的影响，水在他们心目中具有了不同寻常的意义。

蒙古族信仰萨满教，把世间的万物都看成是有生命、有灵魂、有神灵的这些具有超自然的属性。他们出于对自然的畏惧而产生对神灵的信仰崇拜，包括对河流、山川、森林、日月星辰、风雨雷电等的崇拜。人们信仰这些神灵，并虔诚敬奉，恪守禁忌，以求得庇护和帮助，避免触怒神灵而遭到惩罚。《世界征服者史》记载：蒙古人在春夏两季不可以白昼入水，或者在河流中洗手，或者用金银器皿汲水，也不得在原野上晾晒洗过的衣服；

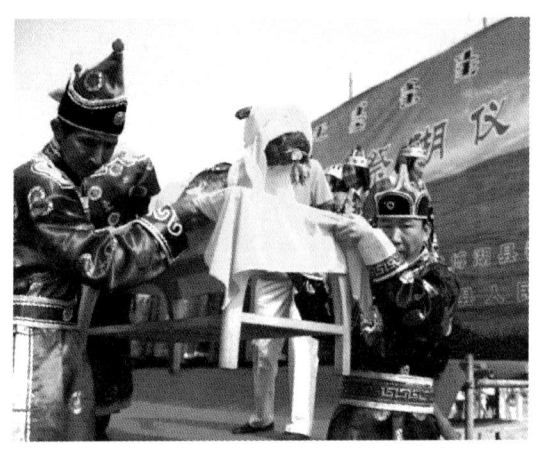

蒙古族祭湖

他们相信，这些动作会增加雷鸣和闪电。因为害怕引来雷电大劈，所以他们就不敢擅自入水。《长春真人西游记》中记载："帝问以震雷事对曰：'山野闻国人夏不浴于河，不浣衣，畏天威也。'"一些禁忌甚至被上升到国家意志在法律中予以明确规定。成吉思汗大扎撒中就规定："禁于水中和灰烬上溺尿，禁民人徒手汲水，禁洗濯，洗破衣服。"在《喀尔喀律令》中规定："故意或戏耍而污浊水源者罚牛、马二只，给证人赏牛（一头）。"

蒙古族入主中原以后甚至把保护水源不受污染的习惯扩展到中原地区，据《元史》记载："英宗至治二年五月，奉敕云：'昔在世祖时，金水河濯手有禁，今则洗马者有之，比至秋疏涤，禁诸人毋得污秽。'"这些禁忌无形中避免了水源的污染，这可以降低草原上瘟疫和疾病的发生率，客观上降低了人口和牲畜的死亡率。

《喀尔喀三旗法典》中规定，新掘成或修整好的井归筑者所有，主人应对过往的疲劳马匹义务供水，如其马饮毕不予他人之马饮者，没收其马；如不与衔辔之马以水者，课三岁羊一头。这既是一种行善施恩的表现，也是水源共享的社会生活传统，是共享水资源的制度与规范。这一特有的制度水工程文化，既对水工程投资者产权及水资源享用优先权给予保护，又对公有的地下水资源他人共享权作了规范，是一条已具有现代水工程文明理念的法典。[①]

4. 哈尼族

哈尼梯田是哈尼族水工程文化的杰出代表，2013年入录世界文化遗产名录，以元阳县为代表的"哈尼稻作梯田系统"被称为"全球人工湿地典范"。世界遗产委员会认为："红河哈尼梯田文化景观所体现的森林、水系、梯田和村寨'四素同构'系统符合世界遗产标准Ⅲ和标准Ⅴ，其完美反映的精密复杂的农业、林业和水分配系统，通过长期以来形成的独特社会经济宗教体系得以加强，彰显了人与环境互动的一种重要模式。"

哈尼梯田，变化万千，或近圆形、或似方形，亦圆亦方、亦方亦圆，条条蜿蜒，块块曲折，各不相同，异曲同工。高下相倾，层次分明，云遮雾罩，郁郁葱葱，五彩斑斓，光影共舞，形色相融，变幻无穷，放眼望去，页页画面，顺畅无比，精致绝伦（详见第四章）。

哈尼梯田

5. 傣族

傣族的创世神话《巴塔麻嘎捧尚罗》认为世界诞生在水之中，万物也都生于水中。祭祀寨神、动神，缅怀祖先都要举行滴水礼，也要为它们奉上一杯清洁的水。不仅在民间的宗教活动中离不开水，甚至佛教活动也都离不开水。在庄严的佛寺中，除了至尊的佛祖释迦牟尼像，就是司水女神喃妥娜尼，似乎佛祖也需要水神的辅佐。

泼水节是傣历的新年，是傣族最隆重的传统节日，每年的公历4月11日左右，为期3～4天，前2天为送旧，后2天为迎新，早期源于宗教仪式。《世界文化象征辞典》关于水的象征含义这样写道："水的象征意义可归结为三大主题：生命的起源、净礼的方式与再生的中心。"而这也恰恰正是傣族人民对水的认识。在这些意念的支配下傣族人民形成了通过泼水或沐浴，达到祈福、求子的目的和祥和生命的信仰。

---

① 黄治国. 蒙古族水文化的历史记议及意义分析 [J]. 大庆师范学院学报，2011.

傣家水井这一水工程,是傣族科学技术发展的活档案,也是傣族民族文化的百科书,是傣族水工程文化的重要部分,是中华民族水工程文化的一朵奇葩。傣家的水井建筑,造型独具匠心,别有特色,千姿百态,如同一件件奇特的艺术珍品,使人过目难忘。它们的造型大致可分为动物类、宝塔类、傣楼类,这些建筑物上雕龙画凤,刻有孔雀、大象等吉祥物,极富想象力,令人惊叹。千奇百怪造型各异的水井建筑,使一个村寨与另一个村寨又不雷同,就是在同一个村寨也找不出造型相同的两个水井。西双版纳有多少个傣族村寨,就有多少个造型的傣家水井。

富丽堂皇的曼掌宰水井

水井的建筑有井底、井台、井栏和井罩,排水沟都是精工砌筑的,浑然一体。其中的井罩最有特点,是为了保护水的清洁而加上的,形成了傣族独有的水井建筑艺术,它融雕塑、绘画和实用为一体。傣族井罩主要有圆形井罩,圆底圆顶像一个蒙古包,顶部主立一根铁杆,挂着一串小饮铃,微风吹来可发出清脆的"叮叮"声。井罩的顶部、墙体绘有各种彩色的风、云、花草、树木等图案,井口两旁一对彩塑麒麟守卫着,昂首朝天,十分威武。单塔式井罩有方有圆,顶部修造一座小塔,塔身镶嵌着反光的小镜子,塔基、塔身绘有各种图案或民间神话传说故事。群塔式井罩的顶部中央有一座主塔,周围造四座小塔,每座塔的顶部都立一杆铁针,挂着银铃和金属三角旗,塔基有各种任务活动浮雕,美观典雅。动物类井罩的顶部为单塔形,两条泥塑长龙盘卧,龙头对着井口,张牙舞爪,似有不容侵犯之势。有的顶部圆形,上塑展翅的凤凰、戏水的金鹿等等。德宏的井罩形式比较单一。选用砾石制造成一座长方形石完,完媚雕饰波纹,两端伸出龙头,昂首张望。盒脚左右蹲着一对小巧的石狮,守卫着水源不被污染。最美观的是石塔,它被托在石完上的方形坡式石盖上,石盖的四角长而跷起。塔分三层,下大上小,四壁上雕刻有龙、象、孔雀等图案。每层都有一个石盖,形制与石完上的一样,而且一层比一层小。在每层顶盖之间分立着四棵圆形石柱,与塔身方圆结合,整体对称。当方形石盖层层缩至顶端时,形成一个笋状尖柱。整个井塔的建筑风格古朴凝重,美观大方。井罩上所绘的图案大多是傣族人民喜爱或者崇拜的动植物,尤其是有许多与水有关的动物或者水神的形象。比如龙和蛇的绘画和雕塑,这两种动物在傣族人民心目中是掌管水的动物。在傣族人的心目中,一般的水神就是龙，有龙的守护，水井的水会常满常清。另外，我们还可以在水井的井罩上看到司水女神喃妥娜尼的形象，与在佛寺中的动作一样，绞着长发伫立在水井边，表示井水永不干枯，水质清例甘甜。①

6. 彝族

彝文古籍《六祖史诗》说"人祖水中来，我祖水中生"、"凡人是水儿，生成在水中"。认为干净的水源是福禄水、圣水、吉祥水、祖源水；彝人把水视为珍贵礼物献给祖先，祭祖、丧葬等礼仪离不开献水；彝人禁忌在泉源、水井里洗脸、洗手，更不能洗衣服、洗脚，到源头喝水时，若没带盛水器具，要用手捧着喝时，不许伸手在水里洗；彝人认为污染水是犯罪行为，小溪里严禁抛进脏物，禁止往水里拉屎撒尿，人去世超度时恐生前有污染水源的行为，必须替亡灵解罪孽。

彝族祭祖大典，要进行7～9天。汲圣水仪式是彝族祭祖大典中的重大仪式之一，在第6天进行。毕摩占月亮阴阳卦指示汲圣水的方向，带领浩浩荡荡的队伍去汲圣水。汲圣水队伍从主祭场出发，将两只用马樱花木制作的精美水壶捆绑在一只称之为"祭羊"的绵羊犄角上，然后用食盐喂之。按毕摩占择定的汲水方向这只"祭羊"为先导，队伍尾随其后。当"祭羊"找到干净的水源饮水，便将"祭羊"饮水处的水视为吉祥之水，即"圣水"。于是在此汲两坛水，让"祭羊"驮回主祭场，放在祭坛的献台上，在毕摩念诵《汲圣水经》之后，将"圣水"分发给参加祭典的各个家支，洒在祭品上，祭奠天地、神仙和祖灵。彝族认为水是一切物种之源，能够滋润万物生长。净水是圣洁之物可以涤荡污秽邪气。于是笃信用举行汲圣水仪式，取回祭场的水洗涤祖灵牌位，就能够净化祖灵，消除祖宗神灵沾染的一切污秽，使之保持清洁，以便更好地保佑后世子孙兴旺发达。他们认为把圣水洒在祭品上供奉天地、神仙和祖灵，则有避邪娱神之功效。彝族以水象征宗族源远流长，把汲水处视为圣地，将汲水处的地名和具有显著特征的景物与祖先名谱一并载于家谱之中，汲水处的景物和地名便成为同宗共祖的重要标志是宗族源远流长的时空再现。②

彝族送水神

---

① 艾菊红. 傣族水文化研究 [D]. 中央民族大学, 2004.

② 朱崇先, 杨丽琼. 地方性的民族认同 [J]. 楚雄师范学院学报, 2008.

7. 羌族

羌寨多建于高半山上，寨中一般都建有碉楼。羌寨碉楼有古老的历史，2000年前的《后汉书·西南夷传》描述的冉駹人"依山居止，垒石为室，高者十余丈"，此所谓"邛笼"，即今羌语碉楼之意。房屋建筑材料大都是就地取材，与环境条件有密切关系。羌锋、羊龙山寨，以块石、片石加黄泥砌成。萝卜寨、布瓦山寨以黄泥夯筑或二者兼用构成。住房一般为二层

羌寨碉楼内有专门的供水系统

或三层平顶房，整体成梯形，后墙和房屋上部高于前半部。下层圈养牲畜，通院门，中层住人，顶层作堆放谷物等用，上层房背小楼顶供白石神。居住安排方式是人在牲畜之上，神在人之上的习俗信仰。羌寨供水可以流遍全寨，有向各家供水的水道。进水口建在寨子最高处，引渠水或泉水，水口处如都江堰水利工程一般利用水的天然冲力自然分水。水道一般在巷道旁修，渠道用石板盖起，水渠盘绕流过全寨。渠上不少地方开有天窗，为各家取水、洗涤之处，羌锋、桃坪羌寨最为典型。这种取水方式构思巧妙科学，是羌族水工程文化的实体展现。

8. 汉族与少数民族在水与水工程文化上的互动

（1）汉族和维吾尔族的互动。

坎儿井是新疆维吾尔等族人民的水工程的杰出代表，也是汉族与少数民族在水工程文化上的互动的光辉案例。

《庄子·秋水篇》中曾有"子独不闻夫坎井之蛙乎"之句。据考古发现，早在新石器时代，我国中原地区居民已熟练掌握了凿洞技术。以后，不断发展完善。最晚在春秋战国时期，已发明和掌握了竖井凿洞施工技术。其最早的文字记载见于《左传》鲁隐公元年（公元前722年）"郑伯克段于鄢"。井渠之说缘于《史记·河渠书》中的记载："临晋民愿穿洛水以溉重泉以东万余顷故卤地，诚得山水可令亩十石，"于是发卒万余人穿渠，自征引洛水至商颜山下。岸善崩，乃凿井，深者四十余丈。往往为井，井下相通流水。水颓以绝商颜，东至山岭十余里间。井渠之生自此始"。穿渠得龙首骨，故名龙首渠。龙首渠创于何时《史记·河渠书》未明示。井的流变历史中，很可能还有一个介于这两者之间的半土半文的名字——坎儿渠。有专家考证认为，关中龙首井渠传到了甘新交接处，其作用与功能逐渐发生了变化，由在陕西的输地表水，变成集、输地下水的卑赣

侯井，从这儿又传到吐鲁番后加上了蓄水池，变成了集、输、蓄地下水的工程，已脱离了原来的井渠的作用与功能，成为一个新事物，就被称为坎儿井了。新疆坎儿井是受中原井渠法的坎儿渠的启示，逐渐由中原传入而形成坎儿井一词的。

据史料推断，龙首渠应建于汉元鼎至元封年间（公元前116—公元前110年）。最早提出吐鲁番的坎儿井是汉代井渠发展而来的是陶葆廉。1891年陶葆廉随其父来新疆，写有《辛卯侍行记》。书中写到"坎尔者，缠回从山麓出泉水，作阴沟引水，隔数步一井，下贯木槽上掩沙石，灌为飞沙拥塞也"。又说："其法甚古《汉书·沟恤志》引洛水，井下相通行水，西域已久有之（《乌孙传》：宣帝时遣史者案行表穿卑迪西）。孟康曰：大井六通渠也"。

（2）汉族和羌族的互动。

《史记·六国年表序》："禹兴于西羌。"《集解》也引《孟子》称'禹生石纽，西夷人也'。"西汉蜀地大学者扬雄的《蜀王本纪》更明确地记载："禹本汶山郡广柔县人，生于石纽。"大禹一系的羌人世居岷江两岸，自古以擅长水利闻名，这一传统源远流长，因而直到近世，成都平原上举凡打水井、修河堤一类工作，往往都由来自岷江上游的羌民承担。禹族既然生活在岷江上游，其治水活动也就开始于今四川境内这一流域，故《尚书·禹贡》记载其"岷山导江，东别为沱"；又载"沱、潜既导，蔡、蒙旅平"。这些都是禹羌族群在岷江、沱江和嘉陵江流域平治水患、疏导山川的古老传说。禹羌族群在岷江流域等地创立的以疏导为核心的治水技术、经验和理念，为后代举世闻名的开明氏、李冰等领导的蜀地大型水利工程所汲取和发展，为秦汉以后"天府之国"的形成和恒久持续发展，奠定了坚实的基础，而禹羌水工程文化智慧可谓泽被千秋，并为历史上中国广大地区的众多水利工程所继承弘扬。

第四节 水工程理念的转变

人类的行为与动物的根本差别是除自然生存的本能行为外，更多的是受文化理念影响形成的思维意识所支配的行为。要研究文"化"水工程的路径首先要研究支配人们兴建水工程的有关水利工作的理念，转变传统水利工作理念，了解现代水利工作的目的和水工程应发挥的功能和作用等理念，才能加深对文"化"水工程路径的理解。

人类社会是不断向前发展的，特别是人类的经济社会发展得更快，人类对大自然包括水的影响，也随之变得越来越大,其影响有正面的,也有负面的。为此,人类在认识、对待治水和治水的主要手段——水工程的观念也是变化的。

一、传统到现代水利理念的变化

水利这一理念的形成是随历史发展而发展的,不同的历史时段,水利的理念、内涵并不完全相同。传统水利又有古代水利和近代水利之分,其理念也是有一定差别的。

(一)古代与近代的水利理念

水利工作的理念是由对水利概念的表述而表现的。水利的概念是随历史发展而发展的,不同的历史时段,水利的概念、内涵不完全相同。

1. 古代的水利理念

前述,出现在《吕氏春秋》"孝行览·长攻"篇中的水利一词,系记载距今4000多年前舜之事迹,"以其徒属,堀地财、取水利、编蒲苇、结罘网,手足胼胝不居,然后免于冻馁之患"。此中所述"取水利"是指舜帝指导人们通过劳动,结成渔网——这种水工具,从水中获得对人有利的鱼、虾之类食物。此为史前相当长的一段时期人类形成的"水利"之意识。

中华民族的发展,自古就与大规模、有组织的治水活动紧密联系在一起的。首先是从共工氏的"壅防百川"到崇伯鲧的"窃帝之息壤以堙洪水",再从大禹的"疏九河""决通川防,夷去险阻"到战国时代的"宽河固堤",为应对水患,治水成为创造中国古代文明的动力。大规模的治水除害,促成了我国从170万年前的元谋人时代的氏族社会向4000多年前的奴隶社会过渡。使中华民族的先祖们从"逐水草而居,遇洪水而陟"的居无定所的原始社会,逐步迈向了可以相对安定的农耕时代。农业对水的依赖是十分明显的,我国儒家经典之一的《礼记·月令》中对"季夏之月(6月)"的叙

舜帝塑像

述就有"是月也,土润溽暑,大雨时行。烧薙(tì,剃,一种原始耕作法)行水,利以杀草,如以热汤。可以粪田畴,可以美土强(疆)"的记载,其中理水、除草、施肥均系服务于农业生产的

措施。其后，中国就成了一个权力相对集中，以农业为立国之本的文明古国。中华先祖的治水从大禹的"疏九河""尽力乎沟洫"到汉武帝"农，天下之本也。泉流灌浸，所以育五谷也。……故为通沟渎、蓄陂泽，所以备旱也"，也均为记载面向为农耕服务的治水活动的目的。故在《吕氏春秋·孝行览·长攻》中提及"水利"后的约100年，司马迁所写"自是之后，用事者争言水利"之水利，已含有"穿渠"——开挖排水沟渠及疏浚河道、"溉田"——引水灌溉农田、"堵口"——修复洪水毁坏的堤防等人类对水所做的治水工程。

司马迁编写《史记》

这些水工程对人类而言，具有兴利和除害两个方面不同的功能。司马迁是经过认真地思考与提炼，才比较完整地概括出了水与人类生存之间的关系——为"有利"与"为害"两个方面，在中国历史上首先使用"水利"一词，以蕴含通过运用水工程治水，达到兴利和除害两方面较为完整的概念。此后，"水利"一词便作为"术语"为历代使用至今。其后，直至清中晚期，上下四千年，我国都处在农耕时代。清康熙年间的慕天颜将水利与农业立国之间的关系说得更为明确："兴水利，而后有农功；有农功，而后裕国。"

另外，在这一漫长的历史时段内，因为水还能给人们带来舟楫之利，漕运也引起为政者的重视，从吴王夫差为运送军队、粮食而"开邗沟"，到魏惠王"通宋、郑、陈、蔡、曹、卫与济、汝、淮、泗相会"，从汉文帝时吴王濞"东煮海水为盐"开吴王沟，至隋炀帝"开凿运河"、宋太宗"天下转漕，仰给在此一漕渠水，朕安得不顾"治水兴漕，带来沿运、滨河城市的崛起，使我国从农耕经济社会，迈开了向多元经济社会发展的步伐。

历史上，我国治水主要目的，是以兴建土、木、石工等水工程，着用于水，以达到抵御洪患、服务农耕、兴办漕运为主的。

2. 近代的水利理念

18世纪后期，随着水力学、结构力学、土力学等学科的创立和发展，加上新建筑材料——水泥、钢筋的出现，从"土（含砖、石）木工程"时代跃上了"钢筋混凝土"时代。人们已有能力建造较大的和较为复杂的水工程，使水利的概念又有所拓展。1934 年，中国水利工程学会第三届年会决议指出："水利范围应包括防洪、排涝、灌溉、水力、水道、给水、污渠、港工 8 种工程在内。"这一概念，是中国水利业界公认的中国近代最具代表性的"水利"概念，阐述的就是兴办上述 8 种水工程作用于水，除水之害、兴水之利为人类社会服务的近代水利概念，虽然这些水工程已从服务农业生产为主，扩大到兼有服务城市的给水、污渠两种水工程的供水、排污以及为客货运输港口服务的功能，但这一概念仍然属于一种单纯以自然科学技术的成果作用于水，使水"利人"的观点。几乎在中国水利工程学会第三届年会提出这一水利概念相同时期的 1934 年 1 月 25 日，时由中共六届五中全会上刚选为中央政治局委员的毛泽东，在江西所作的《我们的经济政策》报告中，提出了"水利是农业的命脉，我们也应极大注意"的观点，这一有关水利服务对象及其作用的观点，成为不仅在新中国成立以前的解放区，而且在新中国建立后的全中国，所确立的水利工作的核心理念。

3. 传统水利的学科属性

1950 年 8 月，周恩来在中华全国自然科学工作者代表大会上作了《建设与团结的讲话》（以下简称《讲话》），《讲话》在解决中国人民吃饭问题的纲领中，指出"第一项重要任务是农业"，在农业方面提出，"首要是实行土改"，对配合土改要着手做的几件工作中，十分明确地指出"第一，兴修水利"。周恩来在自然科学工作者代表会上，提出了"第一，兴修水利"的号召，既强调了水利的重要性，又反映了当时中央对水利学科归属的观点。

毛泽东和周恩来两位伟人的思想，决定了我国十分重视水利和水利主要服务农业，水利是自然科学，水利学是自然科学类的学科的定位。

（二）现代的水利理念

我国现代的水利理念和我国现代化概念目标一样，是呈梯度推进的。我国在改革开放后，传统水利向现代水利的转变中，在理念上形成了几次大的调整。

1. 我国现代化目标是梯度推进的

要了解现代水利理念，必先了解我国对现代化的认识。我国对现代化的认识和要求，也是随着社会经济的发展逐步发生变化，呈梯度提升和推进的。例如，1964 年在全国人大会议上开始提出的现代化的口号，当时并未有具体的形象概念。后来，是以 1975 年周恩来在全国四届人大讲话中所提出的"现代农业、现代工业、现代国防和现代科学技术"为我国现代化标准概念的。当时，也只是从生产、国防、科技的角度提出的现代化。发展到 1987 年，邓小平提出了"三步走"的现代化概念，已延伸到人均国民生产总值达到中等发达国家水平，人民生活比较富裕；基本实现现代化的概念，虽提到了"人民生活"，但也只是物质上的"富裕"概念。在党的十六大上，江泽民提出有条件的地区要率先实现现代化和基本现代化的概念，其中包括"把我国建成富强（物质的）、民主（政治的）、文明（精神的）社会主义国家"的综合概念，在这一概念基础上和受"三个代表"中"先进文化"的概念以及党的十七大提出的"让人民共享文化发展成果"号召的影响，沿海各地对现代化的认识，已从物质的上升到物质加精神的概念。其中，包括"幸福江阴"、"乐居吴江"、"协调张家港"以及"城市文化水平"、"环境优良化"等精神层面的具体指标。

2. 水利跳出了主要是为农业服务的传统理念

第二次世界大战后，由于世界总人口和城市人口的急剧增加，商品粮、钢铁、水泥、木材、机械等工业加速发展，带来了世界各国和我国社会经济的高速发展，使以工业经济为主的经济与农业经济的比例倒置了过来，而且比例还在不断拉大，再加上水利科技的发展，随着世界各国的水利进入大规模发展时期，人们对水利的认识和概念性表述也随之有所拓展。我国在新中国成立之后虽然一直十分重视水利建设，但一直坚持提的是"水利是农业的命脉"这一传统水利理念，直至改革开放以后，才觉察需要调整。

1990 年，党的十三届七中全会，一改新中国成立后长期以来"水利是农业的命脉"的提法，提出了"水利是基础设施的组成部分，不仅关系到农业，而且关系到工业建设和人民生活"。正式将对水利所能发挥重要作用的认识，从仅仅是"农业的命脉"，提升、扩展、统一到还包括"工业建设和人民生活"的命脉之范畴。

长期以来，由于人类对自然界水体的索取和干扰，不管是在量的方面，还是质的方面，都还在自然界水体承载能力许可范围之内。在这一非常长的历史时段内、形成的传统水利理念，人们思考的都是如何使水来"利人"。随着我国人口的增加，城市的扩大，人与水的关系，在这一治水思路影响之下，产生了清代屡禁不止的"围湖造田"，民国初期的"蓄洪垦殖"，新中国成立后的农村"以粮为纲——向水要粮"，城市"填河做路、占水建房"等大面积与水争地的现象。但是，自然界的水，不管是量，还是质的方面承载能力终有极限，于是，在我国便会产生了水资源供求失衡的黄河十年连续出现断流、大多数城市有河皆污的现象。这就不能不引起人们对水利这一概念的重新认识。为此，1991 年，《中华实用水利大词典》将水利的概念叙述为"采用各种措施和手段，对自然界的水，如河流、湖泊、海洋以及地下水，进行控制、调节、治导、开发、管理和保护，以减轻和免除水旱灾害，并供给人类生产和生活必需的水"。这一概念已延伸到对水的"保护"以及运用"管理"等社会技术，修正了单纯以水"利人"的观点，使这一概念，已较为接近现代水利的概念。

3. 对水利开始提到包涵精神层面的要求

面对我国一些地方出现对自然、对水过度开发的"黄色文明"，人们对水利的概念也逐步在扩展，中央领导对治水进一步提出了新的要求。1997年，江泽民在治理水土流失的有关报告上批示："再造一个山川秀美的西北地区"，将"秀"与"美"这两个属精神层面的人文感受，放到了水利工作要实现的目标之中。

4. 针对"黑色文明"的出现，要求治水思路作出的调整

由于在我国工业文明发展的同时出现了污染等"黑色文明"，水环境的恶化已引起中央的注意，1999年6月，江泽民在郑州主持召开黄河开发工作会议上指出：要"坚持从长计议、全面考虑、科学选比、周密计划、合理安排水利工程。……以实现经济建设与人口、资源、环境的协调发展"，明确要求把环境问题与水利直接连在一起进行考虑。其后，2009年版的《辞海》对水利所作的表述，就是采用对《中华实用水利大词典》的水利概念作了调整的表述，具体为："采取人工措施控制、调节、治导、利用、管理和保护自然的水，以减轻或免除水旱灾害，并开发利用水资源，适应人类生产，满足人类生活，改善生态和环境需要的活动。"比10年前的表述增加了"改善生态和环境需要"的范畴。这一表述，成了当代对水利所作的比较规范的概念。

5. 要求将文化和景观功能纳入水工程理念的提出

2009年10月，水利部部长陈雷在《弘扬和发展先进水文化促进传统水利向现代水利转变》一文中指出："时代赋予水利新的使命、新的内涵。随着我国人民生活水平的不断提高，水工程、水环境在满足除害兴利要求的同时，人们更加重视其文化功能和愉悦身心的作用"，十分明确地把"文化功能"和愉悦身心的"景观功能"纳入了现代治水的思路，这两个功能均属精神层面的功能。

6. 党中央对现代水利提出更新、更全面的要求

（1）1号文件对现代水利作用和功能作了最新的表述。

2011年，党中央专门为加快水利改革发展所发的1号文件指出："水利是现代农业建设不可或缺的首要条件，是经济社会发展不可替代的基础支撑，是生态环境改善不可分割的保障系统，具有很强的公益性、基础性、战略性。加快水利改革，不仅事关农业发展，而且事关经济社会发展全局；不仅关系到防洪安全、供水安全、粮食安全，而且关系到经济安全、生态安全、国家安全。"这是国家对现代水利应具备的功能所作的完整表述。

（2）十八大报告对水利提出了更为具体的要求。

2012年11月8日胡锦涛代表十七届中央委员会在党的十八大所做的报告中，将生态文明建设列入与经济建设、政治建设、文化建设、社会建设同等重要的我国"五位一体"的建设之中，对我国生态文明建设作出了导向性的部署。明确提出要"调整空间结构，促进生产空间集约高效、生活空间宜居适度、生态空间山清水秀，给自然留下更多修复空间，给农业留下更多良田，给子孙后代留下天蓝、地绿、水净的美好家园"。要求"构建科学合理的城市化格局、农业发展格局、生态安全格局"。"要实施重大生态修复工程，增强生态产品生产能力，推进荒漠化、石漠化、水土流失综合治理，扩大森林、湖泊、湿地面积，保护生物多样性"。要求"加快水利建设，增强城乡防洪抗旱排涝能力"。在这些导向性部署中，十分清晰地可以看出，包括了对水利的生态文明建设所提的目标、战略部署和要求。主要有以下几个方面：

1）"水净"是对水利建设所提的具象目标。

"给子孙后代留下天蓝、地绿、水净的美好家园"是十八大为我国生态文明建设设计的具象目标。其中，"水净"就是对水利建设所提的具象目标。其实，"地绿"也离不开水，没有水，地也绿不了。"水净"这是专门针对我国不少地方水不净的状况提出的具象建设目标。虽然是具象的，但也是有标准可依的。水净是以水功能区水质达标为前提的水净，没有水功能区水质达标，就不可能实现水净。

2）"水秀"是对水利建设提出的形象要求。

"生态空间山清水秀"是对我国生态文明建设提出的空间形象要求。在这个空间形象要求中，"水秀"是专门对水利建设提出的形象要求。"山清水秀"本是形容山水景色的，是人对山水环境的视觉感受，属精神意识层面的认知。在生态文明建设中，十八大提出这一要求，实际上已超越了在生态文明建设中的物质文明建设层面，进一步把对水的要求，提升至包涵人类精神需求的环境文明建设层面上来了。

"山清"的空间形象较易理解，关键是要使山体绿化，就可达到这一形象要求，比较单一，但也离不开水。要想实现山清，特别是对缺水少雨的我国西北地区，就需要在水利建设上下大气力。

"水秀"是直接讲水（包括水的载体——河流、湖泊等）的环境功能，并且是针对人这个主体而言的水环境，即指水这个客体，给其凡能影响到的人，留下的感受和印象。而水生态则是对多元主体而言的，即包括人和一切有利于人生存的生物而言的。

3）"调整空间结构"的战略性部署中，重在调整水空间结构。

调整空间结构是针对当前我国其他生物的生态空间长期萎缩，而提出的加强水生态文明建设最为重要的战略性部署。也可以说，是我国生态文明建设的总纲。研究一下新中国成立后我国空间结构的变化，就可以看出重点是涉水空间在萎缩。

据国家统计资料表明：仅1957年到1986年间，每年城镇扩张侵占耕地4500万亩，乡镇企业占用耕地1000万亩，非农建设耕地800万亩，水土流失600万亩，农民建房占用500万亩，开发区占用300万亩，沙化200万亩，30年几项合计高达7900万亩。1986年至今，城市扩张、开发区的建设、非农建设，比前30年要快得多，占地要大得多，因缺统计资料，故作和前30年持平，我国近60年来，这几项合计最少要占地1.6亿亩左右。另有资料表明，至今半个世纪流失耕地20亿亩，又开垦了耕地24亿亩，耕地未减反增。但这些开垦，西部地区是多以改造林地、草地，东、中部平原地区是多以与水争地为代价的。特别是与水争地，例如，江苏省11722平方千米的里下河地区，上世纪50年代中期，有湖荡、滩地（不含河道水面）1300多平方千米，占9%，面积较大。至60年代中期，开始萎缩至1073.2平方千米。其后，由于盲目围垦，至90年代，该地区湖荡面积仅存58.5平方千米，仅剩原湖荡面积的4.5%。里下河95.5%的湖荡水面积都变成了农田、养鱼池、道路、村镇或开发区了。使20世纪湖荡拥有20亿立方米调蓄防洪库容的能力，直线下降到仅存不足1亿立方米。能用于抗旱的水源调节量，则变得更少了。

从上述资料表明，这半个世纪新增耕地4亿亩和城镇等扩张的1.6亿亩的面积（扣除城市中绿地面积），实际大多萎缩的是我国其他非人工培养生物赖以生存的生态空间，尤其是涉水空间。20世纪90年代以来，城镇化发展速度更快，同步而来的必然是生态空间或农田（特别是水域和湿地）萎缩得更快。所以，中央才有针对性地，作出这一战略性要"调整空间结构"的部署。因此，调整空间结构的重中之重，应当在扩大水域空间结构。

4)"扩大森林、湖泊、湿地面积"，是生态文明建设中最为明确而具体的水空间结构调整方向和修复自然的方法。

十八大报告明确要求"扩大森林、湖泊、湿地面积"，一是针对新中国成立以来我国森林、湖泊、湿地面积减少的实际状况提出的；二是我国最高决策层已高度认识被科学家们誉为"地球之肺"、"地球之肾"和"生物基因库"的森林、湖泊、湿地的作用，了解了只有扩大森林、湖泊、湿地面积，才能让包括人类在内的多样性生物在我国有更大的、更好的生存空间。湖泊与湿地的修复属水生态文明建设的范畴，易于理解。而扩大森林面积同样与水有关，没有水，树木也难以成林，森林是地球的肺，它可以涵养水源，与地球上其他的水共同维系着地球上的水循环和水生态平衡，也应归属于水生态文明建设的范围。海洋、湖泊、河流、湿地、草地、农田，都是多样性生物赖以生存的家园。凡是经过人们干预过的湖泊、河流、湿地，也都已纳入水工程建设与管理、运用的范畴。

5)"生活空间宜居适度"是修复水自然空间的要求和自律。

生活空间宜居适度是为我国人民的生存和生活环境，提出的文明导向，一要宜居，二要适度。如果针对我国城乡现实情况，向深层次去理解，城市环境要宜居，乡村宅基占地面积要适度。

什么是宜居城市？宜居城市是指人们对其居住、生活比较满意的城市，是指建有良好的生活空间环境、人文社会环境、生态自然环境和清洁高效的生产环境之居住地的城市。宜居城市有广义和狭义之分。广义的宜居城市是一个全方位的概念，强调城市在经济、社会、文化、环境等各个方面都能协调发展，人们在此工作、生活和居住都感到满意、舒适，并愿意长期继续居住下去；狭义的宜居城市指气候条件宜人、生态景观和谐，适宜人们居住的城市。在实践中，有的城市把生态环境建设放在宜居城市建设的首要位置，突出水面积率与园林绿化的作用。清代泰州有一位名叫赵瑜的诗人，写了一首《竹枝词》"穿城不足三里远，绕郭居然一水通。暇日娱情容易尽，平时访古妙难穷。"写的就是诗人对他所居住的泰州这个城市，行走不到三里，就可看到环城河里的水和沿河不时可以有古迹探访的文化生活之赞美，这又是他对由此而产生幸福感的吟诵。他的幸福感是把"穿城不足三里远，绕郭居然一水通"的水环境放在第一位的。喜欢良好的水环境，是每一个人的本真习性和要求，但现代不少城市，在发展过程中，为了筑路、建房，不仅填埋了小河、小塘，而且连大河的河滩(湿地)外都砌了驳岸、混凝土挡墙，滩上填土造地，使河道变成了小沟渠，缩小了汛期滞涝库容和行洪断面，壅高了河流中的洪水位，然后再在河边上砌挡洪墙。甚至在河上加盖封闭，并在上面建房造屋，使人距水愈远。人们不要说走三里，有的城市走上十里、二十里、甚至三十里也见不到水！抑或，见到的水，都是被污染的水，人怎么能宜居呢？故城市必须有一定面积的水，市民才会产生宜居感。修复城市水面积，同样是水利的时代功能。

为什么说乡村宅基占地面积要适度？我国农民住多大的房子？2010年杭州农村人均住59.9平方米最高，其次是上海59.7平方米、长沙59.5平方米、郑州56.0平方米、衢州55.8平方米、南通53.6平方米、东莞52.1平方米……最少的鄂州也有42.5平方米（中国区域统计年鉴）。杭州的三口之家有住200多平方米的。嘉兴2012年末全市农村居民人均居住"住房建筑面积72.4平方米"，"全市农村100%的家庭饮用自来水，99.9%的农户住宅外道路为水泥或沙石等硬质路面"。上述统计，农民人均住房面积又是按农村户口统计的，很多农民长期外出打工，有的还在城市租有房屋，抑或购有房屋的，农村每户仅有1～3名老人或小孩居住，甚至还有空关房。农村房屋又以单居独院为主，其中，1～2层的房屋居多，一般四周都有较宽的道路和较大的宅基地，面对我国人多田少的土地资源和生态空间严重萎缩的现状，提出"适度"控制农村新建房屋占地面积，让这些面积回归农田、回归水，是人对自然的一种自律，同样是十分必要的。

6)"给农业留下更多良田"是深层次水生态文明建设的需求。

就生态文明建设而言，似乎是以"修复自然"为主，然而，提出给农业留下更多良田，也是有其深刻内涵的。这是对采取调整空间结构措施所取得的有效空间成果，配置安排的另一方向。水是一切生物群落的生命载体，水是能量流动和物质循环的有形介质。水，实际上也是生物本身的重要组成部分。动物、植物、微生物是与水共生、共存的，水为地球上生物群落提供了生命之源。河流（湖、池等）是（淡）水的载体，除人以外的动物、植物、微生物往往会存在于一个流域或一个地域相对独立的水的三维系统之中，在这个自然的系统中，它们形成了若干的多循环食物链，共同组成了这个流域或这个地域的生存系统，生物之间既相生又相克，既平衡又制约，是"物竞天择，适者生存"。在河流水三维空间中的生物系统，往往又会因地球物理状态变化导致河流发生变化所造成的水循环变化，进而导致生物系统发生变化。生物系统的变化，可能是蜕变，也可能是演进。地球上由于人的出现和因人的智慧不断提高（即人的演进）使人渐渐从生物群落中突显出来，形成单独的最为高级的生物物种——人类。从此，地球上的原始生态系统，不仅会因地球物理现象的变异而变化，而且会因人类的活动而造成较大的改变。例如动物，史前原始生态系统中恐龙的灭绝，就正是缘于地球物理现象的变化，使恐龙失去生存条件而发生的蜕变。而人类饲养的家禽、家畜，则是使这些动物在人控条件下得以大力繁殖，并不断向人们所需求的品种、质量逐步在演进。再如植物，地球上大片的湿地、山林、草原、荒漠，变成了农田，取代这些地方原始植被的，绝大部分是人类垦殖的稻麦、蔬菜、水果及山林，这种取代，不应该视为对地球生态的绝对破坏。家禽、家畜的出现，稻麦、蔬菜、水果及山林的种植，实际上促进了部分物种的演进，可视为是人类活动对地球生态系统的调整，亦称之为人化（类）生态系统。家禽、家畜、人工栽培的植物，它们和地球原始植被及生物一样，有其造水结构，有其引降、吸附及挥发，空中的、地表的、地下水的功能；有其所形成之造水网络和促进水循环的功能；也有与自然条件相似可以平衡全部或部分因人类活动产生的热效应。当然，其平衡度与原始状态的地貌相比较，孰高、孰低，则需要建立庞大的三维测试系统去进行验证。因此说，给农业留下更多良田，既可给我国人民留下赖以生存的生产粮食、畜禽等农产品的基本保障，又可增加具有良好生态条件的更多空间，一举两得。农田有好有差，良田一般指肥沃的土地，现在则可指具有科学布局（灌、排）水、（机耕）路、桥、林的更加适应所种作物之规模化、科学化、集约化的农田。为此，建设和管理好良田的水利工程，亦属水生态文明建设的范畴。

7）"推进荒漠化、石漠化、水土流失综合治理"，"增强城乡防洪抗旱排涝能力"是党中央在生态文明建设中对水利提出几项具体任务。

推进荒漠化、石漠化、水土流失综合治理，增强城乡防洪抗旱排涝能力等，是新中国成立以来，水利部门长期致力和主攻方向之一。由于这几项建设，也都是生态文明建设的基本保障和前提，故中央才又在此进一步强调要"加快水利建设"。这一要求，既道明了水利建设与生态文明建设之间的关系，又强调了加强水生态文明建设的重要性和紧迫感。

（3）让城镇"看得见水"、"延续城市历史文脉"是中央赋予水利的新课题。

2013年12月习近平在中央城镇化工作会议上发表的重要讲话中，语重心长地指出："城镇建设……要体现尊重自然、顺应自然、天人合一的理念，依托现有山水脉络等独特风光，让城市融入大自然，让居民望得见山、看得见水、记得住乡愁；要融入现代元素，更要保护和弘扬传统优秀文化，延续城市历史文脉；要融入让群众生活更舒适的理念，体现在每一个细节中"。并要求"慎砍树、不填湖、少拆房"。其中同样存在对水利工作理念的调整。主要有：一要尊重水的自然规律，要给城镇留有和恢复一定比例的、自然的地表水面积和水库容，不要让城镇变成"遇雨即淹"的不宜居城镇；二是要让城镇留住自然的风光，成为个性化的山水景观城镇，给市民、给游客以美好的记忆，不要再做填湖灭河的蠢事，让城镇变成"千城一面""千镇一面"没有特色的城镇；三是要重视弘扬各地特色的水文化，每条河、每个湖都有各自的水脉，也都有各自的文脉，如果一个城镇的水干了，这个城镇的文化必然也就干了。水生民、民生文、文生万象，要让城镇留好水的源头，让水工程文化成为城镇文化之源。

7. 现代水利的完整概念

根据国家对传统水利理念的调整和对现代水利应具备功能的这些最新表述。笔者认为对现代水利的概念就应进一步作出调整，可以表述为："采用现代（全国甚至世界）最先进的治水理念和控制、调节、治导技术，利用、管理和保护域内自然水（含地表水、地下水、土壤水、空中水、生物水等），最大程度地减轻或免除域内水旱灾害；在不影响水资源可持续利用的前提下，科学开发利用水资源，最大程度地适应域内现代社会经济和全体人民对水的物质和精神的双重需求；并能满足域内及其所涉及流域影响范围内生态的水需求"。

这一概念比2009年《辞海》所表述的水利概念增加了如下几点：

（1）采用先进的治水理念。

（2）采用先进的治水技术。

（3）适应人对水的精神需求。

（4）生态的水需求包括的范围，不仅指域内，而且扩大到域外所涉及流域影响范围内。

围绕这一水利理念所要开展的全部工作就是现代水利工作的理念。

现代水利的理念决定了现代水利工作服务的方向已不仅是农业，而且包括农村和城市的整个社会；现代水利工作已不仅是满足生产、生活对水物质的需求，而且包括人的水精神、水文化、水环境以及各种生物生存（即水生态）乃至维护水伦理、保护河流健康生存的水需求。

二、传统和现代水工程功能的差异

由于现代水利理念与传统水利理念的目的、要求不同，其治水的方法也就会随之发生变化，治水的主要手段，兴办水工程的目的、要求同样随之发生变化，则传统和现代水工程的功能必然会存在差异。

（一）传统水工程的功能

我国有史以来对水利工作就十分重视，从尧舜时代起，我国历代中央政府就设置有专门治水官员和水利机构。1949年10月新中国成立之时，也设置了专门的水利部，我国是当今世界仅有22个在国家这一级，设置有名称各不一（水部、水资源部、水经济部、水供给部、灌溉部、水与灌溉部、灌溉与水资源部等）的专职水利部门的国家之一。可见，新中国成立后直到现在国家对水利工作同样十分重视。但由于4000多年来社会经济发展是农业立国的基本国情，成为对水利服务功能的主要导向意识，使得我国至今从上到下的水利部门仍然隶属于政府的农业部门管理。直至改革开放前，水利部门的工作都是以防治洪涝灾害的重点工程和农田水利为主。水利工作的手段基本上运用的都是属于自然科学门类的纯工程手段，也就是被水利部前部长汪恕诚形象而概括地称之为的"工程水利"。新中国成立至改革开放前这一阶段我国形成了一种单纯以自然科学的工程技术，物化的成果——水工程，直接作用于水体，使水这一特定的物质的水位、水量、水能发生变化，使水能为人利用和不为害人之"利人"的治水思路。对水工程要求具备的功能也仅仅为灌、排、引、航等直接着用于水体的"有形功能"。这种主导思想一直延续至1989年。因此，兴办的水工程大多也仅仅具备这些功能而已。

（二）现代社会要求水工程具备的功能

由于现代水利工作的理念，已随着社会经济的发展，在传统水利工作理念的基础上，延伸到适应人们对水的精神需求和要满足生态需水条件的层次，因此，现代水工程应具备的功能也就随之延伸和拓展。也就是说，现代水工程不仅要具备可以适应人们灌、排、引、航需求的有形功能，还要具备能满足人们精神方面等需求的"无形功能"。

什么是水工程的无形功能？水工程的无形功能指不是直接提供人们消耗和消费水物质，而是提供人们恰因水工程和其所作用水体的存在，所能对人们产生的除有形功能以外的其他涉水消费功能，一般包括生态功能、环境功能和文化功能。

本书虽然研究的主题方向为水工程的文化功能，但水工程的文化功能与水工程的生态功能、环境功能是休戚相关、密不可分的。因此，对水工程的无形功能中的生态功能、环境功能和文化功能都要做些了解。

1. 水工程的生态功能

党的十八大报告明确指出："良好的生态环境是人和社会持续发展的根本基础"，并把建设生态文明，提升到"关系人民福祉、关乎民族未来的长远大计"之高度。要求"把生态文明建设放在突出地位，融入各方面和全过程，努力建设美丽中国，实现中华民族永续发展"。

水工程的生态功能，主要是由于水工程的作用使本流域或受其影响区域的水体、水位、水量、水质、流速、流态、渗透、蒸发等得到调整、恢复、保护，达到能使流域或区域三维空间的水条件适合除人以外的生物（动物、植物、微生物）的水需求，让人和其他生物都得以受水的孕育而正常地生存和发展。生态功能对水工程而言，一般认为，服务的直接主体是人以外的各种生物。

注重水工程的生态功能，应成为水利自觉。水利行业要自觉改变在水工程规划设计时就防洪说防洪、就供水说供水，就要改变水"利人"的传统思维模式，要按照以人为本、生态优先、统筹兼顾的发展理念，着眼规划和设计人水和谐，城乡统筹，综合利用的治水工程。在计划决策、规划、设计、建设水工程的过程中，不仅要使水工程成为能适应人之水需求的防洪工程、供水工程，还要认真研究如何使工程具备考虑其他生物水需求的生态功能，成为能兼有修复生态功能的水工程。

以水资源可持续利用、水生态系统健康完整、水生态环境宜居优美为主要功能目标的水工程建设，是生态文明建设的核心工作、重要载体和显著标志，对于强化生态之基、促进人水和谐、实施强国战略、实现持续发展具有不可替代的重要作用。

2. 水工程的环境功能

水生态是对多元主体而言的，即包括人和一切有利于人生存的生物而言的。而水工程的环境功能则不同，水工程服务的直接主体主要是人。环境从词意上讲是指"周围的情况"，这本是一个中性的词，实际上是指人们通过视觉、听觉、嗅觉等感官得到的人自身以外所能涉及的三维空间中其他客体存在的印象。对环境而言，主体可以是人，当然也可以是人以外的其他生物或非生物。但是，除人以外的其他生物，由于基本没有表达意识的能力，则它们也没有选择环境的需求表达，故对有环境需求的主体一般只考虑人。

环境对人这个主体而言，已不仅是客观存在，而且还有人的主观好恶。例如，人对客体颜色的评价或感受，有的人喜欢蓝色，也有的人喜欢红色；对于气味的感受，有的人喜欢某种香味，抑或是海腥味，有的人则不喜欢这种气味。有些人往往把生态、环境画上等号，抑或联起来统称"生态环境"，这是不太恰当的。生态只存在客观条件，即生态条件；而环境除客观存在以外，还存在人的主观意识的成分。生态与环境是两个不同的概念。就现代水工程的功能而言，不仅要有生态功能，还要具有环境功能。水工程的环境功能，分单体水工程环境功能和整体水工程环境功能。单体水工程环境功能，一般是指单个建筑物本身的视觉效果；整体水工程环境功能，一般是指单个建筑物加上其所作用的水体乃至以其为中心，人之目力所及或对人有影响的范围内的其他涉水物体的综合的、全部的视觉效果。

水环境功能是指包括水体、水面、水岸和滨水地带的环境功能。例如，河流的环境功能，就应该包括河水、河坡、滩地、河岸、河流管理范围内土地及其他法定河流概念范围的环境功能。河流环境功能的优劣，首先决定于河流水体的各要素，主要指水体内水溶解物、水化合物，水体的质量、颜色、浑浊度、流态、流速、水流的声音，水体散发的气味、水温，水面积大小及水的平面或立面形态等；其次为岸坡及管理范围的线形、坡度、起伏，覆盖的材料、植被，寄生其内的动物、微生物以及滨河的建筑物、构造物之颜色、形态、气味等要素。这一切要素往往又决定于河流所在地域的气候、地质、植被、动物活动等自然条件和变化，以及人类活动（主要指经济发展相关建设行为，抑或遭遇战争、倒坝等特殊的破坏行为）对河流的影响。以上这些要素，都会决定环境功能的优劣。针对人这个主体而言，对河流环境功能优劣的评价，由于人有意识的存在，就不仅仅决定于以上的因素，同时还要决定于人的感受和文化素养。例如，有的人喜欢大江大河的感受，有的人却喜欢小桥流水人家的环境。目前，人们对河流环境标准的制定，主要还是按非意识的、客观存在的情况制定的。例如，制定的水利风景区标准。当然，这一标准，已包括了一些有人文印象和心灵意象的标准，如对工程景观评价中提出的"外观美感""艺术魅力"等的人文功能标准。

3. 水工程的文化功能

水工程的文化功能系指因水工程及其所作用水体的客观存在，对其覆盖范围的人以视觉、听觉、嗅觉、味觉乃至触觉所受到的影响，使人在精神、意识、思维方面产生变化之功能。文化功能有双重性，有先进的文化，有落后的文化，有受人喜爱的文化，也有遭人厌恶、有损于人类精神健康的文化，我们研究推进的应是先进的、有益于人类健康的水工程文化。水工程的文化功能，又分广义的水工程文化功能和狭义的水工程文化功能，广义的水工程文化功能，包括水工程产生的有形功能与无形功能成果之总和，狭义的水工程文化功能只指水工程的无形功能所产生的效果，尤其是指其中对人的精神、意识、思维等活动所产生的影响。本书所述及的水工程文化功能，主要是指狭义的水工程文化功能。

三、古今可资借鉴的治水哲理

哲学作为一种特殊的思维方式，具有高度的概括性和抽象性，是对人处理和驾驭外部生活世界的认识和实践活动成果进行的反思和总结、概括。它的形态在历史上是发展的。古今的治水哲理也是在发展的。

（一）古代可资借鉴的治水哲理

"道"是无形象的，含有规律和准则的意义；"器"是有形象的，指具体事物或名物制度。道器关系即抽象道理与具体事物的关系。我国的治水是先有治水的"道"——理念、规律和方法，还是先有水用具、水工具、水工程这个"器"的？

老子最早提出"朴（道）散则为器"，认为"道"在"器"先。《易·系辞上》："形而上者谓之道，形而下者谓之器。"也认为"道"在"器"先。明清之际，王夫之等认为"道"不能离开"器"而存在，提出无其"器"则无其"道"的命题。

其实中华民族的治水哲学理念是经历了"道"、"器"结合至"道"、"器"分离再至"道"、"器"结合的三个过程。中华

老子

民族的始祖从伏羲"仰则观象于天，俯则观法于地，观鸟兽之文与地之宜，近取诸身，远取诸物，于是始作八卦制卦"，到神农氏"斫（zhuó，指砍）木为耜（sì，指古代农具），揉木为耒，耒耨（nòu，指小手锄）之利，以教天下"，到黄帝、尧、舜"刳（kū，指剖挖）木为舟，剡（yǎn，指削）木为楫，舟楫之利，以济不通，致远以利天下"，再到大禹、李冰治水，都是讲"道"制"器"，"道""器"结合的。《易·系辞》曰："河出图，洛出书，圣人则之。"这里讲的就是河图、洛书对大禹治水的启发。《汉书·五行志》有云："伏羲氏维天而王，受河图则而画之，八卦是也；禹治洪水，锡（赐）洛书而陈之，洪范是也。"大禹以易治水，是大禹以工程治水之"道"。《史记·夏本纪》讲大禹治水时是"陆行乘车，水行乘船，泥行乘橇，山行乘檋（jú，指古人登山用具）。左准绳，右规矩。"说明大禹是制"器"高手，既发明测量工具"规矩""准绳"，以提高治水的准确性；又发明交通工具"车""船""橇""檋"，以提高实地勘查水情

李冰父子

的效率，这是大禹为治水服务所制之"器"。李冰父子治水继承大禹"道""器"结合的优良传统，在岷江展开卓越的工作。李冰在成都"修七桥，上应七星"（《华阳国志·蜀志》），很早就在探讨水工建筑文化内涵的表现手法，他搞的是天地对应，在整体的平面设计之初就已经赋予了哲学内涵。他在勘察时"望天彭阙"，实则望气。不易、变易、简易是李冰治水之道，凿离堆，用火烧、水浇，制作工程用的竹笼、马槎，是李冰的治水之"器"。竹笼这个"器"，阻水又泄水，演化成后世的水利工程闸、坝。"道""器"结合保证了大禹、李冰治水的成功，为后世留下了极为珍贵的水哲学和水物质文化遗产。

中华民族始祖的"行"而论"道"，"道""器"结合发展到春秋时代的孔子那里，却变成"坐"而论"道"、重"道"轻"器"。孔子的学生樊迟请学稼，孔子批评道："小人哉，樊须也！上好礼，则民莫敢不敬；上好义，则民莫敢不服；上好信，则民莫敢不用情；夫如是，则四方之民，襁负其子而至矣。焉用稼。"孔子的重"道"轻"器"对后世影响很大。清末一些改良主义者，如郑观应在《盛世危言》的《道器》篇中认为"'道'是中国的好，'器'是西洋的好"，用"道""器"分离的理论支撑清朝的科技落后。物极必反，后来清朝的洋务运动又产生了重"器"轻"道"的思想。

这两种倾向此起彼伏，此消彼长，一种倾向掩盖另一种倾向。重"道"轻"器"，被动挨打；重"器"轻"道"，迷失自我。

新中国成立以后，国力虚弱，生产力低下，百废待兴，首先要解决基本的民生问题、温饱问题，水利主要为农业服务，那时渠道设计、施工的标准是"不垮不漏，流量过够"，重"器"不重"道"。特别是"大跃进"年代尤其如此，很多水工程急于上马，粗、大、笨，且质量差，只谈"器"的存在，不谈"道"之必要，同样是"道""器"分离。现代水工程就不能这样了，水工程在兴建前就要认真计划、决策、认真规划、设计，不仅要求能发挥其各种功能、作用，还要经济节约、安全合理，讲"道"制"器"，"道""器"结合。

讲"道"制"器"，"道""器"结合之道，也是在不断变化和发展的。传统水工程，一般讲的只是对水资源索取之道，即只具备灌溉、排涝、引水、航运等有形功能的自然科学之"道"，

孔子

现代水利工程则要讲生态文明之道，讲的是发挥综合效益之道，讲有形与无形双重功能并存之"道"。

（二）现代应该了解的治水哲理

1. 了解"水（河流）伦理"，促进改善人水关系

（1）"水（河流）伦理"的提出。

《河流伦理》丛书

2004年7月，水利部黄河水利委员会提出包括治河理论体系、生产体系和河流伦理学等三大部分在内的"维持黄河健康生命"的理论体系构想。于同年9月召开了第一次河流伦理学术研讨会，并于"十一五"期间出版了《河流伦理》丛书7册。由此，这一继承中国传统哲学思想"天人合一"观的生态伦理、水伦理、河流伦理和大自然权利观，

得到了我国有关方面的高层人士和相关部门、单位的重视，普遍认为：这一理论的出现，反映了人们理性回归的需要，体现了尊重自然生态、尊重水与河流（包括湖泊、湿地等）规律的科学理性，顺应了保护环境和可持续发展经济社会的客观要求，倡导了人与自然和谐共处的新文化思想，有利于从精神、信仰、理想、道德、观念等内心深处激发人们保护环境、尊重生命、尊重河流和水、热爱自然的自觉。

（2）了解水伦理的前提——水生命的存在。

一般生命的定义，是指由高分子的核酸蛋白体和其他物质组成所具备的特有现象，即能利用外界的物质进行代谢和繁殖后代，按照遗传的特点生长、发育、运动，在环境变化时表现出适应环境的能力。

进化论者认为能够通过自然选择进化的系统也应视为生命系统，生命现象与非生命现象没有一条截然分明的界限。

哲学家和辩证学家认为，万事万物都是有生命的，所不同的是生命存续方式的差异，有的是运动的、有的是流动的。生态伦理学家也认为生命与非生命没有一条截然分明的界限，缘于它们之间存在着连续性。

水物质存在于自然界，水物质在自然界的一条河流（湖泊、湿地等）、一个流域，抑或整个地球所有相对独立的载体范围内，都处于不同周期的循环往复之中。水总是通过大自然力量的作用，处于不断地蒸腾、飘洒、降落、滞留、坡流、入渗、壤中流、岩中流、吸附、吸收、释放到再蒸腾的运动之中。尤其是河流中的水，它特别具有与生命典型要素相似的要素。河流通过干支流在湿地、湖泊、海洋的大系统内，接纳雨、雪、雹、泉、溪的水，或顺流而下，或潜入流域内的土壤和生物体内、或入渗地下、或注入海洋，并在再运动中通过地表和生物的蒸腾、排泄、吐纳，复又变成雨、雪、雹、泉、溪，周而复始，往复变幻着水的形态，形成具有生命的生长、发育、运动、适应外界环境而存在的特质。因此说，水是具有生命的。决定水生命存在的是水循环，而决定水循环的要素中，又是以蒸发和径流两个要素最为重要。《简明大不列颠百科全书》介绍"自然界最强烈的水交换为大气水和冰川径流，河水的更新期为 10～20 天。河川径流中每年也包括了 12500 立方公里的地下水的交换。"人类及人类社会生存所需要的水，完全是靠水循环带来的。因此说水生命与人类的生命休戚相关。

中国伦理学会会长陈瑛在侯全亮主编的《河流伦理丛书》的序言中指出："人与河流的关系也是这样的，我们之间的命运早已紧紧地联系在了一起；你中有我，我中有你；人的生命离不开河流，而河流不但有自然生命，还有社会生命，甚至文化生命"；受人工干预过的河、湖等水工程同样是有其自然生命、社会生命和文化生命的。

（3）弄清水伦理的概念。

伦理本指处理人与人之相互关系应遵循的道理和准则，一般也将伦理理解为与道德相似的概念。

水既然是有生命的，人与水之间就必然存在着互存关系。人与水共存的关系，也就应遵循一定的道理和准则，这些人与水之间共存的道理和准则，就是水伦理。水伦理亦可称之为水道德，维系水伦理、水道德的准绳进而可以提升为水约定、水制度、水政策、水法规。我们对水工程的计划、决策、规划、设计、施工、管理、运用等行为，也应受到水伦理的制约和规范。

（4）加强水伦理建设，改善人水关系。

水利部副部长李国英在《河流伦理丛书》的序言中指出："揭示当前中外河流暴发的空前危机，将人及其他有机体的生命概念引入河流，从人文科学、社会科学的多维视角，研究河流生命的内涵、权利、价值、河流伦理原则、河流立法依据、河流健康生命的维系等，从而把人与人之间的伦理关系拓展到人与河流的关系中，为实现人与河流和谐相处提供有力的理论支撑。"通过强化水伦理的宣传和教育，提升整个社会水道德水准，辅以水法规制约，可以达到提升水工程品质、改善人水关系，逐步实现人水和谐相处。水伦理的提出与构建，重在改善人水关系，将对我国的生态文明建设起到十分积极的作用。

2."利水水利"的提出促进水精神文明的提升

"利水水利"是笔者通过2004—2005年的调研，在2005年9月上报省水利厅的《落实科学发展观推进江苏水利发展新模式》一文中提出，该文压缩稿发表于2006年《水利发展研究》第4期，后收录于董文虎所著《水利发展与水文化研究》一书。2007年又改写成《"利水水利"——水利发展高级阶段的理性思维模式》一文，正式形成的水哲学理念，由《水利发展研究》刊物第1期，作封面推介文章推出。这是以我国有史以来水利发展四个阶段的人与水之间哲学关系为基础，提炼后认识的，是为我国经济高速发展地区所设计之水利发展新模式中的理性思维模式，为调整人们长期处于水承载能力大于水需求状态下的习惯思维，针对一些地区已存在水承载能力小于水需求的状况而提出的水利发展高级阶段的理性思维模式，是一个推进新时期的水精神文明的哲理性思维。水资源环境网于2009年8月6日发表文章《建立"利水型社会"》，2011年3月中国农业科学院农业资源与农业区划研究所研究员、博士生导师姜文来发表《推动"水利"与"利水"协同发展》，其后又与王建共同编著《利水型社会》一书[①]。2013年3月又发表《"利水"助托"中国梦"》都在致力宣传"利水水利"的哲学观点。

（1）用"利水水利"观看阶段性人与水的哲学关系。

原始阶段，人是大自然生物圈的一分子，这一阶段人类生产力极为低下，和其他生物相似依附于自然，依附于水，处于被动地适应水而生存的阶段。其主导思想是我国传统的"天人合一"的思想，人与水之间表现为原始的"水人合一"哲学理念和"人依水存"的哲学关系。

初级阶段，人类成为生物圈中特殊的种群，善于使用工具和智慧改造自然，随着生产力的发展在一定程度上达到能改变自然的程度，这一阶段人们受着"物竞天择"思想支配，认为人类是天之骄子，人的努力本身就是一种自然界的物种竞争行为，人们大办水利工程，以扩大水利、减小水害是一种"适者生存"的行为。就水而言，这一阶段的主导思想是"人竞水择"，人与水的关系表现为大自然水体既能供给人类的用水，也能净化人类生产、生活对水体的污染，人与水的哲学关系处于"人利水容"的状态。

中级阶段，在开发阶段的基础上，随着科技进步和生产力极大提高后，人类产生了"人定胜天"的主导思想，在对待水的问题上，"人定胜水"的思想占了主导地位，无休止地向大自然索取，又毫无节制地伤害大自然，大自然因之也给人类带来了惩罚。就水而言，由于过度利用地域、流域内的水资源，超出了地域、流域水资源和水环境的承载能力，破坏了自然界的水循环状态，污染了水体。人类严重地伤害了河流、水体，造成的水资源短缺、水环境污染，水生态恶劣、水质型缺水以及地质性灾害等因人为因素导致的水灾害，反过来又给人类自己产生了严重地伤害，抑制了物质与精神文明的进一步发展。结果造成了"水多、水少、水脏、水浑"、"人水失衡"的现象。

高级阶段，人类区别一切生物最根本的一点是有理性思维，面对掠夺阶段肆意开发带来的恶果，终于形成了人与自然和谐相处的"人天和谐"的主导思想，就水而言，就是要做到人类既要"水利"，也应做到"利水"，让水能可持续地"利人"，通过做到"人水相应"实现人水和谐相处。人水和谐相处是破解我国水问题的核心理念，人类必将进入对水体承载能力理性认知并能科学用水的阶段。人类将采用包括具有双重功能水工程在内的工程性和非工程性等各种措施，改善水环境，修复水生态条件，重视水文化的挖掘与赋予，使自然界被人恶化了的水体

---

① 姜文来，王建．北京：中国水利水电出版社，2012年11月．

逐步修复为良性的近似自然的水体（亦称人化自然水体），恢复自然界的良性水循环，以至实现水资源的可持续利用的人与水之间的平衡。这一阶段的"人水相应"与原始阶段的"水人合一"似乎有相似之处，但事实上内涵却发生了巨大变化，前者是水包容人的人被动与水和谐相处，而后者则是人更进一步认识自然界水的规律，主动去与自然界的水相适应，通过"人"主动"利水"的行为，实现"水"可持续"利人"的目的。这就是人类哲学理念上的"螺旋式上升，波浪式前进"的规律。

水利发展各阶段的特性

阶段	人对水的作用	水对人的影响	人与水之间哲学关系	
			人对水的认识论	人与水之间的关系
依存阶段（原始阶段）	用水+避水	生存取水+洪水灾害	人水合一	人依水存
开发阶段（初级阶段）	用水+治水	利害（洪涝旱渍等水对人的灾害）并存	人竞水择	人利水容（人对水的危害）
掠夺阶段（中级阶段）	治水+用水+害水	利害（洪涝旱渍等水对人的灾害+水污染、水生态条件破坏等人对水的危害）并存	人定胜水	人水失衡
和谐阶段（高级阶段）	利水（亲水、节水、护水）+治水+用水	有形功能（供水、灌溉、发电、航运等）及无形功能（水生态、水环境、水文化）的提供者	人水相应	人水平衡

（2）设计我国经济高速发展地区水利发展新模式。

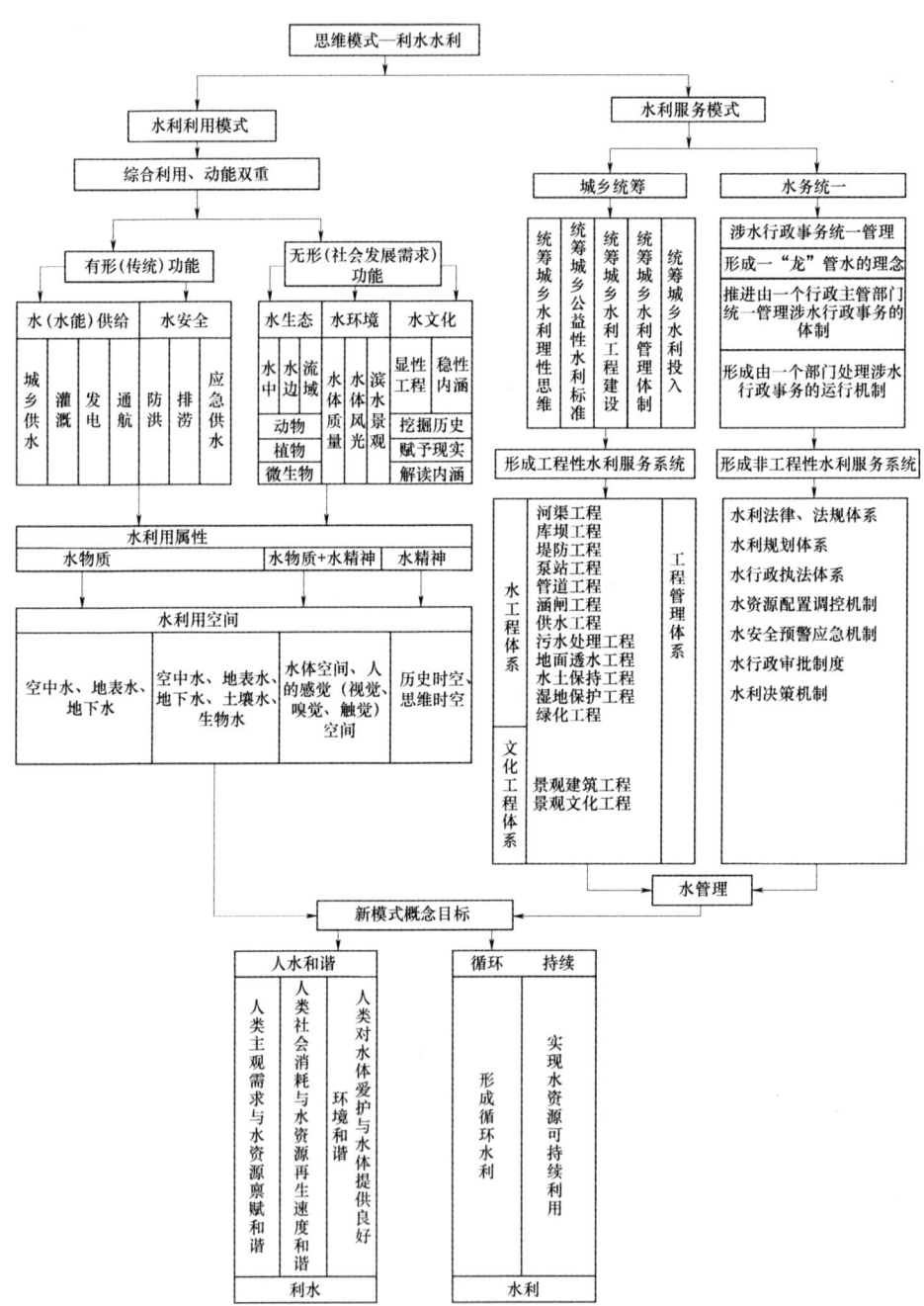

经济高速发展地区水利发展新模式框图

（3）新思维模式"利水水利"中"利水"二字的哲学内涵。

"利水水利"从其字义上可解释为："从有利于自然界水的良性循环和自然质态的角度出发，使自然界的水，可持续地兴利于人类社会经济的持续发展"。

长期以来，水利都是从人类自身生存发展的角度出发，运用人类的智慧和手段迫使大自然的水兴利于人类社会的做法。而"利水水利"之所以冠以"利水"二字，其目的就是要对人们今后的水利理念和水利行为进行调整和规范。也就是要求人们在水利发展的高级阶段——和谐阶段，必须形成"利水"的自律意识和自律行为。

"利水"二字对水利发展理念上的调整：首先是调整人们对人与自然之间的哲学认知。要将人们从几千年以来的"物竞天择"、"人定胜天"的理念，调整到"人天必须和谐"、"人水必须相应"的认知上来；其次是调整人们对自然界水的认知。要将人们认为水是"取之不尽，用之不完"和"见水为净"之水能包容净化人类生活、生产之一切污染的认知，调整为自然界的"水资源和水环境的承载能力是有一定限度"的认识上来；三是调整人们对水利用的思维方式。要将人们从只要"水"利"人"的单向思维方式调整到既要水"利"人，也要人"利"水的双向思维方式上来。

"利水"二字又是对水利发展行为上的规范：一是规范水利行为，即一切水利工作首先必须考虑到所涉及到的地域、流域的水资源的承载能力和洪水的出路，考虑到自然界水之立体交换能否形成良性的水循环和自然的水质态问题。凡是不尊重水的自然规律的"水利"行为应当予以停止。例如，一些地下水过量超采地区，停止了对地下水的采用。二是规范社会涉水行为。人类社会不管是人本身的生活还是经济社会的生产都涉及到水。因此，通过"利水水利"模式的推进，去达到进一步规范人们和经济社会的涉水活动，努力营造亲水的气氛，建立节水防污型社会，推进护水、利水活动，限制、杜绝害水行为。例如建立、健全水法制、限制高耗水企业的发展、推进用水定额管理、形成合理的水价形成机制等。

"利水水利"模式冠以"利水"二字最根本的目的是要求人们在一切涉水活动都要形成亲水、节水、护水的"利水"自律意识和自律行为，人们通过自律，自己约束自己，从而达到实现水的可持续利用，支撑人类社会经济的可持续发展，达到从"利水"的哲学高度出发，寻找到"利人"的水利最终效果。全社会要建立"利水水利"思维模式，要充分认识到目前我国不少地方已发展成"人"不利"水"，"水"就不能利"人"，更谈不到利生态的状况。不少地方水的载体——河流、湖泊已呈病态，非污即淤，抑或束窄、渠化。加强水生态文明建设，首先要重视河流、湖泊等的生命健康问题，要重视水体的生命健康问题，社会要大力保护自然河湖，水利要推进人化自然的"利水"水利工程建设。要推进"利水"型社会建设，努力使全民都能形成，只有利水，才能利生态；只有利生态，才能利人的"利水水利"思维。

要强化"利水水利"哲学理念的宣传和教育，让全社会充分认识和尊重水的自然规律、增加水的忧患意识，了解人类必须保护水资源，水资源必须实现可持续利用的价值观念。水资源的可持续利用实际上是可持续发展理论在治水领域的应用，它侧重对水资源和生态环境的保护，是确保水资源的经济、社会和生态价值有效平衡的根本，它要求不仅注重水资源利用的代内公平，更应注重水资源利用的代际公平。让我们的生产布局、城镇发展、水工程项目建设都能充分考虑本流域、本地区水体的量和质之承载能力和自然水环境，给人类社会发展、给我们的后代，给我们自己留下更多的水资源、更美的水环境。

四、现代水工程的双重科学属性

传统的水工程建设，一般只涉及自然科学类的相关学科。由于现代治水思路的调整，现代水利工作的理念，已随着社会经济的发展，在传统水利工作理念的基础上，延伸到还要满足生态需水条件和要适应人们对水精神需求的层次。水利部部长陈雷指出："水利建设不仅要承担蓄水抗旱、防洪排涝、供水发电等除害兴利功能，还要体现先进设计理念，展示建筑美学、营造水利景观、承载文化传承功能。要把当地人文风情、河流历史、传统文化等元素融合到水利工程建设中去，提升水利工程的文化内涵。要在水利工程建设中注重展现建筑美学，在保障工程安全的基础上，努力使每一处水利工程都成为独具风格的水利建筑精品，成为展现先进施工工艺和现代化管理水平的典范。要用景观水利的理念去建设每一个水利工程，实现水利与园林、防洪与生态、亲水与安全的有机结合，使一条条奔流不息的河道，成为人们陶冶性情的好去处；一座座匠心独具的水利工程，成为人们赏心悦目的好风景；一处处清新靓丽的水利风景区，成为人们休闲娱乐的好场所"[①]。因此，现代水工程不仅要具备可以适应人们灌、排、引、航需求的"有形功能"，还要具备能满足人们精神方面相关需求的"无形功能"，成为兼具双重功能的工程。这样，就使水工程建设不仅要涉及自然科学，而且要涉及属于哲学社会科学类的多种学科。现将打造具有文化内涵和有艺术品位的水工程所涉及双重科学的各主要学科归纳如下。

---

① 陈雷. 大力加强水文化建设为水利事业发展提供先进文化支撑 [J]. 中国水利报, 2009.

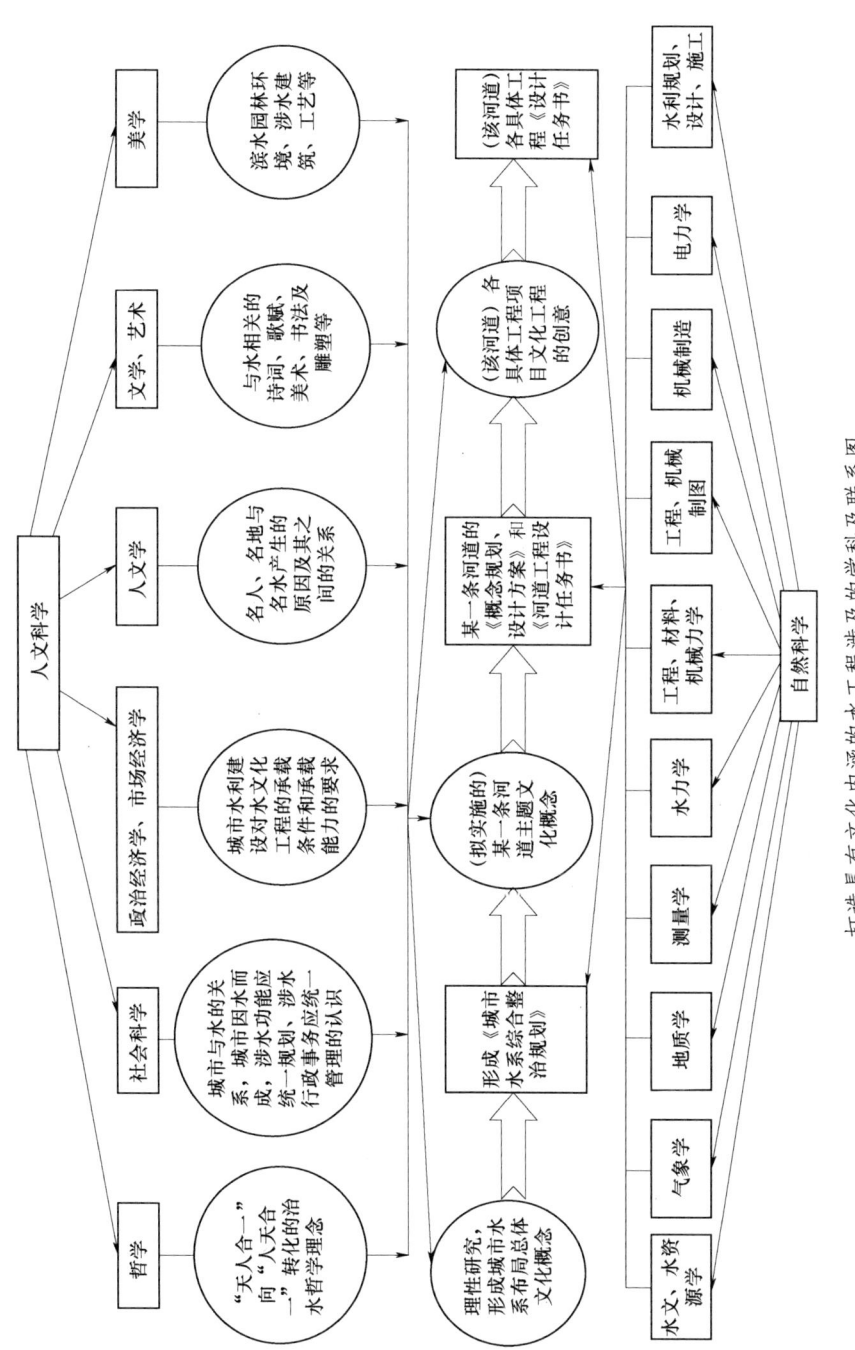

打造具有文化内涵的水工程涉及的学科及联系图

第五节　水工程文化学的理论框架

一、水工程文化学概述

水工程文化学是以水工程为依托，研究水工程与社会、水工程与人文、水工程与环境等互生关系的学科，是水文化学的一个分支。

水工程文化学涵盖水工程社会学、水工程生态学、水工程景观学、水工程艺术学、水工程美学等。

水工程文化学是一门综合性的学科，是一门融水工程建筑学与文化学于一体的交叉学科，它是科学与艺术、力学与美学、工程学与文化学相结合的交叉学科。

水工程文化学又是一门研究哲学社会科学中相关学科与主体属自然科学的水工程之间关系的学科。主要涉及的相关学科有：研究与水工程文化内涵与品位的界定所体现相关的哲学理论、生态伦理、文学艺术、历史积淀、美学特色、地域文化等属哲学社会科学中有关哲学、美学、文学等学科；研究与水工程的文化内涵与品位的实例分析及具体实践相关的规划环节、设计环节、施工环节、管理环节、保护与开发环节等属于自然科学中有关水利技术的学科；研究与水工程的文化内涵与品位的利用开发及进行中外水工程文化内涵与品位比较的相关的社会学、经济学、系统学、比较学等学科。

二、水工程文化学研究的内容

水工程文化学研究的内容可概括为：点、线、面、体。

"点"是研究水工程文化选取的首要对象，这个点可以是一个水工程构件、也可以是一组构件体（即由数个或一些构件组合而成的组合体）或一座水工程建筑物、一座水工程的附属设施（管理房屋、配变电房等建筑）、一座水工程周边管理范围水土保持的植物、一座水工程管理范围内配置的景观建筑物或雕塑小品、一座水工程与所处河湖等中的水、一组水工程建筑群（即一个枢纽）。还可以是这些构件或水工程建设的规划、计划、设计、施工、管理、运用等的任何一个构成环节。

"线"是点的连续和延伸。对水工程文化研究而言，所选取与水工程的任何点具有同一性质和内涵之系列的内容，便是水工程文化研究内容的"线"。如果水工程文化性质和内涵是相同的，在这一前提下，就组成了一个系列，这种性质和内涵成为维系这一系列存在的共性内在因素，所以成为了水工程文化学的研究之"线"的研究内容。

"面"既可看作无数点的集合,也可看作无数线的集合。水工程流域文化具有"面"的特性。在水工程看来,如果将"点"看作是研究的某一座水工程,"线"则可视为研究的是这一类的水工程,"面"则是由某一类水工程系列的发展、演变为某一地区、某一流域各类的涉水水工程的全体,即为某一存在时期内的该地区各种水工程系列的全部。

"体"具有空间三维特征,从宏观上看,人类水工程总体就是一个研究之"体"。但是,这个体内是由无数的点、线、面组成的。在一定时期、一定流域、一定地域、一定地形地貌的水工程总体的性质和内涵,都是由这一水工程总体内的任何一个水工程研究之"点"的共性水工程文化抽象集中而形成的。然后,通过这任何一点又都可以由点、线、面逐级扩展到这个研究之"体",再上升到人类水工程总体的高度,成为水工程文化学研究的纲领性内容。无论是宏观上的人类水工程总体,还是中观上的任何一个国家、一个区域或一个流域的水工程总体,在一定时期内水工程文化研究之"体",都是以特有的某种性质和内涵为主导的,而且这一性质或内涵总是由一些水工程文化意识观念所构成的。"体"的研究已设计总体设计和顶层设计。

三、水工程文化学研究的方法

水工程文化学研究的方法。除一般性的科学思维方法,如现象学、符号学、公理学、归约学等外,还应包括历史学方法、心理学方法、经济学方法、社会学方法、未来学方法,还应借助自然科学发展的最新成果如:生态美学、分形论美学、突变论美学、耗散结构美学、协同学美学、系统论美学、模糊美学、信息论美学、图论美学、天体美学等。

四、水工程文化的性质

水工程文化的性质为"形"、"意"、"质"、"域"四大特征。

"形"即存在形态,指其在人类文化总体中的存在形态。依据各要素存在形态的客观性质,人为地给这些文化要素划分了较合理而形象的结构层次,即物质形态的物质层、意识形态的心理层或精神层以及介于物质与意识这两种存在形态之间的心物结合层。水工程构筑物、建筑物便被置于物质层,水工程技术、水工程制度等应置于文化的心物结合层,水工程思想应为文化的心理层要素。

"意"指意识、意念、意境。"意"则成为水工程存在的最基本、最本质的内涵,人们根据不同"意"的构成特点,区分出了许多水工程分类或水工程模式,以其"意"的不同出发点来形成不同水工程的"意境"特点,这才有各种不同水工程模式的不断涌现。

"质"指本质,认识水工程文化的"质",是对水工程文化定"性"的根本。构成水工程文化本质的因素,至少应该有集"主体"和"载体"为一体的人以及人类的非本能意识以及人类社会环境。这些水工程文化的本质因素,实际上是"三位一体"的,相辅相成的,任何一个因素都无法单独存在。

"域"实际上就是要讨论概念的外延与内涵,包括时间和空间的拓展,时间性是历史的延续性,是对历史经验的传承与发展,时间性还包括水工程文化实施的过程性;空间性是指多样性,包括中华民族水工程文化的多样性和中西水工程文化的多样性。

五、水工程文化体系的组成

水工程文化体系的组成可分为:水工程哲理要素、水工程伦理要素、水工程心理要素。

水工程哲理要素,是指水工程哲学理论的要素群。具体为有关水工程物质与意识或精神、存在与思维的关系,以及水工程内涵构成的辩证关系和在社会环境中的地位、性质、作用等水工程要素。这一要素群主要包括:水工程精神、水工程意识、水工程思维、水工程思想、水工程观念、水工程信仰、水工程真理、水工程理念以及水工程思辨。

水工程伦理要素,是指人们在水工程过程中的相互关系准则和道理的要素群,即水工程伦理关系的要素群。它主要是包括有关水工程活动的社会道德、人们在水工程建设过程中的道德规范以及人们对这些道德品质的培养、教育等问题的水工程文化要素,具体的主要有水工程道德、水工程信念、水工程理智、水工程修养、水工程风尚、水工程意志、水工程情操、水工程欲念等。

水工程心理要素,即水工程心理过程的要素群,主要是指有关人们在水工程活动中的心理状态、心理过程、心理规律、心理作用等内容的水工程文化要素。这一要素群包括水工程感觉、水工程知觉、水工程表象、水工程记忆、水工程想象、水工程联想、水工程认识、水工程情感等主要成分。

从自然水实体物质层面,直至水文化的核心高层意识层次之人们的治水意识等各个层次,具体包括:

第一层次为水。它属于自然物,是水工程文化中人类改造自然的对象之一(另一个对象就是人类自己)。

第二个层次就是水工程（包括水用具、水工具及水设施等）。水工程系人类改造水及其他自然的物质水文化成果，文化类属为物态水文化。

第三个层次是指人们为水工程规划、设计、施工制定的有关规范、标准、定额等，这是属文化类中的制度水文化。

第四个层次指人对水工程进行规划、设计、施工的相关活动，这些能形成支配人活动的文化为文化类中的行为水文化。

第五个层次是指社会（大众）对水使用、水安全、水环境等方面的水需求，是文化类中的心态水文化，其本身表现的是社会水心理，是一种低层的水意识形态。

第六个层次是水决策意识，包括水哲学、水科学、水技术、水艺术，是文化类中的高层水意识。

六个层次，一层次为自然、二至六层次为文化。在一至五层次中，二层次是物质水文化；三、四层次组成心物水文化；五、六层次共构精神水文化。第二层次的水文化是"形"态水文化，三、四、五、六层次均属意态水文化。形态水文化是有形文化可以看得见、摸得着的文化；意态水文化是一种无形文化，可意会、可言传的文化。

第三章 文「化」水工程的路径

人类的行为与动物的根本差别是除自然生存的本能行为外，更多的是受文化理念影响形成的思维意识所支配的行为。要研究文"化"水工程的路径首先要研究支配人们兴建水工程的有关水利工作的理念，转变传统水利工作理念，了解现代水利工作的目的和水工程应发挥的功能和作用等，才能加深对文"化"水工程路径的理解。

第一节　文"化"水工程决策过程

2011年9月6日，温家宝在中央文史馆成立六十周年的讲话中指出："文化建设的滞后，必然对经济发展、社会进步、生态保护乃至政治文明形成一定制约"，"文化对一个国家发展进程的影响比经济和政治的影响更深刻、更久远。如果说，经济发展改变的是一个国家的面貌，那么，文化繁荣可以化育一个民族的风骨。"

为了推动社会进步、生态保护，保障和促进经济发展、政治文明，水利也要转型升级。水利，特别是水工程，除了做好充分发挥传统的有形功能外，必须充分注重无形功能的建设，充分展现水文化和水精神风貌。

要使水利转型升级，最为核心的任务之一，就是要把先进的文化元素融入水工程之中——即"文"化水工程。"文"化水工程的关键就是：一要提升水工程文化内涵；二要提高水工程艺术品位，要做到将今后建设的水工程，都能打造成为集一般水工程和个性文化工程于一身的，极富文化内涵和较高艺术品位的水工程；三要管理、开发、运用好文化水工程，让其不仅能发挥有形功能的作用，而且也能以其生态、环境、文化的功能服务社会，产生更大的无形的效益。

要想将先进的文化元素融入水工程之中和提高水工程的艺术品位，就必须抓好在水工程计划、决策、规划、设计、施工、管理和运用等几个环节上的水文化融入问题。一是在制定水利计划时，就要考虑到水工程的文化与品位问题，在编制规划时就要考虑水工程的文化概念、列有文化水工程项目，并能争取获得决策者认可；二是在设计时，要有对水工程中文化工程的专门设计；三是在施工时，要精心打造好水工程中的文化工程；四是在水工程管理运用中，要注重保护、运用好文化水工程，力求彰显文化水工程对社会的文化服务功能，保护好和做好文化水工程的维修、更新改造工程。

要想将先进的文化元素融入水工程之中和提高水工程的艺术品位，首当其冲的是取决于决策者是否能调整理念，接受"文"化水工程的观点？而决策者的决策信心又在于水利业务部门的规划，计划中能否编制文化水工程，以及多层次、多部门论证、审查、决策的人群对水利转型升级和对文"化"水工程的认知度，这些都属于水工程文化学需要进一步探索研究的内容。

一、文"化"水工程计划

前述转变传统的水利工作理念，首先要转变的就是转变水利业界内从上到下的水利工作者的理念，用水利现代化的先进文化理念，去文"化"水利人，打破传统水利的习惯思维，用水利必须转型升级的创新理念，编制好能发挥双重功能水利计划、规划。

（一）计划与规划的概念及顺序

从有关辞海或词典中可以查到：计划，指人们为了达到一定目的，对未来时期的活动所作的部署和安排；计划也指工作或行动以前预先拟定的具体内容和步骤。规划，也有写作"规画"的，指谋划和筹划；也指较全面或长远的计划。计划和规划词意相近，从人们习惯的认知中，计划一般更具体一些，规划则较宏观一些。

社会的发展、各行各业的发展，都应有各自的长期或中期计划或规划。如国家或地方的发展改革委员会制定和负责管理的社会经济发展"五年发展计划"、"中长期发展计划"等。各行各业也应按国家或地方的"五年发展计划"做出自己的计划或规划。从这个现象看计划是上位的，规划是下位的。

各有关部门，特别是牵涉到城乡建设方面的部门，如建设、交通、水利等部门，需按照社会经济发展计划的方向，根据有关决策部门批准的计划方向或意见，分专业编制由规划局管理的规划，并在长期或中期计划中，按相关要素，如国家或本地区社会经济关注的重点、先急后缓等方面，选择其中一些项目，编制近期需实施的具体项目计划，再报经各相关部门论证、审查或审定、批准，变成经批准实施的具体项目计划后，才能推进具体工程项目的设计、付诸实施。从这个现象看，规划又是上位的，计划则是下位的。从编制近期需实施的具体项目计划开始，到报经各相关有权部门论证、审查或审定、批准的过程，又称为工程项目决策过程。

（二）水利规划与计划

1. 水利规划

水利规划是指在一定区域内为开发利用水资源、防止水旱灾害以及其他水利建设而制定的总体措施和安排。经审定后的规划报告，具有一定的法律约束性，有关地区和部门必须遵循，一般不能随意更改。

水利规划是水利建设中的一项重要前期工作，也是水利科学的一门重要分支。其基本任务是根据国家的建设方针、国家规定的水利发展目标、各方面对水利的需求以及规划范围内的水利条件和特点，研究探索自然规律和经济规律，提出一定时期内治理开发的方向、任务、主要措施和分期实施步骤，据以安排水利建设计划，指导水利工程设计。

我国古代通过各自的治水实践和各地水利纠纷不断出现，逐渐认识到水利建设必须统筹考虑，防止各自为政。秦代"决通川防，夷去险阻"，统一整治黄河下游各段堤防，这是规划思想上的重大进展。秦汉及以后年代，原先人口较少的丘陵地区和沿河、沿湖沼泽地带成为人们开发的新地域，同时治水和用水也出现了一些新的问题，促使人们从更大范围、更多方面研究治水方略，从而产生了许多创见。突出的有汉代贾让治河三策；宋代郑亶治理太湖水网地区的设想；明代潘季驯"束水攻沙"治理黄河的方略；清代靳辅关于黄、淮、运（河）三位一体，上下游兼治的主张等，都从全局出发，注意处理水沙、洪涝、水旱、蓄泄等方面的关系，采取了综合性措施。起源于春秋时期，到元代开通的京杭运河，在规划选线和安排运河水源上达到了较高的技术水平。这些都体现了中国古代水利建设中全面规划、综合治理的思想。

水利规划作为水利学科中的一个独立分支，是随着近代水利技术的发展逐步建立的。中国和世界上的许多国家大都在19世纪末开始进行较系统的气象、水质等调查观测，开始研究水文分析、水利计算和工程经济评价的理论和方法。20世纪30年代前后，才着手编制较大江河的流域开发治理规划，并逐步形成了以国家经济发展为中心目标的规划准则和近代水利规划的技术理论体系。在这期间，我国在修建陕西泾惠渠灌溉工程时编制的《顺直河道治本计划报告书》《永定河治本计划》《导淮工程计划》等流域规划，都属于我国早期应用近代技术理论编制的规划、设计成果。

20世纪50年代后，许多国家在水利规划研究上有不少新的进展。我国在1954年就编制完成了《黄河综合利用规划技术经济报告》，以后又相继完成了《淮河流域规划（初稿）》《海河流域规划（草案）》《长江流域综合利用规划要点报告》等大江大河流域规划，积累了一定的经验，也形成了适合当时中国社会和自然特点的某些规划途径和方法。20世纪60年代前，侧重于规划范围内水土资源的综合平衡、工程的综合利用和计算技术的改进方面。通过水文、水利计算、工程经济、系统工程和电子计算机技术等学科的应用，进一步完善了某些规划理论和方法，使研究成果有更加可靠的基础。由于引入了"系统"的概念，也使方案研究能从全局优化的观点出发，作出全面分析与抉择。20世纪60年代以后，研究内容侧重于规划目标和评价准则，针对人口不断增长、耕地不断减少，而人们开发利用水资源的规模日益扩大，地区之间、部门之间的矛盾日益增多，经济效益与生态环境效益的冲突日益尖锐等新情况，许多国家水利规划的目标都由以往着重强调经济发展，逐步转移到更广泛的社会需求方面，提出了包括社会、环境在内的更多目标，即所谓"多目标规划"。我国自20世纪80年代以来，又进一步明确要以国土整治和国家社会经济发展要求为规划编制的依据，并强调根据技术、经济、社会、环境等方面的综合论证，进行方案选择。

2. 水利计划

水利工程建设项目决策和投资计划管理是根据相关法律和政策文件推进的，其中主要是执行的是水利部水规计[2003]344号《水利基本建设投资计划管理暂行办法》(以下简称《办法》)。该《办法》规定了共七章六十六条，其中第四条规定"水利基本建设项目根据国家的方针政策、已批准的江河流域综合规划、专业和专项规划及水利发展中长期规划确定"；第六条规定水利基本建设项目包括"中央水利基本建设项目（以下简称中央项目）和地方水利基本建设项目（以下简称地方项目）"；第九条规定"地方项目按审批程序、资金来源分为三类：中央参与投资的地方项目、中央补助地方项目、一般地方项目"，"中央参与投资的地方项目是指由中央审批立项，并在立项阶段确认中央投资额度的项目；中央补助地方项目是指由地方审批立项、中央根据有关政策给予适当投资补助的项目；一般地方项目是指由地方审批立项并全部由地方投资建设的项目"；第十四条规定"水利基本建设项目前期工作阶段报批程序一般包括项目建议书、可行性研究报告、初步设计报告、开工报告的上报、审核和审批"；第十五条规定"水利基本建设项目的实施，必须首先通过基本建设程序立项。水利基本建设项目的立项报告要根据党和国家的方针政策、已批准的江河流域综合治理规划、专业规划和水利发展中长期规划由水行政主管部门提出，通过基本建设程序申请立项。立项过程主要包括项目建议书和可行性研究报告阶段"；第十九条规定"项目建议书、可行性研究报告和初步设计报告等前期工作技术文件的编制必须由具有相应资质的勘测设计单位承担，条件具备的要按照国家有关规定采取招投标的方式，择优选择设计单位"；第二十条规定"项目建议书的编制以党和国家的方针政策、已批准的流域综合规划及专业规划、水利发展中长期规划为依据；可行性研究报告的编制以批准的项目建议书为依据（立项过程简化者除外）；初步设计报告的编制以批准的可行性研究报告为依据（立项过程简化者除外）。项目建议书、可行性研究报告、初步设计报告的编制应执行国家和部门颁布的编制规程规范"；第二十一条规定"中央大中型水利基本建设项目项目建议书、可行性研究报告上报后，由水利部组织技术审查，其他中央项目项目建议书、可行性研究报告，由水利部或委托流域机构等单位组织技术审查"；第二十二条规定"地方大中型水利基本建设项目项目建议书、可行性研究报告，由省级计划主管部门报送国家发展和改革委员会，并抄报水利部和流域机构，由水利部或委托流域机构负责组织技术审查"；第三十一条规定"项目建议书上报应具备的必要文件：①水利基本建设项目的外部建设条件涉及其他省、部门等利益时，必须附具有关省和部门意见的书面文件；②水行政主管部门或流域机构签署的规划同意书；③项目建设与运行管理初步方案；④项目建设资金的筹集方案及投资来源意向"；第三十二条规定"可行性研究报告上报应具备的必要文件：①项目建议书的批准文件；②项目建设资金筹措各方的资金承诺文件；③项目建设及建成投入使用后的管理体制及管理机构落实方案，管理维护经费开支的落实方案；④使用国外投资，中外合资和BOT方式建设的外资项目，必须有与国外金融机构、外商签订的协议和相应的资信证明文件；⑤其他外部协作协议；⑥环境影响评价报告书及审批文件；⑦需要办理取水许可的水利建设项目，要附具对取水许可预申请的书面审查意见以及经审查的建设项目水资源论证报告书"；第三十三条规定"初步设计报告上报应具备的必要文件：①可行性研究报告的批准文件；②资金筹措文件；③项目建设及建成投入使用后的管理机构批复文件和管理维护经费承诺文件"；第三十四条规定"设计文件在报批前，文件的组织编制单位一般需要委托有相应资质的工程咨询机构或组织专家，对勘探设计中的社会经济、重大技术、环境问题和工程方案进行咨询论证"；第三十六条规定"地方项目开工报告由地方水行政主管部门提出意见报送同级计划主管部门审查同意，其中大中型项目由省计划主管部门报送国家发展和改革委员会审批，其他项目由地方计划主管部门审批"；第四十九条规定"编制年度投资建议计划要按先中央项目后地方项目的顺序落实地方配套资金，要说明地方资金的具体来源，并出具证明，确保地方配套资金与中央投资同步安排"。

从以上所摘15条中的一些规定可以看出：

（1）兴办水工程必须先有规划。

（2）项目形成最终决策意见层次复杂。其中须通过项目建议书、可行性研究报告、初步设计报告、开工报告4次反复与上述相关涉及到的部门和相关人员协调，取得相对一致意见，才能完成全过程的上报、审核和审批程序。

（3）水利计划的实质就是编制项目建议书，计划的决策首先就是对项目建议书的审查、表态和批准。其后才进入可行性研究报告和初步设计阶段及履行其他手续阶段。

（4）决策水工程投资计划牵涉的部门多。包括勘探规划设计部门和相应资质的工程咨询机构或相关专家、相关各级水利主管部门，相关流域机构，相关各级计划主管部门、规划主管部门、国土主管部门、财政主管部门、环境保护主管部门、人员编制主管部门、水工程其他投资人、相关金融机构以及相关各级人民政府的领导和分管领导。国家、省、市、县、乡各级，越向下涉及的部门数、涉及的人员数可能是成几何级数递增。

（三）文"化"水工程项目建议书

21世纪以来，特别是党的十七大，强调了推动我国社会主义文化大繁荣，要求将我国的精神文明与经济社会发展同步推进，社会对弘扬先进文化有了进一步的需求。2009年10月水利部部长陈雷明确提出："我们既不能脱离水利实践片面地建设水文化，也要避免就工程建工程，忽视水文化发展的倾向。要在水利发展中实现水文化进步，满足当代水利人对水文化的基本需求，展现我国水利建设的文化内涵。"之后，水文化的研究和运用在水利界得到了一定重视。

由于长期受制于传统水利的教育和熏陶，水利业界中具备双重科学规划设计人才的单位较少，为此，这就要各级水行政主管部门更加重视这项工作，狠抓水利人的"水工程文化学"方面的知识培训和教育，或是采用请一些对水工程文化有研究的专家参与水利规划、计划的编制，要使文"化"水工程的理念能为水利规划计划编制部门和编制者所接受，使所编之规划、计划成为包括文化水工程的多目标水利规划和计划。特别是首先要将编入项目建议书的工程项目文"化"起来，将水工程的生态、环境、文化工程的项目一并纳入上报计划，以求获得相关审核、审查人员或部门的通过和决策者的批准。否则，以下各阶段再想补列，不仅手续十分麻烦，而且会造成不相配套的设计、难度加大的施工和投资相对的扩大等弊病。

二、要文"化"水工程的决策者

钱正英在《中国水利决策问题》中指出：

"决策是指行动目标的选择和为实现此目标的方案选择。"

"决策的正确性主要取决于三方面的因素：一是认识，即对水利决策中涉及问题的正确认识，力求符合决策对象的客观规律；二是程序和方法，即遵循正确的决策程序和方法，力求符合决策活动的客观规律；三是素质，即决策者的个人素质，使决策者的认识活动.力求符合探索真理的客观规律。"[①]

水利计划不是编出来就可以实施的，它的决策，涉及多层次方方面面的部门和这些部门的决

---

① 钱正英．钱正英水利文选[M]．北京：中国水利水电出版社，2000：52．

策者。有关文"化"水工程的理念、文化水工程项目及经费的计划能否通过他们审查，让他们作出决策，关键在于这些部门的审查者和决策者对文"化"水工程的功能的认知程度。而他们对文"化"水工程的认知程度，恰恰又在于融入文化等无形功能元素的规划和有关文化水工程的项目及经费的计划编制得好与差。当然，也不排除各相关部门把关要素的平衡与协调问题。水利部门要想有关文化水工程的项目及经费的计划得到通过，应做好以下几方面的工作。

1. 要认真做好前期工作

要提升水工程文化内涵和品位，第一要务就是要认真做好新建或维修、更新水工程的前期工作。新建或维修、更新水工程的前期工作包括认真编制好富有文化内涵的各种水利规划（下面还将按专题分别论述）、计划（项目建议书）及计划申报、呈请相关部门及上级的审查决策及设计审批工作。

2. 要认真做好相关的汇报工作

由于文"化"水工程的理念，是一种突破了4000多年，特别是突破了新中国成立后60多年传统水工程建设理念的创新理念。对各相关部门和领导报送水利计划（项目建议书）时，不宜采用一般文件报送的邮件、快递、交换站转送的"见文件不见人"习惯的公文传递方法，要派熟悉并有文化内涵计划的专人去呈送。呈送计划报告的人，要对有关论证、审查部门的经办人员和相关领导作专题陈述或汇报。对水利转型升级的意义和文化水工程的功能和作用，要做重点宣传，做到不仅宣传相关部门的一般经办人员，更要宣传相关领导，让他们能对宣传的内容留下深刻印象，以增加他们对这一计划的决策兴趣和决策信心。

3. 要组织相关部门和有关领导参观先进文化水工程

有必要时，水利部门的人还要请相关决策者和经办人员到典型的文化水工程或文"化"水工程工作做得较好的地方去参观或取经，让他们能对文化水工程留下更为直观的印象，进一步了解文"化"水工程的作用和文化水工程的功能。这样，不仅可以增强其对所报计划的决策信心，抑或能通过他们的视角，了解文化水工程，得到水利业界人员都不一定产生的新认知，能对计划中的文化水工程提出新的看法或思路，从想请他们决策文"化"水工程，变成他们主动要决策文"化"水工程，使计划中的文化水工程提升到更高的层次。例如，2001年10月初泰州市水利局在编写好《泰州市（主城区）防洪及河道综合整治规划总体思路》（相当于编制区域水利规划的项目建议书，以下简称《思路》）后，由于要突破传统水利规划的编制内容，《思路》中又创新性地编制了"泰州市城市防洪及河道综合整治规划之二——人文景观部分"，为使这一文"化"水工程的水利规划的《思路》得以批准，从而进一步编制正式规划和将正式规划中编制的有关文化水工程项目得以批准立项，泰州市水利局专门将这一《思路》向市委主要领导陈宝田书记作了专题汇报,并请求市领导组织相关部门的领导去城市水利做得较好的浙江省绍兴市和嘉兴市考察、参观。此议,得到支持,于10月31日,陈宝田亲自率党政代表团(包括市四套班子及相关部门的有关领导)考察了这两个市的防洪工程。通过考察,形成了共识。在11月1日晚,考察团就泰州市城市防洪及河道综合整治召开了专题会议,陈宝田在会上就统一思想认识、完善防洪规划、筹划冬春工程不能等、组建投融资公司、拿出筹资政策、包装上争项目、加强宣传引导等7个方面拿出决策的意见。特别在"统一思想认识"中提到"这次考察受到的冲击力很强,感到嘉兴、绍兴两市在城市防洪及河道整治方面有两个创新……,一是防洪工作思路创新,是大水利的理念。集城市防洪与城建、环保、旅游、文化5个功能于一体。既体现'三个代表思想',又符合省委书记回良玉要求做大、做强、做优、做美城市的观点。二是城市防洪投入机制的创新,是经营城市的理念,着力于机制创新,使政府行为企业化,筹资市场化,有效地解决了资金问题,推进了城市建设";在"完善防洪规划"中提出"防洪规划要高瞻远瞩,综合规划。要按新的理念去完善现有防洪规划,要请专家论证,要富规划、穷实施、高起点、大手笔规划"①

这一活动对文"化"泰州城市防洪及河道整治规划和泰州今后决策文化水工程项目,均起到了关键性的作用。

第二节 文"化"水利规划

水利规划的编制,水工程的设计、施工都是依据国家水利行业规范、规程、标准或参照其他行业如住建、交通的规范、规程、标准进行的。水利要转型升级,规划计划中要编列文化水工程,则首先要研究水利规范、规程、标准、定额中有没有将这方面的内容考虑进去。

一、纳入规范、规程及标准、定额

(一)规范、规程、标准、定额的概念

1. 规范、规程

规指尺规,范指模具。这两者分别是对物、料的约束器具,合而用之,称为"规范"。一般可

---

① 泰州市水利局. 泰州市水文化研究与实践 [M]. 郑州:黄河水利出版社,2004.

拓展成为对思维和行为的约束力量。除了法律、规章制度、纪律外，学说、理论和数学模式等，都具有规范的性质。社会学家把伦理、道德也列入规范的范畴。

对工程而言规范又是针对某一工程作业或者行为，进行定性的信息规定，主要是因为无法精准定量而形成的标准，所以称为规范。

规程是指规则章程和操作规程。简单地说，就是"规则＋流程"。所谓流程，即为实现特定目标而采取的一系列前后相继的行动组合，也即多个活动组成的工作程序。规则则是工作的要求、规定、标准和制度等。因此，规程可以定义为：贯穿一定标准、要求和规定的工作程序。

在工农业生产和工程建设中，规范一般是对设计、施工、制造、检验等技术事项所做的一系列规定；规程是对作业、安装、鉴定、安全、管理等技术要求和实施程序所做的统一规定。

对工程勘察、规划、设计、施工等的技术事项做出规定时，一般采用"规范"，如：《混凝土设计规范》（GB 50010—2010）、《建设设计防火规范》（GB 50016—2006）、《住宅建筑设计规范》（GB 50096—2011）、《砌体工程施工及验收规范》（GB 50203—2011）、《屋面工程技术规范》（GB 50345—2012）等。

对操作、工艺、管理等专用技术要求时，一般采用"规程"，如：《钢筋气压焊接规程》、《建筑安装工程工艺及操作规程》、《建筑机械使用安全操作规程》等。

规范和规程的主要区别是大小的问题，规范要比规程大，规程是指导干活的，规范是用来规避责任的。所以规程不能超出规范所规定的范围。规程是具体告诉你怎么来干活，规范是告诉你能干到什么程度。违反了规程，只能是技术性错误；违反了规范，就是原则上的错误。

有关部门所作的总则、通则、导则、方法、要求等，一般亦视为规范或规程。

2. 标准、定额

我国对标准概念的定义和解释，是以1996年修订的国家标准《标准化和有关领域的通用术语 第1部分：基本术语》（GB 3935.1—1996）给出的标准定义为准的，即："为在一定的范围内获得最佳秩序，对活动或其结果规定共同的和重复使用的规则、导则或特殊性的文件，该文件经协商一致制定并经一个公认机构批准，以科学、技术和实践经验的综合成果为基础，以促进最佳社会效益为目的"。

定额是指在一定外部条件下，预先规定完成某项合格产品所需各种生产要素，包括人力、物力、财力、时间等的标准额度，它反映了一定时间的社会生产水平。

工程类定额种类较多，按管理体制可分为：全国统一定额、全国行业定额、地方定额；按定额用途可分为：投资估算定额、概算定额、预算定额、施工定额；按费用性质可分为：直接费用定额、间接费用定额、其他基建费用定额等。

水利工程的概预算定额等是专门用来编制水工程概预算用的。例如：水利部水总〔2002〕116号文颁发的《水利建筑工程预算定额》、《水利建筑工程概算定额》、《水利工程施工机械台时费定额》以及以水利部水建管〔1999〕3523号文颁发的《水利水电设备安装工程预算定额》和《水利水电设备安装工程概算定额》（以下简称《部颁系列定额》），就适用于大中型水利工程项目，是确定水利工程投资和造价的重要依据。

（二）把文"化"水工程的内容纳入水利规划的规程、规范

水利规划的规程、规范是指导水利规划工作的基本文件。水利规划的规范、规程，是包括规划指导思想、基本原则、技术经济政策、标准、规划措施方向、规划工作程序、分析方法、工作深度等方面的统一规定。各国大多编有这方面的规程、规范。其中，综合性的多侧重于原则性规定，专门性的除原则性规定外，还包括技术性规定。

根据浙江省水利厅2008年底统计，目前我国现行有效水利规程规范和技术标准（包括规范、规程、导则、通则、总则、参数及技术条件、技术、标准、方法、要求、建议等），分别有国家标准97项、水利行业标准438项、部委联合发布的其他行业标准6项、水利水电技术标准37项，合计高达已578项之多。近几年又出台了如《城市水系规划导则》等，估计已近600项。全国各相关部门对水利项目的规划、设计、施工一般均需按照或参照这些规程、规范办理。但是，这么多规程和规范，除《城市水系规划导则》外，其余均未考虑水利项目融入文化的内容以及文"化"工程规划、设计和施工的标准及与之配套的定额。而规划、设计部门及施工企业在对水利项目进行规划、计划的编制，水工程进行具体设计和施工时，又只能按照这些规程、规范或技术标准、各项定额办理。而且，大多论证的专家、审查的经办人以及决策者，也多以这些规程、规范或技术标准、各项定额为依据，进行论证、审查和决策取舍。因此，要想提升水工程的文化内涵和品位，第一就是要修订相关的规范和规程，在规范和规程中增加有关水工程文化内涵的章节和具体规定，如水工程的文化概念、文化表现手法等，提供规划编制者参照办理；第二是要制定文化工程的规划、设计和施工的技术标准、工程定额等，提供给规划编制、工程设计、施工预决算使用。这样，才能使今后在新建、改造或修理的水工程中融入文化的元素，做到有规范可依、有规程可循、有标准、定额可执行。

水利部于2009年2月颁布的《城市水系规划导则》这一属于编制规划的规范性文件已将"水

环境、水景观、水文化等需求"列入了规划"应遵循的原则"之中，并设有《城市水文化建设》专门的小节，这是一大进步，但其中所写"城市水文化建设应慎重对待，统筹考虑，选择有限区域，适当建设，不应使城市河道园林化"的提法，仍嫌保守，尚未达到应将无形功能视为水工程应该具备的功能之一的认知高度。

按照社会经济发展状况和以人为本、人性亲水的客观需求以及水利工程的民生性、综合性、地域性、动态性、生态性、广泛性等特点，水利规划的规范、规程的制定，就应从"河流两岸生态化、节点园林化；水库坝体艺术化、环境自然化；闸站水上建筑雕塑化、环境景观化；枢纽工程形象化、环境景区化；湖泊工程环湖湿地化、近湖秀美化"的高度来制定或修订。并须据此制定出相应的文化工程的技术标准和各相关定额，以实现全面提升我国水工程的文化内涵和品位的需要和实施文"化"水工程的需求。使我国的水工程除能发挥常规功能外，还能充分发挥出可促进社会进步、繁荣文化、保护生态，保障和促进经济发展、文明政治的作用。

二、融入规划目标

（一）水利规划目标的概念

水利规划目标是指水利规划在不同水利规划水平年达到的特定要求。水利规划目标的拟定，是水利规划的一项重要内容，它与规划工作的每一个步骤都有紧密联系。规划中对存在问题的分析，为鉴别规划目标奠定规划基础；初步确定的规划目标，又为拟订、撰写、评价规划方案提供依据。

（二）制定规划目标的依据

规划目标取决于国家或地区对水利的总要求。例如，促进国家或区域经济发展、改善环境质量、促进地区发展、增进社会福利或提供就业机会、改善生活水平、建设生态文明等。它是各个时期社会侧重点的体现。但国家或地区目标并不就是规划目标，作为规划目标，还必须有具体的衡量标准，以便评价规划方案对国家目标及地区目标的满足程度。对国家经济发展或地区发展可以用经济效益衡量的目标，通常多以增加国家或地区的净经济收入表示。对环境质量、社会福利和建设生态文明等是难以用经济效益衡量的目标，大多就其特定问题的性质，选择某些代表性指标作为衡量依据。结合规划地区的具体情况，以某些约束条件作为附加要求。例如，开发利用水土资源的限制因素，规划地区的特殊政策或有关社会习俗规定等。规划中的一些工程设施在防洪、灌溉、发电、航运等方面所起的作用，都属于实现规划目标不可缺少的手段。但这些只是水利工程的某些用途，它的含义和规划目标是不同的，相同的规划目标可以通过水利工程的不同用途来实现；而水利工程的同一用途往往可以同时为一个以上的规划目标服务，这是两者的关系和区别所在。

（三）国家要求水利制定多目标规划

近代，许多国家水利规划的目标，都由看重经济发展，逐步转移到更广泛的社会需求方面，提出了包括环境在内的更多目标，即所谓"多目标规划"。

我国的多目标水利规划往往多以"综合性水利规划"或"综合整治水利规划"的名称出现，国家和地区综合水利规划的目标除了将传统的、直观的灌、排、引、航等有形功能作为发展目标外，现在已将国家或地区的经济发展及环境发展、生态文明三方面的需求，列入水利规划考虑的目标。但大部分规划尚未能将人们对水的精神方面的需求，如宜居的水环境、宜游的休闲条件、涉水的文化、美观而有文化内涵的建筑及环境形象要求、单项水工程的文化艺术品位等方面，作为水利规划的目标考虑进去。

国务院于2009年11月3日发布了《关于加快发展旅游业的意见》，提出要"把旅游业培育成国民经济的战略性支柱产业和人民群众更加满意的现代服务业"，强调要"大力推进旅游与文化、体育、农业、工业、林业、商业、水利、地质、海洋、环保、气象等相关产业和行业融合发展"。这就是国家根据国民经济发展的需要，以立足长远的战略眼光，为水利等行业增加了一个要与旅游"融合发展"的目标。

水利与旅游密不可分，水是人类生存的基本条件，而旅游是提高人们生活质量、使人生活得更加美好的措施之一，也是人的本性所趋。宋代道原《景德传灯录》："问：'如何是学人自己，师曰：'游山玩水去'"，道出了游山、玩水是旅游的主要内容，玩水是指人不"消耗"水，却能"消费"水，这种"消费"是一种满足人精神需求的消费。自然之山水，特别是水，既是养育人类生命物质之源，也是造化人类精神文明之母，更是旅游观赏的天赐之物。古代的人文资源较多地镶嵌于高山之中、河湖之滨。然而数千年来人类对江、湖、河、港进行改造，建设了大量的水工程，遍及所有淡水载体——江、湖、河、港，大量的自然江、河、湖、港实际上已是"人化"的水利工程产品了。例如，意大利东北部临亚得里亚海的一个港口小城威尼斯，人口仅30多万，这个小城将市区建在离陆地4000米的118个小岛上，威尼斯人以大运河为干道，用177条水道贯通其间，400多座桥梁将各岛联为一体，将这些本属自然的海中小岛建设成一个水上城市而著称于世，成为世界著名的旅游城市，每年接待游客多达3亿人次,外国游客竟是当地人口的1000倍!外国到这里来的游客是不是都是来看水城自然的水呢?水,世界各地都有,到这里来的游客主要是玩水,看这个城市与水结合的文化。由于威尼斯受14—16世纪意大利文艺复兴的影响,滨水夹岸留下了富有文化内涵的建筑物、雕塑,如圣马可广场及广场上的大教堂、总督府、执政官宫、钟楼等著名建筑,威尼斯共和国的历史,威尼斯画派的名声,威尼斯乐派的影响,莎士比亚的《威尼斯商人》作为喜剧的传播以及威尼斯国际电影节的效果,都是由于这个水城的孕育而生成的文化,而这些因水城而成名的文化,又以其深厚的文化底蕴吸引着游客,并以国外游客的巨大消费来哺这个城市。

我国的杭州、绍兴、苏州、泰州等城市同样因水加文化或多或少地赢得了游客。因此,国务院把"旅游与文化……水利的融合发展"作为发展旅游业这一由国家定性为"支柱性产业"的一项重要措施。水利业也就必须在水利规划中,将发展国家和地区的水利旅游业与把先进的文化元素融入水利工程之中的建设,作为规划目标之一,列入国家和地方水利多目标规划或综合整治规划之中。让这一规划目标来指导规划编制的内容,规范下位规划,直至将这方面的规划项目纳入计划,付诸实施。

(四)文"化"规划目标举例

我国一些地区已有将人文景观纳入水利多目标规划之规划目标的做法。例如,江苏省泰州市在编制《泰州市主城区水系综合整治规划》(以下简称《规划》)前的2001年,就以《泰州市城市(主城区)防洪及河道综合整治规划总思路》(以下简称《总思路》)的形式向泰州市委、市政府提出了这一《规划》的规划目标,其中包括水利工程和人文景观两部分。在水工程的人文景观目标部分,提出了如下规划目标,具体是:

(1)指导思想:顺应市民要求,集中社会力量,建设达标工程;坚持综合整治,重现水城风光,促进经济发展。

(2)预期目标:防洪、景观、绿化同步推进;水活、水近、水清效果明显;河道、泵站、涵闸5年完成。

(3)工程质量品位:建设百年一遇标准工程,挖掘淮海名区文化积淀,架构双河绕城特色风貌,再现汉唐古郡人文环境。

(4)布置、营造技法:建闸站、挖河渠、造岸坡、隐堤防、截污水、植绿带、布亭台、置楼阁、跨奇桥、缀雕塑、题联匾、选游线、通彩船、设街景、亮夜灯、添茶肆。

此外,这一规划思路还提出:建议在泰州主城区围绕水系"布置9大景区、32个景点"的目标,并在这一水利的规划思路中,绘制了《泰州城市防洪及河道综合整治规划图之二——人文景观布置简图》,开创了我国在水利规划中绘制《人文景观布置图》的先河。泰州正是由于在水利规划《总思路》的目标中融入了人文景观——文化的元素,才能在综合规划和下位规划及工程项目设计中,推进融入文化内涵和有艺术品位的水工程设计和建设。

三、融入流域规划

按不同的规划范围和目的分类,水利规划一般分流域规划、地区规划、专业规划以及跨流域调水规划、水利工程规划等 5 类。

流域是一条河流自成系统的整体,其上下游、左右岸、干支流有着十分密切的联系,各项自然条件有其内在规律。把一个流域作为规划单元统一研究,有利于统筹兼顾,全面治理水旱灾害、综合利用水土资源。通常认为流域规划是其他各类水利规划的基础。大江大河流域规划涉及广大地区和国民经济许多部门,其目的在于统筹考虑防洪、排涝、灌溉、防治盐碱、水力发电、工业及城镇供水、水运、漂木、水土保持、水源保护、水产养殖及旅游等各项治理开发任务。从战略上,研究总体治理开发方向、步骤和某些关键性措施,以求在预期的规划目标下最大限度地协调各地区、各部门的要求。流域规划关系到国土资源的合理开发利用,因此,也是国土整治规划的组成部分。中小河流流域规划涉及的地区、部门较少,中国过去大多以农业或农牧业为主要服务对象。20 世纪 80 年代以来,随着农业产业结构的调整和乡镇企业的发展,中小河流规划也要兼顾更多方面的要求。属于大江大河支流的中小河流,还要在安排上与大江大河治理开发协调一致,发挥承上启下的作用。

纵横在中华大地上的无数江河,自古以来一直哺育着中华大家庭的各个民族。华夏人民世世代代繁衍生息在大江大河或其派生而出的支流两岸,他们既享受大自然恩赐的江河之利,又以其勤劳创造了文化,开辟了文明之路。不同的江河湖川,流经不同地貌的地域,形成不同的生存条件,养育着不同的民族和不同地域的人民。不同民族、不同地域的人民在穿越历史时空中,会遭遇不同的自然条件和政治、经济环境,他们以其丰富的智慧,创造了各个不同的文化,并形成了各个不同的流域文化。例如,七大流域,黄河流域的华夏文化、治河文化,长江流域的巴蜀文化、荆楚文化,淮河流域的两淮文化,太湖流域的吴越文化,海河流域的燕赵文化,珠江流域的岭南文化,松辽流域的游牧文化,五光十色、各领风骚。大的流域如此,小的流域也是如此,都各有其不同的个性文化。因此,在编制流域规划时,不仅在其规划目标中要将提升流域相关水系的文化内涵与品位作为一项目标,还要根据流域社会经济的发展状况和社会需求，提出融入的文化方向和方针，作出战略性、导向性的全河文化规划。例如，太湖流域规划就可区别所在地段分别提出融入文化的主题概念，江苏段以吴文化、浙江段以越文化、上海段以海纳百川文化为主题的概念文化。也可进一步明确到各段所在地的文化主题，如选用吴文化中的名人文化，无锡可选用泰伯、范蠡等，苏州可选用吴王夫差、宋人范仲淹等典故作为文化选题。当然也可选用吴文化中的其他如民俗文化、乡土文化、园林文化等分别植入各地、各段、各工程的文化主题概念设计。但千万要注意不能雷同，不要重复，即使是运用老题材，也一定要有新意。

四、融入地区水利规划

（一）地区水利规划的概念

地区水利规划是指以行政单元、经济单元或地理单元为对象的水利规划。规划范围多是一个或几个流域中的一部分。范围较大、涉及方面较多的地区水利规划，与大江大河流域中的规划相似；范围较小、涉及方面较少的地区水利规划，与中小河流域的规划相似。

（二）文"化"地区水利规划举例

在地区水利规划中融入水工程的文化内涵，主要是对地区规划的水系（指河流或主要湖泊）融入文化进行规划。地区的水系文化规划，要对上位的流域文化规划有所了解，在接受上位流域文化规划导向的前提下，参考地区河流或主要湖泊特有的、个性的文化元素，精心设计地区水系文化概念，并对下辖区域的水系文化规划和设计提出方向、意见或建议。例如，山东滨州市的城

滨州市黄河险工段的"黄河母亲"雕塑
（滨州市水利局）

市水利规划（地区规划），就提出了"六横五纵、四环五海、三十六名桥、七十二湖、一百零八景"及在"五海"打造"天、地、人、情、水"的水工程文化概念。滨州城市的水利对上衔接的是"生态滨州"之城市《总规》的上位《规划》；其中既实现了10年使该市平原水库蓄水能力从2千万立方米，提升到1.5亿立方米有形功能的规划目标，也实现了将文化融入水工程的无形功能的目标；

对下则影响了滨州市所属的其他县、市，这些县、市也在努力打造具有文化内涵的水利工程。

五、融入专业水利规划

（一）专业水利规划概念

专业水利规划是指流域或地区中为某一任务进行治理开发的单项规划，如防洪规划、除涝规划、灌溉工程规划、城镇供水规划、水能规划、水运规划、水土保持规划、水生态文明建设规划等。专业水利规划一般需在流域规划或地区水利规划的基础上编制，也可以是这些水利规划的组成部分。水能、水运、水土保持等专业水利规划还需与相关的行业规划协调一致，成为这些行业规划的组成部分。

（二）文"化"专业水利规划举例

在编制水利专业规划时，应按照所从属流域规划中提出的有关水系的文化内涵、品位的目标或所从属某一地区水利规划的文化概念。如有条件，还可具体规划到每个工程项目的文化主题、美化要求等。例如，扬州市在编制属专业规划性质的《扬州市水生态文明建设实施方案》（以下简称《方案》）时，就注意将该市相关水文化的概念，融入这一《方案》中。《方案》在"现状评估与问题分析"对"水文化"作了评估与分析，认为"扬州有着悠久的历史和深厚的文化底蕴，而水文化则是扬州文化灵魂所在。长江、运河之水孕育了扬州千年文明，促成了历史上扬州的数度繁华，形成了独具特色的扬州水文化"，主要有："历史悠长的大运河文化"、"因运而兴的漕运文化"、"独领风骚的园林水文化"、"美轮美奂的滨水建筑文化"、"底蕴深厚的治水历史文化"、"独具特色的水休闲文化"。因此，《方案》在"指导思想"中提出了"统筹……水文化传承与水景观打造"；提出了"江淮安澜、碧水清流、人水和谐、诗画扬州"的"总体目标"；提出了"扬州特色水文化得到有效保护和发展"的"试点期目标"；在"主要实施内容"中"水文化与水景观"的章节；在"水文化

扬州2013年竣工的新挖润扬河
（扬州市水利局　摄）

建设"的一节中，交待了要作"构建以大运河文化为核心，以漕运文化、园林水文化、滨水建筑文化、治水历史文化、水休闲文化等为特色的水文化体系"的安排。

比较具体地按本规划所涉及的单个水工程，结合规划的专业用途，提出需融入文化的具体工程项目。例如，防洪工程中的堤坝、涵闸，排涝工程中的泵站、渠系，城镇供水的进水厂房及增压站房，水能规划中的大坝及水库，水运规划中的船闸、套闸及运道，水土保持中的植物平面布置等。

由于跨流域调水规划是属于一种放大了的专业规划，统筹考虑两个或两个以上流域，兼跨流域规划和地区规划中的一种特殊性质的规划，在规划考虑的目标中只要战略性地提到"本规划的各项水工程均应将有关流域、地区的文化融入工程设计，以提升工程的文化内涵和品位"即可，一般可不作专节具体交代。

水利工程规划则是一种仅限于对某一水利建设项目所进行的规划，主要任务是明确工程作用，拟定工程布置、规模、相应参数和工程管理运行原则等。水利工程规划通常又是工程可行性研究和工程初步设计的组成部分，其内容往往在编制流域规划、地区水利规划和各项专业水利规划时已经提及。这种规划又往往是由于没有编制上位的流域规划、地区规划或专业规划的一种填补型规划，对将文化融入规划的阐述和设计，与专业规划相似。

六、规划评价中应有相关评价指标

水利规划综合评价是指水利规划中对不同方案实施后产生的经济、社会、环境影响所进行的全面分析对比。不同规划方案由于侧重点不同，其利弊常有较大差别。进行综合评价的目的是通过对不同影响的分析对比、衡量得失，以便提出推荐意见，供决策时选择。

（一）评价原则

1. 以规划方案实施与否为评价依据的原则

各项影响都是相对于"无规划状况"而言的，即以实施某一规划方案与不实施该方案的情况对比作为评价依据。规划地区的环境和条件总是不断变化的，不论是否实施拟议方案，都将按各自的规律向有利或不利方面转化。因此，"无规划状况"并不就是现状，而是要看成在现状基础上延伸到水利规划水平年的一个比较方案，否则将会夸大或缩小拟议方案的真正影响。

2. 包括各项重要影响的原则

评价内容需包括各项与决策有关的重要影响。为确定其重要性，通常首先要弄清各规划方案中不同措施可能带来的影响,并对影响的类型、地点、程度进行分析,鉴别其社会价值。一项水利工程的影响将涉及许多方面,一般多采取逐步筛选的方法,以尽可能缩小评价范围。

3. 考虑到随机性的原则

研究的影响需考虑其出现的随机性。有些影响出现的可能性较大,有些则较小。如何评价将取决于一定时期中社会所能承担的风险。对各项影响通常需包括其数学期望值和概率分布,以反映出平均情况和变化规律,供决策衡量。

4. 从整个系统考虑的原则

研究的影响需注意从整个系统进行考虑。各项影响既决定各子系统的环境与条件,它们之间又将互相作用、互相联系。只有对整体系统进行全面分析,而不是孤立地对某一方面进行评价,才能反映系统全貌,作出恰当的判断。

(二)评价指标构成

对水利规划的综合评价是由一些评价指标构成的,一般评价指标分两大部分,一部分是经济影响,另一部分是社会环境影响。

1. 经济影响

这是国家经济发展目标的体现,也是水利规划中传统的评价依据。它是否有利,主要以规划方案实施后的效益费用比、净收益、内部回收率或投资回收年限等指标来衡量。对某些特定影响,有时也以规划方案实施后达到的实物量,如发展的灌溉面积、增加的农业产量、增加的电力装机等作为衡量的辅助指标。当规划目标包括地区经济发展目标时,需同时计算地区收益的,也用上述指标衡量。由于一项工程收益往往既属于地区经济收益也属于国家经济收益,分析时需注意对两方面的影响分别进行评价。

当水工程融入一定的文化内涵后,往往会对地方的旅游业、文化产业带来经济方面的影响,在计算规划方案实施后的效益费用比时,就必须对这两部分的影响因素都进行计算评价。当然也可以用实物衡量,如用文化风景面积、文化风景点个数、水文化景观建筑物座(个)数、水文化风景区价值等指标来衡量。

2. 社会和环境影响

这是规划中社会目标、环境目标的体现。这两类大多难以采用货币衡量,只能针对特定问题的性质,以某些方面的得失作为衡量标准。例如,社会影响中增加的就业人口,防洪保护的面积或交通干线,农村、人民群众的文化、休闲场所等,环境影响中改善的受污染水域,增加的自然景观区,保护的重要文物或稀有物种的种群等。

规划考虑融入一定的文化内涵后,对规划中的社会目标就可以用增加人民群众文化休闲场所的面积、游览点的数量或形成的建筑风格、特色风情、文化作用、景观资源组合度等作为衡量标准,对规划中的环境影响,也可用改善宜居环境、增加特色文化景观区等指标来衡量。

各规划方案实施后产生的诸多影响,实质上是不同方案对各个规划目标所能实现程度的具体体现,有的较有利于某一目标,有的较有利于另一目标,有的则兼顾了几个目标。所以,要进行综合评价,其核心问题是针对规划的侧重点对各种影响赋予不同的社会价值,以便在相互竞争、相互矛盾的目标间全面衡量,对不同的规划有所取舍。

只有在规划评价指标中增设文化工程效益的评价指标,规划编制部门、单位或人员才会重视这方面的工作,将先进的、有特色的、有创意的文化融入水工程的规划之中,才能创造性地使规划的水工程中的文化内涵和品位有所提升。

第三节 文"化"水工程设计

我国规定,大中型水利建设项目须纳入国家或地方经济计划,遵循先勘测、再设计、最后施工的必要程序。但是根据国家对水利工程项目的总要求和不同的工程规模,首先应经过勘查测量和调查研究,掌握有关数据和资料,进行技术比较的设计前期工作阶段,然后再进入正式编制设计文件的阶段。有提升水工程文化内涵规划目标的项目,不管是在设计的前期工作阶段,还是在进入正式编制设计文件阶段,都必须重视相关文化设计工作,必须与工程的其他设计同步推进这方面的工作。

一、导向及功能要求

(一)上位规划的文化导向及举例

根据发展国民经济长远规划的要求,参照流域或地区水利规划所建议的水利工程项目及其开发程序,按照建设项目的隶属关系,由主管部门或省、直辖市、自治区乃至相关地、市、县提出某一水利工程的基本建设项目建议书,经审查批准后,委托设计单位进行可行性研究,编制可行性研究报告。这一阶段一般称为设计前期工作阶段。在这一阶段，必须认真了解和理解有关流域规划、地区规划、专业规划或是跨流域调水规划、水利工程规划等上位规划的规划目标中，有无在水工程中融入文化内涵的内容和规划方向，因为只有在上位规划目标中有这方面的目标，才能开展有关水工程注入文化内涵方面的社会调查、组织研讨和为设计搜集资料、提交研讨方案等工作。例如，2006年3月，南水北调东线一期工程江苏段在编制《建筑与环境总体规划设计方案》时，就比较认真地对待这方面的问题，在其规划的目标中比较明确地提出了"东线一期江苏境内工程的建设应做到安全可靠、技术先进、优质高效，同时要将工程整体建设为环境工程、生态工程、人文工程"，特别是在这一规划的专家评审意见中，还特别强调了"水利工程既要发挥有形功能，又要发挥生态、环境、人文等无形功能，做到双重功能并重"。这样，这项工程的设计者才会根据这一目标进行与之相关的京杭大运河文化，江苏省沿线各地有关传统的、有个性的、有特色的文化调研，为水工程的文化设计做好前期工作。受委托的水工程设计单位，如遇上位规划在水工程中未设置文化内涵目标时，设计者一般不需考虑这方面的内容。但上位规划只要点到在水工程中可融入文化的内容时，就必须考虑这方面的内容，否则，所提交的项目建议书或可行性研究报告，就很难通过审查。由于我国大部分水利规划的规程、规范未能将融入文化的内容正式修订纳入，不少流域、地区的水利规划也就很少把水工程的文化内涵与品位写进规划目标，但国务院已明确要求将旅游业与文化、水利等相关行业融合发展，水利部的《城市水系规划导则》也将融入文化内涵作为水系规划考虑的内容之一，现阶段设计前期工作的承担部门，对于未能将融入文化作为水工程功能目标的规划，应在正式投入工作前，书面向业主作出提示性建议，建议将提升水工程的文化内涵及品位纳入规划（补充）目标，在得到业主的书面答复后，根据答复意见进行设计前期工作。

有的地区水利规划或专业规划，因范围或规模不大，规划的水工程目标相对简单，也有的在规划的编制中，就已深化到设计前期工作的"项目建议"阶段，代替了项目建议书，上报有关部门批准，经批准的规划项目，即可进入水工程的可行性研究或正式设计阶段。例如，泰州的主城区水系综合整治工程，首先编制的是一个《泰州城市（主城区）防洪及河道综合整治规划总思路》（以下简称《总思路》），这个《总思路》已经接近地区规划的深度。在这个《总思路》得到泰州市委、市政府联席办公会议的认可后，于2002年再由泰州市水利局、泰州市规划设计院、江苏省水利勘察设计研究院三家联合进行编制《泰州市主城区水系综合整治规划》（以下简称《规划》）。

实际上这一《规划》已切入至设计前期工作的"项目建议书"和"可行性研究报告"的深度。这个《规划》的设计，就充分考虑了上位规划——《总思路》的规划目标和文化导向，在《规划》

中，编制了为提升城市水系文化内涵和品位的专门章节——"水景观规划"。这一章包括"城市水景形象设计、滨水景区规划、水上游览线规划、滨水艺术灯光工程规划"4个部分。

1. 城市水景形象

（1）"水城一体"的古城水系格局。

（2）"三环碧水绕凤城"的空间概念形态。

（3）"水绿双层、两圈交融"的立体滨水景观。

2. 滨水文化环境

（1）戏曲文化欣赏区。

（2）泰州名人文化区。

（3）盐税文化景区。

（4）革命传统教育区。

（5）稻河、草河两岸古民居保护区。

（6）渔行水村。

（7）若干糅合现代文化精髓的景区。

以形成既有历史内涵、又有时代气息的滨水文化环境。

3. 城市水景观环境布局——"三区、三圈、五带"

（1）三区，分别为："以古城河为主体的环城河风景名胜区""以渔行水村为基础的北郊风景区""以凤凰湖及周边生态林为组合的凤凰湖风景生态保护区"。

（2）三圈，即环绕泰州古城的内环绿化圈、贯穿城市腹部的中环绿化圈、环绕泰州市的外环绿化圈。

（3）五带，指城市滨河风光带和近郊城市滨河防护林带。

《规划》将泰州主城区设计成一座"以环城河风景名胜区为核心，通过滨河风光带、三个绿色包围圈、滨河绿带、城市道路，将整个城市水环境串联起来，融为有机整体"。并通过城市临水的土工构筑物、水工建筑物，形成完整的城市文化水环境景观体系。

泰州这一《规划》的设计充分体现了上位规划的目标和思路，并为水工程的扩初设计交代了具体的文化设计方向。这一具有一定文化品位，达到包括"项目建议书"和"可行性研究报告"两部分深度的《规划》，通过了专家评审，获得了泰州市人民政府的批准。

泰州市人民政府在《关于同意实施泰州市主城区水系综合整治规划的批复》中，明确表态"同意《规划》中关于水系布局、空间概念、功能定位和防洪除涝方面的规划内容"；要求"尽快划定《规划》保留区";并对规划项目实施主体进行了分工,分工中包括了"文化旅游资源开发、景观建设"的规划项目。这个《规划》为提升泰州主城区水系,特别是凤凰河、凤城河的文化内涵和品位起到了关键性的作用。

泰州市在运用文化理念提升水工程(水系)文化品位方面,从上位规划的规划目标,到已达可行性研究报告阶段的技术路线见下图。

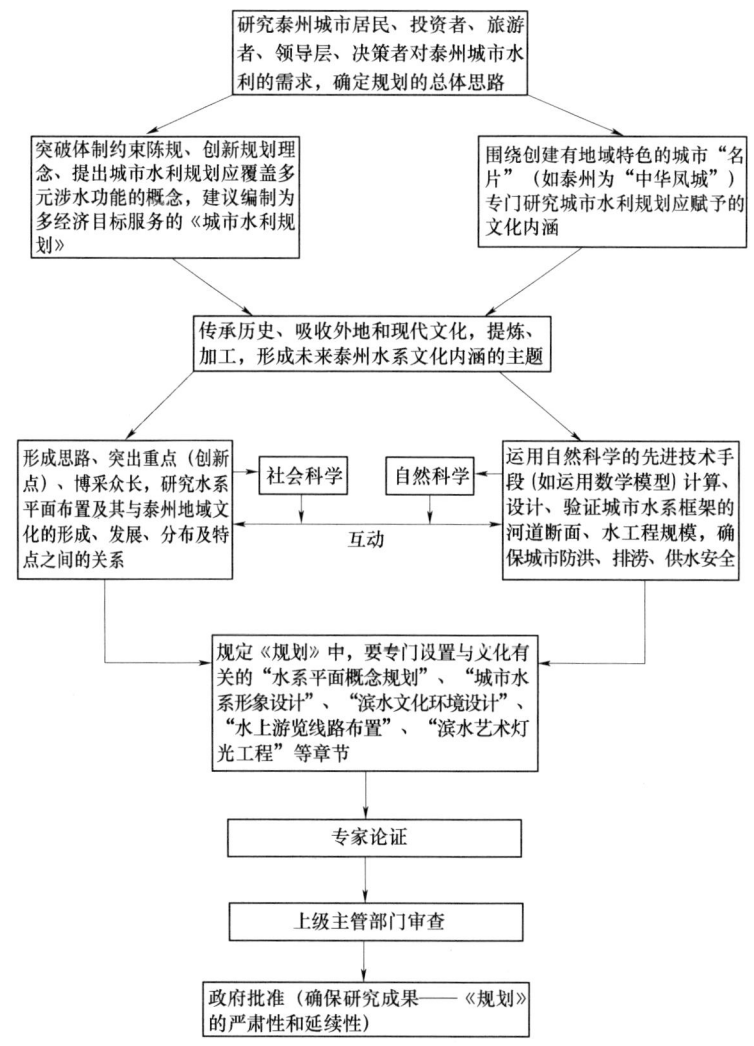

运用水文化的理念编制水系规划、项目建议书技术路线图(以泰州为例)

（二）文化功能要求

水工程规模比较大的项目，设计前期工作需由编制"项目建议书"和"可行性研究报告"两个阶段完成；规模中等的项目，也可只编制其中一个文件，但必须达到可行性研究的深度；规模较小的项目，也直接通过编制较有深度的规划替代，但在规划中需一并完成设计前期工作的有关内容，并获得有权部门的批准，才能直接进入设计文件的编制阶段。

一般水利工程的设计阶段，分初步设计和施工图设计两个阶段。初步设计是在批准的可行性研究报告基础上，根据设计任务书进行的最基本设计。经审批后的初步设计文件，是作为国家确认工程项目的投资额、安排年度投资计划、与有关部门签订合同和协议、进行施工准备以及编制施工图设计或技术设计的依据。

一般水工程的初步设计的任务，是根据批准的可行性报告和设计任务书中所定有关水工程的功能、作用，有针对性地进行较前期工作更为详细的调查、勘测和试验研究等工作，取得相关气象、水文、地形、地质、建筑材料、经济、综合利用等的基本数据，从技术上和经济上对拟建水利工程的综合利用计划、总体布置、主要建筑物形式和轮廓尺寸、主要机电设备形式和布置等，作出基本技术决定，确定总工程量、施工方法、总进度和总概算，论证在指定地点和规定期限内进行建设的可能性和合理性。如考虑建设有文化内涵和有一定品位的水工程，在调查研究过程中，还要深入了解并获取水工程所在流域、地区的历史文化、风俗民情、名人轶事、风景名胜、宗教信仰、建筑风格、娱乐休闲方式、交通能力、自然风光、文物遗址、旅游状况等数据，进行研究，形成融入文化的初步创意、文化工程的目标概念、具体工程文化概念、生态条件、环境形象等。进而，将初步创意融入常规的水工程设计内容之中，一并作出技术决定、计算工程总量、提出施工方法进度及概算。

水工程初步设计的内容一般包括：确定拟建工程及主要建筑物的等级、设计标准和形象，核定综合利用的程度，选定坝（闸）址、厂址、水系（河渠）线路、水景区及其文化景观、景物工程、工程总体布置、主要建筑物形式和控制尺寸；选择施工导流方案及主要建筑物的施工方法、施工总布置及总进度、对外交通和施工设施；提出建筑及装饰材料、劳动力定员、水电的需要量、文化主题、艺术造型及装饰要求；编制工程（及文化工程）的概算、环境影响评价及环境保护，进行经济、财务分析，阐明工程效益。一般情况下，大中型水利工程必须将技术经济论证做到一定深度，才能编制出可靠的设计任务书。因此，也可以根据上级主管部门下达的勘测设计计划，在设计任务书下达前开始进行初步设计工作。初步设计工作可以全面推进，也可以根据经济技术调查报告选定的工程，分期进行。

例如，泰州市在主城区水系综合整治工程中，首先选定的就是对引水河（后因注入文化内涵后定名凤凰河）工程开展初步设计工作。为了对该河注入一定的文化内涵，事先将《泰州引水河工程概念设计方案》（以下简称《方案》）向市委、市政府报告，以引起决策者除对常规防洪、排涝等有形功能的重视外，还要对文化功能予以重视，并通过决策，为进一步开展初步设计明确方向。该《方案》的核心内容主要有如下几项。

1. 建设缘由（水工程应具备的功能）

（1）针对 2001 年 8 月 1 日暴雨，新城区大面积被淹，东部需挖一条适应（城市设防标准）百年一遇的骨干排涝河道。

（2）经（市政府）批准的《泰州市城市防洪规划》已将引水河列入治理规划，河道最小设计断面必须满足规划要求断面——约 20 年一遇排涝标准。

（3）通过征求 48 个部门意见，获市委、市政府原则同意的《泰州市城市防洪及河道综合整治规划》（当时市政府批准文件尚未下达），将此河列为水上旅游线路中重要河段安排。

2. 设计指导思想

（1）以《总思路》所设"以水为源、以人为本的思想，运用大水利的理念，从保障城市安全出发，将河道整治与城建、环保、旅游、文化、交通、商贸、绿化紧密结合，达到以水兴利的总目标"为目标。

（2）遵照姜副省长（分管水利的副省长姜永荣）在听取引水河建设 4 个规划方案（指"项目建议"方案）的汇报后所指出的"要多从城市发展战略上考虑，不能就防洪工程搞防洪工程，而要把防洪工程建设与城市河道综合整治、环境建设和文化旅游资源开发结合起来，起点高一点"的要求，确定引水河设计方案。

3. 概念设计

（1）目标概念。

形成泰州市新区排水主干道，水上旅游主景区，生态环境新样板，小区开发新地块，城市投资新环境。

（2）水工程概念。

大直小弯、大河小湖、大绿小岛、大水面小山丘、大土方小建筑、大文化小景区。

（3）河道概念（略）

（4）水土保持及滨河水景概念。

以人为本，注重水土保持，改善城市人居环境；北接东城河延伸泰州历史水文化；沟通周山河，开发泰州水上旅游游览线；布设景区、景点，提高工程整体文化品位。

（5）投入机制概念（略）。

4. 设计标准控制

单线最小断面控制要大于《城市防洪规划》区域骨干河道排涝流量 8.4 立方米/秒的需要。

5. 主题设计

文化概念主题为"凤凰"。

（具体见本节第四部分）

6. 平面布置设计方案

（1）概念设计所用的学说。

一阴一阳谓之道。

开挖河道主要是挖土方，搞土方就必须大搞绿化和相关景观配置，才是阴阳和合，才能水土保持，才能使河道西侧的地块、人居环境有较大的改善，才能提高水利效益。

（2）河道平面布置及形成岛屿概念。

1）方案一。规划设计主导思想：将常规单线河道改为复式的双线河道，将沿河两侧绿化带尽量做成有文化内涵的绿岛（并提出了7点理由——略）。

2）方案二。（改复线为单线，两侧设五大文化内涵景区——略。）

（3）桥梁码头。

所建各桥应形式各异、造型优美、主题突出。

沿河两岸只可在亲水平台上设置游人踏水及游船停靠码头……造型也须认真设计，不能千篇一律，必须与水景、亲水平台景观协调并适应景区各自的主题。

7. 凤凰河设计美学要求

要求：天人合一、文心显现、水达三美、花木要素、画龙点睛，形成多元文化区。

《方案》经泰州市委、市政府的相关会议认可，并明确了几点：

（1）河道名称将"引水河"更名为"凤凰河"，以增加河道文化内涵。

（2）河道要在满足防洪排涝标准的前提下注入文化内涵，设置一定的可提供休闲和旅游的景区。

（3）围绕河道凤凰文化主题，尽可能打造具有一定文化艺术品位的景观桥梁。

这几条原则意见为这一河道水工程设计，提供了注入文化内涵和提升艺术品位的决策依据。现将河道工程植入文化内涵，在决策开展设计工作前所研究的相关内容及有关程序整理见下图。

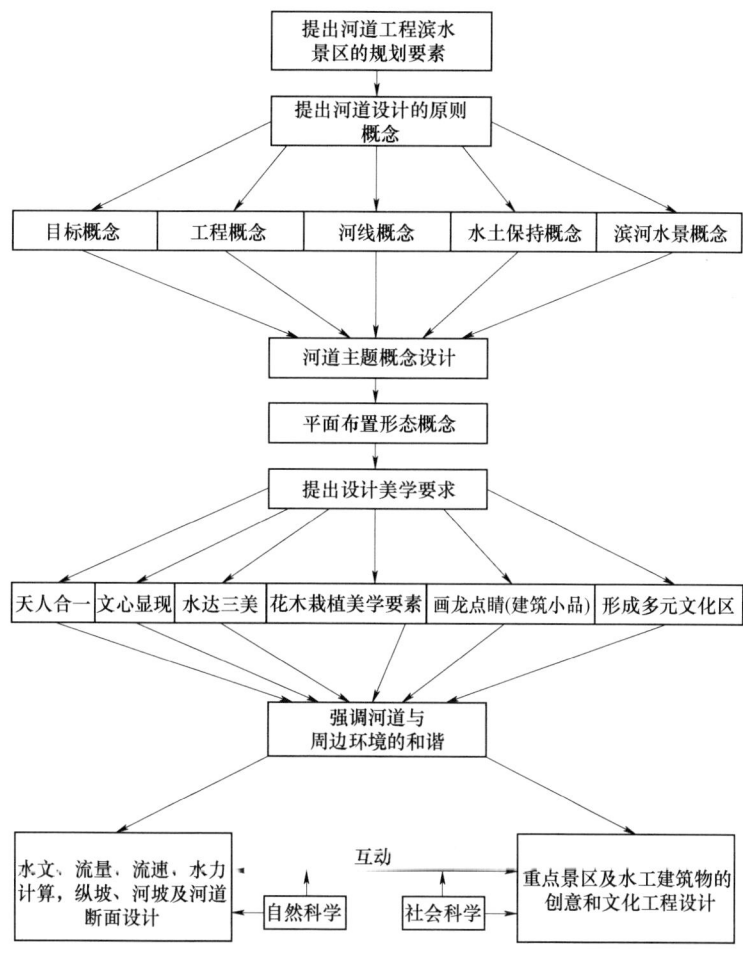

提升河道工程文化内涵应研究的内容及工作程序图

二、注重借鉴古今造景理念

凤凰河设计美学要求提出的"天人合一、文心显现、水达三美、花木要素、画龙点睛（建筑小品），形成多元文化区"是借鉴古今文人、艺术家的造景理念提出来的。特别是研究曹雪芹对大观园的造园艺术后，对水利景观规划设计提出的要求。现将一些可资水工程设计时借鉴的造景理念介绍于下。

（一）水脉宜流通

《红楼梦》甲戌、庚辰两本都有同一条脂评:"园中诸景最要紧是水。"以水贯园,水脉滋生绿脉,水脉蕴涵文脉,水脉、绿脉、文脉相依共存,相融一体,水生木,木涵水,水蕴文,木营文。

1. 水体的流动性

写大观园的水是从宁府会芳园开始交待的:"会芳园本是从北拐角墙下引来一股活水,今亦无烦再引"(《红楼梦》第十六回)。

大观园通外河由北经后街进入贾府,在宁国府西角门处向南流出,是荣国府与宁国府的分界线。在凝曦轩处分流进入大观园,名为沁芳溪,向南继而向西又折返向北把大观园包裹,使之成为半岛;经蘅芜院向西又返折向南,包裹稻香村,在紫菱洲处分流,主流向东经怡红院在白石桥处汇入通外河;支流环抱潇湘馆在怡红院前汇入沁芳溪。最终形成三个半岛即大观园半岛、稻香村半岛、紫菱洲半岛。一面临水的有:蘅芜院、怡红院。两面临水的有:秋爽斋、稻香村。三面环水的有:大观园、紫菱洲。四面环水的有:潇湘馆、藕香榭。

活水保证水系的流动性。"脂批"云:"写出水源,要紧之极",批评平庸的造园者"皆不知水为先着"。"山贵有脉,水贵有源,脉源贯通,全园生动"(陈从周)。打造景观的水,第一要活,只有活水,才有生气。

2. 水质的洁净性

《红楼梦》第十七回中写道:"只见:水上落花愈多,其水愈清,溶溶荡荡,曲折萦纡。池边两行垂柳,杂以桃杏遮天,无一些尘土。"突出大观园中水质的洁净,林黛玉在葬花时说:"撂在水里不好,你看这里的水干净,只一流出去,有人家的地方儿什么没有?仍旧把花糟蹋了。那犄角儿上我有一个花冢,如今把他扫了,装在这绢袋里,埋在那里;日久随土化了,岂不干净。"颇具环保意识。第三十八回中,凤姐就对水质的影响有切身的感受:"那山坡下两棵桂花开的又好,河里的水又碧清,坐在河当中亭子上,不敞亮吗?看看水,眼也清亮。"林黛玉在《葬花吟》中的感叹:"质本洁来还洁去,强于污浊陷渠沟",也是观水有感而发。只有洁净的水,才能使人产生亲水的需。而只有流动的水,才能增加水体的自净能力。

3. 水流的多样性

水生百态体现在平面设计和纵断面设计中:"清溪泻雪","水如晶帘"。纵断面设计呈瀑布状,如帘似雪;平面设计多曲、呈环:"溶溶荡荡,曲折纡回",曲水有情,曲水引景,曲水隔景;"环抱池沿"为环形水面,线面结合,缩放相宜,皱碧铺纹,神清气净;"石桥三港,兽面衔吐",河湾为港，石桥相连，兽口吐水，别有情致，港、桥、兽均与水相依；水有高差，才能"水声潺潺，泻出洞口"，深得山水画的"水欲远，尽出之则不远；断其脉则远矣"的精髓（郭熙《林泉高致》），水脉需忽藏忽露，时隐时现，水深适度，水激溪底，潺潺发声，构成音响设计。只有设计成平面流态不同、纵向高低变化的水流，才能构成不同的水韵。

贾府的水"溶溶荡荡，曲折萦圩"

4. 水工的区别性

按照贾政的游览路线，大观园的景区可分为：园前区（含沁芳亭、潇湘馆等）、稻香区、花圃区（含荼蘼架、木香棚、牡丹亭、芍药圃、蔷薇院、芭蕉坞等）、天上区（含蘅芜苑、省亲别墅等）、寒塘区（怡红院以前）和葬花区（怡红院以后）。这六个景区分别以山隔，以水连，展示了形形色色的水工建筑：溪、塘、池、洲、滩、岛、堤、桥、闸、榭、舫、磴、涵等，琳琅满目，美不胜收。"一带清流，从花木深处泻于石隙之下"，水脉与绿脉相存相依，你中有我，我中有你。有区别、不雷同的水工程，造就了幻化多彩的水美。

5. 水系的整体性

《红楼梦》第十七回有一对园内水来龙去脉的整体交待："说着，引客行来，至一大桥，水如晶帘一般奔入。原来这桥边是通外河之闸，引泉而入者。……宝玉道：'此乃沁芳源之正流'，即名'沁芳闸'。……转过花障，只见清溪前阻。众人诧异：'这水又从何来？'贾珍遥指道：'原从那闸起流至那洞口，从东北山凹里引到哪村庄里，又开一道岔口，引至西南上，共总流到这里，仍旧合在一起，从那墙下出去。'众人听了，都道'神妙之极'。"《红楼梦》第十七回至第十八回中对大观园的水系描述可看出：沁芳溪贯穿大观园，以水串接各景观，使之成为一个有机的整体，又以水的不同形态塑造景观，使之各具特色。"园中有景，景中有人，人共景生，景映人意。"芦雪庭、藕香榭、暖香坞、蓼风轩、紫菱洲、凹晶溪馆等均是临水、环水建筑，其特点是亲水性、近水性，凸显了全园以流通的水为脉络、架构和布局全园建筑的造景思想。

6. 水利景观的水系设计

纵观国内水利景观的水系布置不外：线性布局、面式布局、线面布局。多数河流景观是线性布局，湖泊属面式布局，河湖组合是线面布局。水利景观的水系设计应在水体的流动性、水质的洁净性、水流的多样性、水工的区别性、水脉串接景点的整体性上下工夫。

从水系整治规划设计布局和造景看,要充分利用河流的串联功能,诠释水工程文化形、景、情、理的基本逻辑结构,顺河展开品题系列,或过去、现在、未来演绎时空的转换,或春、夏、秋、冬展示季相美,或历史遗迹、人物荟萃、传说再现,或地理要素山、水、林、建筑的交替。

水质是水脉的灵魂。无论是线性布局还是面状布局的水利景观,均应把治污放在首位,雨污分流、拦污截污、污水处理;水生态修复常使用物理、化学、生物等手段,对水质进行净化;对大体量的水体亦可通过河湖串联,实施水体交换。

湖区水脉空间构成:一要讲究水域的通透性,具有一定体量的水域空间;二要讲究沿岸景观视域的可达性;三要讲究水域空间的分割及与陆域空间的组合、变换,塑造成特征鲜明的单体和个性空间;四要讲究河湖系统相互依存、水体交换;五要讲究水质自我净化能力和生态修复能力,关键是水活;六要讲究水脉与绿脉的交融,你中有我,我中有你。浮水植物、挺水植物、沉水植物、水生动物构成生物链,维持生态平衡。

在水利景区,水流形态的多样性,取决于水头的大小,为形成瀑布和喷泉,平原地区往往采用电力提水形成。丘陵山区则可以充分利用水之上下游的高差实现自流,以保证水景观的长期性。

多数灌溉渠道为了提高水的利用率,提高渠道的输水能力,减少输水时间,减少渗漏损失,通常采取裁弯取直和三面衬砌,牺牲了河流形态的多样性;有些城市河道为解决防洪安全和减少河道用地,采用高墙壁垒,牺牲了景观的近水性、亲水性。

河流形态的多样性、物种的多样性、人体结构的多样性,激发了人类对美的追求。"关关雎鸠,在河之洲,窈窕淑女,君子好逑"(《周南·关雎》),这里的"在",既是对两者空间位置的确定,也是对两者因果关系的摹写,水流形态的多样性是物种多样性的先决条件。水流形态的多样性体现在水陆两相和水汽两相的联系紧密性、上中下游的生境异质性、河流横向的蜿蜒性、河流断面形状的起伏、河床材料的透水性和原生性。有了河流形态的多样性,才会造就物种的多样性,形成生态的共生美。

(二)绿脉贵参差

1. 本地植物的群植

《红楼梦》介绍"稻香村"时提到:"里面数楹茅屋,外面却是桑、榆、槿、柘各色树枝新条,随其曲折,编就两溜青篱。"用的就是本地树种,"随其曲折,编就青篱",正是将本地植物用于分割空间、营造意境、遮蔽藏露。"原来这芦雪庭盖在一个傍山临水河滩之上,一带几间茅檐土壁,横篱竹牖,推窗便可垂钓,四面皆是芦苇掩覆。一条去径,逶迤穿芦度苇过去,便是藕香榭的竹桥了",用的是本地水生植物。

《红楼梦》"稻香村"景色

2. 特色植物的间植和隐喻

在大观园中,除了运用群植营造氛围外,还着力使用特色植物的间植,充分调动形、光、声、色、味诸要素,给人们以全方位美的享受:"竹篱花障编就的月洞门"、"翠竹夹路"、"牵藤引蔓"、"垂檐绕柱",是构形;湘云对"凸碧"、"凹晶"的解释凸显园林中光的妙用:"可知这两处,一上一下,一明一暗,一高一矮,一山一水,竟是特因玩月而设此处。有爱那山高月小的,便往这里来;有爱那皓月清波的,便往那里去。"而湘云、黛玉合句:"寒塘渡鹤影,冷月葬诗魂",是园林中用光布影的典范;"花影不离身左右,鸟声只在耳东西",风声、水声、雨打芭蕉声、鸟鸣、猿啼、笛声、琴声,借声组乐,"箫管悠扬,笙笛并发","那乐声穿林渡水而来","借着水音更好听"讲的是水、乐的合成;稻花香、泥土香、藕香、果香,极大地改善了空气质量,满足人们嗅觉的舒适感;曹雪芹是丹青高手,时而"有几百枝杏花,如喷火蒸霞一般"大面积的暖色,夺人心目;时而"两边尽是游廊相接,院中点衬几块山石,一边种几本芭蕉,那一边是一树西府海棠,其势若伞"、"怡红快绿"、"栊翠庵中有十数枝红梅如胭脂一般,映着雪色,分外显得精神",运用强烈的对比色,构成视觉的巨大冲击。

曹雪芹将特色植物与诸女性一一对应:黛玉是"艳中之艳"的桃花,宝钗是"艳冠群芳"的牡丹,妙玉是傲然怒放的红梅,晴雯是芙蓉花神,探春是杏花,湘云是海棠,元春是石榴花,麝月是荼蘼花,香菱是并蒂花等,花草竟能如此人文化、个性化,为水利景观绿脉设计提供了可借鉴的典范。

3. 水利景观的绿脉设计

在水利风景区建设中,还要注重植物景观的营构——因为花木对水工程景观有衬托作用,往往能表达出水利人的精神追求。因此,要因地制宜地选取相应的乔木、灌木、藤本、花卉及地被植物等,通过设计与配置,与工程、水体及周边环境协调,或自成一景,形成多样景观。

绿脉空间的设计应解决好植物与水天、水岸、水坡、水面的关系。绿脉在山、林、建筑物共组的耦合系统序结构中,是表现层次和纵深的最佳元素。绿脉形成的多层次空间,重点体现在纵向的厚重感、横向的节奏感、起伏的韵律感和群集效应上。绿脉与地貌环境相融合，构成景象，丰富了园林色彩，协调了空间组合，增加了风景视野，起到了表现季节、增强自然的气氛和改善地形，装点山水、衬托建筑以及覆盖地表、填充空隙的作用。

水体天际线设计研究的是水天关系。由于大尺度水面的映衬，绿脉的天际线显得格外重要，处理方法不外隐去法、突出法、融合法：一是绿脉自身的变化，调整了建筑物单纯的线条型天际线，形成不同生境植物的变化和过渡，不同林相植物的立体层次变化和过渡；不同季节的变化、植物自身的色彩变化和由孤植、行植、群植、片植等形成的"点—线—面"的多样的观赏视域的变化。二是绿脉与地脉的融合，在规划、设计湖（水库、池塘等）边天际线时应考虑水工程和其建筑物的存在，围绕标志性物建筑，绿脉或高或低，或遮或露，或浓或淡，或连或断，或隐或衬，高度上可分为高层引导集聚区、高层限制区、开敞区和标志物，结合地势特点，形成有个性的天际线；"横者以竖者破之，竖者以横者化之"，综合运用孤植、对植、间植、列植、带植、丛植、群植、林植（风景林）、盆植、隙植等手法；对起伏的天际线以纵向造型界破湖区横向为主的平展构图。

水工程岸坡植物可针对土岸、石岸做不同的处理：土质水岸，以缓坡伸入水中，减少水与岸的对峙，以草坪为底色，点缀色彩明快的花株灌木，构成开敞空间。"夹岸复连沙，枝枝摇浪花。月明浑似雪，无处认渔家。"通过茫茫芦花、阵阵涟漪，构建浑似白雪、水天一色、意境深邃的秋色美景；石质水岸，要弱化水与岸的对峙，应以垂吊植物过渡、遮掩，减其长，补其拙，破其整，弱其刚。水边宜植芦苇、树木，可以净化进入河湖的污水，减少水土流失。

水面依尺度不同、规整与否，植物做相应布局。小尺度水面以点景为主，重姿态、重组合、重寓意。大尺度水面应借助水生态修复技术，在景观生态学用途上，构建浮水、沉水、挺水植物和水生动物的生态系统，遏制水质的富营养化。在景观美学形态上，宜厚薄相间、主次分明、虚实相生、遮露相宜，增加层次，延长景深。规则水面应突出植物个体的姿态，避免繁琐、壅塞。自然水域可利用植物分割水面空间，竖向设计应有起伏变化，在配置上应高低错落、疏密有致，从平面上看，应留出水面，水生植物不宜过密，否则会影响水中的倒影及景观透视线。

在特色植物中，"梅令人高，兰令人幽，菊令人野，莲令人淡，春海棠令人艳，牡丹令人豪，蕉与竹令人韵，秋海棠令人媚，松令人逸，桐令人清，柳令人感"（张潮《幽梦影》），应充分利用这种文化心理积淀，进行特色园的打造。调动各种手段，通过借景、隔景与障景、框景、夹景、漏景，营造不同的意境空间质量，或典雅，或肃穆，或富贵，或野趣。

《水浒传》第一百一十四回描写西湖胜景时，强调四季流转："春风湖上，艳桃浓李如描；夏日池中,绿盖红莲似画;秋云涵如,看南国嫩菊堆金;冬雪纷飞,观北岭寒梅破玉。"春、夏、秋、冬各自突出极具特征的物象:风、日、云、雪。由地达天,从"湖上"到"池中",从空中静态的"涵如"到动态的"纷飞",刻画出空间的流动;由植物桃、莲、菊、梅的变化,显现出时间的流淌,红、绿、金、玉,色彩纷呈。

  杭州的十里荷风、苏州的香雪海、北京香山的红叶都是构建这些风景区的主要要素,这些植物也与风景区的人文活动紧密地联系在一起。"接天莲叶无穷碧,映日荷花别样红。""古来曲院枕莲塘,风过犹疑酝酿香。""疏影横斜水清浅,暗香浮动月黄昏。"画家丰子恺在其《丰子恺论艺术》一书中,对杭州西子湖的绿色作了专门的描述:"绿色映入眼中,身体的感觉自然会从容起来……大概人类对于绿色的象征力的认识,始于自然物。像今天这样风和日丽的春天,草木欣欣向荣,山野遍地新绿,人意亦最欢慰。设想再过数月,绿树浓荫,漫天匝地,山野中到处给人张着自然的绿茵与绿幕,人意亦最快适。……总之,绿是安静的象征。"

  泰州市在打造凤城河景区时,分别在城河外侧岸边建起了桃园、梅园、柳园3个景区,三园一线,形成了"戏曲文化三家村"的独特人文景观与植物花卉契合的风景区。其中,桃园为纪念清代戏曲家孔尚任寄寓泰州陈庵创作《桃花扇》而建,园中精选116种3600多株观赏桃树点缀其间。树型分为矮化型、乔化型、龙柱型及垂枝型,花色分为白色、粉色、红色及杂色,花型为单瓣型、复瓣型、重瓣型、铃型等。每到春季,早、中、晚期桃树上的桃花次第开放,别样绚烂。

  梅园为纪念京剧表演艺术家梅兰芳(祖籍泰州)而建,园中广植梅树,间植红枫,以梅树喻梅兰芳先生高洁,以红叶喻梅兰芳先生之成就。园内绿荫红树,十分高雅。

映陈庵桃红

风华绝代梅兰芳

  柳园为纪念明末清初著名评话艺术家柳敬亭(祖籍南通,生于泰州)而建,园内以柳树为主,兼有竹林、桂花林、广玉兰林渗透其中,柳竹婆娑,桂兰吐香,曲径通幽。

飞花柳絮轻

三个园中分别以桃树比喻孔尚任的昆曲，以梅树比喻梅兰芳的京剧，以柳树比喻柳敬亭的评书，故三园又称《戏曲三家村》，用拟人化的树木，布置水利景区，可使人产生一连串的联想。

绍兴在打造浙东古运河园时，对园区的绿化布置，不求现代和洋化，而是选取传统乌桕、苦楝、桂、柳、桃、松、竹、梅、紫藤等；设计和施工人员不辞劳苦，到苗林场选择地产特色苗木和成树、精心栽培，不仅绿化了景区，还恢复、保持了古运河传统的风貌特色，增加了延河的乡风、古韵。

艺术家直接参加水利景观的规划、设计是提高水工程文化品位的重要举措。著名画家、雕塑家朱仁民坚信艺术是体现文脉的最佳手段，他在银川鸣翠湖国家湿地公园的规划中，把芦苇视为园区最大的生态艺术创意元素，而芦苇迷宫则成为目前世界上最大的绿色环保大地艺术，"水上迷宫"是朱仁民利用鸣翠湖的芦苇组合而成的深幻莫测、曲折多变的芦苇荡，是大自然与人工合作的世上罕见的艺术品，也是天然芦苇的"行为艺术"。朱仁民根据道家的八卦艺术设计了"芦苇迷宫"，迷宫水道总长达万余米，蜿蜒曲折、变幻莫测。在迷宫四周，朱仁民又设计了每只宽1千米左右的五个鸟类回旋图案，围绕迷宫周而复始地展翅飞舞，为西部、为园区、为生态、为旅游创作出"虽系人作，宛若天开"的世纪生态园，成为行为艺术的世界上最大的大地艺术作品。

（三）文脉涵古今

1. 大观园中的文化氛围

（1）标题点睛，处处生色。

标题可起到画龙点睛的效果。《红楼梦》第十七回中写道："偌大景致，若干亭榭，无字标题，也觉得寥落无趣，任有花柳山水，也断不能生色。"突出品题系列设计的必要性。品题者，先要品赏，触景生情，产生文思，再给以标题。曹雪芹在书中花了大量笔墨，通过清客、宝玉、贾政、元妃等对标题的构成反复推敲，展示标题的重要性和雕琢过程。标题可分为三字形和四字形。标题既要有典故，又要暗合景观精髓，如从"杏花村"到"杏帘在望"再到"稻香村"的演变，体现了编新与述旧、用典与创新的有机结合；品题的位置亦正亦奇，有正上方的匾额，"抬头忽见山上有镜面白石一块，正是迎面留题处"，如石牌坊上的"省亲别墅"；有侧立的竖石如"稻香村"，"忽见篱门外路旁有一石,亦为留题之所";有挂立的匾灯,"港上一面匾灯,明现着'蓼汀花溆'四字"。

（2）个性突出,方方胜景。

大观园内每一景区各具特色,个性鲜明,决不重复,面面俱异,方方胜景,区区殊致,各有各的独创,各现各的生命。

怡红院,红绿对比,强烈反差,仙禽异鸟,松鹤长春,洞门粉墙,游廊相接,花团锦簇,玲珑剔透,富贵气派,叛逆宝玉。

潇湘馆,花光苔痕,鸟语溪声,湘帘垂地,翠竹掩映,秀淡雅洁,宝鼎茶闲,绿意尚浓,幽窗棋弈,凉感犹生,多愁黛玉。

稻香村,数楹茅屋,两溜青篱,篱外坡下,桔槔辘轳,土井成景,分畦列亩,佳蔬菜花,一望无际,田园风光,恬淡李纨。

蘅芜院,无树有草,牵藤引蔓,或垂山岭,或穿石脚,垂檐绕柱,紫带飘飘,金绳蟠屈,花如金桂,味香气馥,豁达宝钗。

上海大观园中栊翠庵

栊翠庵,红梅如胭,白雪映照,寒香扑鼻,云影横空,月华如水,钟鸣山门,炉香袅袅,龛焰犹青,静灵心慧,脱俗妙玉。

秋爽斋,三屋不隔,书案居中,大鼎大盘,以显其大,法帖宝砚,笔筒花囊,以彰其满,烟雨示秋,颜墨求爽,阔朗探春。

芦雪庭,傍山临水,茅檐七壁,横篱竹牖,推窗垂钓,芦苇掩覆,逶迤去径,竹桥在望,争联赋诗,灯谜雅对,文曲诗社。

……

在诸景中,作者借元妃之口,推崇怡红院、潇湘馆、稻香村、蘅芜院个性突出、最富创意。拟人化的景观紧扣人物性格,是《红楼梦》景观学的独到之处。

（3）园为诗宅,诗为园景。

优雅的园景催生创作诗歌的灵感,《红楼梦》大量咏物诗词为园林增色添彩,其总体风格软而媚,文小质轻,径狭境隐,与大观园园林风格一致,园境化诗风,吟诗品园景。名句如宝钗咏柳絮:"万缕千丝终不改,任他随聚随分。韶华休笑本无根:好风凭借力,送我上青云。"以诗言志,寻找"借力"。黛玉咏白海棠:"偷来梨蕊三分白,借得梅花一缕魂。"其中"偷""借"形象地表达了园与诗的关系。

2. 传承创新是当代先进的造景理念

历史文化是对时间的记忆和展现,地域文化是对空间的记忆和展现,传统文化是对时空的综合记忆和展示。在全球化浪潮中,生搬硬套西方时髦风格的设计时有发生,在水利景观规划中应避免西方化,应避免雷同化,杜绝天下设计一大抄,追风赶潮。还要避免概念化,不要把传统的符号全部照搬、复古,失之灵动。传承仅是基础,创新才是关键;传承是根,创新是魂。

2012年普里兹克建筑奖的获得者王澍的贡献,就在于将中国的传统趣味用几何块面表现出来,他能将乡土、村落这样小尺度的东西转化为大体量的抽象形式,而且还让人感觉到传统的意味而非形式。评委辞称:"王澍在为我们打开全新视野的同时,又引起了场景与回忆之间的共鸣。他的建筑独具匠心,能够唤起往昔,却又不直接使用历史的元素。"将地域特征、传统建筑元素与现代建筑形式和工艺融为一体,这对于建立富有中国特色的水工程文化极具启示意义。

(1)传承空间意境的营造。空间的意境营造是属于文化抽象的表现形式,文化是通过空间的意境折射出来的。通过空间的压抑与张扬、起承与转合、通透与密闭、错落与包纳及其他手段(绿化、灯光等),使文化得以释放与张扬。在苏州博物馆新馆设计中,贝聿铭并没有采用更多的元素符号和中国古园林的设计手法,而是吸收了中国古园林的空间精髓,抓住灰白主色调进行设计的。正如陈从周在《说园》中特别强调的:"白本非色,而色自生;池水无色,而色最丰。色中求色,不如无色中求色。"通过水面对空间的院落分割、组合以及现代材料的运用,用现代的手法创造性地诠释了园林空间的文化意境及底蕴。

(2)元素符号的重新排列组合。某一个历史建筑以及文化,与当时的生活环境以及社会环境有关。建筑具有历史时代性,我们模仿以及复制某段时期的建筑(元素符号)已经毫无意义。我们既不能让文化断裂,又不能简单地复制历史承载物,可以提取充满文化的历史元素符号,以现代的手法加以重新排列组合,使文化得以传承并具有现代感。符号组合可以是同种符号组合,也可以是异种符号组合。

例如,俞孔坚设计的都江堰水文化广场,它并没有简单复制马槎、竹笼等中国古代治水的建筑形式,而是结合当代的审美需要与技术要求,把马槎、竹笼等建筑形式以元素符号形式加以(尺度以及形式的)创新和重新组合,呈现格状塔楼,使水文化广场充满历史文化和现代精神。

(3)元素符号的简化、夸张、放大。简化是在保持传统符号外形不变的情况下,将内部的结构简单化,同时还要体现出景观的空间结构特色。某一具象,如果具有人类赋予的意义,经过夸张放大后更具冲击力,产生震撼性的视觉效果,这个设计手法更适用于纪念性建筑。例如,著名的济南泉文化广场,其标志性建筑是广场中的大型钢制异形曲杆主体雕塑《泉》,它高38米,重170吨,实为国内所罕见。它取篆书(泉)字之神韵,三股蓝色的竖向Ω造型旋转上升,包裹住巨大的钢球,形似清泉的喷薄跃动,与济南市市标的创意相合。泉文化广场地面铺以隐喻城池的图案,"泉"自"城"中磅礴而起。泉雕塑底部地面镶刻着济南72名泉的名称,并配置72股涌泉及四组泉群,动静互补,极大地丰富了泉城地标的形象及环境艺术魅力,极具视觉冲击力。

(4)用技术构造及材料来彰显。建筑的技术构造和材料与当时的社会生产力(生产技术)有关之外,还与地域的地理环境、气候环境、宗教信仰等有关。建筑的技术构造是文化的一个直接要素,它通过材料、构造的形式把文化淋漓尽致地表现出来。例如,由王澍设计的中国美术学院杭州象山校区,它通过对砖瓦的营造与运用,不经意间把质朴的诗意文化飘散于空中。

(5)传统文化的现代表现手法。在当代的材料、空间功能的需求和审美观的变化中,很多传统建筑的空间形态、构造形式、材料样式与建筑形态在当今已经发生了很大的变化,如何在这个矛盾中传承文化呢?应抓住文化精髓,通过变异与创新,赋予现代材料以及构造方法更深的含义,使现代建筑能很好地体现传统文化。例如,贝聿铭在设计日本秀美美术馆时巧用"桃花源记"的意境,他抓住"若有光"这个设计核心,与业主达

济南泉文化广场

成共识,用车代船,用隧洞代水洞,以平面弧形的布局,先抑后扬,此洞不是彼洞,此境还是彼境,深得陶渊明心法。

（6）集成、综合亦是创新。集成是对信息量的扩张，以完成对系统的整体性的认知，中华文化史中的永乐大典、古今图书集成、四库全书是集成手段的成功运用。综合是对信息群的整合，既有相近信息的组合，又有相异信息的组合。集成、综合是创新的重要手段。

宁夏青铜峡的中华黄河坛以综合、集成的理念体现水文化的创新。它以母亲文化、祖根文化、治黄文化、经典文化、祭祀文化、农耕文化、青铜文化、园林文化、符号文化、术数文化这十大文化为线索，高度浓缩了中华民族五千年来的黄河文明。中华黄河坛经典性地展示了中国历史之长度、大河文明之宽度、民族精神之高度、国民感情之深度、传统文化之厚度、文化艺术之广度、政治思想之强度、建设把握之力度、规划设计之精度。中华黄河坛在这九大维度上，对中华黄河文化进行了立体化的大弘扬。

（7）传统文化的解构与重构是创作灵感产生的源泉。王澍对自己的定位是："在作为一个建筑师之前，我首先是个文人。"他的文化自信和文化自觉表现在他对中国传统文化信息系统的解构与重构中。

他把山水画解构为"营造的想象"："山水画的本意更像是对'被固定，被指定在一个（知识阶层的）场所，一个社会等级（或者说社会阶级）的住所'的逃离，但这种逃离显然不是夺门而去，怒不可遏或是盛气凌人的那种，而是在平淡之中，另一种想象物开始了：那就是营造的想象。"

他从倪瓒的《容膝斋图》中发掘出中西建筑、景观学的差异，西方是先造房子后配景观，王澍则提出"造房子，就是造一个小世界"，"在那幅画中，人居的房子占的比例是不大的，在中国传统文人的建筑学里，有比造房子更重要的事情"。

王澍设计的象山校区像《千里江山图》那样绵延、起伏、回转，从建筑内部延伸到外部、从建筑外部向建筑内部穿梭的走廊，宛如江山图中的盘山路，而构成建筑主题的S形，又像是山脉的远景推拉，从而构成连续的运动，为了让这种运动有节奏如蛟龙卧在丘陵上，王澍用人工的方式为建筑垫起山坡。象山校区像山一样的屋顶的大山房建筑，

《千里江山图》与象山校区比较

几乎就是北宋后期米友仁《潇湘奇观图》的直接照搬。

王澍从书法结体的规律悟出建筑平面布置的真谛:"平面上每栋建筑都自然摆动,与中国的书法相似,体现出建筑对象山的摆动起伏的敏感反应。由于王澍熟习书法,整个校园的建筑摆放是在反复思考之后,几乎于瞬间决定的,如同书法,这个过程不能有任何中断,才能做到与象山的自然状态最大可能的相符。这里的每个建筑都如同一个中国字,它们都呈现出面对山的方向性,而字与字之间的空白同样重要,是在暂时中断时一次又一次回望那座山的位置。"在这里,建筑与环境的呼应、依存,跃然纸上。建筑语汇在他的手中,被打乱,被穿插,然后又重新组合成一种崭新的气象。

中国的书画艺术是王澍创新的源泉,他对传统文化信息系统的解构与重构、发掘与解读,促使他迸发出创作的灵感,并将由此重建当代中国的本土建筑学。

3. 水利景观的文脉设计

文脉空间的要素包括建筑、雕塑、民俗、宗教、诗文、书法、神话、传说、名人等,文脉设计是对风土人情、文化传统、历史沿革,历史文化内涵的充分挖掘、合理地诠释、运用保护、恢复、调整、创新等设计手法。应该研究原有整体环境,对环境特征、文化传统、人文轶事等进行历史性的系统分析整合,确定各要素的色彩、尺度、形态、符号、意蕴等制约条件,通过合理布局,使内容和形式与整体环境相融合、相和谐,各种文化形态得以互补,相得益彰。文脉的整合,首先要全面了解文脉的内涵,设法让其释放。其次,要丰富文化内涵,不断注入活力。最后,要深化游览者对文脉的感知。《红楼梦》中的各种诗会,实质是请诗人对大观园的文脉进行解读。

标题系列设计,一要符合逻辑;二要对景观的序结构优化;三要对景观文化内涵进行概括、提炼、整合、升华。标题题材包括自然景观、人文物艺、人物活动、季相天时等。通过标题对观众、游客进行引导、熏陶,提升文化品位,彰显文化精品。

成都沙河整治于2006年获国际舍斯河流奖。沿河绿色走廊布置沙河八景:北湖凝翠、新绿水碾、科技秀苑、三洞古桥、麻石烟云、沙河客家、塔山春晓、东篱翠湖。此标题系列主要由地名组成,突出了地域特色,但嫌意蕴不足。

朱仁民先生设计的银川鸣翠湖国家湿地公园标题系列亦颇具特色:百鸟天堂、车水排云、碧水浮莲、千步廊桥、迷宫寻鹭、轻纱漏月、绿帐问茶、芦花追日、东堤夕照、白沙落雁。该标题结构时空交错,音画交融,动静相兼,虚实相生。

正如景观标题系列设计体现文脉一样,桥名,原本为桥这一地理实体和对其所处空间方位赋予的一种标识，但它更是一种文化的载体、文脉的展现。由于古代造桥的公益性，工艺的复杂性，工程的耐用性，人们对桥名的文化性就更加重视，使古代留下的桥名承载了丰富的历史地理和文化内涵。历史上，造桥往往一个阶段，一个地方造一座桥，就已是了不起的大事，故留下的文化桥名多是散点式的文化桥名。南水北调东线工程的配套工程——卤汀河拓浚工程在一条河上，同期一下子建12座大桥，造福卤汀河两岸百姓，很有代表性。拟按一个文化主题概念，设计12座既是系列的，又是不同的桥名，以留下现代水工程文化的印记。其方案设计了两套备选：一为吉祥系列名称、二为古代精典思想系列，形成一条河上的桥名文化脉络。

（1）1号桥。

1）桥名设计："鱼乐桥"。

2）典出：《庄子·秋水第十七》。

3）原文："庄子与惠子游于濠梁之上"。庄子曰："鯈鱼出游从容是鱼之乐也"。惠子曰："子非鱼，安知鱼之乐。"庄子曰："子非我，安知我不知鱼之乐？"……

4）文化内涵或释义：庄子的哲学是把生命放入无限的时间和空间去体验的哲学。《庄子·秋水》中，庄子与惠子的一段精彩对话，讲述了人们在用自己的知识去推理，求证时，不要忽略更多东西的一个哲理。

（2）2号桥。

1）桥名设计："麒麟桥"。

2）说明：此桥地处麒麟湾，应沿用这一吉祥文化的地名不变。有关其文化内涵、工艺装饰同方案一的"麒桥"。

（3）3号桥。

1）桥名设计："思齐桥"。

2）典出：《孔子·论语·里仁第四~十七》。

3）原文："见贤思齐焉，见不贤而内自省也"。

4）文化内涵或释义。孔子说："见到贤人，便用心学他，与他看齐；见到不贤的人，便反省自己，有没有和他一样的缺点"。

（4）4号桥。

1）桥名设计："若水桥"。

2）典出：《老子·道经~上善若水》。

3）原文："水善利万物而不争，处众人之所恶，故几于道。居善地，心善渊，与善仁，言善信，正善治，事善能，动善时。夫唯不争，故无尤"。

4）文化内涵或释义。老子用水来比上德者的人格。认为水有三性，一为可滋养万物；二为本性柔弱，顺自然而不争；三为甘注卑下之处。

（5）5号桥。

1）桥名设计："至善桥"。

2）典出：《孔子·大学·经》。

3）原文："《大学》之道：在明明德，在亲民，在止于至善"。

4）文化内涵或释义。《大学》的三个纲领：明德、亲民、至善。三者由内而外，形成紧密联系，是儒家思想的精粹，中国文化的基本。

（6）6号桥。

1）桥名设计：《人和桥》。

2）典出：《孟子·公孙丑·下》。

3）原文："天时不及地利，地利不及人和"。

4）文化内涵或释义。孟子认为：有利的时机和气候，不如有利的地势，有利的地势不如人的齐心协力。

（7）7号桥。

1）桥名设计："至诚桥"。

2）典出：《礼记·中庸·第二十二章》。

3）原文："惟天下至诚，为能尽其性……可以赞天地之化育，则可以与天地参矣"。

4）文化内涵或释义。孔子的孙子子思认为："中庸"的至诚，是中国哲学中的"本体"——宇宙万物的根本。讲唯有至诚的圣人，才能尽自己的本性，知他人、万物的本性，可以参天地，赞化育。

（8）8号桥。

1）桥名设计："上德桥"。

2）典出：《老子·德经·上德不德》。

3）原句："上'德'不'德'，是以有'德'；下'德'不失'德'，是以无'德'"。

4）文化内涵或释义。老子认为：不妄为，不自以为德，因任自然而无心作为的人为上德之人；

执守形式上的德，虽顺其自然而有心作为的人，只是下德之人。

（9）9号桥。

1）桥名设计："始计桥"。

2）典出：《孙子·始计篇·决胜于庙堂之上》。

3）原句："兵者，国之大事，死生之地，存亡之道，不可不察也。故经之以五事，校之以计，而索其情，一曰道，二曰天，三曰地，四曰将，五曰法"。

4）文化内涵或释义。孙子认为，打仗（也可引申于任何大事）前要有"计"。他所指的"计"，一是计划、计谋；二是计算、比较；三是预计，分析。

（10）10号桥。

1）桥名设计："思梦桥"。

2）典出：《列子·周穆王第三》。

3）原句："奚谓六候，一曰正梦，二曰噩梦，三曰思梦，四曰寤梦，五曰喜梦，六曰惧梦，此六者，神交也。"

4）文化内涵与释义。列子认为人睡觉的时候，会做六种梦，这六种梦是由我们精神感受而产生的。

（11）11号桥。

1）桥名设计："盂水桥"。

2）典出：《韩非子·外储说左·上篇》。

3）原句："为人君者，犹盂也，盂方水方，盂圆水圆"。

4）文化内涵与释义。韩非子认为：君主（一个国家、一个部族、一个团体、乃至一个单位的领头人）似盛水的器具，这个器具是方的，里面的水是方的，器具是圆的水就变成圆的。意指：凡事，君主不亲自实行，百姓（或下级）就不会相信。百姓的行为往往是跟随君主的喜好而为之的。

（12）12号桥。

1）桥名设计："天道桥"。

2）典出：《庄子·天道第十三》。

3）原句："天道运而无所积，故万物成；帝道运而无所积，故天下归；圣道运而无所积，故海内服"。

4）文化内涵与释义。庄子认为：大道运行是没有终止的，使万物得以自然生存。帝王、圣人应法天道，与自然和谐相处，应以明静之心去观照万物。

方案经征求群众意见,报有关部门最终选定的桥名分别为:鱼乐桥、麒麟桥、龙珠桥、鱼龙桥、龙潭桥、花溪桥、太平桥、人和桥、埠盐桥、陵亭桥、南津桥、五里亭桥。并对每座桥的文化内涵又重新作了设计和定位,并对各桥的桥名牌及装饰性石雕艺术工程做了专门设计。

文化是丰富多彩的,在水利景观设计中对文化传承的方式与方法也是多种多样的。只要充分理解中华传统的优秀文化,结合当代社会的条件,一定能设计出水脉、绿脉、文脉交织的赏心悦目的水利景观。

三、研究水工程美学

(一)美学研究的内核

美学是研究人对现实的审美关系和审美意识,美的创造、发展及其规律的一门科学,它研究的是自然界和社会生活中的美,是一个以艺术为主要研究对象的学科。美学的思想古已有之,但直到德国鲍姆加登于1750年发表《美学》,正式提出美学学科后,美学才从哲学与文艺理论中独立出来。德国黑格尔在1835年至1838年编写的《美学讲演录》中,比较系统地探讨了美的本质、特征和审美意识,认为美是理念的感性显现,是主观与客观、形式与内容、理想与现实、感性与理性、特殊与一般、自由与必然的辩证统一;认为这种统一只有在经过艺术家心灵创造的艺术美中才能真正达到;因此,艺术美高于自然美,自然美是艺术美的不完全、不完善的反映。他认为,应将美的本质与"自然的人化"联系起来探讨,提出美是人的"自我创造",审美和美的创

黑格尔

造是人从对象上复现自己。他认为,艺术从较低级(建筑、雕刻)到较高级(绘画、音乐、诗歌)的发展,是精神逐步克服物质局限性而达到主观性的过程。黑格尔的这一研究,比较成功地建立了唯心主义的美学体系。随着美学研究的发展,马克思主义的辩证唯物主义与历史唯物主义为建立科学的美学体系奠定了哲学基础。恩格斯认为,文艺是作家、艺术家对待社会存在的能动反映。他强调,文艺是一种特殊的意识形态,认为文艺家是按照"美的规律"进行创造的,因此必须遵循艺术生产和艺术作品本身的审美原则,比如形象性、情感性、虚构性、典型性等,来理解文艺

的现实内容和形式、思想性与艺术性的完美融合。英国的鲍桑葵1941年在伦敦大学发表的《美学三讲》中,论述了审美静观与创造、自然与艺术、美与丑等各种问题。他不满唯心主义美学的直觉即表现的观点,认为应从"身——心"统一的观点来分析美,审美情感必须体现在对象的物质媒介之中,审美情感不是"身——心"的简单反映,而是具有塑造形状的情感,是一种稳定的、与个人无涉的、共同的情感,所以在艺术表现中形式与实质、形式与感情是一个东西,即"使情成体"。美学随着现代科学的发展,不断吸收其他学科的成果,研究范围不断扩大,形成了文艺美学、技术美学、建筑美学、劳动美学、生活美学、比较美学等新的分支学科,也形成了多种美学流派。

(二)水工程美学研究的作用

要提升水工程文化内涵与艺术品位,就必须在水工程中注入美感;要注入美感,就必须具备美学知识,更要研究水工程美学。

新中国成立以来,水利建设一直遵循新中国成立初期经济建设的"总路线——多、快、好、省",而且特别强调"少花钱、多办事"的原则,将水工程的一切非直接作用于水的功能全都弱化掉,甚至有的工程只建立主体工程,连管理设施都配置不全,更谈不上研究工程的文化内涵及工程的美感了。改革开放以来,我国经济社会飞速发展,水利的功能目标也逐步向多目标发展,人们逐渐认识到2300多年前在古希腊哲学家中,最博学的人物亚里士多德一句名言——"城市,让生活更美好"的要义,人们搞生产、搞建设的目的是为了让生活不但要"好(物质的)",还要"美(精神的)"。胡锦涛2004年5月在扬州,也曾寄语他的出生之地——泰州的市领导"把泰州建设得更加美好",同样也把"美"的问题提了出来。"爱美之心人皆有之",因为没有"美",就没有完整的"好",美是人们本能的需要。同样,水利建设、兴办的水工程也有一个"美不美"的美学问题,水利建设要提高水工程的文化品位就不得不重视有关美学的研究,就不能不重视水工美学。

亚里士多德雕塑

(三)水工程文化学研究与水工程美学研究异同

水工程文化学与水工程美学的比较应从学科、形体、内容、性质、体系等几个方面着手。

水工程文化学是研究现有水工程的文化现象和文'化'水工程之理性思维的一门文化理论性学科。水工程文化学涵盖水工程社会学、水工程生态学、水工程景观学、水工程艺术学、水工程美学等。水工程文化学要研究物质文化、制度文化、行为文化、精神文化。

美学是以对美的本质及其意义的研究为主题的学科。美学是哲学的一个分支。研究的主要对象是艺术，但不研究艺术中的具体表现问题，而是研究艺术中的哲学问题，因此被称为"美的艺术的哲学"。美学的基本问题有美的本质、审美意识同审美对象的关系等。

美学的研究对象就是美本身。美学的研究对象是艺术，美学就是艺术的哲学，美学的研究对象是审美经验和审美心理。美学与伦理学的关系是由美与善的关系所决定的；美学与心理学息息相关，在人们的审美活动总是伴随着各种心理活动——情感、愉悦、想象等；美学与文艺学有着共同的研究对象——文学艺术。因此，它们研究的问题常常会有某些交错，譬如文学艺术作品中所表现出来的审美意识、审美理想、审美创造和审美欣赏的一般规律等，既是美学又是文艺学所要研究的问题。但美学相对于文艺学而言，更带有一般性，它探讨文学艺术的本源，为后者提供理论范式和思维方式。而文艺学则更多的关注具体的文学艺术经验和现象，它可以为美学研究提供丰富的经验材料。

美学研究的方法是多元的。既可以采取哲学思辨的方法，也可以借鉴当今其他相关学科的研究方法，比如经验描述和心理分析的方法、人类学和社会学的方法、语言学和文化学的方法等。

水工程美学是水工程文化学的一个分支，主要研究精神文化，研究水工程的艺术表现形式。《水工美学概论》对水工程美学的定义是：水工程需要美学，美学应提升、完善水工程。水工程美学的研究对象是山、水、水工建构筑物的序结构，是美学四载体形、光、声、色的最优配置。我们试图用诗心、书骨、画眼、园趣、乐感、文蕴、哲理去建构水工程美学。

（四）水工程美学与建筑美学的异同

水工程美学以前从属于建筑美学，但一直未能完全说清，也未能完整地讲透，必须将水工程美学作为一门独立的科学来研究，为提升水工程的品位服务。建筑大师林徽因曾说："建筑是全世界的语言，当你踏上一块陌生的国土的时候，也许首先和你对话的，是这块土地上的建筑。它会以一个民族所特有的风格，向你讲述这个民族的历史，讲述这个国家所特有的美的精神，它比写在史书上的形象更真实，更具有文化内涵，带着爱的情感，走进你的心灵。""漫长的人类文明历程，多少悲壮的历史情景，梦幻一般远逝，而在自然与社会的时空演变中，建筑文化却顽强地挽住了历史的精神气质和意蕴，它那统一的空间组合、比例尺度、色彩和质感的美的形态，透视出时代、社会、国家和民族的政治、哲学、宗教、伦理、民俗等意识形态的内涵。"

水工程以兴利除害为目的，设定了水的边界，规范了水的流动，改变了水的自然存在。从美学角度看，水工程是对原生态自然美的干预、扰动，它应该形成与原生态自然美的和谐、融合与提升，而不是生硬的、毫无顾忌的破坏和制约。水工建筑是整个水工程中依托于水的建筑，水工建筑与水的关系或拦、或分、或导、或跨，是广义建筑的一个门类。水工建筑既然是建筑的分支，水工程美学就应遵循建筑美学的一般规律，就应正确处理好协调与统一、主从与重点、均衡与稳定、对比与微差、韵律与节奏、比例与尺度、色彩与质感、个体与群体、建筑与环境、绿化与照明等范畴之间的关系。

水工程与一般建筑相比，有其特殊性，即与水紧密地联系在一起，无时无刻不与水打交道。水工建筑用各自独特的形体、结构、尺寸、线条，表达比有声的语言更深刻的观点和态度。水工程的每一根线条、每一道色彩、每一组空间比例和每一个平面造型，都是蕴藏着各种含义和思想的符号——形成独特的水工程语言。因此，水工程美学与一般的建筑美学相比，除遵循一般建筑美学规律外，还应具有与后者相区别的特定内涵。水工程美学的特殊性表现如下：

1. 更大的尺度空间

水工程所在的空间远远大于其他建筑，且不论绵延数千里的大江大河，就单体建筑而言，一座大坝的体量也远远超过一座楼房的体量。量的变化将造成部分质变，对水工程美学的质的规定也产生了特定的要求。

2. 更强调与山、水的关系

水工程存在于水中或水边，必然会与水体产生一定的美学关系，包括消去、强调、融合；远近、对比、色光。必须充分了解水的形态、水的载体、水的美学特性，处理好这些关系。

水的形态——点、线（有曲、直之分）、面（有平、立之分）。

水的载体——海湖、河渠、池沼、溪涧、泉源、渊潭、瀑布、跌水。

水的美学特性——平、远、虚、涵、洁、动、柔、文。

水工程美学的研究对象是山、水、水工程、单体或组合水工建筑物和土工构筑物的序结构和美学四载体形、光、声、色的最优配置。我们应以诗心、文蕴、书骨、画眼、园趣、乐感、哲理去创新和构建水工程美学。

既然水工程美学研究的是山、水、水工程、单体或组合水工建筑物和土工构筑物的序结构，因此凡是研究山水美学的学科及其理论和方法均可用于水工程美学，即原则上山水之美的内涵与外延均可移植到水工程美学中去，这就为水工程美学的建构提供了丰富的素材和极大的驰骋空间。这正是水工程美学的包容性，其中包括山水诗、书法、山水画、园林、风水、音乐等。从相邻美学可借鉴的角度看，对水工程美学而言：诗为意，书为形，画为象，园为物、韵为律；即诗是立意，书是结构，画是影像，园是实物，音乐是对比；从水工程设计阶段划分看，诗相当于项目建议书，书法相当于可行性研究，山水画相当于初步设计，园林相当于施工图设计，音乐相当于设计方案的比选、融合。对水工程而言，书法的书体和水工程亦有对应关系，大坝类似于篆书：瘦、圆、参差婉通、屈伸自如；水闸类似于隶书：方正、扁平、一波三折、横向律动；水工结构类似于楷书：块架分明、居静治动、应轨入矩、有法有式；河渠类似于行书：行其当行，止其所止，行云流水，润色开花；景观类似于草书：连绵气势、流畅飞逸、居动治静。就书体风格而言，篆书有婉通诘诎之美，隶书有蚕头燕尾之美，草书有龙蛇飞动之美，楷书有端匀严静之美，行书有活泼流畅之美。山水诗、山水画、园林、风水、音乐、哲学等与水都有着不可分割的联系，它们的理论和实践与水息息相关，水的灵动渗透到它们的血液中，成为山水诗、山水画、雕塑、园林、音乐、风水等的美学灵魂；水的神奇激发着美学家的灵感，创造出美学的各个分支，这些学科的理论和实践为水工程美学所借鉴、移植也是理所当然的。

3. 更强调水工程造型的特殊性

水工程因其必须作用于特定环境下的特定客体——水，受其设计之有形功能的构造要求，有一定的特殊性，就如水闸在造型上，由于其长高比的先天制约，就必须因势利导作一些变化，可以设计成长廊型、龙腾型、轮船型、飞燕型等。在立面上采用对比变化：高低、虚实、凹凸、曲直、长短、明暗、浓淡、静动、奇偶等矛盾的对立面共存的方式丰富立面的表现力，以对比的双方按一定的序列重复出现生成韵律感、节奏感。

（1）高低：在屋顶的造型上，应避免一线、一面的僵硬、刻板的模式，利用高低起伏追求变化，形成动感、动势。

（2）虚实："透闸观涛澜，雪溅冰玉澌。"闸对空间进行分割，方有对闸的透视观。在拦河闸的造型中，闸房的实与闸房和水流之间的虚空已形成对比。在此基础上，可在闸房上再建空透的长廊，就会形成两虚夹一实，颇似易经中"坎"卦的卦象，寓意无穷。虚空纳万境，在处理闸房的虚实关系时，应充分借鉴中国古亭的意境和手法，以求"水色山光尽交融"，"虚亭面面纳湖光"的效果，以达"坐观万象得天全"的意境。

（3）凹凸：正确处理凹凸关系，既能加强建筑物的体积感，丰富立面的表现力；还能借外形的外凸和内凹，借助阳光的照射，产生光和影的变化，生成美妙绝伦的图案。

（4）曲直：拦河分水闸，一般都有分水角，使得迎水面可布置成弧形。曲直对比无处不在，屋顶、平面、立面、门窗等，闸房的矩形和楼梯间的圆柱形、闸房的弧形和楼梯间的方形，都能生成多种变化。

（5）正侧：闸房启闭机工作平台类似桥的梁板，其侧视景观注意梁高的变化要连续，不应有折线和突变点，上部总体造型应有良好的心理引诱力。心理引诱力是表示人和物之间的联系，它反映物体的形状、力的紧张程度、材质、色彩等感观因素与人的作用关系。例如，粗线条可体现强有力的感觉，细线条则有纤细感，曲线表示轻柔，直线表示刚劲等。

（6）俯仰：闸房下部主要包括闸墩和工作平台，要注意结构力量的表现。下部构造是支承上部的承重构造物，其构造形式对力的表达要清楚，力的传递方向要明确，要体现结构力的特征。闸墩上部构造一般有条式和柱式，条式较呆板，且透空性差，将整体空间隔断；圆柱个体形状优美，闸房下的空间整体性完整。仰视工作平台下部要求有安全感，并消除压迫感。这就要求下部构造要简洁、明确，并有一定的尺度和体量。

（7）长短：大型拦河闸由于跨度远远大于高度，造型的视觉效果往往被削弱，俯视的感觉仅仅是一条线或带，这时可将长跨度进行分解、分段，从视觉上将跨度缩小，以突出造型的效果。节奏感是由某一形象单元有规律的变化而反复出现的现象，如闸跨很长时，各跨径周期变化产生的节奏感，使人得到良好的心理引诱力，产生紧张感，从而形成动势。

（8）明暗：黑夜是一个巨大的黑色画布，而灯光则是彩色画笔，可以选择局部照亮，创造视觉兴奋点，有明有暗，亦收亦放，通盘照亮不是最佳方案，亮如白昼更是败笔。拦河闸夜间的亮化设计，其真谛就是巧妙利用灯光，突出明暗对比，或勾出轮廓，以求轮廓线的明与建筑物实体的暗的对比；或水下照明灯向上照射，在水面上构成光怪陆离的图案；或灯射水边景观元素，以求水中倒影的亮与建筑物实体的暗的对比；真实、虚幻、变形是水中倒影的三美。灯光、倒影、波浪，亦真亦幻，似实还虚，浮光耀金，生灭莫测，变化不已。

（9）浓淡：浓妆淡抹总相宜，闸房外装饰中颜色的选择和搭配，应考虑到水、天的背景色。如采用突出法，可以亮色为基调；如采用融合法，可以水、天相近色为基调；如采用消去法，可以水、天相同色为基调。色彩的搭配应简单明快，如以三种以上颜色搭配，就违背了"少则得，多则惑"的原则，给人以眼花缭乱、头晕目眩的感觉。

（10）静动：闸闭为静，闸开为动。闸的静止与水的流动会构成强烈的对比，而水流动的方向是纵向的，静止的拦河闸可通过线条的变化，构造一种张力和动感，如在立面上，因下面临空而突出的工作平台之横梁，可按弧形、变截面连续梁布置；屋檐配以波浪线造型，形成一种横向动势、吸引力。这样，可将水体真实的纵向运动与建筑物虚拟的横向动势，立体交叉、巧妙地结合在一起。正如威廉·荷加斯在《美的分析》中指出的那样："波状线比任何上述各种线都更能够创造美。"

（11）奇偶：在闸墩布置上，有奇数跨和偶数跨之分。奇数跨在视觉上稳定可靠，其对称轴上无闸墩，使人感到左右两部分连续；偶数跨的对称轴以闸墩为中心，使人感到闸室被分割为左右两部分。在奇数跨布置中，增大中跨的跨度就能增强闸室的整体稳定感，这种不等分的空间分割，使中央部分的空间明显大于两侧空间，以主次分明达到空间的统一。

（12）纵横：闸房的空间布置应体现纵横的变化，如上下游立面的变化，左侧面、右侧面的变化，空间序列的布置，可体现时间系列的特征：如流动性、过程性、周期性、韵律性等。

4. 水工程美学的应用

塑造水工程形状时，可因地制宜地选择矩形、三角形、梯形、圆形等多种形态，表达方正、庄重、活泼、阴柔、阳刚、明亮、圆融等意象。在水工程空间布局上，注重配置好形状、大小、色彩、材料等视觉要素和位置、方向、重心等关系要素。在水工程光与色彩上，注意冷暖、轻重、明暗、艳素、强柔等，来传递和表达建筑物的感情和表情，力求使刚硬冰冷的建筑富有人情味。水工程还要根据与水接触产生的不同声音，进行扬弃、取舍、组合，营造出悦耳动听的音响效果。

水库重点要做好大坝设计，让富有雄壮美的大坝添上柔美的元素。大坝造型的设计，可采用彩虹、车辆、阶梯、船舶等造型，辅以不同颜色的植物或图画、文字等装饰；泄水洞或输水建筑物可设计成水帘、飞瀑、叠水等声色并茂的水景观。

河道堤防要在安全稳定的前提下，将生态理念和美学原理注入河道整治设计中，保持河流走向、断面、岸、滩、湾和河水流动的多样性，体现曲水、曲岸的生态和审美价值。对流经城市的河道，可打造包括绿地、亲水平台及雕塑、碑记、水车等文化景观在内的滨河走廊或滨河公园。

水闸的设计要在保证安全和实用的前提下，在闸的造型美上下工夫。可根据水闸所在地的人文、生态等情况，将造型设计成长廊形、轮船形、飞燕形等，从而增加水闸的文化元素和审美特质。别外，还可对闸门的启闭功能进行优化设计，以营造静水之谧和动水之韵。

四、文化主题设计

（一）主题设计的作用

任何一个设计，都要根据相关规划的目标要求，去制定方案、绘制图形。一般水利规划目标只是原则地提出要赋予水工程一定的文化内涵和艺术品位，而赋予什么文化，制作什么样的图形，这就要靠受委托的设计人员去思考、去创意了。"水生民、民生文、文生万象"，文化包罗万象，一项水利工程既不可能有包罗万象的文化，也不应只是单调的、空泛的、使人无法理解的文化，这就需要围绕项目的文化主题，开展调研、选择、比选和设计，以形成一个比较具有个性的、内涵深刻的、有创作空间的、能使人读懂和产生联想的主题。这个主题能对水利项目的分项工程和单体工程具有引领、导向作用与具有激发设计人员对单体工程产生创造性设计思维的作用。

（二）文化主题设计举例

例如，泰州的引水河工程就开展了这方面的研究工作：为了对引水河工程注入文化内涵，设计者为这个工程做了主题设计，具体内容如下。

主题概念设计为"凤凰"。概念形成依据如下。

（1）北宋哲宗绍圣四年（1097），"陆佃（大诗人陆游的祖父）任泰州知府，兴建贡院，开凤凰池"。

（2）明崇祯《泰州志》记载，明侯瓒《浴沂亭》诗云："凤凰墩上凤凰仪，凤去亭高俯碧漪。童冠新衣春浴罢，舞雩（yú，于）风暖咏归迟。问酬可是成狂简，章甫何曾入梦思。遥想前贤真乐地，杏仁坛上瑟音稀。"明弘治年间，御史方岳在泰州建浴沂亭，亭建于外泮池。其时外泮池在棂星门外，外泮开三池，筑基其中，谓之凤凰墩，浴沂亭建其上。

（3）民间早有泰州为凤凰城之说，今人周志陶《吴陵忆》词："泰邑凤凰形，南北二桥为首尾，东西两翼是丘墩，胆塔十三层。"二桥系指南门外济川桥为凤头，北门外赵公桥为凤尾；丘墩为东西门外土墩（亦称凤凰墩）为凤之两翼，昔日南山寺大殿内的十三层木塔为凤凰之胆。

（4）泰州企业现有以凤凰命名的凤凰公司，建有凤凰21居民小区，反映今天工商界及居民对凤凰品牌的喜爱，凤凰城的概念深入人心。泰州市委、市政府门前大道已根据《泰州城市总体规划》定名为凤凰路。

（5）江苏省委托北京大学中国区域经济研究中心编制的《江苏省旅游发展规划文本》的"各城市定位与重点发展方向"一节，在为各城市设计的品牌形象中，将泰州市设计为"中华凤城"。

（6）晋代郭璞诗有《凤凰赞》云："凤凰灵鸟，实冠羽群。八象其体，五德其文。附翼来仪，应我圣君。"今中华盛世，民富国强。泰州市委、市政府决心大搞城市防洪及河道综合整治等基础设施建设，并十分注重提高城市的文化品位，拟充分挖掘历史人文典故，大搞开发，繁荣泰州。以凤凰为主题，可上应圣君来仪，中含盛世治水，下现泰州名城风情。

（7）据查，宋代晁说之所著《嵩山集》中，《海陵书事》一诗："今古悠悠嘉上同，徒令客子恨无穷。竹椽泥压清虚节，节爨（cuàn，窜）香殊忠厚风。腾倚百年麋鹿外，波澜一日凤凰中。可怜仙驭频来往，从此相传第几翁。"书中作者自注："有凤凰池，亦称汉遗迹。"

本工程既有老引水河拓浚，又有北伸南延新挖河道，从老通扬运河起算，全长5410米，凤凰路恰巧正居其中，凤凰路两侧规划红线的地块以及其中的水系、房屋布置又似有飞凤、游凰之状，经着意勾勒，正好形成凰屿、凤岛分布于凤凰路南北两侧，巧合泰州市"中华凤城"的旅游名城品牌之创意和市委、市政府门前之路名。立此主题乃民心所向。为此，建议改"引水河"为"凤凰河"，既可突出主题又可避免与引江河近似，易为人叫错。

凤凰与龙一样是世界上本没有的动物，是象征王气、吉祥、幸福和爱情的中华图腾，是古代传说中的"鸟王"；"雄为凤，雌为凰"。其形象为"鸡头、蛇颈、燕颔、龟背、鱼尾、五彩色，高六尺许"。故本工程规划平面造型均以此说为准，作抽象刻画。

由于这条河名具有这一文化内容，在这个项目扩初设计的十多个文化工程和景区中运用"凤凰"作命题单体工程、景区小品多达10项，其中包括四桥、一园、一亭、一石。

四桥为：百凤桥、观凤桥、栖凤桥、鸾凤桥。

鸾凤桥鸾凤呈祥　　　　　　　　凤冠柱有凤来仪

一园为：凤凰园。凤凰园内设"有凤来仪"凤冠柱、凤凰景墙、凤翔铜雕、百鸟朝凤——历代凤凰图腾双面浮雕墙。

一亭为：天凤亭。一石为：凤冠石。

由于打造了凤凰河，受其文化影响，河的东侧由城建部门新修的一条干道命名为引凤路，凤凰园所属地区新成立的街道办事处也起名为凤凰街道办事处，使泰州历史上称为"凤凰城"的文字记载，变为显性的文化元素，镶嵌在泰州的城市之内，让泰州市民和到泰州旅游的人能领略到被江苏省旅游规划设计为"中华凤城"的部分文化风貌。

天凤亭天凤回眸

五、建筑形象个性化设计

水工程完成初步设计后，根据经批准的初步设计或技术设计就进入施工图设计阶段。施工图设计就是绘制具体的施工图的设计阶段。施工图是现场建筑物施工、非标准构件和设备的制作、标准构件、设备和景区景石、成品设施如灯具、石椅等的选用、各种构件和设备的埋设和安装的依据。

一般水工程的施工图包括：建筑物地基开挖图、地基处理图、建筑物体型图、艺术装饰创意图、钢筋混凝土结构的钢筋图、金属结构的结构图和大样图，机电设备、埋件、管道、线路的布置安装图等。图中应说明选用材料的型号规格、施工方法或加工工艺、质量要求和其他注意事项等。

在施工过程中，设计部门须派出设计人员配合施工，说明设计意见与要求，了解设计文件的执行情况，根据客观条件的变化，合理修改图纸，并监督工程质量。

（一）建筑物造型个性化创意

考虑了文化功能目标的水工程施工图设计与常规水工程设计的要求及程序就不一样了。特别是具体的单项水工建筑物，就必须增加建筑物造型设计创意、建筑物文化工程设计、文化工程绘图、方案优选、文化工程模型创（制）作、模型修改定形等程序，才能完成水工程中文化工程的相关施工图设计的全过程。

在这些程序中，建筑物造型设计的创意是第一个环节，这个环节非常重要，必须十分重视文化命题设计和造型的个性化。这样才能提升水工程或滨水景观中的文化内涵与艺术品位。

例如，泰州凤凰河上的百凤桥，泰州市委、市政府联席会议明确，此桥将来是跨凤凰河进入城河与老通扬运河之间规划的绿肺（现已打造成"三水湾"景区）的景观桥梁。但接受委托的设计的初始设计仅为仿照扬州大虹桥设计为一座三孔圆弧拱桥；桥名随路，起名为"口泰路桥"；桥面、桥栏铺装只设计为毛面大理石，不作任何工艺处理。此方案在该桥已投入基础施工后，被认为造型既未创新，更无特色，需重新创意、设计。后来按笔者提交的《关于口泰路桥（百凤桥）装饰创意》对原施工图作了修改，才成为现在的百凤桥，其装饰创意主要有如下几点。

1. 桥名设计

该桥系跨凤凰河重点装饰之桥梁，建议另议桥名，为围绕"中华凤城"的泰州城市名牌，设计桥名为"百凤桥"。

2. 石雕设计

（1）桥上下游两侧立面设计。

1）主题：丹凤朝阳。

2）工艺：侧立面全景浮雕。

3）构图：中孔视为太阳。拱圈花岗岩用红色水泥焊缝，布置要均匀，使缝形成太阳之主光束，拱圈花岗岩上刻以类似光芒的四射阴刻纹饰。

4）主侧面：中孔两侧凿大型飞凤浮雕各一只，要有气势、有美感，要舒展自如；边孔外侧以牡丹花朵为主，整个背景立面均以牡丹的花、茎、叶衬托，要虚实相间，疏密得当，要有茎叶少许覆盖局部凤体，以示飞凤穿插花间，并显层次感。

5）石料要求：花岗岩（金山石）色调以暖色调为主（红色），拱圈的中孔石料色调要比另两孔和主侧面花岗岩红色调深一点。花岗岩板厚14厘米，雕琢最深点要达9厘米，以增加三维效果。

（2）栏杆设计。

1）主题：柱身，梧桐栖凤；柱头，飞凤展翅。

2）构图：柱身，凤为立凤，栖于梧桐树枝叶之上，南北两面各刻一凤，桥之东西相偶；柱头，飞凤穿插于祥云之中，凤首在桥内侧，凤尾舒展，凤长绕圆周3/4～4/5，桥之东西相偶。桥柱方形，断面不宜小于赵公桥；柱头高比原设计增加10厘米，呈圆柱形，但仍为暖色调。

3）石料要求：石料颜色可略淡于全景浮雕，但仍为暖色调。

（3）桥栏板设计。

1）主题:"双凤同栖"或"卧凤迎风"（此凤可为虚凤）。

2）构图:桥栏板孔洞轮廓勾勒成凤凰形即可。尺寸按原设计（注意立柱断面变化）调整。

3）石料要求:石质色调与桥柱相同。

（4）桥栏抱鼓石设计。

1）主题:凤求凰。

2）构图:随形就势以外形勾勒凤与凰,每头各一只,桥东西两头相偶。

3）石料要求:同桥栏板。

（5）桥头步行平台。

1）主题:凤舞云天。

2）工艺:同侧立面为团状浮雕。

3）构图:在平台中布置直径为1.8米圆形飞凤和云彩（便于行人步行下台阶时欣赏）。

3. 凤凰数字

（1）实凤。①主立面4只;②立柱每柱3只,有56根,计168只;③桥栏抱鼓石4只;④桥头步行平台4只。

以上合计180只,谐音"要发您",以增游人情趣。

（2）虚凤。桥栏板50块,其中两块为桥名牌,其余48只,计96只。

（3）总计有凤凰276只（后在泥模制作中,参照其他专家建议改为999只）,故定名为"百凤桥"。

上述创意在提供苏州金山石雕艺术有限公司创作参考时,在文后附了口泰路（百凤桥）侧面全景浮雕创意草图及柱头、桥栏板创意草图。

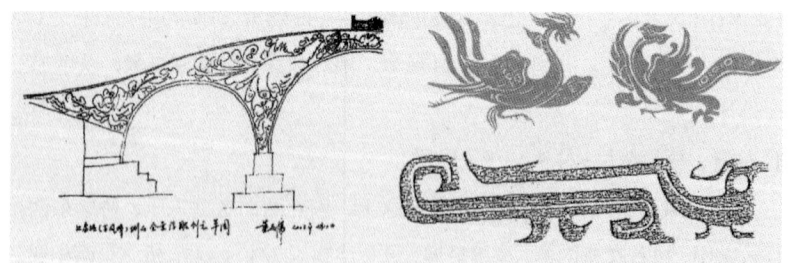

左　全景浮雕开新篇　　　　　　右　巧饰百凤不至千

百凤桥侧面全景浮雕创意草图及柱头、栏板创意草图

后来此桥装饰按此创意付诸实施,使这座桥得以成为既符合河道文化命题,又有个性文化品

位的我国第一座侧立面全景浮雕景观桥梁。此桥,现在也是全国刻有凤凰数量最多的桥梁。

(二)注重个体建筑的文化与艺术形象

1. 建筑承载着文化

人类的建筑,特别是西方建筑,经历了古代建筑的象征性、符号性、随意性、自由性、浪漫性,近代建筑的模仿性、抄袭性、拼凑性、汇集性,现代(指大工业革命后的历史时段)建筑的纯功能性、无机性、几何性、机器性,发展至后现代建筑的极端性、矛盾性、对比性、混合性,直至当代建筑的美学(艺术)与实用(功能)、自由与局限、开放与封闭、流动与稳定、中心与分散、有机与无机、几何与肌理、时间与空间、有家与无家等的统一性、协调性、渗透性的哲学认知过程。

中国建筑作为中国文化之典型的物质载体,在悠邈而灿烂的历史长河中,把中国的传统文化思想融入到建筑之中,并不断地"诉说"着这个国家、民族乃至地域的文化特性和伦理思想,形成了独特的空间文化形态和深邃的哲学精神,在东方乃至世界留下了伟大的文化印迹。公元5世纪时,古希腊哲学家在爱琴海边思考人和物的关系,印度哲学家在恒河边思考人和神的关系(余秋雨语),中国哲学家却在黄河边思考人和水与人和人的关系。水是生命之源,水是物质的,但是因水而引发的行为和思考,形成了独特的中国水文化和水工程文化。水是中华文化最重要的基因,水是中华哲学基本逻辑的催化剂,中国文化始于水文化,水文化是中国文化的母体文化,而中国水文化最初的启蒙,又是以"哲学之水"开始的,"天人合一"观则是水工建筑实践"以水为师"的哲学成果。

梁思成总结了中国古代建筑最典型的特点木构、梁柱式、斗拱、高台、翼展屋顶等,这些特点均与大河文明的水息息相关,木构——拜河流所赐,水生木,就地取材;梁柱式——源于干栏式,建于水之上;高台——为防洪之用;翼展屋顶——为排水之用,"上尊而下卑,则吐水疾而溜远"。

2. 中国古代承载文化的涉水建筑物举例

(1)秦代史禄在广西兴安县境内湘江支流双女溪井和漓江支流始安水相距最近处筑"人"字形滚水坝(当地人称"天平"),以调整河水水位,后来促成沟通湘、漓二水,连接长江、珠江之运河——灵河的形成,"人

秦代广西天平"人"字形滚水坝

字形滚水坝体现了他"天地人和"的哲学思维和文化理念。

（2）中国古代的涉水建筑当数桥梁最多，留传至今的古代桥梁多以造型独特、艺术性强、文化内涵丰富的桥居多。例如，隋代安济桥（现名赵州桥）的曲拱技术，及其在桥栏板上用半圆雕石刻工艺留下的"双龙穿云"、"双龙交颈"、"双龙献珠"、"斗子卷叶"等，既有肌肉的质感，又有刚柔舒捷的变化，呈现了充满生命力的节奏韵

隋代安济桥

律，是我国典型的集科学性与艺术性为一体的水工建筑珍品。金代的卢沟桥以502尊大小雌雄石狮，布置于柱头、华表、桥头或狮背之上，赢得了马可波罗赞为"这是世界上最好的独一无二的桥"。明代洪武年间泸州建造的龙脑桥墩上雕塑的龙、狮、麒麟，极为壮观，整座桥梁堪称是一座国宝级的大型石雕艺术品。清代乾隆年间所建的五亭桥，"上建五亭，下列四翼，桥洞正侧，凡十有五。三五之夕，皓月当空，每洞各一月"之结构、技术、造型艺术，无一不令人叫绝。

（三）个体建筑文化设计创意举例

1. 例一：泰州引江河二线船闸设计的文化思考

这里介绍江苏省泰州引江河管理处"二线船闸"工程相关的《规划、设计的文化思考》中的部分内容，以供参考。

（1）新闸应建成世界先进、国内一流的船闸。

泰州引江河一期工程是江苏省20世纪90年代建成的世界先进、国内一流的工程，也是江苏省可以对外开放的形象水工程之一。新闸工程系泰州引江河二期工程中最大的单项建筑物工程，是既可保障更好地发挥枢纽公益性功能，又可直接回收较大经济效益（闸费）的工程。因此，应高起点、大手笔规划，运用最新理念和采用最新技术注入工程设计，使该工程建成世界先进、国内一流乃至世界一流的船闸工程。

（2）新闸宜按二级船闸规模建设（略）。

（3）最大限度地运用国内或世界最先进的建筑设计理念、一流设备和先进管理技术。

1）关于基础设计（略）。

2）关于设备设计（略）。

3）关于闸首的文化创意。

上下游闸首的4个控制室系船闸水面以上能对周边环境产生影响的最主要的建筑物，其建筑设计尤为重要，系本次建筑外形设计的重点。

a. 美学思考：原闸造型使用的是线条十分简洁的竖向"船帆"造型概念，使原闸造型既美观又有一定的文化内涵。因新闸与其并列，从美学的观念出发需考虑以下几点：①要与原闸造型文化内涵相呼应，但造型不能雷同。②原闸造型以竖向高耸线条美取胜，新闸最好采用横向美的造型为宜。③原闸天蓝色的基调系冷色调，新闸的颜色应与其接近和吻合。

b. 建议方案。

方案一：仿中国人民海军的"泰州舰"外形，为闸首设计建筑造型。

泰州城是我国海军的母亲城。东海舰队第一代以"泰州"命名的舰艇为扫雷舰，第二代现役"泰州舰"为导弹驱逐舰（号称航母克星）。建议南闸首选用第一代扫雷舰参考造型，北闸首选用第二代导弹驱逐舰参考造型。设计时应将舰艇线条简化成简洁的线条作建筑造型。

特点。①文化内涵：对原闸"风帆"内涵解释为中国人民海军诞生时用木帆船渡江，取得渡江战役的胜利；对新闸则解释为现代海军从母亲城——泰州乘风破浪奔向祖国的

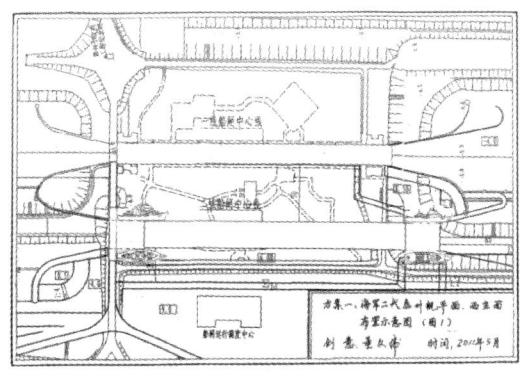

海军第二代导弹驱逐舰平面、西立面示意图

万里海疆。②军舰造型线条较易简化，且为横向造型，与原闸竖向造型的闸首不雷同，有变化。③军舰色调为蓝灰色，与原闸天蓝色调均属冷色调，不冲突，较和谐。④有关舰艇形状及图片在泰州的海军纪念馆就能找到，可以借鉴参考。

方案二：参考4条不同的舰、轮的造型，分别为4个控制室设计。

建议4个闸首控制室选用两代泰州舰及大庆号油轮和江山号游（客）轮作参考设计造型。南闸首布置军舰，北闸首布置游（客）轮。

特点。①文化内涵为中国人民海军为祖国和人民的生产、生活和建设保驾护航；②可打破常规，形成4个闸首既协调一致，又造型各异的不对称、不等高的造型布置；③造型风格与方案不同，同样可产生文化的内在联系。

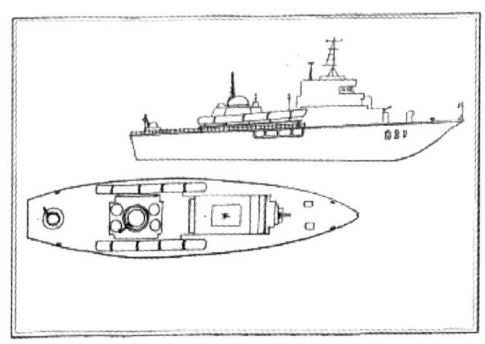

海军第一代泰州扫雷舰线条示意图

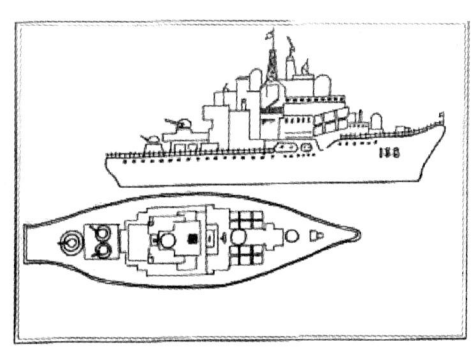

海军第二代泰州导弹驱逐舰线条示意图

方案三：新闸闸首用"水浪"设计闸首控制室，浪尖掠起简洁造型的海鸥，同一闸首的两只海鸥翅端相近；南北闸首海浪造型高低不同、海鸥的线条软硬不同，且使海鸥南高（高于原闸帆顶）、北低（原闸帆高的中部），南软北硬；海浪造型浪尾可从闸室栏杆延至闸首形成浪头。

特点：①文化内涵为"海浪、海鸥"与原闸共同组合形成"扬帆大海"的主题；②海浪、

游（客）轮民航江山号实拍照片资料

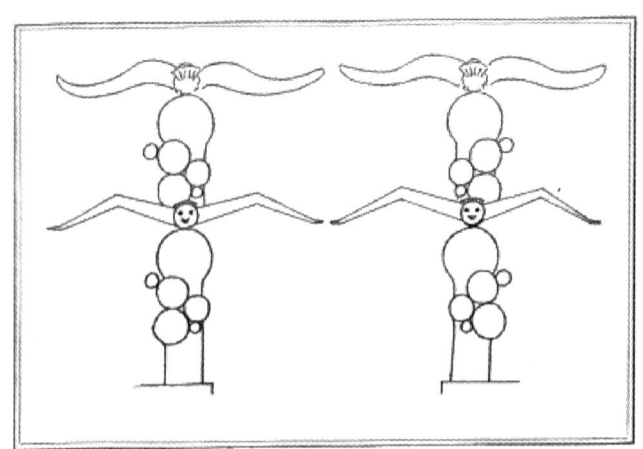

海鸥水浪北闸首北立面示意图

海鸥水浪北闸首西立面示意图

海鸥之曲线美与原闸"风帆"直线美共组,可使枢纽立体造型更为丰富,南北闸首海鸥高低不同可产生多层次美的视觉效果;③与原闸色调可统一为冷调子。

方案四:以鲸鱼或海狮等海洋中典型动物为造型,设计闸首控制室。如以鲸鱼为造型,则可设计为东西各一只,头为南闸首控制室,尾为北闸首控制室,闸室视为鱼身;如以海狮为造型,则可分南北双向设计成4只,各顶一球,海狮头部和所顶的球为4个控制室。

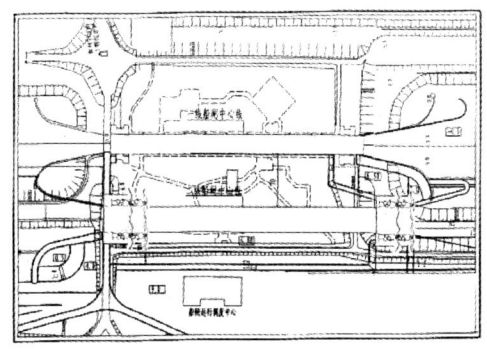

北立面布设位置示意图

海洋动物鲸鱼、海狮线条造型参考图

特点:①仍以与水相关的造型主题设计,这一造型的文化主题就可直接以"鲸鱼"或"海狮"为主题;②充分体现人水和谐的设计思想;③由于都是海洋动物,色调与原闸十分和谐;④关于管理设施(略)。

(4)关于新闸西地块布置的文化主题。

1)建设以"书"为文化主题的公园。

管理处已建有"琴园""棋园",建议在闸西建一以"书"为文化主题的景观区,形成"书园"。再在适当处建设一"画园",以形成管理处"琴、棋、书、画"四园的文化特色。

方案一:建议在此建一座全国目前独一无二的"水利典籍收藏馆(水利图书馆)",专门收藏我国从古至今乃至全世界的各类有关水利的书籍(山东滨州市水利局建成一座水文化馆,收藏了众多水文物)。在园区内布置曲径、回廊、山水,并请名家雕塑典型书籍作者的不同姿态(立、坐、行、卧)布置其间。

目标:我国各地书店的分类售书专柜均无水利专柜,各地图书馆也未见对水利书籍专门的收藏和分类,如建成此馆,将方便各方水利人士前来查询阅读,对水利事业的发展可作出重大贡献。

书籍的取得:可收购,可接受捐赠,也可影印复制,还可发函(或广告)征集。

"书园"的标志:建议在枢纽东西路的西头与通港路的三角区内,设一"禹贡"这本书的巨型雕塑,以取代原路标雕塑,使之成为"书园"的标志性雕塑。

方案二:如建"水利典籍收藏馆"的决策信心不足,则可收集一些书法家撰写的涉水诗词或文章中的锦句,刻石、刻碑布置园内以成"书园"。

"书园"的方案一,由于对水利科技发展将会产生一定影响,如方案运作得好,可得到部、省厅及有关财政专项资助。方案二只能按风景区的建设获得财政常规性支持。

2)关于沿江商务区的文化创意(略)。

(5)关于投资规模和形式(略)。

(6)关于完善管理处既有规划的景观及风景区设施问题(略)。

2. 例二:绍兴曹娥江大闸的文化内涵

受到浙江省委、省政府和水利部领导高度重视和决策的,有"水利工程、文化工程、旅游工程"美誉的绍兴曹娥江大闸于2011年11月7日,获得2010—2011年度中国建设工程鲁班奖(国家优质工程)。从大闸立项,到规划、设计、建设各个环节,都将文化的创意与实践贯彻始终。浙江省水利水电勘测设计院力求使大闸在满足挡潮、蓄淡、防洪、排涝等功能的同时,提高水闸的文化内涵与艺术品位。

一是大闸设计的"海燕"造型颇具创意,内涵深刻,寓意绍兴要像海燕一般凌空飞翔。

二是该闸充分考虑其无形功能——旅游观光功能的发挥,在闸上专门设计了轩敞透明、视野宽广的观光廊道,并将传统"闸桥一体"设计模式的交通桥从闸体分解出来,在下游另建,以确保以大闸为核心的水工程管理区和水利风景区之完整性、清静性,并可增加闸、桥互为观望的又一景观。

远眺曹娥江大闸(大闸管理局)

与大闸分开而可互望的公路桥(大闸管理局)

三是在水闸闸门的孔数的设计上,有意识地设计为28孔。这个孔数可不是一般为了"8"

与"发"的谐音,而是有其深刻的历史文化寓意。明嘉靖十五年(1536年),绍兴知府汤绍恩在今斗门镇三江村主持修建了一座与曹娥江口门大闸类似的防潮泄洪蓄水闸——三江闸(又称"应宿闸"),为上"应星宿数"(对应上天的二十八星宿)专门设闸门28孔(各孔深浅宽狭依天然岩基而定,至今仍在发挥作用),成为中国历史上著名的水利工程之一。本来,依据大闸所需要的长度,需要设

原建28孔的应宿闸(大闸管理局)

闸门30孔左右。但是,设计者没有机械地照搬教科书,而是充分考虑绍兴的治水历史和文化传统,最终确定为28孔。

四是曹娥江大闸本身就是一个展示现代水利科技和以水为文化风貌的水工建筑精品。工程景观主要有:下层设大闸工作通道,可观赏大闸工程的外观;中层为大闸工作桥,并可欣赏护栏上雕刻的二十八星宿文化和曹娥江名胜与典故;上层是观光廊道,专供游人登临观潮赏景。

五是以曹娥江大闸枢纽工程为核心,以曹娥江河段两岸丰富的人文自然景观为烘托的景区,融工程景观、人文景观、江边湿地景观于一体,浑然天成,美不胜收。该闸管理区布局,注重水利工程传统功能与文化生态旅游景观等现代功能的有机结合,配套建设了以星宿文化和名人说水为核心、以"娥江十二景"为重点的人文景观项目,这里给人以颇具文化内涵的人文精神之美。"安澜镇流""雄闸应宿""娥江流韵""女娲遗石""八仙过海""四灵守望""飞鱼化龙""高台听涛""岁月记忆""治水风采""娥江飞虹"等颇具特色的"娥江十二景",反映了绍兴源远流长、人文璀璨的历史文脉;精心篆刻的108方形态各异的"名人说水"之奇石,错落有致地分布在景区各处,让游人在赏心悦目游览中,不经意地就可以得到水文化的熏陶,丰富了他们有关水文化方面的知识。还有气势非一般景区能有的安澜镇流亭、碑亭八角重檐,中立9.2米高镌刻"安澜镇流"四个金色大字的石亭碑,气势非凡。亭之四面挂满琳琅满目、文丰意沛的匾额楹联,让人读之,能不心旷神怡。大闸水利风景区可谓文气氤氲,异彩纷呈。

3. 例三:南京市三汊河口闸

南京市三汊河口闸位于外秦淮河入江处,2005年6月建成。是南京市外秦淮河整治工程的一

座控制性建筑物。该闸一改传统水闸垂直闸门设计思路，采用弧形护镜门方案。新颖的造型使人耳目一新，能使参观者感受到有一定冲击力的美感。

彩灯映闸酷似腾龙

该闸不仅以其创新的弧形结构给人以曲线美的感受和别具风格的双镜造型给人以秦淮风月的诸多联想。而且，又根据秦淮河最早曾称"龙芷浦"，闸址附近有龙江小区，并有龙的传说以及500年前明朝皇帝朱棣下令郑和造龙船的"龙船遗址"等与龙的传说相呼应的文化要素，对三个闸墩上的工作室进行造型设计，采用了抽象的龙头造型，以涵盖这些龙文化元素，并展示了秦淮河悠久的历史文化和民俗文化。该闸又辅以柔和多彩的灯光设计，使夜晚的闸首和提起的闸门组合的造型，更似在夜幕中腾动的飞龙。

南京外秦淮河三汊河口闸，作为国内首创的双孔护镜门大闸，设计造型独特，视觉美观，既满足了闸门防洪、排涝、调水等有形功能，还体现建筑与生态、环境、文化有机结合的无形功能，堪称一座集实用性和景观性于一体的精品工程、文化工程，已成为南京市的标志性建筑。

六、文化环境设计

（一）注重配套协调优雅的文化环境

我国的水工程，在新中国建立后直至改革开放前，很少研究建筑造型的文化内涵和建筑艺术，设计者的思维方式基本处于西方现代建筑大工业革命后的初级阶段，强调以纯功能性为主。改革开放后，逐步重视一些水工程的单体造型的建筑艺术，但往往又缺少对单体建筑与所置身环境之间的有关功能及美学关系的研究。近几年，由于强调了水生态、水环境，单体建筑对周边主客体之间的功能性影响，已引起设计部门较为普遍的关注，但对周边环境对建筑主体工程的衬托、延伸、互辅、相得益彰的美学关系研究尚不够。例如，有关空间分割问题，要达到方方皆胜景，区区各不同；有关奥旷交替的规律问题，既要有屈曲隐蔽、深邃回合的"奥如"空间，也要有寥廊悠长、虚旷高远的"旷如"空间；有关单个或整体建筑，对整体环境要有凝聚、统驭以及辐射作用；有关与主体建筑相关的游览通道要达到能曲的地方不直,呈现曲径通幽的效果;关于整体建筑与单体建筑相生互妙的问题,要能产生互相增强美感的效果。"红花需要绿叶配",提升水工程的文化内涵与品位,除了水工程建筑物本身设计要充分体现美之外,还要对包括办公楼、院落、职工食堂、文体活动室、大门等附属设施(环境)进行文化设计,使之与主体工程交相辉映、相得益彰,达到个体与群体、建筑与环境协调统一。

江苏省泰州引江河高港枢纽是运用环境美学处理个体水工建筑物、枢纽水工程与管理范围内环境之间关系的经典设计。

高港枢纽主体建筑中的闸站,远看宛如一艘远航的巨舰,寓意高港枢纽在现代化水利事业中乘风破浪、劈波远航;其西侧的船闸,南北两闸首4个闸室的设计一改常规建筑造型,呈倒八字风帆形,既寓意"扬帆"远航,又寓意"发展"向上。其他配套建筑物如会议中心、沃特龙大酒店、职工生活区、船闸票务中心等几座

劈波斩浪欲远行(泰州市引江河高港枢纽)

建筑物的设计,既注意了布局合理,又注意到互为一体的关系,其用色、造型皆成引人注目的亮点。

高港枢纽在其东侧南区管理范围内建了一个名为"三月潭水上乐园"的绿地公园,利用废塘整理水面达1万多平方米,潭中设置了12个花池和小亭、树木、铭石,盎然生趣。30米长的涌莲桥以优美的姿态横卧在碧波荡漾的水面上。

岳飞雕像

高港枢纽水工程所在地原为柴墟岗旧址。南宋建炎四年(1130年)秋,时任泰州知州的岳飞受朝廷十二道金牌旨诏回京,不得不南归,途中经柴墟岗,曾设伏围打金国四太子兀术,得了一个大胜仗,虏获金国战马无数,因这些北方马体型较大,本地人称为"野马",并留下"三战三墩三凯旋,金贼兵败乱一团。骏骁惊惧奔四散,民间误作野马传"的故事。根据这一故事,设计了一个"岳家军抗金印象"的游园,以一座高大的

岳飞铜塑像置于柴墟岗上，并配以野马、战舰、铭石、"羊打鼓"意象复原，岳家军抗金浮雕及景点介绍等，布置于闸站主体建筑东南的绿化景区内。

高港枢纽还利用管理范围内送水河北的废塘及空地，选取明武宗正德年间柴墟（即高港）乡贤薛存昕在古柴墟西侧垂钓时所赋《垂钓近晚·偶见雁落河塘》"秋晚柴墟景色新，金风送爽绮霞明，斜阳落雁俱自得，苇草蓼花皆有情"的诗情画意，开鱼塘、设曲桥、塑艺雕、建茶楼，建了一方"绮霞垂钓"的景区，供游人垂钓。南北区高雅文化的注入，大大提升了高港枢纽的文化内涵。

高港枢纽对主体建筑与周边环境的大小尺度的控制、绿化、小品、道路等配置的处理，令人赏心悦目。环境优雅的音乐茶座、神态逼真的乐队雕塑、造型别致的音乐喷泉、起伏连绵的小土丘、潺潺不断的溪流以及琴园、棋园、滋北亭、涌莲桥、三月潭，无一不令人雅韵顿生，使高港枢纽这一水工程既有主体建筑之大气磅礴，又有水榭、拱桥、亭台、琴、棋的温文尔雅；既有长江、绿地、蓝天、山冈之宽阔无垠、高远虚旷的空间，又有小桥、流水、曲径、回廊之四环通幽、深邃古典的韵律。

高港枢纽对其管理范围的绿化也作了精心设计，布局成"桃李报春"、"竹荫护夏"、"枫叶染秋"、"梅傲雪冬"四大植物景观区。在一进枢纽大门的圆形青翠草坪上，放置了6只大小不一、但有一定尺度的不锈钢球，典取唐朝著名诗人白居易《琵琶行》中"大珠小珠落玉盘"之意境。由于6只圆球大小不一，摆布巧妙，错落有致，组成一幅现代、灵动的画面，还让人感受到团结、和谐、进取的意境。雕塑在阳光照射下闪闪发亮，夺人眼球，在夜空下反射出星光点点，浪漫迷人，不锈钢球形似水珠，寓意高港枢纽引长江之水润泽广袤的大地，故将此园定名为"水之韵"。

特别是在闸站和船闸之间制高点上所设的"引江河工程纪念碑"，是由江苏省人民政府于1999年设立的，西面是时任江苏省委书记陈焕友手书的"泰州引江河工程纪念碑"刻石。上设不锈钢巨形雕塑，由草书"水"字演化而来，又形似"引江"二字，更像一面被风鼓起的风帆，寓意水利事业乘风破浪、再创辉煌。基座东面刻有祁正卫先生撰写的碑文："苏中地区，南滨大江，东望黄海，西贯邗沟，北近总渠。海陵红粟，物阜民康；泰扬学派，人杰地灵。改革开放以来，民众既继承精明敦厚、埋头苦干之淳风，又主迎浦东开发、苏南奋进之辐射，热

引江巨碑接云天

土上浩歌不断,崛起中捷报频传。然则沃野仍受涝旱之困。是故泰扬民众秉承省委省府之宏旨,开辟泰州引江河。工程始于 1995 年冬,竣于 1999 年秋,历时四度春秋,省府及地方投资 12 亿元。河长 24 千米,并建高港枢纽一座。建设者们以质量为第一生命,通力合作,精心施工,构建了江苏又一精品形象工程。该河既可抽引江水灌溉,排除潦涝,又便捷航运,改善水质,亦助江都水利枢纽向淮北调水,可谓一举多得之民心工程。为志此空前之盛举,特勒此石。铭曰:滔滔引江河,神威足长歌,碧波吞旱魃,排泵驱水魔,东进开新宇,海涂起嵯峨,四化高标进,人民康乐多,世代永铭记,治水万基佐"。

泰州引江河高港枢纽在全国来讲,其工程规模不算大,但正是由于该工程融入了大量的文化元素和环境景观,大大提高了工程的文化内涵和艺术品位,使高港枢纽形成了既有灌排引航的有形功能,又有旅游休闲、会议、科教等无形功能,成为一座有多服务目标的现代精品水工程。其软实力已名扬全国,成为国家水利风景区和 3A 级旅游景区,平均年吸引游客已超 2 万人,成为全国最知名的典型现代水工程之一。

(二)注重对文化品赏的引领

水工程的设计、建设除必须考虑其有形功能目标外,还应研究管理人员及不同游人的需求。这些不同人群的需求主要可分三类,一是方便管理的工作性需求;二是不同人群的生活需求,如吃、住、行、憩乃至盥洗、代步(电瓶车)等;三是对水工程品赏、审美的精神需求。第一类需求随着水利行业对"重建轻管"的批评,逐渐引起了水利界的重视,当代重点水工程的建设,已大多能解决这类需求。第二类需求也比较容易解决,只要设计者、管理者思考到这个问题,在有关规程、规范,特别是旅游风景区的规程、规范或管理办法的要求中都有具体规定,只需按规定考虑配置即可。下面主要是针对第三类需求所做的介绍。

设计有文化内涵与艺术品位的水工程和水环境,其目的主要是为他人提供精神产品,供他人品赏的。设计者就应研究包括管理人员在内的一切到水利工程来的人员,即审美主体的审美心理,根据自己的情致、想象、意趣、哲理去创造水工程,要通过水工程及其管理范围内的所有物,来产生物境、情境和意境,并能使绝大部分审美主体——观赏者或品赏者,来到这里后,通过对这些物体的感受,转化为他们自己的情境、意境和感知。

审美主体观赏水工程要通过感受、想象、生情、理解 4 个层次,才能使他们对水工程(包括水工建筑物和所作用的水及周边环境)产生情境和意境。

首先设计者必须认真考虑到景观是一种空间的组合，观赏者对它的观照离不开一定的距离，观照有近看、远观之分。近看要求建筑物有精美的内外装修，包括铺地的图案、雕饰的细部、灌木花草的局部；远观是中国美学的重要范畴，它凝聚着中国人的审美趣味和文化心理。远观要注重朦胧美、模糊美、气势美、宏观美、想象美，要注意建筑物造型的错落有致和色彩对比，要让人产生浮想的意境。

例如，泰州引江河高港枢纽闸站体量较大，近看是无法看到它的整体形状的。但如果能在一制高点或远距离观看，就会见到如"劈波斩浪欲远行"一样鸟瞰这座水工建筑物的情景，就能使人产生"远航之巨舰"的联想。这就是设计者运用"远观"原理的成功设计。

其次，设计者应考虑到观赏者中有不少是久坐室内、在城市工作的人，他们有的是来游览的，以游的"劳"平衡日常的"静"；还有一部分是日常繁忙的体力劳动者，他们主要是来休闲的，是到这里享受"逸"以平衡日常的"忙"。因此，设计注入水工程文化内涵时，必须考虑到这两方面人群的需求，不仅要有让人"静观"的地方，更要有让人在游的"动态"过程中，可以看到"移步换景"的效果。在水工程管理范围内，应适度建一些可以达到"劳形舒体"的曲径、回廊、土丘，要有"蹑山腰、落水面、高低曲折，自然、断续、蜿蜒的廊引人随"的布局，使审美主体进入水工程管理范围内就必然随之高低曲折、左顾右盼、宛转前行，至"观四方而高者"之点，让审美主体达到"方快千里之目"的效果。

再次，设计者必须考虑到"赏心悦目"之"赏心"和"悦目"的辩证关系。视觉是"最卓越"的知觉，只有通过视觉，才最容易了解物之"形式"，而"形式"往往又是"美"的同义语。凡是有丰富多彩的内容及造型的事物，才会具有形式和意义的潜能。一个建筑的形式总离不开线、面、体和色的空间组合，必须设计出"有意味的形式"，才能使观赏者既"悦目"又"赏心"。设计者应有意识地将水工建筑物的外形设计出可以使人产生联想的物，才有可能使审美主体有"赏心"的冲动，再加上与水、天空协调的颜色，就会使人产生悦目的感受。还是用泰州引江河高港枢纽的船闸闸首为例，一般船闸闸首，从安装闸门启闭机的功能来说，只需设计成高 3~4 米的方形或长方形、平顶的实用形建筑物，但这种纯功能性、无机性设计，无法给人以联想。而这座船闸的设计者，只是采用了将闸首控制室升高至 26 米，做了上大、下小的直线造型处理，加上与水、天协调的天蓝色调，就能使人产生"风帆"的联想，使其变成了一座可供游人欣赏的"赏心悦目"的景点了。

另外，设计者的作品还要有能激发审美主体的性情与作品相生、相应的手法，这就是古代诗论中所提及的"意与境会"、"思与境谐"的手法。要使审美主体到这里来看境时，感到有东西可看，有话好谈，能产生乐趣。这样，审美主体才会对水工程产生转态、比拟、通感、会心等联想，才会产生"随缘遇处皆成趣"的意境。就如泰州引江河纪念碑上的不锈钢雕塑的设计，不细看只道是一座抽象的无题雕塑，但仔细揣摩就会发现既像"水"字，又像"引"字，也像"江"字，还像帆的造型，就让审美主体对这座雕塑的形态的定性发生了变化，由此及彼，从而情趣倍增。这一设计就具备了能使审美主体对这一雕塑产生了"转态"的功能。

"比拟"是根据某一景物的特点，通过联想将其比做他物，或比拟为人。在造景的过程中，莫过于奇形怪状的湖石最佳，它"物象宛然，得于仿佛"，似人、似物，不一而足。例如，在凤凰河畔，有天然石两座，其一似龟；另一石东侧像牛，西侧似鱼。设计者在龟形石畔设形似竹简的铭文石碑横陈其角，上刻曹操之《龟虽寿》诗，让游人产生只有"志在千里"的人，才能"得以永年"，当以"壮心不已"的奋斗，去取得"盈缩之期"的永年。在双形石旁栽一小石，上铭"孺子牛"和"鱼翔浅底"，更可将石比牛、比鱼，联想到鲁迅，想到风华正茂的少年毛泽东，这

心系人民孺子牛

就是"比拟"。艺术意义的"通感"是把感觉、想象、真假联结在一起，让审美主体能产生含蓄隽永的诗的意象，使他们心随神移，让他们驰骋着想象，去捕捉微妙的美感。泰州凤凰河上观凤桥北侧桥体上有一石刻对联"云浮凤阙高桥涵月镜，柳掩人家曲水畅天机"。作者虹桥村民把这座桥与凤、凤城、月亮、烟柳、农家、曲水乃至天机都联系在一起，这也只有在"色声香互发"的园林境界，才能把人的各种感觉的、表象的、记忆的、想象的、联想的乃至情感的，用诗、对联的形式自由地绾结在一起，令人因情因性而联想得妙，回味无穷，达到由"通感"而"会心"。总之，设计者对水工程主体建筑与环境的设计，必须考虑审美主体的需求，使管理者能充分地发挥遐想，以推介自己管理的水工程，使其他品赏者到这里能产生不同程度的享受，留下终生难忘的印象。

七、设计的其他关注点

在对水工程注入文化内涵和提高艺术品位的设计中，还有一些问题需要引起重视。

（一）给设计者科学的设计时间

水工程的文化主题设计和建筑、环境的艺术造型设计，与一般水工程的常规设计不太一样。一般水工程设计，只要流域的水文、气象、地质数据准确，分析、计算和选用规范无误，选用材料设施先进、合理，相关施工图绘制准确，即可完成工程设计和施工图设计。这个设计只需经过设计单位本身的总工程师等其他技术人员复核、把关，即可交付施工。而对文化创意和建筑、环境的造型设计，就不仅仅是设计的人员复核、把关的问题，其设计往往要向业主，甚至社会文化界、艺术界、建筑界专业人士，抑或向广大百姓征求意见，甚至有些领导还要亲自过问。因为，这部分人群都是水工程建成后的审美主体和水工程文化所覆盖的受众人群，他们都有知情权和评价权。由于审美主体人群的文化水平不一、艺术素养不同、社会境遇各异，对水工程这一审美客体的接受程度、审美的层次和深度不同，很可能对同一设计的评价和要求各异，因此，这就要求设计者在设计前应深入研究水工程所在流域和地域的相关文化、历史、风俗、习惯以及艺术认同，认真吸取其精髓、认真提炼、认真创意，设计出既符合本流域、本地区社会大众美感的要求，又是有个性、有新意、有突破的作品。有时，业主还会要求设计单位对水工程的文化设计和单体建筑物的造型设计拿出几套方案备选，这就需要设计者深入调研、精心构思、认真创作，这些都需要一定的时间去完成。现在有不少地方受任期政绩、任期经济的影响，往往今天决策一个工程项目，恨不得明天就要设计师拿出一个设计方案来，这样，设计者就很难拿出好的作品来。因此，要打造既有文化内涵又有艺术品位的水工程，就得给设计者充分的、科学的调研、创意、比选和设计的时间，这样才能拿出精致的、有个性的、有特色的设计方案。

（二）注重施工的可行性

设计水工程的文化创意和艺术造型，可以发挥无限的想象，去追求水工程的文化内涵和造型美，但是水工程的建筑形式与水工程使用的功能是需要"知性"来统筹和认识的，其中包括结构力学、水力学、建筑材料、水工程原理和其他自然科学原理等。注入文化内涵和有艺术品位的水工程设计与绘画、影视、动画的作品不一样，绘画等创作只需将创作者的无限想象绘制在画纸、画布或显现在银幕、银屏上，而水工程的艺术造型要通过施工，形成建筑物或土方工程，坐落在在大自然的环境下，要确保其有形功能并且能够运转。例如，我们想象中的上大下小的异形体建筑，挑出于基础边缘垂直线外的装饰工程，就要计算其重量、悬臂的剪力和物体重力的平衡点等问题，特别是施工的可行性问题，如果为了装饰美，设计的悬臂体断面偏小，悬臂承载的重量过大，目前的刚性材料又不可能满足其剪力的技术要求，这一设计尽管很美，很具文化内涵，但无法满足设计和施工的技术规范，则这一设计是不可行的。再如，土方工程，在平原地区，为改善环境需要堆置一些土丘，就必须考虑堆土区距河口的距离、堆土区地下土层的承载力及有无淤土层，还要考虑堆土土质与堆土区坡比之间的关系，土方施工机械的作业条件、作业断面等，以防止因堆土造成软土层被挤压，影响土方过水工程断面或因堆土的施工造成坡比改变。因此，注入文化内涵，增加艺术造型的水工程，是一项必须具备社会科学与自然科学双重知识的学科，设计者不仅要上承规划意图，还需考虑下及施工技术，确保图纸上设计的方案，能在现代施工技术条件下，变成坐落在地上的水工程实物。

（三）注重运用先进科技成果

文化水工程的建设要解放思想，要注重运用先进的科技成果，使用的材料应尽量满足绿色、环保、低碳的要求。这方面上海世博会是杰出的典范。它展示的科技成果和理念，对我国今后相当长时间的经济、社会和科技发展，特别是以循环技术、低碳技术推动绿色发展，建设生态文明，具有方向性的引领作用。上海世博会科技成果巡礼共有246个国家和国际组织参加，展示的科技成果、案例、理念和产品等近800项，其中科技成果共500多项。在所有展示的科技成果中，新能源、新材料、新型建筑、节能环保等替代不可再生资源、能源和节能减排的科技成果，数量最多，反映了当今世界经济科技发展的主要趋势。

上海世博会展示的科技成果中不少可在水工程及水文化工程中利用。例如，替代能源和节能减排的科技应用，包括新能源、新材料、新型建筑、电力技术、节能、环保等。水利可利用的科技成果主要有光电转换效率理论值达62%的太阳能技术；用常温珐琅替代石油基涂料的液体玻璃和太阳能光热发电，地源热泵技术；风能发电，潮汐能，超临界循环发电厂，海藻电池，低温热水发电，生物发电等新能源技术；智能照明系统，非电空调等节能技术；雨水回收利用系统，可持续城市排水系统，生态污水处理系统等环保技术；橡胶集料混凝土、液体玻璃、高分子纳米技术；定向结构麦秸板，隔热涂料等新材料技术；建筑技术集成，生态气候树，绿色屋顶，智能建筑及存储系统等建筑技术；智能电网等。经有关专家评鉴，上海世博会500多项科技成果，国际领先的占9.41%，国际先进和国内领先的分别占57.87%和17.44%；有10.03%在国内有一定先进性，5.25%是一般技术。上海世博会展示的绿色建筑、生态节能建筑，能使建筑能耗降低近1/3，而前期投入成本只需增加2%，投入产出效果良好，宜于推广应用。

水工程文化也应该是绿色文化、环保文化、低碳文化。文化水工程的建设要充分利用科技创新的最新成果，让太阳能、光伏建筑一体化、半导体照明、水源热泵、阳光引入、自然通风、雨水收集利用和墙体垂直绿化等当今先进的建筑节能、环保技术和材料，巧妙地与水工程的艺术造型相融合，为水工程文化谱写新篇章。

（四）考虑水文化工程造价的益本比

1. 考虑工程的效益

每项水工程的投资总是要讲工程效益的。工程效益包括水利工程的效能和给社会带来的收益，这就需要研究水利工程的益本比（即工程效益与工程年运行成本、费用的比值）问题，益本比是评价水利工程可行性的重要指针之一。特别是提升文化内涵和艺术品位的水工程，往往要增加一些工程投资，就更有必要进行益本比计算。

水利工程的效益按其表现形式，可分为直接效益和间接效益、有形效益和无形效益、可计量效益和难计量效益等；按其表现内容，可分为经济效益、社会效益和生态环境效益等。

（1）经济效益，是指水利工程方面的效能和收益。例如，防洪、治涝工程控制调节洪水，排除渍涝，可减免洪涝灾害造成的经济损失；供水工程提供工农业生产和城乡居民生活用水，避免干旱缺水、停产、减产造成的经济损失；综合利用水利工程可获得发电、灌溉、航运、水产等方面的经济效益；如有文化内涵和艺术品位水工程的建设，形成了一定旅游容量的规模，并已成为一个地方的旅游景点、景区，且又对外开放，可获得景区门票收益，以及与之相关的吃、住、行、购等方面的收入，还包括旅游经济效益等，这些都为直接经济效益。

（2）社会效益，是指兴办水利工程促进社会发展和社会安定的作用。例如，提供更多的就业机会，有利于提高人民生活水平，促进地区文化、教育、科学事业的发展等。

（3）生态、环境、文化效益，是指兴办水利工程在维护和改善生态条件、人居及文化环境方面的作用和获得的收益。例如，改变洪、涝、旱等频繁自然灾害造成的不良环境，调节气候，改善土壤的水盐状态，增加了农业产量，恢复了适当的动、植及微生物链，美化环境，成为提供周边百姓休养、休闲、文化娱乐的场所，保护水质，改善卫生条件等。水利工程的生态环境效益往往是无形的，较难计量。

水利工程往往还有促进地区经济发展，吸引周边地块开发，提升周边房地产开发价值，繁荣城乡经济发展等方面的间接经济效益。间接经济效益有的可用分时段对比值的差数来表现。

2. 水工程效益的特殊性

由于水工程是治水、供水和改善生态环境、文化休闲条件的基础性设施，其产生的效益有一定的特殊性，主要内容如下。

（1）随机性。由于受降水、径流、洪水等自然因素影响，故水利工程的效益具有随机性。例如防洪、治涝工程，遇大洪水和严重涝渍年份，可起控制调节洪水和排除渍涝的作用，效益就大；相反，如当年未发生洪水或仅有小洪水，其作用就小。又如灌溉工程，逢多雨年份，天然降水量基本可以满足农业生产的要求，需灌溉补充的水量少，效益就小；但若逢干旱年份，天然降水量不能满足农业生产的要求，需要利用灌溉补充较多的水分，灌溉工程的效益就大。

（2）可变性。水利工程的效益往往是随着时间变化的。例如，对相同的洪水年份，随着防洪保护区社会经济的发展，人民生活水平的提高，防洪工程防止或减少洪灾造成的损失的能力变大，社会对生态、环境、文化、旅游休闲的需求增加，效益相应增大。随着灌区设施的陆续配套和完善，管理和技术水准的提高，同类水文年型灌溉工程的效益相应增加，对分期建设和施工期较长的水利工程，初期工程规模小，文化工程吸引的游客少，获得的效益也小。随着工程的完成并投入正常运行，水工程管理单位对外的文化宣传及旅游、休闲服务工作逐步深化，影响面扩大，效益相应就会增大。在多沙河流修建的水库，由于泥沙淤积、库容逐年减小，控制洪水和调节径流的作用和新效益相应降低，或因管理文化、宣传工作做得不到位，无形功能产生的效益也会受到影响。

（3）复杂性。水利工程牵涉面较广，效益往往比较复杂。例如，利用水库调节径流，上游工农业多引水，可多得效益，但由于入库水量减少，下游可利用的水量相应减少，效益会受到影响。利用水库控制洪水，上游库区蓄洪受淹，要受到一些损失，但下游可减免洪水灾害，获得收益。水库预留的防洪库容大，防洪作用和防洪效益就大，但兴利库容减少，水力发电、灌溉等效益会相应减少。同样，上游淹没区一些景观消失了，效益就会减少，但由于建设新增了景区、景点，又可增加一些景观效益。再如江河整治，加强左岸整治和防护，可避免岸线崩退，但右岸也会受到一些影响和损失等等。水库无形功能产生的效益与有形功能产生的效益是不同的，上下游、左右岸有交通关联的地区如果旅游业发达、兴旺，会对水工程产生连带效应，效益会变大；反之周边冷冷清清，是不能产生互补效益的。

3. 表示工程效益的相关指标

水利工程的效益，应尽可能用直观明确的定量指标表示，难以定量的，应进行定性分析。目前，用来表述水利工程效益的指标大致可分以下 3 类：

（1）以水利效能表示的指标。例如，达到或提高的防洪、治涝标准和灌溉、供水、航运的保证率，削减的洪峰流量和调蓄的洪水量，治理的渍涝面积，扩大或改善的灌溉面积，延长或改善的通航里程，扩大水产养殖的面积，治理的水土保持面积，改善洪泛区土地开发利用条件的面积，形成观光旅游区的面积，休闲娱乐区的面积，会务、展览及旅游配套服务设施的建筑面积等。

（2）以实物表示的效益指标。例如，供水工程为工农业生产和城乡居民生活提供的水量、灌溉、治涝、改碱后，增产的粮食和经济作物数量，水土保持措施增加的林、草和牲畜的数量，水电站提供的出电率和发电量，改善航运条件增加的客、货运量，水产养殖增产的水产品数量，形成可以接待观光旅游人次／年，休闲娱乐人次／年，会议、培训住宿人次／年等数量，因环境改善，水工程辐射区商品地价升值及用地数量，等等。

（3）以货币表示的效益指标。例如，减免洪、涝灾害造成的经济损失，发展灌溉农业增加的经济收入，适时足量提供工业生产用水增加的经济收益或减免限产和停产造成的经济损失，改善航运条件增加客、货运量和提高船舶运输效率的经济收益，发展水产养殖得到的经济利益，征收水费和销售电力获得的财务收益等，发展旅游、观光、会务、休闲、商品销售获得的财务收益等。

通常同时采用以上 3 类不同形式的效益指标，相辅相成地表述水利工程的效益。其中货币效益指标包括经济效益和财务效益，是进行水利工程项目经济分析和财务分析、评价其经济合理性和财务可行性的重要指标。水利工程需分析计算多年平均效益，还应估算大洪水年、特大洪水年、枯水年和特别枯水年的效益，使有关部门和决策部门能从多方面进行综合评价。

4. 水工程效益的估算途径和方法

水利工程的经济效益通常根据工程的具体情况，从以下 3 条途径进行分析和估算。①增加的收益，是指兴建的水利工程和原来比较，可增加的灌溉农田的产量，城镇和工矿企业供水、航运、水产、旅游等方面的经济收益；②减免的损失，是指兴建的水利工程和原来比较，可减免洪、涝、旱等灾害对工业、农业等国民经济各部门造成的经济损失；③节省的费用，是指兴建水利工程后，节省的兴办等效替代工程设施支出的费用。例如，兴建水电站后，可减少修建等效火电站的费用；开辟水运后，可减少其他交通建设的费用，等等。

水利工程的财务效益。一般根据提供的水利产品和现行价格计算。例如，根据供水量和规定的水价计算水费收入，按照发出的电量和电价计算电费收入，等等。

各类水利工程的效益具体估算方法各不相同，这里仅将与本课题研究主题联系较为紧密的估算水利工程旅游效益的方法作一介绍。

水利工程旅游经济效益的估算方法，常用的有两种：①旅游费用法，根据游客人数和每人次的旅游费用与时间费用估算。旅游费用包括到旅游点的旅费、入场费、场址使用费、住宿费、饮食费等；时间费用是指游客因旅游而放弃的工资收入。②旅游日价值法，通过调查分析周围地区旅游点每个旅游日的平均价值，预估本旅游点年旅游日人数和日平均价值，从而估算旅游效益。

水利工程旅游的财务收益，一般可根据本旅游点的价值，按以下方法估算：①管理所属交通、旅馆、饭店、商店、门票、设施租金等财务收益；②可吸引游客的数量和接待每位游客获得的财务收益；③可提供的旅游日和旅游日得到的财务收益。

根据不同的工程计算出工程有形功能和无形功能的效益后，可再按一定的公式计算工程的益本比即可。

书内提出这个问题，旨在提醒对水工程提升文化内涵和艺术品位的设计者要注意研究这方面的问题，对所设计的文化工程的经济价值，要进行预测性评估，以提升决策者的信心。

5. 由相关专家评审通过后才能出施工图

凡是有提升水工程文化内涵和艺术品位为规划设计目标的水工程设计，一般在正式出施工图前，最好再经过两个评审程序：一是让当地的百姓评议一番，即要将设计的方案、效果图及相关文化内涵的文字简介，公布于该地的政府网和人口稠密的、适宜的公共场所，广泛征求网民和市民的意见，倾听正反两个方面的意见，因为只有当地的老百姓，才是最了解当地文化、民风、习俗的人，从中可能吸收到不少好的建议或意见。这些建议或意见，设计者可作为参考意见，认为有价值的，不妨对设计方案再做些修改和调整。二是要由相关专家评审或修改，通过评审和修改后，才能正式出施工图交付施工。由于提升水工程文化内涵及艺术品位设计中的有关文化概念、文化命题、文化内涵、文化演绎、工程艺术造型、艺术装饰、景观小品、雕塑造型、环境布置等方面，涉及的主要学科属于哲学社会科学门类，而新中国成立以后，我国长期将水利纳入自然科学范畴，各相关水利规划、设计部门很少引进学习、研究哲学社会科学门类有关文化、历史、社会学、文学、艺术、美术、民俗学、经济学等学科的人才，甚至连学习、研究建筑学的人才都是极少的。现阶段，不少水文化工程仍然是由原有学自然科学的人兼而为之，或学而为之。这样，就可能会出现一些品位不高的设计，而我们的业主——也多为水利部门，同样缺少这方面的评审人才。因此，业主方——水利部门应尽量组织一些相关哲学和社会科学界中有关文化、历史、社会学、文学、艺术、美术、民俗学、经济学等方面的专家，对设计中有关文化内涵和艺术造型方面进行评审，虚心倾听他们的意见、批评和建议,对设计进行再修改,以使我们的设计不致出现常识性的错误,使设计更为完美,让水工程能成为高文化品位、高艺术品位的精品水工程。

第四节 文化水工程施工要求

具有一定文化内涵及艺术品位的水工程与常规几何性、功能性水工程的施工要求往往不太一样。往往很难一次就完成设计和交付完整的施工图,其中土方的开挖、垒形、建筑物体形等一般都可以按常规的施工工艺设计,出施工图并完成施工。但建筑物的外装饰处理、艺术灯光的布设、绿化植物的配置、艺术小品的点缀、联匾的配置等就不是一般用工程或机械制图能绘制出标准的施工图直接交付施工的,有些工程项目需要在施工的推进中,通过多层次的艺术创意,反复修改设计和创作,才能定形。这一部分施工属于可变的施工过程,有一些特殊要求。

一、对施工的队伍要求

有一定文化内涵与艺术品位的水工程,由于其要求的特殊性,一般的水利工程建筑公司因缺少这方面的人才和施工经验,是较难完成的,即使承担下来也只能对外发包,请其他施工队伍来完成。因此,最好将这部分的文化工程单独发包,由具有针对各种不同需求文化资质的施工队伍(或外加工)完成。例如,建筑物外包装用石雕装饰的文化工程,就需要由专门的石雕艺术公司来完成。石材经久耐用,经艺术造型赋予其文化内涵后,可与水工程建筑物长期共存于室外的自然环境之中,但其工艺复杂,技法较多。特别是专门创意设计的石雕工程,为确保石雕造型准确无误,还要先创作泥模;接着同玻璃钢按泥模翻制成范;再用范制成石膏模型;再按照石膏模型,由有一定艺术涵养的艺匠选用适当的石材打制完成。这不是一般水利施工队伍所能承担的。

例如,泰州凤凰河上的桥、亭、雕塑,腾龙河上的腾龙桥、南水北调卤汀河桥梁装饰等都是请苏州著

天凤亭石雕凤顶成品

名石雕工艺大师何根金先生及他的助手完成的,确保了工程的文化、艺术品位。这些建筑也成为大师级的作品,长留于天地之间,为泰州市创建"形神兼备的文化名城"添上了精彩的一笔。再如,建筑周边的环境工程,如果创意为中国式园林风格的设计,就应该由具备城市园林和古建筑资质的施工队伍承担,因为中国式的园林具有特殊美学要求,需要特殊的建筑材料和特殊的施工工艺才能建造。中国式建筑的文化内涵、美学思想都是从先民的"百兽率舞"发展成"龙飞凤舞",从"诗、乐、礼、舞"发展至"天人合一"和由"琴、棋、书、画"体现"人文教化"之创意的。这些在屋顶,木构造,砖、木、石艺雕的建造和制作方面,要有专门的匠作人才才能完成。中国园林的建筑材料又多以石材、木材、砖、瓦居多,这些材料有别于水泥、钢筋、砂砾,其质地、品种、加工及建造的工艺与钢筋混凝土的建造工艺也截然不同,因此,不是一般的水利施工队伍能建造得好的。即使是景区的绿化,也不是普遍意义上的植树造林,而是要根据景区的三维空间进行布置,确定适宜的乔、灌、草不同的品种,色、香、味不同的植物,乃至对植物的尺寸、形状、平面占地等进行选配,同样需要专业的绿化队伍来施工。因此,凡是有文化内涵和艺术品位的水工程中的文化工程部分,一定要由具有这种施工资质和有一定文化素养的队伍(或艺匠)来施工,才能建造出充分表现设计意图的水文化工程。

二、给施工者二次创意的空间

水工程文化的创造应贯穿于工程设计、施工的全过程。设计图纸的完成,并不代表就能一蹴而就、万事大吉,设计者应全程跟踪工程的进展,在施工过程中,设计者需要通过实地观察,进一步完善原设计,还需和施工人员共同协商解决施工中的具体问题。因为施工者也属于这一工程的审美客体之一,而且是极具经验的审美客体。施工者在施工前应吃透图纸,通过设计交底,深入了解设计意图,在水工程文化实施过程中,将设计意图与实现手段进行比较,找出施工难点和解决办法。在施工过程中,要给予施工者(包括设计者)二次文化创意的时间和空间;要将设计蓝图落到实处,设计和施工不可能完全"无缝对接"。高明的施工者不仅要吃透设计意图和图纸内容,还要发挥聪明才智,最大限度地弥补设计不足,修正设计不妥,打造精品文化工程。事实上,不论是皇家园林还是私家园林,建设时对设计图纸进行修正甚至返工都是正常的事。特别是私家园林,由于主人对自家园林的建造会出现边设计边施工和"否定之否定"的现象,故边筑边拆、边拆边改,返工多次而后才妥帖布局的事,屡见不鲜。因此,二次甚至多次文化创意就成为不可或缺的环节(只是程度不同而已)。例如,浙江省绍兴市在建造浙东古运河园过程中,鉴于运河园建筑材料和工艺是旧的（尤其古材料收集存在相当大的不确定性），理念和思路是新的、无模式可循、缺规范可依，有些景点内容需要在施工过程中方能确定等原因，业主与设计、施工、监理等单位密切配合，因地制宜地进行了多处设计变更，特别是文化内容、景点小品、绿化布置等，在施工的整个过程中，一直在不断完善。施工单位尤其重施工细节，一个图案、一块石料、一棵树木都要反复考量，力求完善和到位。为此，绍兴市水利局副局长邱志荣在他写的《绍兴运河园建设的理念和实践》一文中说："可以说从一开始设计方案，到最后运河园建成，已完全改了模样，其形象和品位是其始无可比拟的，是建设者同心协力的一种创造"。

施工者不需也不应完全处在被动地位，要充分发挥自己的聪明才智，尽量弥补原设计的不足。施工者是要解决工程中的每一个具体细节问题的，而这些细节往往能为整个工程添彩。例如，都江堰东风渠末端渠系改造试点项目——渠道上的小桥的栏杆造型，以海鸥展翅作为栏杆的扶手，立柱分别用相对、相反的甲骨文的"人"字形作轴对称、中心对称布置，突出以人为本、天人合一、天地人共生的理念；用同向、反向、相背、倒置的汉字的双人造型组合，可以展示出甲骨文"从"、"比"、"北"、"化"的图案，这四个字寓意的"模仿、比较、反思、转化"四个阶段，很能启迪世人。设计者巧妙地将文字学、哲学融入造型设计。甲骨文的"人"字形图案生动活泼，自小到大的排列又构成韵律，对称、反对称、中心对称布置，丰富了图形的组合变化，避免了被《园冶》批评

甲骨文栏杆创意

的"近有将篆字制栏杆者，况理画不均，意不联络"的弊病，实现理画均、蕴意连的追求。甲骨文图案预制构件，木模很复杂，难制作、费工多。后来，就是施工人员提出按计算所出图纸放样，用加入低标号的水泥制作沙模，然后再浇混凝土的方法，顺利完成了构件施工。

成都清水河梁江堰调度中心入口上方的艺术墙，如花砖平放，左半边是一个圆，右半边是两只叶片型图案，图形平平。通过施工者的反复审视，决定将单块花纹砖旋转45°，作菱形布置，将圆视为太阳，波浪形叶片视为水面，新意凸显，构成了水与生命、太阳与大海的整体意蕴，充分说明了二次创意的必要性。

三、文化水工程的选材要求

水工程中的文化工程，多以水工程个性造型及外饰雕刻、亮化工程，或环境工程中亭、廊、榭、阁等园林建筑及雕塑、铭石等文化艺术小品为主，其用材、用料就有一定的要求。文化工程的用材主要为石材、木材、砖材及陶瓷、琉璃等材料，必须根据文化工程的具体要求进行选材。

（一）石材

文化水工程中使用最多的是石材，因为中国石文化博大精深，选用得好，可为文化水工程添彩。

中国的石艺起源很早，从巍巍壮观的万里长城到魏晋南北朝开凿的敦煌石窟，从富丽堂皇的十三陵到南京中山陵建筑，从故宫、颐和园皇家建筑到人民大会堂、上海外滩建筑，从皇宫庙宇雕刻到民间石艺……无一不是展现祖国石材艺术的瑰宝，而且也是一个民族文化发展的历史缩影。中国石文化丰富多彩，石材成了中国人生活不可或缺的一部分，在宗教、建筑、园林、陵园等的建筑材料中，独树一帜。石材可作为水工程文化助力的最好资源。

石材是人类发展历史上最早的建筑材料。中国花岗石、大理石资源丰富，矿床星罗棋布，遍及全国各省、市、自治区。石材属于天然矿产，与其他的装修材料相比，其最大的特点在于其颜色、质感、线条、硬度、耐久等方面有独特的装饰性。设计者和施工者都应对石材的分类和用途有所了解，并按不同的设计，选择不同的材质。

用抢救到的古石材在浙东运河旁打造"忠孝节义源流长"景点（邱志荣 摄）

绍兴市在浙东古运河工程中十分重视运用古旧石材打造涉水文化工程。为了对历史负责，绍兴市采取了抢救性保护古石构件的行动。在工程中收集了一大批老条石、老石板，及一批被拆除后散落的古石亭、古桥、古文化遗存等石构件，采用历史题材、老材料、传统工艺，建起了6处蕴含历史文化内容和地域特色的新景点；同时修筑了4.5千米石驳岸河埠、2万平方米石塘路及纤道、避塘、河埠等，充分展示了古越文化的魅力。

（二）木材

中国古建筑以木材、砖瓦为主要建筑材料，以木构架结构为主要的结构方式。中国古建筑为什么多用木材，首先，因为木材结构性能优良，在环境未被破坏的古代，可以就地取材。由木材建造的梁柱式结构，是一个富有弹性的框架，抗震性能强。它可以把巨大的震动能量消失在弹性很强的结点上，这对于多地震的中国来说，是极为有利的。其次，按中国传统的五行学说，木为组成五行的要素之一，出于土地，入于阳光，生生不息，是生命力旺盛的象征。它承天之雨露，向阳而长，乘地之养育，入阴而生，是阴阳合和之产物，采用这种材料，是理性主义者哲学思想的表现。五行中五气之木气，代表四季之春天，木气属阳，是人生少年，是出生、生长和统一的象征。中国人认为，人为万物之灵、天地造化之首，建筑为人所居，乃天地阴阳相聚之处，即阴阳之枢纽。故建筑须得天地之气（道法自然），选用木头为主要的建筑材料就是很自然的事情。要说文化上的原因，主要还是因为木材的材质表现出与人亲近的特性。木材的不耐久性，又正好适合中国人不要求建筑永恒的心理，就像梁思成所说的，"建筑就像衣服"，经常换换无妨，经常烧烧也无妨——也许吧，李允鉌说中国人都是急性子，梁先生又加上一条：喜新厌旧。

中国著名的古代建筑，使用的木材一般有15个品种，其中针叶材9种，阔叶材6种。现在木材资源短缺，在景观建筑中，一般结构大多以钢筋混凝土替代，使用木材的地方，主要是门窗和雕花装饰等方面。

木雕的材料是比较考究的，必须区别对待。有的木头轻软好雕，有的木头粗硬难刻，有的质感强，有的质感弱。木材含水，应当选择经过干燥处理后（含水量在10%左右）或是自然风干一年以上的木料为好。有结疤或虫蛀、发霉的木头也要尽量避免使用，或力求放在作品的背面及次要部位，以免影响作品的质量。另外，树有阴面、阳面、上风、下风之分，阳面年轮较疏，阴面年轮较密；上风纹细，下风纹粗。雕刻人物脸部及镂空作品应选阳面、上风木料，既美观又坚韧。

虽然木材的选择范围较宽，但是选择得好或不好，直接关系到一件作品的"命运"和质量。因此，文化水工程的木雕一定要根据用途认真挑选优质木材进行加工。

（三）青砖、小（青）瓦

青砖、小瓦是装饰我国传统风格建筑常用的材料。青砖、小瓦都是黏土烧制的，黏土是某些铝硅酸矿物长时间风化的产物，具有极强的黏性。将黏土用水调和后制成砖坯、瓦坯，放在砖瓦窑中煅烧（900~1100℃，并且要持续8~15小时）制成。黏土中含有铁，烧制过程中完全氧化时生成三氧化二铁（Fe_2O_3）呈红色，可生成常用的红砖、红瓦；而在烧制过程中加水冷却，使黏土中的铁不完全氧化而生成低价铁（FeO）则生成呈青灰色的青砖、青瓦。

青砖、小瓦具有密度强、耐磨损、耐腐蚀、不变形、不变色、抗冻性好，永不褪色的特点。青砖产品表面光滑，四角呈直角，结构完美，抗压耐磨，是房屋墙体、路面装饰的理想材料。小瓦是我国传统建筑常用的一种屋面覆盖材料，在古代称板瓦，现在俗称平瓦、蝴蝶瓦。

青砖、小瓦以水为灵，以火为刚，五行相合。有保温、隔热、隔音、透气性强、吸水性好，保持空气湿度的优点。青砖中含有微量的硫黄元素可杀菌、平衡装修时产生的甲醛等不利人体的化学气体，能保持室内空气湿度，加之没有放射性，是清洁、安全、理想的环保型建筑材料，以其建构的建筑物，室内冬暖夏凉，具有一定养生、环保作用。

由于青砖还具有比木材坚、比石材软，可塑性强的特点，能根据不同的装饰工艺需求，烧制大小不同的砖块，让艺匠们倾心创意，刻制不同图形的砖雕工艺品，饰于墙体，是我国独特的一种能体现空间完美、超越精粹、继承传统，给人以素雅，沉稳，古朴，宁静美感的建筑装饰。现代用黑白灰青砖加工形成的浅浮雕、高浮雕，又吸收了具有现代气息的机理艺术，花纹更精美、更有寓意，是糅合中国古今文化精粹的一种建筑装饰。

我国古建筑使用青砖、小瓦及砖雕已有数千年悠久的历史了，青砖、小瓦及砖雕古朴、典雅，很能表现我国园林、古建的民族风格。根据实际需要，设计、加工不同格调的高雅砖雕，安装方便，节省人力物力，近年来，也成为水工程文化设计师们极力推荐的一种建筑装饰材料。

（四）琉璃、陶瓷

在文化水工程的建设中，还可适当选用一些琉璃或陶瓷的材料作为文化艺术部件的装饰。

琉璃在中世纪就是贵族生活的一种标志。古时称流离、留璃、青玉石等，古人对人造及天然的宝石、料器、玻璃器等统称琉璃。随着古代陶器的发展及瓷器的产生，琉璃是中国传统陶瓷的衍生品种，大量应用于建筑装饰后，历经千百年逐渐形成的一个专用名词。现在所谓的"琉璃"，只是指玻璃原料加上氧化铅而成的"水晶玻璃"。"一模一品"是琉璃的特点之一，一只模具只能烧制一件作品，无法二次使用，大型复杂的作品，甚至需要多次开模、烧制才能完成。由于玻璃液的流动是很难人为控制的，所以即使形状相同的琉璃作品，最后呈现的色彩分布也不会相同。因此，荷花花尖的一抹红晕或者小青蛙背部的自然青色，都必经仰赖大师的巧夺天工。

中国人在科学技术上的成果以及对美的追求与塑造，在许多方面都是通过陶瓷制作来体现的，并形成各时代非常典型的技术与艺术特征。早在欧洲掌握制瓷技术之前1000多年，中国已能制造出相当精美的瓷器。从我国陶瓷发展史来看，一般是把"陶瓷"这个名词一分为二，为陶和瓷两大类。通常把胎体没有致密烧结的黏土和瓷石制品，不论是有色还是白色，统称为陶器。其中把烧造温度较高、烧结程度较好的那一部分称为"硬陶"，把施釉的一种称为"釉陶"。相对来说，经过高温烧成、胎体烧结程度较为致密、釉色质量优良的黏土或瓷石制品称为"瓷器"。水文化工程的设计、施工中，在适当的部分或作品中同样可以运用琉璃、陶、瓷做材料，专门加工成作品、建筑构件或器具，为水文化工程增色、增光、增彩。

四、文化水工程装饰的特定要求

文化水工程的题刻、楹联、雕塑、彩绘等装饰手段是为彰显水文化主题服务的，各种手段必须紧扣主题，发挥各自的优势。

（一）题刻、楹联、绘画的运用

题刻、楹联可以通过文字为景点标题、引导之用，词出景生，让人流连光景，细心揣摩。园林中的匾额主要用以题刻园名、景名，或用以陶情、写情、咏景，抑或用以颂人、写事，典雅含蓄，立意深邃，既能熔辞、赋、诗、文意境于一炉，又能系诗情、画意于一词，使物景获得"象外之境、境外之景、弦外之音"，人们得以涵咏乎其中，神游于境外，获得灵魂和生气。例如，泰州凤凰河畔百水园中，正厅前门面东，匾为"百水厅"，联题"厅前水有道，堂后绿为禅"；后门临河，匾额"烟绿林翠"，题联为"轻烟横翡翠，碧水激琉璃。"这两副联匾不仅能将百水园之设计意图尽收其中，而且还把"境"外的"道法自然"和佛教认为真谛的"禅机"隐含其中。

马蒂斯曾说："一幅画必须具有一种展开的能力，它能使包围着她的空间获得生命。"绘画与楹联相配合共同构成艺术风格，其引力场和辐射面编织出一个"情"的空间、"意"的网络。水工程建筑所陈列的绘画应紧扣景观主题，不能游离其外；一般采取石刻或砖刻形式，较木刻、画屏更易保存，不怕风雨侵蚀；一般以名家作品为主。

题刻、楹联、绘画运用实例。

清水河梁江堰节制闸在天际线的处理上，一扫火柴盒式的平顶、呆板模式，将正立面的设计与天际线的布置结合起来：灰白相间的大鹏鸟造型，既突出屋顶，形成动感天际线；又置身于正立面，丰富了正立面的表现力；对称的双曲线托出蓝白色的水徽，色调清新、格调高雅。与淡雅的节制闸相对比，调度中心采用别墅型，以绿色、赭色团块为中心，以浅橙色、浅灰色相间杂色石材为连接过渡，白色门柱、黄色屋顶，显得格外醒目。

这一设计是从李迪《鹰雉图》的对角线构图得到启发的。《鹰雉图》画面上坡石竹丛中一棵古枫树拔地而起，粗大的枫树主干斜出，对画面的右上角进行分割，伸出的枯枝取横势的波折状，填补了左上方的空间，又斜向对应产生变化，巨大的岩石在树边，加强了右上角密不透风的感受，左下角的一丛青草和几枝荆条，平淡清雅，形成强烈的对比。在对角交叉的构图中，画一条弯而横向的坡线，增强构图的稳定感；为不显呆板，用枫叶梢打断线条的连贯，又结合丛林用一条逆向的坡线相配合，整幅画面严谨结实、气魄宏伟。节制闸闸房和调度中心采用对角线构图，栏杆相当于《鹰雉图》中的横向

梁江堰闸

坡线，直曲、凹凸、高低强烈对比的栏杆，从颜色、形体、方位上加强两大建筑组团的联系，同时增强构图的整体稳定感。

局部和整体利用色彩、造型、动势等形体的既呼应又区别，透出书论中的"笔断意连"和"笔连意断"的意境。大闸房和小闸房是"笔断意连"，大闸房和楼梯间是"笔连意断"。

别墅入口上方的艺术墙，通过单块花纹砖的旋转，构成水与生命、太阳与大海的整体意蕴。园内设有蝴蝶泉池，小桥流水蜿蜒绕过别墅型调度中心，别有一番情调。绿化布置采取小园宜疏的原则，大树居角，建筑物正面亮开，梅花、矮丛点缀其间，投影在建筑物正立面上，增添几分活泼、雅致；一定面积组成、微有起伏的草坪产生距离感，使整个布局疏朗大气、错落有致、疏密相宜，对主体建筑起到烘托、渲染、拱卫的作用。

该闸在管理处棕榈树掩映下的瀑布做成文化墙，水中有"水"、虚实结合、体象合一。三块浮雕将百水图分成"治"、"水"两大板块，以政治家手迹为主的"水"字构成"治"字篆形笔画，以书法家手迹为主的"水"字组成"水"字篆形笔画。用"水德淡中，泉玄内镜。至柔好卑，和协道性。止鉴标贵，上善兴咏。爰有幽人，拥轮来映"，对"水"的哲理进行注解；用"左水右台，抬水为治，筑坝兴利；乙有山形，山下开口，禹疏洪患，冰凿离堆，其源于斯"，对"治"

的文字学本义进行注解：治国治家，理通治水，或堵或导，隔行不隔理。历代书法家和政治名人的龙飞凤舞的手迹，正奇相间，构成韵律，描绘出水润万物、水生百态。百水图过水时，书法家的名字会隐去，百水的金字在以黑色大理石为背景的水幕的衬托下，分外耀眼；当不过水时，书法家的名字就会显露出来，供观赏者品评。

绘画刻石在景观布局上，对"治"、"水"两大板块进行分隔，在内容上对治水主题进行呼应和诠释，中间画面是大禹治水的神话，描述以龙为主角的海、陆、空三相的生态系统；清代王时敏将清初山水画的临古之风发挥到了极致，峰峦数迭，树丛浓郁，勾线空灵，苔点细密，皴笔干湿浓淡相间，皴擦点染兼用，形成苍老而又清润的艺术特色，易于用石刻表现，两侧的红沙石浮雕以王时敏的山水画诠释着杜甫（右侧）、朱熹（左侧）的山水名句，前者抽象，"水流心不竞，云在意俱迟"，表明水对人的心态的陶冶；后者具象，"问渠那得清如许，为有源头活水来"，表明水工美学的构图原则，同时为"清"、"水"河点题。

以水文化为中心，调动书法、绘画、雕刻、诗歌、文字学、哲学等艺术手段，紧紧围绕"治水"的主题，通过百水图水墙这个载体，将象和理有机地结合成一个整体，分层次展开，达到使人驻足浏览、用心琢磨、恍然有悟的效果。

为了提升水利风景区园林的文化品位，其中现代的文化题刻，如条件许可，应尽量请一些当代名人题写。例如，绍兴浙东古运河市区段工程的题刻，就是请的中国著名水利水电工程专家、中国工程院副院长、中国科学院院士潘家铮和中国古建筑学家、国家文物考古建筑专家组组长罗哲文等名人题写的。

景点点石上的题字与刻石同样要认真对待。一般有如下几个步骤：首先要确定点石上所刻字的内容；二是提请书家书写好需要刻石的书法，如有可能请书家多写一两幅，挑选一幅；三是选定石料；四是翻拍石料及书家作品；五是根据石料及书家作品在电脑上进行布局设计；六是按1∶1的比例放大书家字体复印至景石上；七是明确阳刻还是阴刻；八是刻石；九是填色。

（二）雕塑

雕塑是营造水工程文化的重要手段，是实施人文水利的教化、休闲、娱乐功能的载体之一，具有强大的意化、情化、美化环境的功能。水利雕塑应尽量与水、水利、水利人、水利工程紧密相连，创造出具有一定空间的可视、可触的艺术形象，借以反映水之大美和波澜壮阔的水利风采。至于雕塑所用材料，有木、砖、石、金属、石膏、树脂等多种，基于石头具有厚重（不易被偷窃）、雕刻细节不易因风吹雨打而被破坏等特点，宜以石材为宜，以大理石、汉白玉或当地石材为佳。水利雕塑可分为三类：抽象、具象、介于抽象和具象之间的亦幻亦形的写意。具象雕塑让人一看就懂，突出文韵，象形于外，动情于中；抽象雕塑让人思考，突出哲理，象形于里，理蕴其中。写意，处于写实与抽象之间，它既不会使人产生一览无余的简单，也不会令人有望而却步的深奥，它引导人们在一种似曾相识的心理作用之下，去把玩、体味、感觉艺术作品的整体及每个局部、细节的"意味"（吴为山《写意雕塑论》）。

例如，泰州在凤凰河畔设有一个广场，称为"治水者广场"，中立一"治水者"雕塑，广场东南角设铭石一块，上刻"治水情深"，将长江崩岸治理中抛石之石工搬石的爆发力，用裸雕人物的艺术手法凸显出来，充分展示了东方人的阳刚之美。

治水者益济九区

世界建筑大师贝聿铭说得好："建筑和艺术虽然有所不同，但实质上是一致的，我的目标是寻求二者的和谐统一。"1999年，普里兹克奖获得者英国的诺曼·福斯特在设计伦敦千禧桥时，专门请雕塑家设计造型，这为水电工程文化设计提供了前瞻性的范例。三峡大坝已融入长江及两岸的大自然中，但是重力坝、拱坝下游立面灰蒙蒙的混凝土本色，令人乏味。如果大坝在设计时就请艺术家和工程师通力合作，把结构设计和美学设计结合在一起，将下游立面视为巨大的画布，与周围环境相协调，用彩色混凝土生成各种图案或浅浮雕，并将大坝上的门机做成移动式雕塑，既可以表达文化的意蕴，又可以丰富大坝文化景观，岂不可以达到建筑和艺术的和谐统一。

五、文化水工程的制作及施工要有科学的周期

有文化内涵与艺术品位的水工程不仅要给设计者、创意者科学的设计时间，而且也要给施工者精雕细琢的时间以及科学合理的施工周期，才能创造出高品位的文化工程。例如，环境工程中的土方和绿化工程，在新堆的土丘上绿化，就必须要让土壤有自然密实的时间。绿化工程中的树木移植，特别是大树的移植，最好是在春季适宜绿化的季节移植，当然，现在也可以采取人工养护反季节移植，但往往不理想，死亡率高。有少数地方为了面子工程，政治献礼工程，强行压缩合理的周期，甚至连混凝土的保养期都给不足，就要求投入运行，结果只能出现豆腐渣工程，此

类教训甚多。而文化水工程，往往没有像其他水工程那样可以采用试压、化验等检测质量的手段来规定合理的周期，而只能规定相对合理的周期。因为，没有一件文化艺术精品不是通过反复推敲、打磨出来的，没有充裕的、科学的施工创作时间，是不可能制作出文化水工程的精品。如果时间规定得太紧，只能以牺牲文化艺术的品位为代价，换取这急功近利的时间。

六、文化水工程施工验收的专门要求

文化水工程的验收，除常规水工程的验收所必需的程序和手续外，还要增加以下几点要求。

（1）要有完整的水工建筑物文化装饰工程的全套竣工图纸及有关施工的其他技术文件，如文化工程平面布置图、施工技术报告等。

（2）要有每个单项文化工程，如雕塑、铭石、小品、楹联、匾额、亮化工程设备等发包或采购的完整手续，以及这些产品的具体生产材料、工艺、流程及制作人的相关资料。

（3）要有设计对文化水工程竣工后文化内涵及艺术品位的竣工评价。

（4）要有由有关文化、艺术、旅游业等相关方面专家参加的对文化水工程方面的评审报告。

（5）要有接收部门（水管或水利风景区）的审查接受意见。

第五节　文化水工程的管理

有一定文化内涵和艺术品位水工程的建设过程及工程建成后的管理，与常规水工程的管理不是完全相同的，特别是建设过程中的管理、日常管护、工程维修及更新等方面，有别于常规水工程管理方面的内容较多。

一、建设管理

水工程建设阶段的管理，业主重点抓招投标管理、合同管理；质量监督部门重点抓质量监督管理；施工部门抓的是工程建设的施工管理。

水工程的施工管理是根据有关规定、设计文件及合同条款，在保证施工质量和安全的前提下，用最少的人力、物力和财力，实现工程设计和各项技术经济指标的要求，如期或提前发挥工程效益所做的工作。施工管理的内容一般包括计划、调度、技术、质量、安全、机电设备、物资、人事、劳动工资、定额、财务等方面的管理。

有文化内涵和艺术品位的水工程的施工管理往往不是由一支施工队伍来完成这一工程施工的，除了各施工队伍仍然要抓好施工计划管理、质量管理和经济核算外，还需区别文化工程是由业主还是由施工企业对其他专业施工队伍发包的情况，分别做好管理工作。

（1）由业主将文化工程部分发包给非主体工程施工企业施工的，业主要负责协调主体工程与文化工程之间的施工进度、技术衔接。例如，水工程的主体工程、外装饰工程、亮化工程分别由三支专业队伍来建设，主体工程完成后，脚手架要不要拆，是否留给装饰施工企业，抑或再留给亮化工程施工队伍，这就需要协调。再如，装饰工程和亮化工程要不要主体工程预留埋件或线槽，抑或承重的基础构件等，同样也有工期的衔接和特殊的技术要求。

（2）文化水工程由主体施工企业统一中标，再由中标企业分包的工程，以上的协调工作就不属于业主施工管理的范畴，已转移成中标的主体施工企业自己的施工管理工作，则中标的主体施工单位，就要增加对有关文化工程施工队伍的全过程之合同管理、计划管理、质量管理的全部责任。

（3）文化水工程由主体施工企业直接施工的施工管理，基本与主体工程的管理相同，但要重视文化水工程需要进行二次创意的部分工程的相关程序，要严格遵守事前得到业主的要求或事中征得水工程建设同意后，再进行的准则，以免发生双方审美视角不统一而产生的分歧。

（4）关于文化水工程的建设企业选择通常采用招标的形式。招标是工程建设单位运用竞争机制选择工程建设承包者的工作，是国际上常用的组织工程建设的方式。工程招标的基本形式有：①公开招标，发包单位以公开方式发布招标通告，通过资格预审，符合条件的承包企业都可参加投标；②邀请招标，发包单位有选择地通知若干承包企业参加投标；③指定性招标，发包单位与选定承包企业进行协商，又称议标。

按照我国基本建设程序的规定，基本建设项目需在批准初步设计，并已列入年度基本建设计划后方能开工。为此，工程招标工作需在建设项目列入计划后进行。大型水利工程的施工，规模较大、工期较长，为便于做好招标工作，可将整个工程分成若干项，分别进行招标。特别是有关准备工作，如对外交通、输电线路、房屋建筑等，可以提前进行招标，以满足工程进展的要求。

有文化内涵、艺术品位较高的水工程，在大、中型水利工程中一般都是与主体工程分开单独招标的。鉴于文化水工程的设计、施工的人工、材料、质量、标准等尚未形成规范性定额和标准，而且由于文化艺术工程的设计、施工企业拥有的专业人才的级别各异，设计、制作的文化水工程的艺术品位也会各不相同，其投标价格的差数可能较大，故一般文化工程可视投资规模及对工程艺术的品位要求，有选择地邀请能创造出高品位文化工程的设计、施工单位承包工程。这就需要水工程建设部门深入有文化工程设计和施工资质的企业，去了解这些施工企业已生产的文化艺术类产品在社会上得到的赞誉度，以及其报价的合理性，作出比较后，再确定邀标或议标的企业。

二、日常管护

有一定文化内涵和艺术品位的水工程，在新建时，就应有管理人员参与工程的建设，了解工程的设计意图和建设过程，从日后工程管理和维护的角度，提出工程建设中应配套的设施，应完善和改进的地方，注意搜集和保存有关工程建设过程中的相关设计文件、施工技术及施工管理数据，并开始建立水工程管理档案，为日后工程管理、养护、维修服务。

水工程管理单位的管理机构应当建立健全水工程的管理、养护、维修制度。对具备一定文化内涵和艺术品位的水工程，要建立专门管理机构进行管护，特别是有一定规模，有条件被评为国家级、省级水利风景区，或客观上已成为地方、水利系统对外开放的旅游点，抑或已成为有一定量的城乡人民休闲场所的水工程，还要建立风景区的专门管理机构，对文化水工程进行专职管理，要有专门人员从事水管单位中文化工程的专业管理、养护和维修，以保证文化工程发挥更大的作用。

风景区管理机构或水管单位要对有文化内涵或一定艺术品位的主体工程建筑的外形、装饰、亮化工程进行定期检察，确保完整、无损、表面整洁、无污垢。

对文化水工程进行日常管理还包括以下几项工作。

（1）做好水、土、生物及雕塑、小品等人文资源的保护、保洁工作。

（2）按生态和美化、文化、艺术化的要求修剪或修复植被（特别是草、灌木）。

（3）严格注意管理范围内的保洁工作，有效处理垃圾、污水。

（4）确保管理范围内的交通、消防、服务、卫生等公共设施的正常运行，提高质量服务。

（5）严禁在管理范围内污染环境，造成水土流失，破坏生态，损坏建筑、构造物、雕塑、小品、亮化设施等人文资源的行为，禁止存放或倾倒易燃、易爆、有毒、有害物品。

（6）要有专门的安全保卫人员和安全保障设施，并有应对突发安全事故、事件的预案和有效处理能力。确保游客和休闲者的游览、休闲安全和水工程的正常运行。

（7）严格管理和批准在管理区域内采集标本、野生药材，商业活动以及其他有可能影响生态或景观的一切活动，并设置、张贴相关标语或广告。凡此类需经批准的活动，如有影响生态或景观的必须有适当的控制、恢复或补偿措施。

（8）对文化水工程的日常管理还包括注意搜集对本工程的社会评价，以及文化、艺术界人士有关本工程的作品，并用于为扩大本工程影响的有关文化、宣传工作。

三、工程维修

对有一定文化内涵与艺术品位的水工程的岁修或大修要注意以下几点。

（1）没有特殊的情况，工程修理要尽量做到修旧如旧，确保工程形状及装饰工程恢复原状。

（2）如遇水毁或其他特殊自然灾害，确实不能完全恢复原状的修复工程，应在尽量保持原文化内涵的前提下，做好修复水工程艺术造型及装饰工程的设计，并确保工程的艺术品位不低于原水毁工程的品位，以确保文化、景观功能的延续性和连续性。

（3）维修工程中的相关文化工程使用的装饰材料和工艺处理方法应和原文化工程相同或相近，尤其是不能造成明显的色差和形异。文化修复工程最好由原施工企业承担，以确保工艺处理手法的一致性。

（4）如确实不能恢复原状的大修工程，有可能的话，应根据原工程的相关数据，制作一座适当比例的原工程模型，陈列在适当地方，供游人参观、欣赏，并记录一段本地的水工程演变史，让模型也成为景区的一个新的文化资源。

（5）注意收集、保存、保护原工程有文化品位的艺术构件和艺术品。

绍兴在浙东运河整治工程中，打造了一个完全用原工程的艺术构件和材料建成的"古桥遗存"景点。

此景点集中展示了绍兴的老石桥，分3种类型：一是整桥移建，就是把农村中废弃的石桥集中迁建于园中，共11座。二是组合古桥，用废弃古石桥的构件，用传统石作工艺拼装组合，共12座。三是众多部件展示，展示古桥代表性残存石构件数十件。既为此河

中兴桥、锦鳞桥遗存

添了新貌，又为水利物质文化遗产做了大量的保护工作。这项整治工程获得了中国优秀园式古建工程金奖。

四、更新改造

水工程已到使用期限或遇特大洪涝灾害，因严重水毁不能修复的，则必须进行彻底的更新改造，如系有一定文化内涵和艺术品位的工程，就要更加认真对待。水工程的建筑物是有生命周期的，而水工程的文化却是永恒的，因此对待更新改造工程的文化工程就应进行两种思考。

（一）复原

凡是原工程的文化工程，其文化含量和艺术品位较高，得到专家和社会大众的充分肯定，在国内甚至在世界上已有一定知名度。例如，已被水利部批准为国家水利风景区，已被旅游部门批准为 4A 级以上旅游风景区，或已成为一个地方行政区域的品牌建筑形象，在国家电视台对外作过文宣、广告等宣传的形象工程的水工程更新改造，就应尽量恢复原工程的文化内涵和艺术造型，尽量充分利用原工程的装饰性材料，如原有的构件、石雕、石刻等则更好。

（二）重新设计，重新创意

对于原工程还有一定文化内涵和艺术品位，但因其规模或影响不是太大的，知名度仅在省级以下的水工程，也可不延续原有工程的文化内涵，重新设计、重新创意，使工程植入更先进、更有特色的文化，设计出更有品位的艺术造型，进一步提升更新改造后的水工程文化内涵和艺术品位。

对于以上两种思考，应在广泛征求社会大众和专家的意见后，再行决策。如系作出第（二）种决策，也必须认真制作一套适当比例的原文化水工程模型，并将可以收集到的原工程的文化构件、部件和单件作品在更新改造后的水工程中选点布置，将其作为新工程的一个文化亮点展示出来，以记录水工程的这段演变史。

1. 改造现有外观不雅的水工程

新中国建立后，修建的水利工程囿于当时的历史条件，工程老化、设备落后，大多数已超出规范规定的使用年限。整治这部分水利工程时，首先应完善其物质功能，提高管理自动化、数字化的程度，改善管理人员的工作条件，净化、绿化、美化工作环境；其次在表现水工程文化内涵时，应因地制宜，突出个性、地方特色，以朴素、简约、大方为时尚，在创意上多下工夫，不搞攀比，不比花哨，警惕千景一面，警惕不伦不类的城市化妆运动。改造现有外观不雅的水工程应在美学设计上下些工夫，在创意上多做文章。

都江堰渠首四闸，原装修采用平顶、面砖饰面，与都江堰城市整体风格很不协调，后改成川西民居样式,灰砖墙、飞檐顶、中式棕色窗框,闸顶天际线有起伏变化,文化特色就凸显出来了。

2. 环境配套改造

一般水工程配套的管理范围较大,往往在主体工程更新改造时也需对管理范围内配套设施进行更新改造,这就需要认真研究主体工程的文化内涵及所处地域的历史、人文、环境、经济等相关情况,结合管理

改造后的都江堰渠首闸

范围内原有的建筑、绿化、道路及相关文化元素,统一考虑,重新布局。红花虽好需要绿叶扶持,要提升主体水工程的文化内涵与品位,同样需要提升其管理范围的文化内涵和品位,使其相得益彰。例如,水利部太湖流域管理局苏州管理局所属望亭枢纽在更新改造工程时,曾经做了以下的方案。

望亭水利枢纽是1993年建成的望虞河穿越京杭大运河的重要控制建筑物,集防洪、排涝、引水等功能于一身。2010年,水利部批准对工程的工作闸门、启闭机械、抢修门的更新和对中控楼、启闭机房的改建工程,现已基本完成,目前正在推进翼墙防护措施、环境绿化和其他管理设施的改造。这些正在进行的工程与注入一定的文化概念和提升工程品位关系极大,现作如下思考。

(1)充分认识工程拥有的资源。

1)自然资源。

●望虞河与京杭大运河的水位高差较大,具有太湖地区唯一的清水和浑水交汇、高水和低水交汇、江水和湖水交汇的"三水交汇"自然景观。

●管理处拥有6230平方米土地和临管理处望虞河段的河道水面、水体,是可供建成有一定品位园林的自然资源。

2)人工建筑及可资利用的其他资源。

●更新改造后,以抽象"龙图腾"为文化概念的中控楼及启闭机房。

●领导植树林、江苏太湖治理工程纪念碑及现有的小办公楼。

●非常靠近江、浙两省七市已开始建设的环太湖慢行风景路,如能有通道连接,是可共享太湖景观的交通资源。

●运用风水学的阴阳平衡理念,利用隔河无锡市锡山区的墓地,形成隔岸为阴、本园为阳的空

间资源及清明前后踏青和祭扫墓地的人流资源。

3）可资参考的本地历史文化、民间传说等人文资源。

范蠡开蠡渎。范蠡，越大夫，周元王元年（公元前475年）开蠡渎（即漕河，锡山区边界），西起太湖，与江南运河相交于望亭以北约1000米处，再与蠡湖相接。

"守望虞姬"的传说、"雷泽（太湖）中有雷神，龙身人头，鼓其腹则雷，在吴西"等。

（2）建议将望亭水利枢纽建成一个开放的、具有一定文化内涵的园林式水利风景区。

1）总风格。望亭水利枢纽位于苏州、无锡交界处，属于典型的吴文化地域。吴文化丰富的物质和精神成果，均来自于太湖的浇灌，望亭水利枢纽从属太湖流域管理局，太湖流域则是包孕吴越的地区。吴越文化的经典之处在吴侬软语、小桥流水的城乡格局及曲折变幻的园林艺术。所建园林应玲珑小巧、秀外慧中。

2）文化主题及景区名称设计。

"太湖流域治水名人园。"

3）具体文化项目构思。

a. 将太湖流域历史上的治水名人，用不同造型、不同风格、不同材料的雕塑、塑造出来，布置于园内，并将这些名人治水的简介在雕塑的某一部位或另设铭牌刻写出来。

太湖流域名人治水事例主要有：

●大禹导三江（娄江、吴淞江、东江）。

●泰伯开伯渎。

●伍子胥开胥溪河、胥浦。

●吴王夫差开江南运河。

●范蠡开蠡渎。

●春申君导黄浦。

●秦始皇凿曲阿，治陵水道。

●隋杨广沟通南北大运河。

●李泌建杭州六井。

●王仲舒筑五江塘路。

●范仲淹浚白茆、福山诸港。

●白居易筑钱塘湖白堤。

- 苏轼筑钱塘湖苏堤。
- 钱镠浚杭州内外运河、西湖，创竹笼填石筑海塘。
- 朱元璋修长江口海塘。
- 海瑞疏浚吴淞江。
- 林则徐综办江浙水利。
- 李鸿章浚吴淞江。
- 曾国藩修上海捍海石塘。
- 夏元吉"掣淞入浏"。

（以上名人治水故事可参考《中国治水史诗》第507～558页。）

b. 可将水利部太湖流域管理局成立后历任主任（局长）和新中国成立后的历任水利部部长等及他们任职期间决策或关心在太湖流域所做水利工程，用一碑刻逐一作出简介。

c. 新中国建立后，国家领导人视察或关心太湖流域水利的照片及简介，在园中布置陈设。

d. 设计一块太湖流域水系图，可地刻、可浮雕，要在其上标注出名人治水的标记，让人可以直观地了解太湖流域治水名人兴办水利的区位。

e. 充分张扬"领导植树林"。

建议作如下调整：

改名："领导植树林"宜改为"名人植树林"，既可将这一文化外延，又可避免已有荷兰海根女士植树不是领导的尴尬。

扩容：在名人植树林景区布置时，宜留下更大的地域空间，以待今后陆续还有名人前来植树。

调整："名人（领导）植树林"的主题铭石，宜调整布置在游人进入这一区域的醒目处。

每位植树名人的铭石，除有植树日期外，应有名人的简介。

标注树木名称：对名人所植树木的名称及树木的相关知识应挂牌简介。

f. 利用现有管理用房布置、陈列太湖流域出身的名人简介和图片，有条件时也可搜集相关影像数据，或用幻影成像技术模拟实景。

吴越多名人，且多大家。以大家著称的名人主要有：

东晋：杰出画家顾恺之。

北宋：政治家、文学家范仲淹。

南宋：著名诗人范成大。

元代：著名画家黄公望、倪云林。

明代："吴门四家"沈周、文征明、唐寅、仇英；著名通俗文学家冯梦龙；地理学家徐霞客。

清代：启蒙思想家顾炎武；文学家钱谦益、吴梅村；文学评论家金圣叹；地理学家顾祖禹；目录学家缪荃孙；人口学家洪亮吉；历史学家赵翼。

近代：思想家、科学家、教育家：冯桂芬、薛福成、徐寿、徐建寅、唐文治；大实业家：盛宣怀、荣德生、薛南溟。

现代：革命领导人瞿秋白、张太雷、恽代英；外交家钱其琛；经济学家孙冶方、薛暮桥；文史专家钱穆、顾颉刚、王国维、吕思勉、钱钟书、俞平伯；作家鲁迅、茅盾、叶圣陶；诗人柳亚子；画家吴昌硕、徐悲鸿、刘海粟、吴冠中、丰子恺、张乐平；数学家华罗庚；物理学家吴健雄、周培源、王淦昌、钱学森、钱三强；化学家唐敖庆；力学家钱伟长；社会学家费孝通；心理学家潘菽；水利专家汪胡桢、钱正英。

g. 适当收集一些涉水或涉太湖流域之水的诗文，用刻石镶嵌于墙面或刻于点石之上，分设于园内。

4）园内文化分区平面布置（对苏州苏合建筑设计顾问公司《远期规划》作出调整）。

a. 调整《远期规划》道路布置。

●因园区西部三角尖最靠近园外公路，建议将入口三角区改为一定规模的停车场，园内不需设车行道。

●将园南面临河车行道改为区内次环步行道，临河宜多布置一些观景台或钓鱼台，亦可散置治水人物雕塑或涉水诗词点石。

b. 调整《远期规划》主题概念布置。

要使整个园区设计成人文、生态休闲区，但可按文化内涵的不同进行分区。由西向东分别布置：

●水利工程、龙文化展示区——展示两河立交，水位高低，古河蠡渎风光及枢纽中控式建筑形式的龙文化创意。

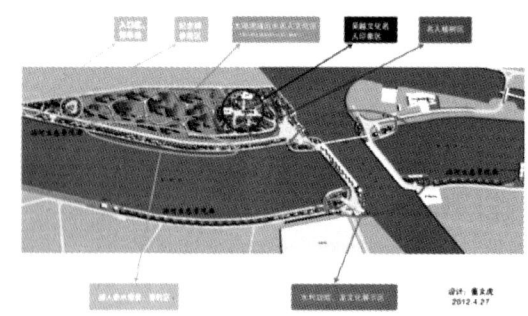

望亭水利枢纽总体文化环境概念规划设计

●名人植树文化区——展示名人关注绿化及植物文化。

●吴越文化名人印象区——展示吴越大家的地域文化。

- 太湖流域治水名人文化区——展示太湖流域治水文化。
- 纪念碑观赏区——展示本枢纽的建设文化。
- 游人亲水、垂钓区——返璞归真、道法自然。

西北翼墙龙爪雕塑样稿

西南翼墙龙爪雕塑样稿

东北翼墙龙爪雕塑样稿

东南翼墙龙爪雕塑样稿

c. 充分张扬控制室龙文化造型创意，取消苏合公司《远期规划》的春、夏、秋、冬园。

在四堵翼墙上设置四座不同造型的从云中伸出的龙腿龙爪石雕，并建议在四堵翼墙上植带有"龙"字的树木花草，如龙船花（仙丹花，常绿灌木）、龙吐珠（马鞭草科）、龙须草（拟金芳，禾本科）、龙芽草（仙鹤草，蔷薇科）、龙爪槐（豆科，落叶乔木）等。

5）园内新增建筑。

a. 适当点缀亭、台、桥、廊，风格应与现有办公用房近似，但工艺要提升，每座建筑物都应有与本园文化概念相符的高雅名称。

b. 有条件时也可增建容纳 30～50 人的会议、餐饮的楼阁，可供太湖流域水利系统和苏州市相关部门小型会议用，平时也可供沿太湖慢行旅游的游客休憩。

参考文献

［1］ 董文虎，刘冠美. 水工程文化内涵与品位的提升途径［M］. 苏州：苏州大学出版社 2011.
［2］ 董文虎. 泰州的文化桥梁［M］. 南京：凤凰出版社，2010.
［3］ 董文虎. 乐水集［M］. 苏州：苏州大学出版社，2011.
［4］ 刘冠美. 水工美学概论［M］. 北京：中国水利水电出版社，2006.
［5］ 王澍. 中国美术学院象山校区［J］. 建筑学报 2008（9）：50.

第四章 提升水工程文化品位的主要措施

第一节　加强水工程文化的科研、教育工作

加强水工程文化的科研、教育工作，学科是基础，科研是龙头，课题是突破口。

一、加强水工程文化的科研工作

（一）水工程文化学是一门边缘学科

水工程文化学是一门新兴的边缘学科，它是科学与艺术、力学与美学、工程与文化相结合的交叉学科。这门学科除了要研究属自然科学类的水利相关学科外，还要研究属哲学社会科学类与水利相关学科，主要有：水工程的文化内涵与品位的界定；水工程的文化内涵与品位的体现，包括哲学理论、生态伦理、文学艺术、历史积淀、美学特色、地域文化等；水工程的文化内涵与品位的实例分析；水工程的文化内涵与品位的具体实践，包括规划环节、设计环节、施工环节、管理环节、保护与开发环节等；水工程的文化内涵与品位的利用开发研究；中外水工程文化内涵与品位比较研究等。"删繁就简三秋树，领异标新二月花"，郑板桥在这里道出了做学问的真谛，创立水工程文化学，既需要"领异标新"的勇气和魄力，又需要"删繁就简"的功力和判断力。

建立这一新学科，需要具有"T"形知识结构的复合型人才，既要懂得水工程的设计、施工、管理，又要懂得水文化的内涵、品位的发掘及表现；既要有逻辑思维，又要有形象思维；鼓励水工程设计、施工、管理人员学习水文化知识，鼓励水文化研究人员学习水工程设计、施工、管理的知识，鼓励这两类人员互相学习、紧密合作，为建立这一新学科共同奋斗。为建立这一边缘学科，需要从两方面下手：在大学本科教育中增设水工程文化学，使大学生成为复合型人才；加强在职水工程设计、施工、管理人员的水文化再教育，这两部分人员是建立水工程文化学边缘学科的主力。

（二）要纳入水利科研工作范畴

提升水工程文化内涵和品位的有关研究课题是文理交叉的新型课题，既具有高度的创新性，又具有广泛的实用性；它既涉及基础研究，是对新理论、新原理的探讨，又涉及应用研究和开发研究，它将直接将研究成果应用到现代水利的建设中。因此，极有必要把该学科的研究作为重点科

研项目纳入水利部及各级水利部门科技发展总体规划中。

水工程文化科研队伍的组建，应两条腿走路，一是由部、省各级水利设计院和水利大专院校组建水工程文化科研队伍，目前各省水利设计院大多已增设了"水生态与景观设计室"，负责生态河道、水利景观规划设计项目。为适应水工程文化发展的新形势，建议设立"水工程文化设计室"，并将已有的"水生态与景观设计室"合并、重组，统一负责水工程的生态、文化、景观设计任务，引进园林、水工程文化设计人员，增添三维建筑形象、建筑艺术、建筑与环境、园林景观等设计软件，提升理念，拓展视野，努力探索水工程文化的表现力，开拓设计市场。二是以水文化专家委员会为骨干，吸收行业外的社会人士组建水工程文化科研队伍。第一种组建方式，着重打基础，立足长远；第二种组建方式，适于突击、攻坚，短时间拿出成果，两种方式各有所长，相辅相成。

科研项目的管理，按照水利部的科技工作的相关规定，实施项目负责人负责制，项目负责人负责科研项目的申报、合同的履行、经费使用、项目结题与验收、成果鉴定、奖励申报的具体实施。

（三）要设置水工程文化科研课题

为推进水工程文化内涵与品位的科研工作，除了面上一般号召外，要在代表这一领域研究方向和前卫课题上选择突破口，突破重点，形成纵深，打开局面。课题的选择应紧密联系水工程发展的新方向，应具有全局指导意义。目前，可从如下几个方向设置研究课题。

"城镇水系规划文化内涵设计"方面的课题。可分解为规划目标、规划原则、规划布局的确定、生态景观的塑造、水生态的恢复、文化内涵的挖掘、核心文化元素的提取、地域特征的表现形式、各种文化手段的综合运用等子课题。

"水闸、泵站工程文化设计"方面的课题，可分解为水闸、泵站工程的美学表现，水闸、泵站工程的文化表现，水闸、泵站工程的景观表现，将水闸、泵站工程分解为水下部分、水上部分、闸门部分、管理区部分，对每一部分进行美学、文化、景观设计，引出一般规律，可供初学者借鉴；较系统地对现有国内外水闸、泵站的美学表现、文化表现、景观表现一一比较，从中得出中外水闸文化的不同特征、国内不同地域的独特个性。

"大坝工程文化设计"方面的课题，可分解为大坝工程的美学表现、大坝工程的文化表现、大坝工程的景观表现，将大坝工程分解为上游面部分、下游面部分、泄流洞或溢洪道部分、管理区部分，对每一部分进行美学、文化、景观设计，引出一般规律，可供初学者借鉴；探讨用彩色混凝土在坝的下游立面作画的创意和具体实施技术；探讨将坝上门机在满足起吊功能前提下做成活动雕塑的创意和具体实施技术。

"水工程雕塑"方面的课题。雕塑已成为水工程景观的重要组成部分，凡景必有雕塑。雕塑如何立意，抽象雕塑如何让观众解读，具象雕塑如何传神，雕塑与工程的关系，雕塑与环境的关系，雕塑位置的摆放等都是课题研究的内容，从中悟出规律性的东西，抵制日益泛滥的低品位的雕塑，倡导高品位的雕塑，美化、净化环境。

"水生态修复工程文化内涵研究"方面的课题。可分为水生态修复伦理研究，水生态修复基本技术研究，水生态修复工程景观特色研究，水生态修复工程的美学特色研究等子课题。

"中外水工程文化内涵比较研究"方面的课题。可分解为水流动力学对大河文明、海洋文明基因的影响，中西水工建筑文化比较研究，世界文化遗产名录中的水工程文化，中西水工程文化异同分析如治水理念、文化形态、美学特征、景观营造等。通过比较中外水文化，明确中华民族的核心价值，坚守民族精神，对水利人进行价值观教育，创新、负责、求实、奉献、勇敢、执著，创造面向现代化、面向世界、面向未来的民族的、科学的、大众的社会主义文化。

"构建水工程文化学"方面的课题。水工程文化学是以水工程为依托，研究水工程与社会、水工程与人文、水工程与环境等互生关系的学科，是水文化学的分支。水工程文化学涵盖水工程社会学、水工程生态学、水工程景观学、水工程艺术学、水工美学等。

水工程文化依托水工程活动，服务于水工程目标，水工程是实践水工程文化的场所，是承载水工程文化的主体。因此，水工程的特征、战略目标、功能规模、技术等要素决定水工程文化的方向。

水工程与水文化紧密相关，水工程的各个环节都是水文化的展现，水工程本身就是一种特殊的文化，具有自身的文化内核。可以说水工程本身就是一种文化，是一种器物文化、制度文化、观念文化。水工程与水文化相互依存、相互促进，使水工程文化和水文化工程化并蒂双联、同融共生。

水工程文化，既表现在水工程的文化风格等外部可感的层面，也表现在工程的建设流程、工程的质量效益、工程的精神价值这些内在的要素中。水工程文化是任何水工程所内含的要素，而不是某种外来的附加。

水文化改变水工程，水文化建构水工程。要从水工程的角度探究水文化的存在，从水文化的角度完善水工程的运作。

二、加强水工程文化的教育工作

水工程文化学的创立,可以说是对水工程文化的揭示,但却不能让全世界所有涉及水工程的人们都能对水工程文化有所认知。虽然,水工程文化学的创立之际,就标志着水工程文化揭示时期的基本结束,但这却仅仅是学科发展本身或学术界的水工程文化揭示完成。而水工程界的绝大多数人以及所有其他业界的人们都尚未认知水工程文化。而这些人仍是水工程文化的客观载体,水工程文化仍在他们的潜意识中客观存在,客观存在的水工程文化也同样会发挥其作用,只是作用仅表现为潜在的。潜在的作用是无意识的,比起有意识的认知作用,当然是有一定不足的,有时甚至是盲目的,使水工程活动可能出现不理性现象。于是,学术界对水工程文化的揭示,并非水工程文化学创立的终极目标。为此,水工程文化揭示应该得到推广,让更多的人所具备的潜在水工程文化得到揭示和认知,而这一推广的过程,实际上就是水工程文化的教育和普及。

水工程文化教育可以从两个方面去考虑,一方面是水工程业界以内人们的教育和水工程业界以外广大人群的教育,另一方面是近期计划的教育和远期计划的教育。两者相互交错,便可构成水工程文化教育总体的网络体系。

(一)水工程业界内人们近期的教育推广

水工程界,是指参与水工程建设过程的规划、计划、设计、施工、管理、运用等环节的一个特定范围的人群,包括这些环节的实际工作和教学研究两大部门。水工程文化揭示时或揭示后不久,水工程教学研究部门的人们也许马上就能接收到水工程文化的揭示信息,但接收到揭示信息并不等于就是接受了水工程文化,尤其是当所接收到的揭示信息并不完整时,其不完整的信息就会导致形成不完整的或是片面的水工程文化认知的结果,便可能曲解了水工程文化的内涵和性质,而怀疑水工程文化揭示的科学性和逻辑性,客观存在的水工程文化对其而言仍然无法被揭示和认知。对此,水工程教学研究部门内的人们,对水工程文化揭示,要达到完整传播水工程文化揭示信息,首先是要使教学研究部门的教育者尽可能接收到完整的揭示信息,然后才是展开对受教育者的水工程文化认知的教育。

对接受水工程专业教育的各层次的受教育者的水工程文化教育,在近期主要是水工程文化基本内涵和性质以及水工程文化结构体系等的总体轮廓的认知教育。对于这一教育,基本上可不按受不同层次教育的人群,去作不同的水工程文化教育。这是基于无论何种层次的受教育者,在此前都是处于水工程文化潜在状态，认识基点均很相近。让他们较全面的认识水工程文化总体轮廓是近期的首要任务，以期达到水工程文化揭示和扩大认知面推广的目的。

水工程实际工作部门的人们，主要是对水工程文化学创立后的水工程文化性质和内涵的了解和认识，而具体从事水工程规划、设计、施工、管理、运用各个环节的人们，要着重了解本环节的水工程文化，特别是与传统水工程学的水工程内涵环节上的区别，包括两者各自的地位、作用以及相互关系。他们对这些知识的了解和认识，主要来自于教学部门的水工程文化教育，然后，再融合到水工程过程的各个环节之中。由于水工程文化内涵和性质存在于无形的意识之中，实不易为人们所认识，如果没有较全面的集中教育，恐难在一般的传播媒介中得到较全面的介绍，若只是片言只语的了解，又易曲解被揭示的水工程文化之真正内涵，故这方面的教育一般应以专业教学部门的教育为主。

要积极开展最富内涵文化和最美水工程经验交流活动。有比较，才能发展；有鉴别，才能前进。为推动水工程文化的研究和实践，应在部、省两个层级，开展最富文化内涵水工程和最美水工程的经验交流活动。

最富文化内涵水工程经验交流活动着眼点应放在文化内涵的发掘和表现上，探讨文化与工程结合的方式，避免生搬硬套、张冠李戴，既要探讨在结构上文化内涵的表现，又要探讨在装饰上文化内涵的表现，两者并重，不可偏废；既要探讨历史文化在工程上的表现方式，又要探讨现代文化在水工程的表现方式；探讨低碳、环保、节能材料在水工程上的使用及其文化内涵，如太阳能、江水源热泵系统、ETFE薄膜等；探讨现代科技在表现水工程形、光、声、色诸要素上的应用，如激光、LED等。

最美水工程经验交流活动着眼点应放在水工美学的应用上，探讨美学规律如对称、平衡、体量、比例、反复、交替、节奏、渐变、调和、支配、从属、统一等范畴的具体应用；探讨相邻美学在水工程上的运用，诗心、书骨、画眼、园趣、乐感、文蕴、哲理在水工程上的表现；探讨美学新发展如分形论、协同学、耗散结构、突变论、图论思想在水工程上的运用；探讨各类水工程的不同的水工特征、不同时空条件下的美学表现手法；如何因地制宜、因材饰美。

这种经验交流活动应避免不加分析、不分主客、不深入思考，由相互借鉴变成相互抄袭，彼此复制，造成千景一面，失去特色，迷失自我，形成一场水工程的全国性的化妆运动，这就违背了提升水工程文化内涵与品位的初衷。丧失了个性，泯灭了个体，群体也就消失了，文化也就变异了。

（二）水工程业界以外人们近期的教育推广

绝大多数人甚至包括大部分水工程计划的决策者，都是水工程业界以外的，他们对水工程的了解或多或少，有的甚至不具备水工程的一般知识。但每一个人都离不开水工程或者是在水工程文化揭示前，每个具有正常思维的人，都具有其水工程文化的客观潜在，有的在参与水工程活动过程中，都有潜在的水工程文化作用相应出现。但是这一作用的出现，却是无意的，同样也是盲目的。为此，对他们亦有揭示而认知水工程文化的必要。由于大多数水工程业界以外的人们，对水工程了解甚少，要认识水工程文化，恐怕是非常困难的。我们却不能因之而任其所为，应从文化总体上来对人们进行水工程文化教育，视水工程文化教育为人类必要的文化素养之组成部分。要让这部分人先从文化三层要素结构以及三层要素之间的联系方面的知识去了解。再进一步从水工程实物和水工程文化也是文化结构要素中的一个方面去认知，使他们了解水工程具有其文化要素关系的存在规律，这样，人们也就能在文化素养教育中，正确认识水工程文化，进而使这部分人，得到水工程文化揭示的启迪。

然而，水工程业界以外的人们数量众多，文化知识水平也参差不齐，不可能完全由教学部门来推广这一专题的水工程文化教育，最适宜的推广教育办法是通过网络、电视、报刊杂志、科普教育等手段，进行对水工程文化基本常识的专题介绍，人们便可在有意或无意中提高文化常识素养的同时，也接受到水工程文化教育。近期，受内诸因素的制约，大概只能以这样随机地推广水工程文化教育为主。

（三）水工程业界内人们远期的教育普及

随着水工程业界内人们对水工程文化有初步的认知后，必然会逐渐分化出认知深度不同的人群，教学研究部门和实际工作部门就要针对不同认知深度的人群，有意识地拉开距离，区别两者不同的工作内容和性质，进行不同的教育。

由于水工程文化研究的逐步深入，客观上也需要有不同深度的研究人才，这便形成了不同层次的水工程文化专业教育体系。除了一般水工程院校或水工程专业的水工程文化基本学科内容的普及教育以外，还应对较高层次的受教育者进行具有一定深度的水工程文化教育，并逐步设置专攻水工程文化专业的高层次教育，或者是选取某一水工程文化专题的深入教育，也就是集学习和研究为一体的教育。当然，要形成这么一个具有不同层次的教育体系，是需要一个相当长的发展时期的。但是，水工程发展的客观需要，也可能在某一区域的水工程文化揭示后，得到人们的重视，尤其是决策者的重视，不久便会产生高层次的水工程文化专业教育，这是难以预料的。当广泛地形成了不同层次的水工程文化教育体系，则水工程文化教育的发展也将逐步趋于稳定。这是水工程文化推进教育的远期计划的基础，有关水工程文化的教育部门，便可参照水工程文化研究的进程和水工程活动的客观所需，制定出一系列的不同层次教育的各个推进计划，就能形成与其他传统学科一样，成为一个具有稳定的教育制度和大纲的学科教育体系。

实际工作部门的人们，在基本上达到完全揭示和认知了水工程文化以后，便可制定全面、完整地认识水工程文化学科体系的普及教育计划，在突出对本环节水工程文化认识的基础上，再完整地去认识水工程活动全过程的水工程文化全貌。这一教育计划，同样也可请教学部门协助完成。但随着时间的推移，要逐步过渡到形成本部门自己创办相应的水工程文化教育培训常设机构，对每一位实际工作人员，就像要求对水工程过程本身的认识一样，也要全面地认知水工程文化并制定出一套常规的、稳定的教育制度和教学计划，长期而有序地开展水工程文化知识的教育。

各级水利部门要重视培养和使用水工程文化建设人才，努力为他们创造良好的成长环境。要紧密结合水利工作实际和水文化建设需要，组织分层、分类教育培训，创新培训内容，提高在校学生、干部职工的水工程文化素养和专家团队的水工程文化的创新能力。

加强在校本科生、中专生、高职生的水工程文化的教育，使他们在科学和艺术、工程和文化、形象思维和逻辑思维上得到全面发展；加强在职广大水利干部职工水工程文化知识培训，针对不同部门如设计、施工、管理、监理等不同层次人员提出不同的培训要求，努力使他们成为博学多专的复合型人才，成为水工程文化建设的积极推动者；培养和造就一批自主创新能力强、专业特长明显的水工程文化研究、建设团队，努力打造一支高素质的水工程文化人才队伍，成为水工程文化建设的突击队。

（四）水工程业界以外人们远期的教育普及

通过网络、微信、电视、报纸等媒介，加强对水工程文化的传播和教育，可以在提高全民文化素质的同时，也能向一部分人揭示水工程文化认知。但这种随机性的水工程文化揭示和推广，远远不能满足人类社会高度发展以后对人水环境的认识需求。人类理想的社会所要求的，应该是全民的水工程文化普及教育的认知，与全民的义务普及教育一样，可将水工程文化基本常识也作为文化普及教育的内容之一，纳进相关教育体系。在国家规定的义务教育年限里，按一定的顺序或深度分期传播给人们，使每一个人在接受了法定的义务教育以后，能基本上准确地认知水工程文化的一般概念，并作为以后生活中的一个基本观念而存在，使之能融入日常生活行为的思维中，这也是要达到全民的水工程文化教育或普及的基本思路。

总之，水工程文化揭示后，开展水工程文化研究和教育的路还很长。要达到全民的水工程文化的揭示和认知，远比现在水工程文化学创立时期对水工程文化揭示，要困难得多，也艰巨得多。需要有相当多热心水工程文化研究和教育事业的人们，通过不懈努力，及至全民的共同追求。才能完成水工程文化的全面揭示以及向一代代人揭示的顺利延续。现在，本书希望为水工程文化学的创立，唱出先声。

（五）加强专业人才培养

各级水利部门要重视培养和使用水工程文化教学和建设人才，努力为他们创造良好的成长环境。要紧密结合水利工作的实际和水文化建设的需要，组织分层、分类教育培训，创新培训内容，提高在校学生、干部职工的水工程文化素养和专家团队的水工程文化的创新能力。

加强在校本科生、中专生、高职生的水工程文化的教育，使他们在科学和艺术、工程和文化、形象思维和逻辑思维上得到全面发展；加强在职广大水利干部职工水工程文化知识培训，针对不同部门如规划、设计、施工、管理、监理等不同层次人员提出不同的培训要求，努力使他们成为博学多专的复合型人才，成为水工程文化建设的积极推动者；培养和造就一批自主创新能力强、专业特长明显的水工程文化研究、教学和建设团队，努力打造一支高素质的水工程文化人才队伍，成为水工程文化建设的突击队。

1. 学校教育

在水利院校大学生、中专学生、高职学生中要加强水工程文化教育，培养既掌握专业技能、又具有文化素养的新一代水利事业建设者；在校园文化建设中突出水工程文化特色，营造水工程文化氛围，发挥环境育人的功能。由水文化专家委员审定一批水工程文化课程，列入各院校选修课程，由学生自主学习；邀请专家举行各类水工程文化讲座，提高学生的学习兴趣；开展水工程文化设计大赛，通过参赛和评选，提高学生掌握水工程文化规划、设计、施工、管理、运用的基本技能。组织学生开展了解水工程文化建设的相关社会实践活动，增加学生们对水工程文化的了解和兴趣。例如，河海大学国家大学生文化素质教育基地在2007年就组织了河海大学、南京航空航天大学、南京师范大学、南京医科大学的一些学生代表，组成了一个"水韵和谐"的暑期社会实践的团队，到太湖流域管理局、泰州凤凰河工程、泰州引江河高港枢纽、南水北调东线江都枢纽和宝应站，进行实践调研。这个学生团队通过暑期的实践，交出了一本《实践报告》。他们在报告中写了：

"暑期社会实践是海，它容纳百川，让你从中融入所学。"

"在实践中，你会懂得'百闻不如一见，百见不如一干'的真谛，你会明白'读万卷书不如行万里路'的内涵"。

"我们看到了'绿油漆'——表面上长满了蓝藻的湖水……。从林局长形象生动的讲解中，我们了解到影响今年太湖蓝藻提前爆发的主要原因及治理措施。"

"泰州以其独特的凤凰文化向我们展示了它的文化底蕴，而它的文化底蕴又让我们看到了泰州水文化的内涵。站在观凤桥上，远眺凤凰广场的成百上千的'凤凰'，清澈的凤凰河从我们的脚下流过。此时凤凰文化深深的震撼着我们的心灵——这不就是'水文化'的典型代表吗？我们所说的'水文化'不就应该是这个样子吗？我们应将水与地方特色（文化）结合，形成一道独特的风景。同时，这也是对水文化最好的诠释！"

这些学生对泰州水环境建设，还专门避开水利部门，自己单独开展了对泰州市民的问卷调查，在其《调查问卷》中有与水工程文化相关的两条，得到的调查"结果"是：

一为"您平时是否会有意识地关注周围水文化的建设工程？"结果是："非常关注"的占13.0%，"比较关注"的占29.0%，"一般"的占52.2%，"不太关注"的占5.8%，"非常不关注"的为0；二为"您认为泰州投入这么大的精力去建设凤凰河及其文化工程，值得吗？"结果是：认为"值得"的占90.0%，"不值得"的占7.1%，"无所谓"的占2.9%。学生们在《调查报告》的分析中写道："凤凰河工程在满足排水、引水、活水和城市防洪要求的同时，综合考虑了休闲娱乐、观光旅游、绿化美化、挖掘文化等多方面需求，文化内涵较为深厚，经我们调查，市民们在凤凰河工程中确实得到了实惠，城市的发展和人民的愿望得到了和谐的统一"。给水工程文化和文"化"水工程的实践一个真实而客观的评价。

河海大学商学院信息管理与信息系统专业05级学生杨赫在其实践心得《走出象牙塔》中写到"'纸上得来终觉浅，绝知此事要躬行'社会实践使同学们找到了理论与实践的最佳结合点。"

河海大学法学院法律专业05级学生秦勉励在他的《实践心得》中写到"我对泰州的水文化颇感兴趣，……尤其是老局长对'人化'与'化人'的精辟分析，让我们所有的人获益匪浅。在这之后，我们去实地参观了凤凰河的景观建设，深深感受到了关于水的景观中的深厚文化底蕴，也由衷感叹与折服于泰州水利人的智慧与才干。"

南京师范大学新闻传播学院新闻学专业05级学生姚吟月在其实践心得《实践归来谈蓝藻—蓝

藻之后话利水》中写到"说到底是一个先发展还是先治理的问题。是如何处理边发展边治理的问题。……'人化'与'化人','水利'与'利水'的关系,这就是我们团队所要传播的和谐水文化。……自古文化发源于有水的地方,如果说苏南繁荣因为有水,'江水北调'调去的不仅是水,还有文化。"

南京师范大学金陵女子学院应用英语专业 05 级学生屠燕云在其实践心得《走进实践 走近水利 走入水文化》中写到"水利,于我,一直是一个陌生而模糊的概念;水力学,于我,更是一门遥不可及的自然科学。而此次行程却颠覆了我所有予此的认识,让我真正走近了水利,走入了水文化。……泰州,最让我有感触的是那位老局长对水文化的独特见解,对水文化情有独钟。'水利人,人利水,水融人利',如此精辟独到的见解着实耐人寻味,引人深思;也从没有想过水利也可以从文化美学的角度去理解,就像他所说,随着经济社会的发展,水利的环境人文功能也越来越臻显重要。水利不仅是一门自然科学,也是一门人文科学。"

河海大学商学院经济学专业 05 级学生张茜茜在其实践心得《我的"和谐水文化"之旅》中写到"泰州给我很大的触动……:将文化注入水利是我们以前没有想到过的,然而泰州就是那样真实而又生动的将水文化展现在我们的面前。"

河海大学水文水资源学院水文专业 05 级学生程龙在其实践心得《人利水、水利人——人水和谐》中写到"我们作为河海的学子,将来也许会有许多人成为水利人,但是我们不能仅仅是把自己定位为水利人,我们应该把'人利水'的思想始终扎根于我们的思想深层,……在泰州的实习,我学会了很多,我觉得在将来发展水利事业时,不能仅仅停留于其简单的水利效果,还应考虑到其生态效果,社会效果。为此,我们应在水工程建筑中融入人文元素,这样我们水工建筑的文化底蕴也将突现。……四天的实践生活快过去了,时间是短暂的,但影响却是深远的"。

这些学生中的代表,不管来自哪所学校,不管学的是什么专业,他(她)们都能以极富情感的笔墨,记下在这次暑期社会实践中所受到文化水工程的感染,认识了文"化"水工程的必要,这些真实感受,必将影响他们未来对水的思考,形成"利水"的思维,如果他(她)们踏入涉水的部门和岗位,抑或成为某一级涉水工程的决策者,他(她)们必将成为提升水工程文化坚定的推进者。

谈到人才培养,王澍对"好的建筑师"的理解非常发人深省:"好的建筑师基本就是一个哲学家,因为你要懂得生活。你要设计一个城市,你基本上就要有一个哲学家的头脑;你要关心社会民生,你要有社会家的态度;你关心这种更基础的人的生活的演变,你要带有一种人类学家的气质;然后你要思考一些生活、生命中多少带有一些诗意的事情,你要拥有一种类似文人的、文学家的感觉;你面对事物的时候不是一个工程师,你更像一个达·芬奇式的科学家,达·芬奇除了画画、做建筑,还做各种机械研究,可以说是一个典型的理想人物,中国的李渔就是这一类人;最后你是一个亲自动手的工匠。"

王澍利用美术学院的人文艺术教学资源,进行深度远超工科院校的专业艺术训练,使学科的特色与优势在国内更加突出。他不用国内的标准教科书,所有课程都是重新拟定的。例如,做木工、砌砖头、夯土、焊金属、学书法……这都是国内其他建筑院校没有的,很值得有关水利专业院校借鉴。

2. 职工培训

在水利系统党政管理干部和技术干部以及广大水利职工中全面开展水工程文化教育,提高整个水利队伍的水工程文化意识,自觉运用水工程的文化知识,提高水行政管理能力和业务水平。

对水工程规划、设计人员,要分期、分批进行重点培训,要求他们更新知识,掌握水工程文化的基本理论,具备水工程美学的基本素养,在水工程规划设计中,融入水文化元素,充分考虑美学要求,将优化设计与美学设计结合起来,改变肥梁、胖柱的臃肿外观,克服一再加大保险系数的保守设计思想,正确处理结构和装饰的关系,努力把水工程做成美化环境的艺术品,确实为自己的作品负起社会责任。

对水工程施工人员,要求他们掌握水工程文化项目的施工工艺、技术,在施工队伍中充实园林、雕刻等专门技术工人,能完整地实现水工程文化的设计意图,在实施过程中具有再创造的能力。

对水工程管理人员,要求他们掌握水工程文化项目的维修技能,绿化维护技能,熟知水工程文化项目的基本含义,能准确、全面地向参观者介绍本工程的文化内涵及表现,做得好,也要说得好,大力做好水工程文化的宣传工作。

3. 教材编写

把水工程文化学教育列入水利系统中长期教育规划。组织编写相关的水工程文化教材,培养水工程文化学教育的师资力量,针对不同的对象,分层次、有重点地开展水工程文化教育。在全国建设一批布局合理、条件成熟的水工程文化教育基地或中心。目前,已有自发编写有关水工程文化教材的地方,例如,泰州职业技术学院组织编写的公共选修课的讲座教材中,已编列了《泰州水文化研究与建设》的专题。供学生选修的《泰州水文化研究与建设》的专题讲座,从2008年度起,开设至今,从未间断。

组织水文化专家委员会的有关专家尽快编写《水工程文化学》《水工程美学》《水工程雕塑概论》《水工程景观学》《提升水工程文化内涵的理论与实践》《水工程文化鉴赏》等教育丛书,确定课题、分头落实,在出版上给予大力支持,要争取在3~5年内出版《水工程文化学》等系列丛书。

4．团队建设

以水文化专家委员会为骨干，培养和造就一批自主创新能力强、专业特长明显的水工程文化研究团队。扩大水文化专家委员会的组成，吸收行业外有成就的知名社会文化学者参加，提高水文化专家委员会的知名度；以课题为契机，加强纵向和横向的交流，加强对水工程文化课题研究的管理和支持，对专家的自主课题也要列入研究规划，给予一定的指导和经费支持。对立项的综合课题，充分发挥不同领域专家的特长，协调合作、通力攻关，以课题带动团队建设，以课题促进文化发展。

5．社会动员

借助各种社会力量，在全社会开展节水、爱水、护水、亲水教育，把水工程文化教育与培育公民良好的水工程文化素养和资源道德观念结合起来，与节水防污型社会建设结合起来，发挥先进水工程文化的引导功能和自律意识。通过讲座、报告、开展文化活动等多种途径，采取群众喜闻乐见的方式，推进水工程文化教育进机关、进企业、进学校、进社区、进乡镇。

为各类水文化人才的脱颖而出创造条件。把培育德艺双馨的水工程文化人才和创作高品位的水工程文化作品作为水文化队伍建设的根本任务。大力表彰在水文化工程建设中业绩突出的先进单位和在人文社科、文学艺术、新闻出版、广播影视等领域作出突出贡献的水工程文化工作者。定期进行水工程文化作品和专著的评选，鼓励水工程文化工作者多出书、出好书。

2012年普利兹克建筑奖的获得者，王澍曾为振兴中华民族的传统文化，发出振聋发聩的呐喊："一个地方的建筑如果是庸俗的，在那里生活着的人也一定是庸俗的。"我们愿以此名言作为本节的小结，与读者共勉。

第二节　加强水工程文化的传播

一、确立传播的重点和标准

（一）重点

榜样的力量是无穷的，要抓住水工程文化传播的重点，以典型影响社会，以典型带动一般。重点传播的典型水工程文化应具有先进性、可推广性。典型水工程文化的标准可分为功能性和精神性，作为典型的水工程，不仅要达到设计要求、质量优良、安全可靠、管理先进；而且还要达到文化内涵丰富、景观宜人、生态和谐、水质优良；要能产生引人入胜、动人心弦、发人深省的感官效果。

（二）标准

水工程文化传播具体标准为：文化内涵定位准确、个性特征鲜明、表现手段新颖、宣传解说到位等四个方面。

1. 文化内涵定位准确

文化内涵定位是从项目的地域、历史、文化的准确分析中确定的，应具有真实性。张冠李戴、移花接木式的生搬硬套缺乏真实性，当然就没有生命力。逻辑表达应具有完整性，水工程文化的概念设计，应像《岳阳楼记》一样，应有一个完整的逻辑，一要简约，二要贯穿始终，设计者要忠实于自己的逻辑，调动各种手段表现这一逻辑，或春、夏、秋、冬；或过去、现在、未来；或生态文明、大河文明、海洋文明；或水之礼赞：水之生态美、水之文化美、水之时尚美；或河之灵、河之华、河之情、河之荣等等，不一而足。

2. 个性特征鲜明

水工程蕴涵的文化。必须充分展示地方、个性特色，展示历史底蕴和民俗风情。这些工程载体是特殊的人文符号，抓住这些符号，就突出了地方特色；对能展示历史底蕴和民俗风情的史实和传说，应认真考证、分析，去粗取精，真正把握其内涵，调动一切手段进行展示，人文其内，景观其外，达到引人入胜的效果。必须从水工程实际出发，因地制宜，因势利导，创造出具有诗情、画意、园趣、乐感、文蕴、哲理的水工程文化景观。

3. 表现手段新颖

表现水工程文化的手段要能充分调动文化载体：诗文、绘画、音乐、雕塑、碑刻、楹联等手段构成一个有机的整体，而不是简单的罗列、无序的堆砌；要表达一个完整的情节、一个贯彻始终的"动机"；疏密相间、错落有致、前后呼应、浑然一体、以求达到设计的初衷。

4. 宣传解说到位

有了好的水工程文化设计，必须通过宣传、解说，诠释设计者的意图，使参观者能理解该项目的文化内涵，转而欣赏、接受。景观介绍应简单扼要，抓住实质，紧扣主题；标牌应准确、鲜明；现场解说者应完整把握项目文化内涵的实质，能生动、活泼、有趣，能依据不同受众，因人而异，进行不同层次的解说。

二、解读典型水工程

要宣传典型水工程文化,首先必须请一些专家、学者、文人、艺术家对典型水工程的文化内涵进行解读,还要从多视角、宽视野的各种解读中进行提炼,整理和认知,才能进行高品位、高质量的宣传。例如,对都江堰的文化除了从哲学、控制论角度解读外,还可以从以下几个方面去解读。

(一)数学的解读

1.《道德经》《易经》的数学模型

《道德经》的数学模型是"道生一,一生二,二生三,三生万物",实际上给出黄金分割的费波那契数列的前三项:1,2,3,该数列每项为前两项之和,前项与后项之比逼近0.618。《易经》的数学模型是"易有太极,是生两仪,两仪生四象,四象生八卦",实际上给出等比级数。在洛书中显现黄金分割比0.618,在河图中出现黄金角137、圆周率3.142三大美学构型参数。都江堰由岷江分为内、外江,所谓"一生二",内外江又生成鱼嘴、飞沙堰、宝瓶口,所谓"二生三",遵循《道德经》的数学模型;民谣"分四六,平潦旱"实际上是阴阳比——2∶3(《说卦传》云:"参天两地而倚数"),也是该数学模型的具体运用。宝瓶口以下,仰天窝一分为二,二分为四:蒲阳、柏条、走马、江安,不断树状分流,遵循的是《易经》的数学模型。

2. 两个黄金分割

鱼嘴最初的位置位于古白沙邮附近,距今鱼嘴位置1650米(今鱼嘴位置距宝瓶口1070米)。初始位置,按八卦学说,它是坎上艮下即水山蹇卦。《序卦》曰:"乖必有难,故受之以蹇。"《象》曰:"蹇,难也,险在前也,见险而能止,知矣哉。"真实地反映了这个卦位的鱼嘴面临的重重困难,鱼嘴的初始位置不能解决泥沙淤积问题,而分水堤过长又导致工程量太大,因此,在自然选择中理所当然地被淘汰了。坎险艮止,方有鱼嘴位置的优选。令人感兴趣的是,现今鱼嘴位于初始鱼嘴位置和宝瓶口连线上的黄金分割点[1650/(1650+1070)=0.6066≈0.618]。鱼嘴卦位由水山蹇变到水风井,实实在在进行了优选。

都江堰渠首水系形状亦呈"S"弯,反弯点为宝瓶口。因宝瓶口前内江段为弯道,引水

形似阴阳鱼分界的都江堰渠首(冯军 摄)

角的认定值不易得出，但宝瓶口左侧岸边线与内金刚堤直线段夹角约为138°。

太极图中阴阳鱼的分界线亦为"S"型曲线，其反弯点公切线方位角即黄金角为（1-0.618）×360°即137.51°。斐波那契型叶序体现了植物叶片在茎上的螺旋排列规律，其张角为137.51°。137.51°为何在自然界中占绝对优势地位，这是有待解决的自然之谜。

宝瓶口的引水角与黄金角惊人的相近，这不能不说明李冰在开凿宝瓶口时，是千真万确的匠心独具。

（二）社会学的解读

虽然长城与都江堰修建的年代相差无几，虽然长城的范围比都江堰大很多，但是从文化内涵上看，两者却无法相提并论：战争与和平 VS 生存与发展、民族斗争 VS 民族融合、毁地脉 VS 开生门、圈地运动 VS 经济圈拓展、社会失稳 VS 社会维稳、被动防御 VS 辩证思维、封闭 VS 开放、文物 VS 活物、历史见证 VS 持续发展，无一不凸显出两者巨大的差异。

长城是春秋战国时期民族政治军事斗争的产物，着眼点是解决战争与和平的问题。长城实际上是农耕民族圈地运动的产物，长城走向与年降雨量375毫米的分布线相一致，长城以内土地适于农耕，长城以外土地适于放牧。长城对秦始皇而言是柄双刃剑，既是纪念碑，又是坟墓，长城为巩固秦王朝统治而修，同时也是结束秦王朝统治直接动因。生存与消亡、稳定与动乱这对矛盾，在长城这一工程中奇妙地依存共生。

（三）易学的解读

李冰治水继承大禹的道器结合的优良传统，在岷江展开卓越的工作，李冰在成都"修七桥，上应七星"（《华阳国志·蜀志》），他很早就在探讨水工建筑的文化内涵的表现手法，他搞的是天地对应，在整体的平面设计之初就已经赋予了哲学内涵。他在勘察时"望天彭阙"，实则望气，不易、变易、简易是李冰治水之道。凿离堆，用火烧、水浇，做工程，用竹笼、马槎，是李冰的治水之器，竹笼这个"器"，阻水又泄水，演化成为后世的水利工程闸、坝。道器结合保证了大禹、李冰治水的成功，为后世留下极为珍贵的文化遗产。

易经云"同声相应"，李冰用的是"天地相似"论，抓的是"应"，抓的是"天象"与"地象"的"相同象"；而李冰凿离堆，抓的是"天象'与'水象"的"相同象"，用"星形"去类比"水形"。

1. 鱼嘴

现在的鱼嘴分流处的内江的走向，按八卦学说，它是坎上巽下，即水风井卦。《序卦》云："困于上者必反下，故受之以井。"《彖》曰"巽乎水而上水，井；井养而不穷也。改邑不改井，乃以刚中。"

此卦，上卦坎为水，下卦巽为入，水入为井，养而不穷，形象地解释了鱼嘴分流引水入内江的功能。"改邑不改井，乃以刚中"，

鱼嘴（冯军 摄）

鱼嘴位置在历史上有变化，但鱼嘴自身不能取消，这就相当于上下卦中位的阳爻，刚毅中庸而不变。此卦确立了都江堰为川西平原之"井"的地位。

"井"卦的内涵极为丰富，"井"是广义的水利工程。都江堰几千年来赖以长盛不衰的建、管、用的成功经验，均能在此卦中寻到本源。

2. 飞沙堰

飞沙堰按八卦学说，它是坎上离下，即水火既济卦。《序卦》云："有过物者必济，故受之以既济。"从卦形看，这一卦阳爻均在奇数位，阴爻均在偶数位。"过物者"为泄洪、排沙，因"过物"，耗散结构系统与外界有能量、物质、信息的交换，而"必济"。《尔雅释言》："济，成也。"既济卦的六爻均当位又全部构成相比相应，六十四卦中结构如此齐整的仅此一卦，卦辞故言"刚柔正而当位也"。显然，结构的合理是"即济"的前提，而阴阳这种中和状态保护了系统的稳定。都江堰渠首系统正是因为飞沙堰的二次分流、分沙，使系统完成自动调节，始终处于动态平衡之中。

3. 宝瓶口

宝瓶口及其引水道的方位，按八卦学说，它是坎上震下，即水雷屯卦。《卦序》云："有天地，然后万物生焉。盈天地之间者唯万物。故受之以屯。屯者盈也。屯者物之始生也。"程传曰："万物始生，郁结未通，故为盈塞于天地之间，至通畅茂盛，则塞意亡矣。"又"动于险中，亦屯之意也。阴阳不交则为否，始交而未畅则为屯。"这俨然是李冰在作凿离堆工程的方案论证，掌八卦中的"生命线"亦是坎上震下，宝瓶口正是天府之国的生命线，若以成都为中心，宝瓶口位于西北，居干位，属开门。"阴阳不交则为否，始交而未畅则为屯"，凿离堆，修宝瓶，叩"开门"，"开门"一开，生机必然滚滚而来。

《史记·天官书》说北斗七星"分阴阳，建四时，均五行，移节度，定诸纪"。显然古人对北斗七星评价极高，推崇备至，这不能不在后来的天人合一的建筑模式上打上深深的烙印。

4."堰其右，检其左"的地天泰结构

《益州记》载："江至都安，堰其右，检其左，其正流遂东"。这是都江堰渠首枢纽的平面布置原则。"检其左"，是利用内江左岸岩体对水流实施控制；"堰其右"是利用飞沙堰、人字堤在右岸排沙、泄洪。

"圣人设卦观象"，"堰其右，检其左"，这种象亦可入卦。这里左岩为实，右滩为虚；左至刚，右至柔；左为内江，右为外江；左为山、为陵、为石、为干、为内卦，右为滩、为水、为坤、为外卦（取尚秉和《焦氏易林注》对逸象的考证）。这种结构布局对应于地天泰卦，正是这种构型造成"天地交而万物通也，上下交而其志同也"，这种构型的实质是"内阳而外阴，内健而外顺"。"内健"使内江河槽稳定，取水口可靠；"外顺"使右岸因设置平水槽、飞沙堰、人字堤，汛期得以顺利泄洪、排沙。"内健"是"外顺"的前提，内不健则外不顺；"外顺"又是"内健"的保证，外不顺则内难健。

怎样才能做到"内健外顺"，泰卦又提出了相应的工程措施："九三无平不陂，无往不复"，"九三"是阳爻和阴爻相交、相接处，是在两种不同介质的界面上作文章。《说文》云："陂，阪也"，"坡者为阪，一曰泽障，一曰山脊也"。陂者，倾也，为"泽障"是挡水建筑物。"无平不陂"，"平"是对"泽障"的要求，这和坎卦中的"九五坎不盈，祗既平，无咎"讲的是一回事，这正是"低作堰"的原则。"深淘滩"在恒卦中是"初六浚恒"，只有"淘"方能"恒"，淘者去也，为"往"，没有"淘滩"，亦没有水的"复来"。对都江堰而言，这才是"无平不陂，无往不复"的真意。

地天泰卦既规定了都江堰枢纽平面布置的法则（"堰其右，检其左"），又揭示了都江堰枢纽立面布置的原理（"深淘滩，低作堰"）。象传曰："天地交泰，后财（裁）成天地之道"，鬼斧神工造化的神奇，其因盖出于此。

程传曰："小往大来，阴往而阳来也。则是天地阴阳之气相交，而万物得遂其通泰也。"宝瓶口前，山环水抱必聚气，生生不息，良好的水场、气场皆出于此。从都江堰的地天泰结构中可以发现，水系的科学的平面布置、立面布置与优良的生态场及其功能美、形式美是不可分割的、相辅相成的。

（四）宗教学的解读

《华阳国志》记载李冰在凿离堆前展现了一番"行为艺术"："冰能知天文地理，谓汶山为天彭门；乃至湔氐县，见两山对如阙，因号天彭阙。仿佛若见神，遂从水上立祀三所，祭用三牲，珪璧沈濆。"李冰是外来户，在生产力十分低下的条件下，如何说服当地土著心甘情愿地投身治水的伟大活动中，李冰煞费苦心,只有借助宗教的力量,"仿佛若见神",表明他能与神沟通,代表神的意志,借此号召、动员、组织群众。

"拜水都江堰,问道青城山",青城山道教文化和都江堰文化互为表里,山水文化成就了以成都为中心的蜀文化。李冰被奉为川主,受到蜀人虔诚的顶礼膜拜,成为联系灌区千家万户的精神纽带。

谭徐明指出:水神崇拜既能维持水利活动的公众参与性,又可以神的意志来强化公共管理的权威性,通过水神崇拜与岁修和灌溉仪式的融合,使千家万户的用水户和管理者之间,使灌溉和岁修的组织者与实施者之间形成了不同阶层的沟通,为灌溉工程的延续和有效管理注入了活力。国家行政管理通过基层乡村社会组织来发挥作用,需要水神崇拜的桥梁,这是都江堰水神崇拜的社会学价值所在。民众参与的岁修与水神祭祀活动和谐地融合一体,为灌溉工程的管理和用水制度的实施注入了活力,灌区岁修礼祀制度与民间水宗教活动交融,赋予了历史时期都江堰独有的文化特质[①]。

(五)景观学的解读

都江堰沿江布置各类景观如:二王庙、安澜索桥、茶马古道、伏龙观、离堆古园、南桥等。这些景观形态各异,布局奇巧,风格古朴,又紧紧围绕水的主题,临水布局,充分展现都江堰美学构形的另一个侧面。

二王庙内苍绿青翠、怀古思贤;伏龙观上观水迎风、见证宝瓶神功,听涛声震撼;安澜索桥临水凌空,远地近天,碧浪搏天;南桥文化长廊上饱览文人颂水诗篇,水墨丹青幻化巴山蜀水;离堆古园显川派园林神韵,彰堰工人物风采;茶马古道怀想南方丝绸之路。

1. 二王庙

二王庙、伏龙观、离堆古园体现了川西园林的风格,它们依山而建,结合地势,适应地貌,巧用地形,智取空间,在曲轴运用、高差处理、观赏路线安排、中轴线切割、建筑小品布置、庭院层次变化等方面均独具匠心。

山地园林地形千变万化,时而舒展,时而收缩,时而开阔,时而险峻。山地园林建筑一般并不削山劈崖、人造平台,而是把建筑紧贴山崖,挤出院落空间,或将建筑骑跨在地形突变处,或于边角处点缀建筑小品,二王庙背依玉垒山麓,面临都江古堰,山势陡而峻,逼临岸边,道路从门前贴水而过,寺庙的山门无法展开。建造者别开生面将山门退至山坡上,留出门前空间,增加

---

① 谭徐明. 古代区域水神崇拜及社会学价值[J]. 河海大学学报,2009(1).

了山门的气势。为填补山门后退造成的景观空白，正对往来道路，建造两座造型美观的牌楼门，作为道路的对景，再沿江堤筑以亭廊，围合成山门前的独立小院。在狭小的空间里，小巧的牌楼与高耸的山门形成强烈对比。

二王庙的老君殿，位于寺庙后陡急的山嘴上，仅能立足，难以架屋。但此殿位于寺庙的主轴线上，是建筑群的制高点和景观的尾声，在构景上具有重要作用。建筑者采用凸形平面的高耸小殿以适应地形，又让岩石穿入，成为两层佛坛，取得理想的立面和空间效果。

二王庙的布置采用曲轴的手法，其总体布局依山就势、层层叠叠，紧紧围绕一条蜿蜒的曲轴，轴线如同游龙，不仅在平面上展开，而且还在立面上盘升，宜左右斯左右，宜上下斯上下，随山势自然伸展，空间表现变幻无常，既主从相随，又连环呼应。

二王庙依山傍水，地势狭窄，上下高差 50 余米。从山门到后殿，主轴线沿山势盘旋而上，转折变化多达 8 次，并不时衍生出若干弯曲的副轴线，气势宏大，变化万千，空间表现力丰富多彩、生机勃勃。二王庙山门并未置于正面，而是巧妙地利用地形，在东西两侧各建一座牌楼式的山门，进山门后转入南北轴线，经乐楼拾级而上，视线被收束的空间引向观澜亭的照壁前，这里独具一格地铭刻有许多著名的治水格言。过灵官殿进入一个略微舒展的庭院，庭院被南面的照壁和东、西、北三面的高墙围合起来，院中陡斜的大石梯将人们引向主轴线。在石梯下仰望，李冰殿如在云霄。穿过戏楼，视觉豁然开朗。重廊环绕的大庭院正中平台上布置的是纪念李冰父子的两重大殿，院中点缀花池、假山、碑塔、石刻，形成组群高潮。东侧是临崖而建的悬空吊脚楼，供游人品茶小憩。并有曲折而上的铁龙殿，两侧是经多次转折的圣母殿；再经盘山石级蜿蜒而上，可达二王庙主轴线的最高建筑物老君殿，成为组群的结束点。在整个转折的空间序列中，每一个转折都有起景、展景、收景和中心景观，循序渐进，启乘转合，引人入胜。空间在拓展时，以明暗、大小、开合、陡斜、平直构成强烈对比，取得层次分明、重点突出的空间效果。整个建筑群曲折重叠地隐现在玉垒山的浓荫苍翠之中，似朦胧缥缈、亦虚亦幻的琼楼玉阁。

在单体建筑物的构形上，采用化整为零、化大为小的手法，缩小建筑的体量感，二王庙的李冰殿是上下两层、面阔进深的各七间的大殿，其屋顶采用前小后大的勾连搭歇山顶，从而减小建筑总高度。二王庙现存刻有治水经验和历代赞颂李冰父子业绩的碑刻、诗文、匾额、楹联。在观澜亭的亭壁间嵌刻的治水格言，成为独特的水文化现象。

2. 伏龙观

伏龙观位于江中的离堆之上，两侧江水奔流直下，地势险峻，三面环绕悬崖绝壁，下临惊涛骇浪，与附近的山、水、城、堰、古迹、津梁相映于山光水色之中。

整个建筑为歇山屋面,分主殿三重,依前低后高地势,坐西向东构筑中轴线,其轴线在第一庭院左了转折,在第二庭院玉皇楼形成高潮,空间形式丰富,在严整中又有变化的意趣。观前紧接四十二级石阶和敞园,对比之下,伏龙观格外雄伟壮丽;侧视则伏龙观象玲珑剔透的水中盆景;俯视则如镶嵌在都江堰上的一颗灿烂明珠。"猛虎啸于谷风,元鹤鸣于浦月,白云生座,上拂仙香;彩云依岩,下传天乐",宛如仙境。

观后设"观澜亭",登亭远望,西岭雪峰,青山秀色,古堰雄姿,尽收眼底;俯视江水,奔腾呼啸,直泻脚下,翻滚而去,蔚为大观。

3. 离堆古园

离堆古园,濒临两江,由左中右三部分20个小园组成。它以古木、奇树、桩头、盆景取胜,体现川派园林的意趣。园中楠木杉木,林木葱茏,翠柏竹林,四季常青;盆景桩头,千姿百态;奇花异卉,争芳斗艳;亭台曲径,古雅幽深。"古桩园",将自然界的真山真水、花草树木的错落有致的美景尽收园中。而盆景园则将自然界中美的精髓凝缩在尺余盆中,随势赋形,观形生念,无声诗,立体画。清代名桩"紫薇花瓶",立意高雅,高约3米的瓶体和插花全由一棵活树精心结构而成。紫荆屏风高2米余,宽5米,木桩盘扎成棱形漏孔屏风,春来满屏繁花,姹紫嫣红。千古奇树,张松银杏,亭亭玉立,人称"白鹤仙",基部如鹤足插地,树干下端的乳垂却像另一支鹤足,举步欲飞。水心厅、小红桥幽雅别致,春夏之交,紫藤开花,倒映水月,交辉碧池,诚为妙境。带江亭、临江阁、青晖亭、比翼亭、之字桥、澄清楼、荷花池、螺形坛,宜势布形,择地而建。

4. 南桥

南桥为长廊型跨江建筑,登桥可望西岭雪峰、离堆锁峡、宝瓶飞波,迎猎猎江风,听呼啸涛声,观桥身雕梁画栋、桥廊诗画匾联,自然、人文景观相辅相成、互相衬托,令人流连忘返。

琉璃瓦屋顶的桥亭、牌坊式桥门附以石阶、花圃作为引道,长廊连接江两侧的建筑,风格一致,自然协调,隐去桥身的存在,是正确处理水工建筑物与环境关系的绝好范例。

南桥

（六）文化学的解读

张大千用都江堰作为《长江万里图》的开卷，神曲《流水》的整理加工者蜀派古琴大师张孔山曾在都江堰二王庙和青城山中皇观悟道；历代著名诗人均为都江堰的美所折服，留下许多脍炙人口的名篇。

唐代诗人杜甫在《赠王二十四侍御契四十韵》中赞道："灌口江如练，蚕崖雪似银。名园当翠巘，野棹没青苹。"宋代诗人陆游在《离堆伏龙祠观孙太古英惠王像》一诗中写道："导江书禹贡，江流蹴山山为动。呜呼秦守信豪杰，千年遗迹人犹诵。决江一支溉数州，至今禾黍连云种。"这些文化巨匠，在诗文、绘画、音乐等创作方面，从都江堰水利工程中，汲取了取之不尽的素材和忽如神来的灵感，留下了不朽的名篇，同时又为都江堰赋予了深厚的文化氛围和哲学底蕴，成为都江堰美学不可或缺的组成部分。

（七）都江堰对蜀水文化的解读

蜀水文化以治水为先导，大禹开先河，开明续传统，李冰集大成。大禹、开明治水主要表现为"除害"，而李冰治水则体现在"兴利"。大禹的"岷山导江，东别为沱"的"导"与"别"，为治水、治国定下基调；开明的"凿玉垒山，疏金堂峡"之举，实践了大禹的理论；李冰将"导"、"别"发展为"导"、"泄"、"引"，完成了由"除害"到"兴利"的华丽转身。治蜀先治水，治水必兴蜀，大禹治水、开明治水、李冰治水的3个里程碑，构成蜀水文化的基本逻辑，治水的工程文化是经人工干预自然形成的物质文化，由此生成精神文化、制度文化、行为文化，精神文化是物质文化的心理积淀，制度文化是物质文化的社会规定，行为文化是物质文化的民俗反映，由此规定了蜀水文化的总体特征。

秦汉、唐宋、近现代是蜀水文化发展的3个高峰时期。在第一高峰期，李冰站在蜀水文化的制高点上建设都江堰，他是由工程文化即治水文化出发，构建物质文化、精神文化、制度文化、行为文化的理论体系，生产方式影响生活方式，生产方式与生活方式决定地域文化特质，蜀地民俗为此大体成型；在第二高峰期，苏轼站在蜀水文化的制高点上，他明确提出"水学"，他以自身丰富的治水理论与实践以及灿烂的水文化艺术，将蜀水文化推向全国，在精神文化上有新突破；在第三高峰期，邓小平站在蜀水文化的制高点上，将改革开放的春风吹遍中华大地，他的一生体现了蜀人特有的聪颖和坚韧，他的名言"摸着石头过河"，将蜀水文化的革命性与建设性发挥到了极致，在制度文化上实现了突破。

三、传播运用的手段

（一）传播典型水工程文化的渠道或手法

利用现代传媒宣传典型水工程文化，应网罗各种渠道、手段如：网络、影视或动漫、刊物或专刊、报纸、论坛、画展、影展、主题文学、艺术创作的出版或演出等。

1. 纸介传媒

纸介传媒包括报纸、杂志，充分利用行业内外的报、刊传播载体，将水工程文化建设作为重要内容进行宣传，在《中国水利报》和《中国水利》、《水利发展研究》杂志上开辟水工程文化专栏，系统探讨水工程文化的理念与实践，围绕专题展示水工程文化的典型。但上述报刊宣传面较宽、主题多，不太可能用太多的版面宣传水工程文化，因此有必要重点培育《中国水文化》杂志，让其不定期出版水工程文化专刊，作为主阵地。

2. 文学作品及影视

现在已有很多成功的关于水工程文化的影视作品，如《话说长江》、《再说长江》，系统地向社会介绍了长江的演变和社会的变化；《水与中华》系统地揭示现代社会对水的反思；《话说运河》展示了运河沧桑。又如以红旗渠为题材的文学、影视作品的问世向社会宣传红旗渠精神，极大地振奋民族精神。

传播水工程文化可加强与各级电视媒体的联系、合作，系统拍摄典型的水工程纪录片。将水工程分为两部分类：历史水工程和当代水工程，每一类又按功能分为：防洪工程、灌溉排涝工程、航运工程、水电工程、城乡供水工程、水土保持工程、水环境工程，分门别类、选出典型逐一拍摄纪录片。

组织专家以历史水工程和当代水工程为线索，为历代治水功臣作传和影视剧本，以工程讲人物，以人物谈历史，以历史讲文化，如大禹、李冰、王景、郭守训、潘季驯、李仪祉等。对系统内有志于此的专家，创造条件，协调关系，安排好工作，给予创作假，使其尽早拿出作品；对系统外的专家，组织他们参观水利工程，协助他们采风，收集资料，完成创意。

陶长坤的长篇小说《静静的大运河》以大运河为背景，以水工程文化为依托，展示改革开放绚丽多彩的画卷的同时，又揭露腐败、针砭时弊、问诊社会。前者是主旋律，后者是多样化。在整体结构上，又可分现实和梦境两条大线，将纵线和横线交织起来，将心理结构与情节结构有机地结合起来，打破时空顺序，纵线横线交织，力求立体化。将小说的现实时空置入一条名曰"神龙号"客轮的半月运河旅程中,又通过插叙、追叙、补叙和人物的联想、回忆,牵起数十年的历史时空,将实、虚两种时空交错起来,杂糅起来。在现实时空中,又分主次两条线,主线是男主人公黄炎带领博士南下访学的旅途生活,次线是贪官马大杰的洗钱、逃跑、落水、归案。在主线中又有主干和杂枝之别,旁逸斜出、枝叶纷披、婆娑共舞、摇曳多姿。

3. 水利网站

在已建立的网站中,增设水工程文化栏目,展示水工程文化理论、成果,如《中国水文化网》《水利文明网》等宣传阵地。特别要重视互联网的传播功能,分层次建设不同特色的水工程文化网站,不断丰富网站内容。宣传历史水工程文化,增加文化自信;宣传现代水工程文化,增加文化自觉,面向未来、面向世界。

4. 展馆

充分利用现有的水利(水文化)博物馆(展览馆、展示馆),加大水工程文化传播力度,在展馆布置上增大水工程文化的比重,文字与实物并重。鼓励各地建设一批富有民族特色、地域特色的水工程文化博物馆(展览馆)。

5. 水利风景区

水利风景区要在旅游资源开发中深入发掘水工程文化元素,增强文化内涵,专门宣传水工程文化,引导社会大众欣赏水之美,培育爱水亲水意识,使之成为传播水工程文化的重要平台。

6. 节日

要利用每年的"世界水日"、"中国水周"、"放水节"等宣传日或节日的宣传活动,增加水工程文化内容,增强全社会对水工程文化和水利事业的认识和了解。都江堰的清明放水节已入录"国家非物质文化遗产名录",并以"放水大典"的驻场演出实现华丽的转身,以"天上水、天下人"为主题,以"道"思想为核心,重在体现岷江的流经之"道",都江堰水利工程的科学之"道",以及灌溉之后的和谐之"道",表达"谢天、谢地、谢人"以及大灾面前涌动大爱的感恩之心。横向立体的、多元丰富的为观众们呈献一台具有视觉与听觉震撼的,强烈艺术冲击力的文化大餐。演出分为《古蜀之祭》《千年堰功》《水润天府》和《天下之人》4部分,对造福千秋万代的都江堰水利工程进行了艺术解读,再现了蜀郡守李冰主持修建都江堰的历程,展示出都江堰的千年文化底蕴,表达了人与自然和谐相处的美好愿望。

7. 学术活动

继续办好水工程文化论坛和水工程文化相关学术活动。建立水工程文化论坛长效机制,每两年举办一次主题明确、内容丰富的水工程文化论坛，交流建设水工程文化经验。要多开展以水工程文化为主题的其他群众性活动，本着寓教于乐、自娱自乐、小型多样的原则，开展形式多样的群众性文艺演出、歌咏比赛、演讲比赛、赛诗会、摄影、美术、书法、集邮、冰雕等文学艺术创作和演示活动，通过这些活动，使广大群众深入理解水工程文化内涵。

8. 互联网

现在互联网已成为现实社会极其重要的组成部分，大众化、媒体化、现实化趋势越来越明显。目前我国网民已达 4.2 亿，通过网络了解信息、浏览新闻、学习知识、休闲娱乐，已经成为人们丰富文化生活、满足精神文化需求的重要途径。不仅如此，越来越多的人通过网络参与文化建设，借助时效、更新速度、社会动员、关注角度远胜于公共媒体的博客、播客、微博等自媒体形式进行文化创造，广大网民既是网络文化的享受者，又是网络文化的创造者。网络技术在满足人们文化需求、激发人们创造热情的同时，也孕育了具有信息时代特征的文化形态，催生了网络音乐、网络游戏、网络视频、网络文学等新的文化样式，极大地提高了文化产品创作生产的效率，极大地丰富了文化产品和服务的领域、内容。可以预言，今后文化的消费享受、创作生产和交流传播大都要通过网络这个平台来实现，谁在网络文化的发展上抢得先机，谁就能占领文化的制高点。各地也要充分利用这一平台，发动群众宣传本地有特色的水工程文化。

9. 招商引资

通过本地孵化、兴办产业园等方式，布点建设动漫创意文化产业，提高水文化产业的整体科技水平。在政策、资金或服务等方面积极鼓励创作生产水工程文化的动漫创意文化产品，特别要扶持重点题材或鸿篇巨制。依托著名大学和高科技园区，建立动漫创意产业高地。重点采取校区、园区、城区"三区联动"和学科链、技术链、产业链"三链联动"新模式，尽快形成高端动漫创意文化产业基地。

面对青少年群体，采用他们喜闻乐见形式进行水工程文化的宣传和教育，和动漫公司合作，创作以治水人物和活动为题材的动漫游戏，将三峡截流、施工、发电，小浪底冲沙调度、抗洪抢险开发成游戏，以增加娱乐性、群众性，寓教于娱。

（二）整合传播水工程文化的力量

有必要对有条件传播水工程文化的部门进行整合，如水利部文明办、景区办、水利学会、水利政研会、水利文协等部门都在做水工程文化的宣传工作，但每个部门都有自己的工作侧重点，分散抓较难形成合力，效果不明显。应抽调精干力量，组织或明确一个强有力的协调机构，主抓全国典型水工程文化的宣传和推广。

在省市一级，可专门成立水文化研究教育处。水文化研究教育处，属专门处室，与办公室、规划处、工程处、财务处、科技处等处室并立，同等重要。水文化研究教育处的职能是组织水文化尤以水工程文化为重点的理论研究，开展水工程文化学术交流研讨；收集水工程文化建设信息，负责水工程文化网站建立和运行维护；推广水工程文化研究成果，整理挖掘传统水工程文化遗产，建立并发布全省水工程文化教育基地；举办水工程文化宣传教育活动，组织水工程文化教育培训，努力构建符合文化发展规律、适应水利事业发展需求的水工程文化建设的体制和机制，发展面向水利实践、面向社会、面向未来的先进水文化，为水利事业又好又快发展提供先进的水工程文化支撑。

四、《水利志》要有记载水工程文化的章节

（一）水利史志是水工程文化的富矿

水利史志具有传承水文化和纪实、存史、资治、教化等功能。

《禹贡》是最早的水利志，展示大禹治水的工程文化，宋代洪迈提供了一个发掘水利志文化内涵的范例，他在《容斋随笔》对大禹治水工程文化进行了分析，提出"禹顺五行而治之"的思路，按五行相生排列，治水空间序依次是北、东、南、中、西，实际上是先下游、再中游、后上游，先下游，出口问题解决了，洪水也就很容易消退。这是大禹治水的大局观，大局观正确是成功的先决条件。

司马迁在《史记》中开创编纂水利史志的先河，《河渠书》的体例为后世所遵循，他从郑国渠中，发掘出水工程的政治内涵；从井渠中，发掘出水工程的科技内涵；由"天子既临河决，悼功之不成，乃作歌"，发掘出水工程的文化内涵；他率先提出"水之利害，自古而然"，"用事者争言水利"，"水利"这一专属概念，由此而立，影响至今。

水利史志是水工程文化的富矿，它包含哲学思想、生态伦理、文化蕴含、历史积淀、美学特色、地域理念、民俗文化等，值得我们认真分析、研究，归纳、总结出规律性的东西，供后人学习和借鉴。

（二）加强对历代水利史志的收集、研究

1. 加强对二十五史中水利史志的研究

在二十五史中，有河渠志的共七部，分别是：史记、汉书、宋史、金史、元史、明史、清史稿；有志未列河渠志的共十部，分别是：后汉书、晋书、宋书、南齐书、魏书、隋书、新唐书、旧唐书、辽史、旧五代史，虽未列河渠志，但在五行、地理、食货志中对水灾、河流分布均有记述；未涉及河渠的共八部，分别是：三国志、梁书、陈书、北齐、周书、南史、北史、新五代史，这些朝代大多历时较短。

不同朝代的河渠志，凸显时代的变迁、水工程的历史沉淀；五行志记录了历代水环境的水文、水工程珍贵的资料；地理志记录沧海桑田、河流山川几千年的演变史；食货志记录了山川环境对人类的影响，都应组织专家分类、专题进行研究，拿出成果。

2. 加强对历代地方志、水利志有关水工程文化资料的收集、研究

历代地方志是水工程文化的富矿，后世推崇为方志之祖的《越绝书》《华阳国志》，对水旱灾害、水环境、水利规划、水利设施、水工程文化等均有详尽的记述，为后人留下宝贵的历史遗产。

西华大学、四川省文史馆与四川省都江堰管理局，于2007年8月出版《都江堰文献集成》，时间跨度从先秦至清代，文体种类范围涵盖地方志、水利志、游记、碑记、散记等，涉及都江堰的相关资料均一一收录，为创建《都江堰学》开了好头。

建议各省、各流域机构由资深水工程文化专家牵头，以河系为中心，或以水工程为主线，对历代地方志、水利志、游记、碑记、散记、文书、奏折等进行分类，作专题资料收集或编辑出版。对这项工作要做到组织落实、人员落实、经费落实，争取在短时间内拿出成果，为深入研究水工程文化打下良好的基础。

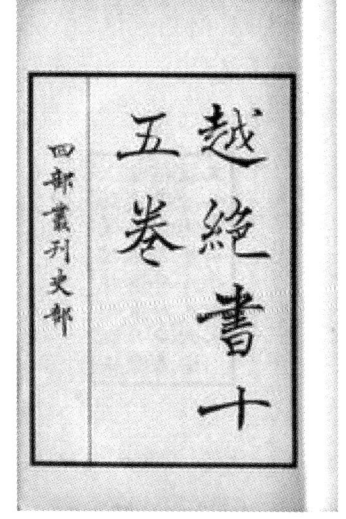

《越绝书》

3. 要做好现代水利史志编纂工作

水利部历来重视现代水利史志的编纂工作，进入21世纪后，水利部依据国务院的《地方志工作条例》（以下简称《条例》）先后下发《关于加强江河水利志编纂工作的通知》《江河水利志编纂导则》《水利部江河水利志工作指导委员会工作规则》，启动、指导现代水利史志的编纂工作。

1982年至1991年的10年间江河水利志编修工作形成了一次高潮，第一轮江河水利志的编纂

工作于 2006 年 12 月结束。在新一轮的修志过程中，要深入挖掘和整理水利遗产中的科学内核，特别是蕴含其中的先进思想、辩证思维、科学精神和正确价值观念等，充分认识我国传统水工程文化的历史意义和现实价值，将其转化为服务于当代水利建设的文化资源。具体实施过程中应加强领导、强化责任、制定目标、细化措施，保障江河水利志编修工作规范、有序、稳定、持续地向前发展。

（1）坚持依法修志，确保修志工作健康发展。要把学习贯彻《条例》摆在重要位置，把学习贯彻《条例》与开展第二轮修志工作结合起来，依法解决影响修志健康发展的问题，切实做好修志工作。在指导思想正确，体例完备，资料翔实，文风端正，突出地情特点、时代特点和专业特点方面，狠下工夫。

（2）做好规划，确保修志工作有序开展。第二轮修志工作，要在科学总结以往经验的基础上，从各自的实际出发，统筹规划，精心设计。

（3）重视人才，努力建设高素质的修志队伍。要不断完善人才培养选拔和管理机制，采取多种形式开展培训和学习，并创造条件充分发挥修志人员的智慧和作用。

（4）把确保志书质量作为修志工作的第一要务。把精品意识贯穿到工作的全过程。同时加强调研，重视鲜活的社会资料入志，使修志工作更加符合不断发展变化的实际。

（5）切实做好读志、用志工作，促进志书资源的开发利用。除了要采用传统方法外，更要积极采用现代科技手段，推进修志工作的数字化、网络化建设，做好资源共享。同时，把建设江河水利志收藏馆作为开发利用志书资源的一项重要措施抓紧抓好，扩大其社会影响，充分发挥其收藏、编纂、研究、交流和服务功能。

（6）与时俱进更新水利志内容。水工程文化应包括以下内容:水利文化遗产、治水人物、水利风景、水利文艺作品等，尤其注意对水利文化遗产的记录给予高度重视，为申报世界和国家物质文化遗产和非物质文化遗产奠定基础。物质文化遗产包括古代水利工程、水利机械、水管机构、水文化场所（如寺庙）等；非物质文化遗产包括:古代灌区水册、灌溉管理、岁修管理、仪式活动、碑刻、文存等。增加水行政、水灾害与灾害管理、水资源与水资源管理、水环境、水文化、水利遗产、古代水利工程名录等专业志或专门章节。如实记载水利工程的规划建设，以及水利的社会与环境效益，记载江河湖海(水库)的演变，记载有关治水方略等。

（7）做好前志和续志的衔接，续志的上限应是前志的下限；注意把握编修的高度，不能局限于水利部门，要突破行业界限，站在全局的高度；增设水工程文化的内容，收集和记载全社会的涉水文化成果，反映现代水利的最新发展；要避免总结报告式、流水账式、不知因果式、教科书式，应承上启下、前后贯通、明晰脉络、揭示内在。资料收集应涵盖文字资料、电子文件、实物资料、口碑资料（包括个人回忆、民歌、民谣、民谚等），收集原则应做到先远后近、先内后外、先活后死、先急后缓，档案资料和书刊资料以档案资料为主，实物资料和口碑资料以实物资料为主，近期资料和远期资料以近期资料为主。

资料整理应订正错误、查漏补缺、鉴别真伪、注明出处、录以备考。

资料选用应坚持修志为用，发挥志书的"存史、资政、教化、宣传"的功能；做到详略得当：反映变化的资料从详，不反映变化的资料从略；反映特点的资料从详，不反映特点的资料从略；典型资料从详，非典型资料从略；活资料从详，死资料从略。

（8）强化数字化技术和网络化技术，使水利志之气象、水文资料实现公共信息资源共享，建设全国水利志收藏中心和数字化图书馆。

第三节　提升水工程文化品位的其他措施

一、加强水工程文化立法工作

加强水工程文化的立法工作，应从国家法和地方法两个层面上入手。

从国家法层面上，在《水法》《防洪法》《水利工程管埋条例》修法中，积极建议增设水工程文化、水工美学、水利景观等内容的规定，具体实施可通过水利系统的人大代表提出修法提案。

从地方法层面上，在有关水利工程管理的地方法规中，由各省水利厅提出增设水工程文化、水工美学、水利景观等内容的修法建议，组织人员提出具体修改条文，报请人大批准。

如果完成关于水工程文化的立法，这样提升水工程文化内涵和品位，就具有法律依据，就可占领制高点，将可办可不办的事情，变成必须执行的事情，就可获得强大的推动力。

二、增修水利工程规范，彰显水工程文化内涵

组织专家编制《水工程文化编制大纲》《水工程文化规划编制导则》《水工程文化评价标准》

和《水工程文化旅游项目综合影响评价标准》，经过评审，以水利部颁规范下达至各水利设计院和水利施工、管理、监理单位，付诸实践。对原有水利工程规范进行修订，如水闸、大坝、河道、水利景观等设计、施工、监理、管理规范增设水工程文化相关内容，为水工程文化的规划、设计、施工、验收提供技术支撑。

三、争取社会文化人士参与水工程文化工作

水工程文化既是行业文化，又是社会文化，社会文化由行业文化组成，从行业文化走向社会文化是水工程文化研究的必由之路。

大禹和李冰兴办工程治水，最初就是水工程文化。鲧禹治水，有堵有疏；李冰用竹笼治水，既阻水，又透水，竹柔石刚，以柔束刚，竹石合一，治水理念仍为水工程文化。但随着对治水民力的宣传、动员、组织、指挥，他们治水的分、导、引、泄之法就不仅仅用于治水，而且也用于对民力的管理，水工程文化转而成为行业文化。进而，其疏堵结合、刚柔相济治水理念又延伸成为治家、治国的理念，成为对社会行为的指导思想，并上升为哲理，行业文化转变成了社会文化。

水工程文化研究要想从行业文化走向社会文化，应从行业文化着手，依托水利这个广阔的舞台，依靠水利人这个充满活力的群体，依赖水利工程这个与国民息息相关的无处不在的载体，就一定能提升国民素质，就一定能大大加快中国特色的社会主义的现代化的进程。

行业文化向社会文化转化、扩展过程中，必须吸引广大社会文化人士关注和参与。社会文化人士虽没有水利工作的经历，但因其不同的文化背景能提供不同的思路，能以多种形式丰富水工程文化的研究。拿出有一定学术水平的科研成果，造成一定规模的舆论效应，才能吸引广大社会文化人士关注；提供各种学术平台，加强学术交流，加强学术合作，才能提高广大社会文化人士参与的积极性和主动性；组织有一定社会声望、学术成就的社会文化人士参观、考察著名水利工程，激发他们参与水工程文化研究的热情，吸引他们加入水工程文化的研究队伍中来；扩大水文化专家委员会行业外专家的比例，充分发挥行业外专家咨询作用，提供重要的智力支持和专业保障。只有争取社会文化人士关注或加入，才能取长补短、相互融合，开创提升水工程文化内涵与品位的新局面。

水利系统外的社会力量在挖掘水工程文化和内涵方面，已经行动起来，作家出版社出版的《中国治水史诗》就是一个证明，它是一次由出版业主动地种植文化的行为。千年治水史，今日百家文，全书分为黄淮、长江、珠江、海河、松辽、西部、东南等七个篇部卷，记述了中国所有大的

江河水系和部分地方水域治水历史，以及都江堰、灵渠、坎儿井和三峡工程等古今著名的水利工程。该书以思绪千年，视野万里的中国治水史为基本创意，组织坚实的大规模的写作队伍，认真选择本土化的作者，确定落实写作队伍中的领军人物，进行大规模的、团队式的多文体、多风格的文本试验，对系统内讳莫如深的黄万里先生也专门作传，其开放性的思维，其前瞻性的"文化自觉"，值得我们借鉴。

参考文献

［1］ 刘冠美．水工美学概论［M］．北京：中国水利水电出版社，2006．
［2］ 董文虎，刘冠美．水工程文化内涵与品味的提升途径［M］．苏州：苏州大学出版社，2011．
［3］ 董文虎．乐水集［M］．苏州：苏州大学出版社，2011．
［4］ 王澍．营造琐记［J］．建筑学报，2008（7）．
［5］ 王澍．造园与造人［J］．建筑师，2007（2）．
［6］ 王澍．建筑如山［J］．城市环境设计，2009（12）．

第五章 水工程文化利用

第一节 历史水工程文化的欣赏与鉴定

历史水工程文化的鉴赏,包括鉴定与欣赏两个方面。从历史的角度来看水工程,其实还应该包括水用具、水工具。因为,其时能制作出一件水用具或水工具,可能从有此想法开始到能制作出这件水用具或水工具,并不亚于现代人完成一座水工程的难度。为此,本节首先对一些典型的、有文化内涵的水用具、水工具以及我国最先出现的水工程——井的文化进行欣赏,再进一步对实体水工程的鉴定作些研究。

一、历史水工程文化的欣赏

(一)水用具的文化欣赏

1. 马家窑彩陶

马家窑类型的窑址,历史上主要分布在甘肃中南部和青海东北部、宁夏南部地区,年代约为距今5000～4700年。

中国古代先民对"工"的精神和物质的二重性早有认识。甘肃出土的距今5300年的马家窑类型彩陶就是证明。

先民们并没有满足陶罐装水、盛饭、烧水、煮饭的使用功能,他们用毛笔在马家窑彩陶中,对水作了淋漓尽致、出神入化的描绘:或波澜不惊,或春水微皱,或巨浪滔天,或水波呈同心圆扩散,或旋涡泛起,各类水符号和谐的组合,在对比中迸发出强烈的动感,像黄河奔流的千姿百态,生生不息,永世旋动,表达对水的崇拜和赞美。它的图案之多样,题材之丰富,花纹之精美,构思之灵妙,构成了典丽、古朴、大器、浑厚的艺术风格,是史前任何一种远古文化所不可比拟的。

甘肃省东乡自治县林家陶罐,分四层表现水,第一层是水平纹,虽是三条水平线,实际是两条水平线和一条画面分隔线;第二层是波浪纹,呈二波叠加,波谷上的弓形线是对云的变化的摹

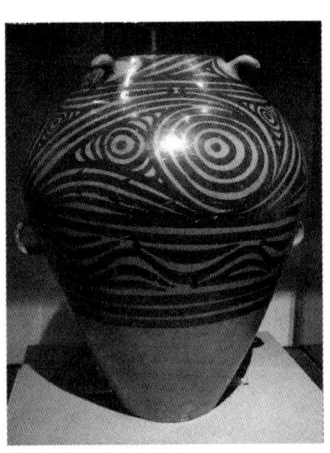

甘肃省东乡自治县林家彩陶

写;第三层是环形纹和螺旋纹嵌套,环形线由两重变成四重,最终成为螺旋中心;第四层是锯齿纹,显示波浪滔天。由下而上,水面运动逐次加剧。一维波动,二维扩散,三维旋转,把每个维度上的运动都揭示出来。

2. 青铜水用具文化艺术欣赏

从历史学角度来看,青铜器是夏商周社会、政治、宗教、文化高度浓缩的物质代表;从美学角度来看,青铜器是夏商周艺术审美的物态化体现。然而将历史与审美相互融合,青铜器则是中国美学由原始的审美意识发展为中国传统美学思想的缩影。

(1)青铜水用具分类。

食器。食器主要分为蒸饪器、盛食器两种。蒸饪器包括鼎、鬲(lì)、甗(yǎn)等;盛食器包括簋(guǐ)、簠(fǔ)、盨(xǔ)、敦(duì)、豆等,其中鼎是最重要的青铜器。

(2)青铜水用具造型欣赏。

青铜爵,流纤细而狭长,尾部造型与流相互呼应,既平衡了重心,又富有整体感,三足细长且足尖外撇,整体造型高挑硬朗又妩媚妖娆,是刚与柔的和谐共处。虽然相对单纯和平面化却充分体现先民的艺术创造具有高度的抽象能力,使简单的几何线条通过形式上的变化体现其结构上的美感,只是它们并不追求夸张,而是在线条的沉静中有节律地彰显一种简约而冷静的动态,动静相宜,内敛沉稳,蕴藏着具有时代性的丰富审美文化内涵。商代中期,人们对于器物比例的审美更为成熟,觚的造型演化为形体修长,腰部纤细,上口似喇叭,下底高圈足的造型形式,挺拔端庄,并且这一造型也成为青铜器的基本造型,从此被固定化、模式化。分奇巧:多元化的几何形青铜器与形态各异的仿生形青铜器构成了多面的、立体的艺术符号,将商代人对周围世界的认知探索,对生活的热爱及与之相符合的审美观念进行着艺术的表达。

青铜爵

(3)青铜器纹饰欣赏。

夏代青铜器纹饰以几何纹为主,包括弦纹、云雷纹、圆点纹等,另外,在二里头遗址发掘的嵌绿松石兽面纹铜牌上的兽面纹饰为后世青铜器上以动物纹为主题的装饰风格开创先河,成为商周青铜器兽面纹的滥觞。常见到这些点、线、圈的集合体,夏代青铜器的几何纹饰便源于此,以简约的几何线条抽象成纹饰。云雷纹是青铜器最早、最基本的几何纹饰之一,是在陶范上用利器刻划图案,再铸于青铜器之上,形成连续的纹饰。云纹形状圆柔,线条回环,每个云纹与前后的云纹相互勾连,环绕器壁,形成带状,图案线条流畅自如,具有高度抽象能力。雷纹相对于云纹,风格较粗犷,形状多为硬朗的方折形,雷纹单线或双线自中心向外环绕的构图与人的指纹确有神似,这也成为夏代青铜器纹饰的一个主要特征。云雷纹一般出现在青铜鼎的腹部,以一阳文线圈为心,两条曲线环绕线圈向斜前方和斜后方拉伸形成带状,与神秘而狞厉的斜角目纹颇为相似,使器物显得抽象而富有生气。

商代青铜器纹饰主要分为几何纹与动物纹两大类。其中动物纹又分为写实动物纹及想象动物纹。饕餮(tāo,tiè)纹是建立在人们想象之上多种动物的重组变形,给人以视觉震撼,象征神秘、恐怖,积淀着历史的厚重。

有凤鸟纹。"天命玄鸟,降而生商",玄鸟是商族的图腾,其形象是由多种动物组合而成,凤鸟纹,高贵华丽,尾羽摇曳,孔雀开屏,雍容华贵,美不胜收。有龙纹,龙纹同样带有不可言喻的神秘色彩,拥有超越自然的神力和威严,却少了兽面纹所带给

青铜觥的动物造型

人的凶残、恐怖、狞厉的气氛,让人对它心生敬畏,但还拥有一丝亲近之感,也正是这样一种独特的审美感受,使得龙纹从各种族徽中脱颖而出,逐渐成为中华民族的象征。

西周盨

(4)青铜器铭文欣赏。

近期发现的西周盨(xǔ)铭文曰:"天命禹敷土,随山浚川,迺差地设征"这是最早的记载大禹治水的历史文献,《史记》中的记载与此是一致的。西周青铜器铭文的书法美学特征是:笔法线条圆润而均匀,很少有突兀的锋芒,显得理性沉稳;圆体造型比例均衡,线条有序列地交织错落,最终规之以圆,稳定的重心、平衡的端庄、弯曲的圆润,产生出自然的律动;章法规整、和谐。与商代铭文章法相比,西周青铜器铭文在布局谋篇上更有秩序。

夏商周青铜水器的美学内涵表现为立体与平面的统一、抽象与形象的统一相、内容与形式的

统一、方形与圆形的统一等，对后世的造物风格产生重要影响[①]。

3. 茶具文化艺术欣赏

茶文化是水文化的派生文化，茶具是水用具的子用具。

（1）煎茶的水文化。

水品贵"活"，苏轼《汲江煎茶》诗云："活水还须活火煎，自临钓石取深清"；水味要"甘"，明代田艺蘅在《煮泉小品》说："味美者曰甘泉，气芬者曰香泉"；水质需"清"，清新、清雅、清逸、清隽、清高是人格，亦是水格的升华；水品应"轻"，据清代《冷庐杂识》记载，乾隆每次出巡，常喜欢带一只精制银斗，"精量各地泉水"，精心称重，按水的比重从轻到重，排出优劣，定北京玉泉山水为"天下第一泉"，作为宫廷御用水。

（2）茶具艺术类型。

古代茶具，泛指制茶、饮茶使用的各种工具，包括采茶、制茶、储茶、饮茶等大类，陆羽《茶经》讲述的这套茶具涉及陶瓷、竹、木、石、纸、漆各种质地共二十八件。茶具按其狭义的范围是指茶杯、茶壶、茶碗、茶盏、茶碟、茶盘等饮茶用具。中国的茶具，种类繁多，造型优美，除实用价值外，也有颇高的艺术价值，因而驰名中外，为历代茶爱好者青睐。由于制作材料和产地不同而分为陶土茶具、瓷器茶具、漆器茶具、玻璃茶具、金属茶具、竹木茶具和玉石茶具等几大类。

清代竹雕莲纹茶壶

（3）丰富多彩的茶具及文化内涵。

早期茶具多为陶制。陶器的出现距今已有 12000 年的历史。由于早期社会物质文明极其贫乏，因此茶具是一具多用的。魏晋以后，茶具才从其他生活用具中独立出来。东晋时盏托两端微微向上翘，盘壁由斜直变成内弧，有的内底心下凹，有的有一凸起的圆形托圈，使盏"无所倾斜"，同时出现直口深腹假圈足盏。到南朝时，盏托已普遍使用。

唐代，我国茶的生产进一步扩大，饮茶风尚也从南方推广到北方。此时瓷业出现"南青北白"的局面。越窑青瓷代表了当时南方的最高水平。此时的茶碗器形较小，器身较浅，器壁成斜直形，适

[①] 牛镭. 夏商周的青铜器美学研究 [D]. 西北大学，2011.

于饮茶。北方以邢窑为代表。北方的茶碗，较厚重，口沿有一道凸起的卷唇，它与越窑茶碗"口唇不卷，底卷而浅"的风格有明显的区别。越窑除了具备釉色外，造型也优美、精巧。陆羽认为邢瓷类银，越瓷类玉；邢瓷类雪，越瓷类冰。邢瓷白而茶色丹，越瓷青而茶色绿。最后得出结论是邢瓷不如越瓷。鉴、品、赏的切入点是色。唐代煎茶法使茶汤呈红色，在邢白的映衬下过于刺目，在越青的映衬下恰有回归本色之感。史称"茶兴于唐而盛于宋"，宋代的陶瓷工艺也进入了黄金时代，最为著名的汝、官、哥、定、钧五大名窑。因此，宋代茶具也独具特色。到了明代，紫砂壶应运而生，最令人爱不释手的是壶上的字画。

刻有诗文的紫砂壶

清代士大夫们对盖碗情有独钟。盖碗一式三件，下有托，中有碗，上有盖，故又称之为"三才碗"，三才者，天、地、人也。茶盖在上谓之"天"，茶托在下谓之"地"，茶碗居中谓之"人"。儒家"天盖之、地载之、人育之"的哲理融于一副小小的茶具之中。寄意深奥的茶具往往可集哲学思想、茶人精神、自然风情、造型艺术、书画神韵于一身，茶人以心灵的感受与纯真和茶具的清雅、简易、质朴、古拙相拥抱了。

清同治粉彩人物盖碗茶具

茶饮具有清新、雅逸的天然特性，能静心、静神，有助于陶冶情操、去除杂念、修炼身心，这与提倡"清静、恬澹"的东方哲学思想很合拍，也符合佛道儒的"内省修行"思想。

（二）水工具的文化欣赏

中国古代的先民们在兴修水利过程中发明、创造水工器具，如测具、水尺、水力机械等，其文化、美学价值值得我们深入发掘，为建构水工程文化学提供思路和素材。

1. 水工程测量工具"规""矩"文化欣赏

中国水工程最早的测具是"规""矩"。《管子》云："准也者，五量之宗也。素也者，五色之质也。淡也者，五味之中也。是以水者万物之准也"，《考工记》："匠人建国，水地以县，置槷(niè，古代测日影的标杆)以县。视以景，为规识日出之景，与日入之景，昼参诸日中之景，夜考之极星，以正朝夕。"《周易》有云："易与天地准，故能弥纶天地之道。"易是测量天地的工具，可见"准"的地位之高。

汉代石室造像拓片就反映出伏羲时代，中国古代的先民们在水利工程修建中就开始使用测具规、矩。

在山东省嘉祥县一座古代建筑的石室造像中，依稀可见规矩的模样。其中有两位古代神话中我们远古祖先的形象：伏羲、女娲。《淮南子·览冥训》称当年女娲氏炼五色石以补苍天，"断鳌足以立四极"，"积芦灰以止淫水"的时候，曾"杀黑龙以济冀州"，女娲是中华古文明史中最早的治水英雄。伏羲手中的物体就是规，它呈两脚状，与现在的圆规相似；女娲手中的物体叫做矩，它呈直角拐尺形。原来，规就是画圆用的圆规，矩就是折成直角的曲尺。矩由长短两把尺合成，短尺叫勾，长尺叫股，可以用来画直线或者作直角。矩的使用是我国古代数学的特长，它不但可以用来画直线，作直角，而且可以测量，有时还可以代替圆规，堪称万能工具。甲骨文中也有矩字，可见起源很早。

近期考古，古代测具亦有出土，为古代测具的研究提供了宝贵的实物资料。江西省德安县博物馆工作人员在该县陈家墩商代遗址水井中，发现上古时代的测量工具木垂球、木觇标等文物。专家认定是迄今所见世界上最早的测量工具。木垂球由圆木制成，上圆下尖，圆平面正中心有一小圆孔，与尖端成一直线。垂球圆平面直径4.5厘米，高7.2厘米，形似小孩抽打玩耍的陀螺。木觇标，由一段有开杈的圆筒木制成，杈凹处向下，顶面锯成平面，修整光滑，正中心有一0.4厘米大小的圆孔。榫面边沿修成圆弧状，底部平面略呈三角形，榫侧为四面体。该木觇标榫高15厘米，上径15厘米，下径10.8~15厘米。此文物的发现解开了3000多年前远古居民取水圆井及采矿方竖井为何井口浑圆，井身笔直，井壁光滑之谜。专家表示，从发掘现场能看出古代先民已能熟练使用这种古朴而又科学的测量工具。专家介绍，古代先民在开掘竖井时先在井口部位搭一交叉架，或用绳索把垂球吊在一横木上，每下掘一段，定位于中央的垂球对准可移动的圆筒木(即木觇标榫)中心。掘井人用木尺不断通过觇标榫中央的准星校正井筒大小，如此反复使上方垂球尖锥点对准下方觇标榫，就能保持井筒始终规范。中国考古学会专家认定这些商代遗址水井中发现的木垂球、木觇标榫等测量工具，是迄今所见世界上最早的测量工具。

工欲善其事，必先利其器。《史记》对大禹治水作了这样的描述："禹乃遂与益、后稷奉帝命，命诸侯百姓与徒以傅土，行山表木，定高山大川。禹伤先人父鲧功之不成受诛，乃劳身焦思，居外十三年，过家门不敢入。薄衣食，致孝于鬼神。卑宫室，致费于沟域。路行乘车，水行乘船，泥行乘撬，山行乘樏。左准绳，右规矩，载四时，以开九洲，通九道，陂九泽，度九山。令益予众庶稻，可种卑湿。命后稷予众庶难得之食。食少，调有余相给，以均诸侯。禹乃行相地所有以贡，及山川之便利。"其中，描述了大禹治水技术上最关键的环节是"行山表木，定高山大川"，使用的必不可少的测具则是"左准绳，右规矩"，"准"和"绳"分别是测量水平及直线距离用的工具，这两样测距为大禹所从事的浩大水利工程立下了汗马功劳。

治水工程是一体化设计。大禹治水规划宏大精密，在黄河故道堙堵和蓄水；对北部干流大范围泄洪并决通九河分流；对淮河支流颍水则进行疏浚。基础工作如测量、标识、记录、统计、运算、分析等是大量的。《大戴礼记·五帝德》："（禹）左准绳，右规矩，履四时，据四海，平九州岛。"汉赵君卿注《周髀算经》卷上之一："禹治洪水，决疏江河，望山川之形，定高下之势，除洺天之灾，释昏垫之厄，使东注于海而无浸逆，乃句股之所由生也。""句股"古称直角三角形夹直角的两条边，短边为句、长边为股。

中华民族在以水利立国、以水利构建文明的过程中，所使用的测量工具"规"、"矩"不仅为水利工程的顺利实施奠定了扎实、可靠的技术基础，更重要的是还成为中华民族赖以立身的行为规范和思想武器。此后，诸子百家的持论言必称规矩，无不谈规矩。

《尸子》云："古者倕为规矩准绳，使天下效焉。"

《淮南子》云："无规矩，虽奚仲不能以定方圆；无准绳，虽鲁班不能以定曲直。"

孟子曰："圣人既竭目力焉，继之以规矩准绳，以为方圆平"，"离娄之明，公输子之巧，不以规矩，不能成方圆"。

《韩非子》云："去规矩而妄意度，奚仲不能成一轮。废尺寸而差短长，王尔不能半中。拙匠守规矩尺寸，则万不失矣"。

《墨子》曰："韩匠执其规矩，以度天上的方圆"。"故子墨子置立天之，以为仪法，若轮人之有规，匠人之有矩也。今轮人以规，匠人以矩，以此知方圆之别矣。是故子墨子置立天之，以为仪法。"可见在春秋战国时代，规矩已被普遍使用了。

王符《潜夫论·赞学》："譬犹巧倕之为规矩准绳以遗后工也。"

《吕氏春秋》曰："欲知平直，则必准绳；欲知方则圆，则必规矩。"

汉董仲舒《春秋繁露》云："欲审曲直，莫如引绳，欲审是非，莫如引名。"

《律历志》云："夫推历生律，制器规圆矩方，权重衡平，准绳嘉量，探赜索隐，钩深致远，莫不用焉",是万事之根本。

《汉书》云:"权与物钧而生衡,孟康曰:'谓锤与物钧,所称适停,则衡平也。'衡运生规,规圆生矩,矩方生绳,绳直生准,韦昭曰:'立准以望绳,以水为平。'准正则平衡而钧权矣。是为五则。规者,所以规圆器械,令得其类也。矩者,所以矩方器械,令不失其形也。规矩相须,阴阳位序,圆方乃成。准者,所以揆平取正也。绳者,上下端直,经纬四通也。准绳连体,衡权合德,百工緜焉,以定法式。"上述引文足以说明,中华民族在自己的幼年时期,就已经注意到水工程的文化价值,并深入挖掘水工程的文化内涵。

历代诗人就"规矩"的哲理、美学,进行深入的探讨,构成绚丽多彩的华章。大致分为两类:循规蹈矩和离经叛道。

宋程垣:"梓匠持规矩,大器匪易得。"宋方回:"大匠公输子,绳墨万厦屋。规矩方圆外,何必续土木。""大匠操规矩,不执斧凿器。"宋林若存:"准绳规矩内,安得鞭霆风。"宋朱熹:"学须随器有成形,方可裁中设准绳。假借变移无定止,纵逢大匠亦何成。"宋曾丰:"笑谈机械外,操履准绳中。"唐韩愈:"木之就规矩,在梓匠轮舆。"宋徐积:"大匠作室以规矩,悉去鞔(臬兀)除斜撑。专车骨节世不朽,今乃一纵而一横。巨灵以手遏大难,印入山骨磨不平。"宋金君卿:"良工遇物以规矩,方圆大小随陶甄。锻磨拂拭仅成器,未省所用何如游。"宋许景衡:"大端亦贵器与识,规矩安可私方圆。"宋徐鹿卿:"亭前两泓泉,吞吐寒蟾明。方圆中规矩,曲水相纡萦。"这里的方圆指天地万物,规矩是指法则、规律。中规中矩、循规蹈矩是指按规则、规律造物、造景,所谓没有"规"、"矩",不成方圆,就是这个意思。

2. 王祯对水工(用)具、水工程文化的欣赏

王祯在农学领域中的科学与艺术相结合的探索,对随后农学的发展产生深远的影响,明代的《农政全书》收录了王祯的"农器图谱";清代的《钦定授时通考》在作农器图谱时,也力求图诗并茂,且单列皇帝的御制诗文,只不过在诗、文、图的结合上,不如王祯的《农书》。

农器图谱中的翻车图,隐约的农舍为背景,两壮汉奋力踏车,相视莞尔,清水入田,田边老翁倚杖而立,神情关注,远处小儿挑食提酒飞奔

翻车图(摘自王祯《农书》)

而来，活脱脱一幅农家乐全景图，画配苏东坡诗："翻翻联联衔尾鸦，荦荦确确蜕骨蛇。"诗中有画，画中有诗，诗画一体，画诗交融。

品读王祯《农书》中对水用具、水工具、水工程、水力机械工程的赞赏、欣赏的诗，极有味道。摘其部分，以作研究[①]。

田制门——水工程："若云是地可涂田，先愿滋培根本固。阙政今知水利先，天下岂无霖雨手。"田是农之根，水为田之本，以水利蓄泄为先，方能培根固本。

蓑衣——水用具："采采霜露下，披披烟雨中。蒲蒲茅为衣，裋褐相与同。勿垆市门人，绮纨被奴僮。当憨边城戍，擐甲徂春冬。"（王荆公）蓑衣是雨具，是劳动时防雨的保护用品，在"采采霜露下，披披烟雨中"，就会具有别样的风采。

笠——水用具："耕有春雨濡，耘有秋阳暴。二物应时需，九州同我欲。孰能生少慕。得此云自足。思君周伯阳，所愿岂华縠。"（王荆公）笠既能抵春雨，又能抗"阳暴"，一物多用，方便劳作，被九州普遍使用。

屝（草履）——水用具："蒯菅柔韧自编成，不换仍呼不借名。长向绿蓑衣底着，雨行偏称野夫情。"用草编结的鞋子，穿在脚上，雨中行走，既能防滑，又有野趣。

橇——水用具："大禹平水土，泥行即乘橇。后人相地宜，仿像资种艺。材宽一屦余，迹认双凫蜕。岂知千载后，翻免足胝弊。"大禹治水发明了"橇"，泽及后世，方有"翻免足胝弊"。

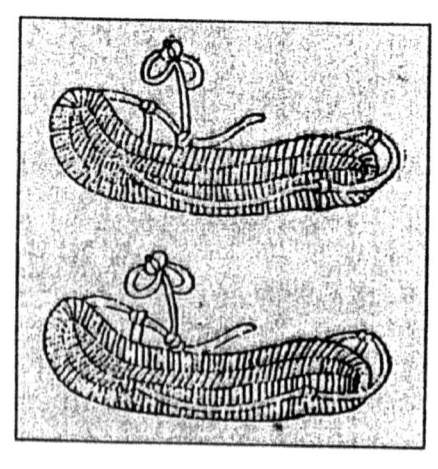

屝（摘自王祯《农书》）

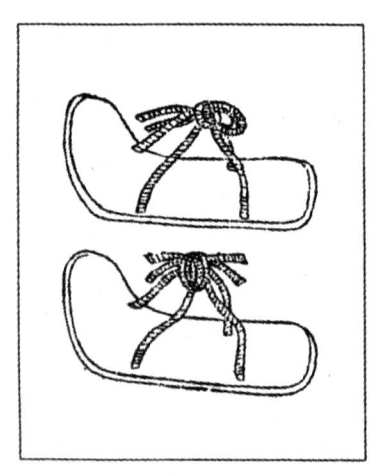

橇（摘自王祯《农书》）

---

① ［元］王祯. 农书［M］. 上海：上海古籍出版社，1997.

陂塘——水工程:"陂水塘高复表延,拒流宁使迅如川。斗门解洩三时旱,尺泽能添十倍田。沃野号称今陆海,烟波分得小江天。便当卜此成归计,鱼稻乡中好度年。""陂塘"是长藤结瓜的小水库群,有了它"沃野"才能称为"陆海",鱼稻的共生,构建"陂塘"良好的生态系统。

浚渠——水工程:"疏凿为渠趁地形,昔时遗迹见经营。井田既费阡陌作,水利还从畚锸成。捷要济时通漕运,寻常决雨致丰盈。即将导达为长策,愿溉膏腴富上京。""浚渠"有灌溉和漕运的双重功能,要想"膏腴富上京",必须"将导达为长策"。

水栅(相当于木质栅栏)——水工程:"山源洄洑溪间空,两岸对峙如崇墉。傍田救旱无田供,上流作障懑地崇。支分下灌畦磴重,卧邀沛泽真伏龙。复有川水波涛洪,枚桩列植当要冲。乃制石虡如合纵,要约中流无必东。穿渠远溉波溶溶,至今陆海称秦中。畎澮距川惟禹功,罔间濬治方成农。后世拒水能傍通,却资沃灌开田封。向来陂堨皆余纵,海内万水空朝宗。余波尚使膏润同,纵有汤旱无饥凶。坐令岁岁歌时丰,富民有具今始逢,此栅功利将无穷。""水栅"既阻水又泄水,阻水是为了"支分下灌",泄水是为了抵御"波涛洪",是一座兼有蓄泄双重功能的水工程。

水闸——水工程:"陂岸人呼古闸头,万夫工役见重修。禹门侣是崇三级,巫峡还同束众流。少擎沟渠供碾磑,每通膏泽到田畴。休将层阀轻抽去,恐有他时旱叹忧。"这里不仅介绍了水闸的作用,还涉及灌溉用水与水力机械用水的矛盾,王祯主张应以先保农业灌溉为主。充分反映其对水工程管理运用的指导思想。

划船——水工具:"水乡远近多歧路,谁作划船新制度。不烦梢柁与帆樯,一櫂翩翩恣来去。

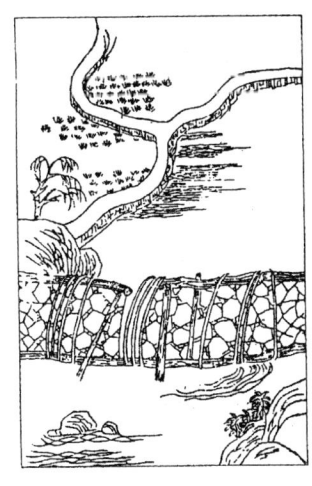 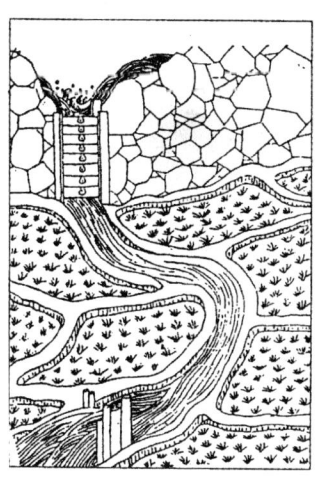 

水栅(摘自王祯《农书》)　　水闸(摘自王祯《农书》)　　划船(摘自王祯《农书》)

农事方殷负载多,水陆无拘随所遇。归来闲艤古方塘,不知江海风涛怒。有时撑出柳边来,还胜断桥人不渡。"水乡之船除了"农事"而"负载"外,还可闲情逸致"撑出柳边来",实用性和休闲性兼而有之。

王祯对水击面罗——水(力机械)工程赞曰:"春雷声殷雪成图,收入罗床别有权。才得水轮轻借力,方池匀受玉尘飞。"好一个水轮轻借力,利用水力就可将罗筛一来回驱动,将洁白如雪的面粉筛入方池之中。

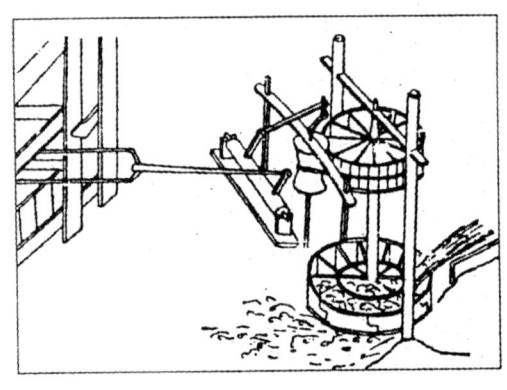

王祯对水碾——水(力机械)工程赞曰:"湍流激碾走通渠,木石相乘有秘枢。水府暗推坤轴健,天衢圆转月轮孤。循环侣假风雷迅,受纳难同杵臼拘。粒食中州易精凿,好传规制偏方隅。"木石为料,激水归渠,精制水碾,暗推坤轴,明转月轮,碾谷为米,非大智慧不能制出这一天人合一的器具来。

水击面罗(摘自王祯《农书》)

(三)古代水力机械文化欣赏

1. 荀子论舟与欹(qī,通"敧"字,指倾斜)器

"君者,舟也,庶人者,水也,水则载舟,水则覆舟"(《荀子·王制》)。荀子观大水,着眼于水与承载物的相互作用,他提出水蕴含的"载"和"覆"二重性,所着眼谓"载"是指社会整体的稳定和社会结构的维持,所谓"覆"是指社会整体的失稳和社会结构的解体。针对水"覆"舟的动力机制,荀子又提出"欹(qī,通'敧'字,指倾斜)器"论,于水与器相互作用的动态过程。

荀子《宥坐》篇对敧器有如下记载:

"孔子观于鲁桓公之庙,有敧器焉。孔子问于守庙者曰:此为何器?守庙者曰:此盖为

敧器

宥坐之器。孔子曰：吾闻宥坐之器，虚则欹，中则正，满则覆。孔子顾弟子曰：注水焉。弟子挹水而注之，果中而正，满而覆，虚而欹。孔子喟然而叹曰：吁！恶有满而不覆者哉！"

"虚而欹、中而正、满而覆"，这是荀子对欹器的结构进行的受力分析。

就形状而言，欹器是开口大的倒置圆台。在所有的空间体中，金字塔式的四面体重心最低，其位置在距底面的高度的四分之一处；长方体、圆柱体的重心，其位置在距底面的高度的二分之一处；其他多面体的重心，其位置在距底面的高度的二分之一处至四分之一处。空载时欹器的重心位置亦位于高度的二分之一和四分之三之间，而欹器的重心略高于支点位置，这就造成"虚而欹"。当向欹器注水时，水位与支点位置齐平时，注水欹器的重心低于支点，造成"中而正"。继续注水时，注水欹器的重心逐步升高，最终高于支点，而注水时欹器的微小摆动形成倾覆力矩，造成"满而覆"。后世思想家从欹器中得到的启示主要偏重于道德修养。实际上，欹器揭示了社会结构失稳的动态过程，民怨的沸腾、社会结构重心的上升最终导致整体失稳。

2. 人力和畜力提水机械

《天工开物》对古代水力机械：筒车、牛车、踏车、拔车、桔槔等均有论述："凡稻防旱藉水，独甚五谷。厥土沙、泥、硗、腻，随方不一。有三日即干者，有半月后干者。天泽不降，则人力挽水以济。凡河滨有制筒车者，堰陂障流，绕于车下，激轮使转，挽水入筒，一一倾于枧内，流入亩中。昼夜不息，百亩无忧。其湖池不流水，或以牛力转盘，或聚数人踏转。车身长者二丈，短者半之。其内用龙骨栓串板，关水送流而上。大抵一人竟日之力，灌田五亩，而牛则倍之。其浅池，小浍不载长车者，则数尺之车，一人两手疾转，竟日之功可灌二亩而已。扬即以风帆数扇，俟风转车，风息则止。此车为救潦，欲去泽水以便栽种，盖去水非取水也，不适济旱，用桔槔、辘轳，功劳甚细已。"

（1）"甑"、"缶"汲水。

先秦文献中出现的"抱甑（zèng，古代蒸食的炊具）而汲"、"负缶而入井"文字，《说苑·反质》记载郑国大夫邓析过卫国，见五位农夫"俱负缶而入井，灌韭终日一区"。邓析下车为之教："机，重其后，轻其前，命曰

蔡侯朱缶

桥。终日溉韭百区不倦。"描述了灌溉园艺的取水方式,或许这就是最早提取地下水灌溉的方式。西安半坡村遗址距今6000多年前水井中发现取水的陶罐。河北藁城夏商时期的水井中,发现了扁圆形的水桶,口边有对称的两个方孔,应该是用于穿系绳索,用在较深的井中提水。王祯在《农书》中对"缶"诗曰:"缶名在卦著乎易,有孚盈作始于此。圣人立象岂徒然,义见初爻诚有为。体圆质素用有常,埏埴山来遵古制。漓井元凭汲饮功,虚往盈来霱水利。时事从来有变通,所用在人非在器。"从缶在《周易》的师出有名,谈到缶的具体功能,最终挖掘出"时事变通""所用在人"的哲理。

(2)戽斗和倒虹吸。

戽斗是古代最常见的提水器具,在木桶、柳条筐系上绳子,两人相对而立,用手牵拉绳子,从低处戽水上岸。

倒虹吸一类的提水设施在东汉时见于记载,东汉中平三年(186年)大修宫城,掖庭令毕岚"又铸天禄虾蟆,吐水于平门外桥东,转水入宫。又作翻车、渴乌,施于桥西,用洒南北郊路,以省百姓洒道之费"。毕岚所作的天禄虾蟆至少是管道引水的出水口。《后汉书·张让传》有抗旱记载:"作戽斗及其工作情景(引自元代王祯《农书》)翻车渴乌,施于桥西,渴乌为曲筒,以气引水上也。"关于渴乌,唐代李贤注:"渴乌,为曲筒,以气引水上也",是倒虹吸装置。唐《通典》记:"渴乌,隔山取水。以大竹筒雌雄相接,勿令漏泄。以麻漆封裹。推出山外,就水置筒,入水五尺。即与筒尾取松桦干草,当筒放火。火气潜通水所,即应而上。"渴乌进水口和出水口需要有一定的高差,利用真空和水压力将水输送到目的地。

(3)桔槔。

桔槔始见于《墨子·备城门》,作"颉皋"。是一种利用杠杆原理的取水机械。如下几条记载反映了春秋战国时使用桔槔的地区主要是经济比较发达的鲁、卫、郑等国(今山东西南、河南北部、河北南部)。

桔槔是杠杆式人力提水机械。在春秋时期人们已经开始开发地下水作为饮用和灌溉水源。提取地下水需要凿井汲取,由此发明了桔槔。桔槔的结构是,在水源岸边竖立一根木柱,古代称作植。木柱上绑扎一根横杆,古代称为桥。横杆一端用绳系一水筒,另一端图系一平衡重物,借助人

桔槔(摘自王祯《农书》)

力提水。每当汲水用时，人力将水筒下压，后端平衡重物随之上升。筒中汲满水后，利用重物下压的力量，可比较轻松的将水筒提起。类似桔槔的提水机械还有鹤饮。所不同者，鹤饮横杆为一木槽。木槽封口的一端浸入水源取水，人力搬动木槽另一端，水即由此开口端流出。孔子弟子子贡南游楚国，过汉阴，见一丈人抱瓮入井出灌，也向前介绍桔槔："有械于此，一日浸百畦，用力甚寡而见功多，夫子不欲乎？为圃者仰而视之曰：奈何？曰：凿木为机，后重前轻，挈水若抽，数如沃汤，其名为槔。"

又《天动》："且子独不见夫桔槔者乎？引之则俯，舍之则仰。"阐发为人之道，功能美和哲理美有机地结合在一起，这是水工程文化最早的表述。

宋陆游《林居秋日》诗："桔槔引水绕荒畦，病卧蜗庐不厌低。"桔槔所构成的美景，对病卧在床的诗人，无疑是一种极好的心理治疗。

唐白居易："近竹开方丈，依林架桔槔。春池八九曲，画舫两三艘。径滑苔黏屐，潭深水没篙。"大背景的竹林，丰富天际线的桔槔，成为农景构图的主元素。

唐陆龟蒙："江边日晚潮烟上，树里鸦鸦桔槔响。无因得似灌园翁，十亩春蔬一藜杖。"贯休："桔槔打水声嘎嘎，紫芋白薤肥蒙蒙。""声嘎嘎"为乐，"肥蒙蒙"为景，所谓声景并茂，是也。

宋薛道光："轧轧相从响发时，不从他得豁然知。桔槔说尽无生曲，井里泥蛇舞柘枝。"

宋夏元鼎："我有一竿竹，偏会取根源。从来汲水桔槔，直挈上西天。不许常人着手，管定竿头先折，提桶落寒泉。拨得机关转，北斗向南看。仗回风，乘假月，勿波澜。麻姑此日，西北见张骞。选佛妙高峰顶，饮罢醍醐似醉，独坐玩婵娟。水湛月明处，太极更无前。"诗人的想象力令人惊叹，从水工器具使用中如此挖掘哲理，如此悟道，鲜为所见，深刻而不牵强附会，形景情理交融，故事情节演绎，是水工程文化学的绝好教材。

(4) 辘轳。

辘轳是利用轮轴原理做功的机械。用于提取井水的辘轳始见于汉代，作"椟栌"。李斯《仓颉篇》："椟栌，三辅举水具也。"长安三辅地区多有元·王祯《农书》上的辘轳使用。今湖北大冶矿冶遗址考古发现汉代辘轳木轴，这是矿井中提升矿石之用的起重设备。汉代画像石中，用辘轳提水的题材较多，当时辘轳已经较多地用在生活和灌溉用水中。明代徐光启概括辘轳的提水过程："虚者下，盈者上，更相上下，次第不辍，见功甚速。"辘轳的关键设备是辘轳轴，利用轮轴原理做功，辅助的设备有支撑架、盛水具、绳索等。

汉王褒《僮约》："晨起洒扫，食了洗涤……屈竹作杷，削治鹿卢。"北魏贾思勰《齐民要术》

卷三:"井深用辘轳三四架,日可灌田数十亩。"又,滑车与辘轳原理相同,有时亦用"辘轳"之名。唐徐夤诗赞曰:"荻湾渔客巧妆成,硾铸银星一点轻。抛过碧江鸂鶒岸,轧残金井辘轳声。轴磨驿角冰光滑,轮卷春丝水面平。把向严滩寻辙迹,渔台基在辗难倾。"北方地下水位低,民间用辘轳井中取水较多,南方间亦有之。

古版《农书》辘轳
(摘自王祯《农书》)

今版辘轳图
(摘自王祯《农书》)

(5)滑车。

滑车是古代从深井中提水进行灌溉的工具,约产生于隋唐时代,从辘轳发展变化而来。其产生时间与辘轳相近,构造原理相似。一般是在一个架子上,装一个能灵活转动的圆轮,圆轮周边有略微凹下的小槽,槽中嵌以绳索,用力拉绳的一头,圆轮随绳转动,绳的另一端就上下移动,可以提取水桶或重物。近年在汉墓中发现的陪葬品陶井上,就有此种滑车的象形物。又,四川成都出土的汉画像砖上,刻有盐井图,图中吊取井水的机械也有滑车。在古籍中也称"辘轳",古人多不加区分。

(6)机汲。

滑车一种利用滑轮提水的设施,适合远距离高落差的地方提取河水。唐代刘禹锡《机汲记》:"比竹以为畚,置于流中。中植数尺之臬,萃石以壮其趾,如建标焉。索绹以为絚,系于标垂上属数仞之端;亘空以峻其势,如张弦焉。锻铁为器,外廉如鼎耳,内键如乐鼓,牝牡相函,转于两端,走于索上,且受汲具。"今人根据文献,绘制出大致形制。此外,唐《通典·兵》"识水泉、隔山取水、越山渡险"条也有类似越山取水设备的记载。

（7）水车。

古代水车是轮转提水机械的统称,按动力分有人力、畜力、水力和风力,因为动力装置不同而有不同形制。引水灌溉,最重要的是设法把低处的水引向高处。在这方面,中

唐代机汲示意图（引自《中国农业科学技术史稿》,农业出版社1986年出版）

国古代有过不少灵巧的发明。人们熟悉的水车,也叫"翻车""龙骨车""水蜈蚣"。它出现于东汉、三国之际,后汉及三国时都有水车发明的记载,最初只用来浇灌园地,后来被水田区的农民广泛采用,将近2000年来,在生产上一直起着较大的作用。唐代水车开始推广应用,大和二年（828年）唐文宗"内出水车样,令京兆府造水车。散给郑白渠百姓以溉田"。筒车,今天在许多地方还可见到,大约有1000年以上历史。这是把一个大的转轮,周围系上许多竹筒或木筒,安置在水边,转轮一部分没在水中,水流激动转轮,轮上的筒就川流不息地依次汲水注到岸上的田地里。

元代王祯《农书》里记载的水转翻车、牛转翻车、驴转翻车、高转筒车,构造比较复杂,效率比较高,都是从翻车和筒车变化出来的。在元代王祯《农书》上还有水转龙骨水车的记载,这一机械的发明应该在《农书》成书之前,大约在元初,也有近七百年的历史了。正如王祯所说:"大可下润于千顷,高可飞流于百尺,架之则远达,穴之则潜通,世间无不救之四,地上有可兴之雨。"反映出中国古代这方面的创造发明之巧妙,高效而又实用。

《农器图谱》是《农书》全书的重点,也是最能展现王祯科技思想精华之所在。在王祯《农书》以前,论述农具的书有唐代陆龟蒙的《来耜经》,其中所介绍的农具以江东犁为主,兼及耙、砺泽等几种水田耕作农具,没有图。南宋曾之谨的《农器谱》（该书已经失传）所收的农具,不仅数量不及王祯的"农器图谱"多,而且也没有图。在王祯《农书》以后的重要农书,如《农政全书》《授时通考》等,虽然也有"农器图谱",但是它们多抄自王祯《农书》,没有增加多少新内容。由此可见,王祯《农书》中的"农器图谱"是王祯在古农书中的一大创造。古代水用具、水工具及其配套的水工程图文并茂地收集了不少,是挖掘水工程文化的宝库。

（8）龙骨水车。

用人力或畜力的水车称龙骨水车。龙骨水车约始于东汉,三国时发明家马钧曾予以改进。此

后一直在农业上发挥巨大的作用。《后汉书·宦者传·张让》："又使掖廷令毕岚……作翻车渴乌，施于桥西，用洒南北郊路。"李贤注："翻车，设机车以引水；渴乌，为曲筒，以气引水上也。"《三国志·方技传·杜夔》南朝宋裴松之注引傅玄曰："居京都，城内有地，可以为园，患无水以灌之，乃作翻车，令儿童转之，而灌水自覆，更入列出，其巧百倍于常。"宋梅尧臣《和孙端叟寺丞农具十三首·水车》："既如车轮转，又若川虹饮。能移霖雨功，自玫禾苗稔。"宋王安石《山田久欲坼》诗："龙骨已呕哑，田家真作苦。"南宋陆游《春晚即景》："龙骨车鸣水入塘，雨来犹可望丰穰。"清蒋炯《踏车曲》："以人运车车运辐，一辐上起一辐伏。辐辐翻水如泻玉。大车二丈四，小车一丈六。小以手运大以足，足心车柱两相逐。左足才过右足续，踏水浑如在平陆。高田低田足灌沃。不惜车劳人力尽，但愿秋成获嘉谷。"

根据动力的不同，龙骨水车有下列几种。

人力龙骨水车，是以人力做动力，多用脚踏，也有用手摇的。元代王祯《农书》和清代麟庆的《河工器具图说》中关于龙骨车的叙述比较详细。它的构造除压栏和列槛桩外，车身用木板作槽，长二丈，宽四寸到七寸不等，高约一尺，槽中架设行道板一条，和槽的宽窄一样，比槽板两端各短一尺，用来安置大小轮轴。在行道板上下，通周由一节一节的龙骨板叶用木销子联结起来，很像龙的骨架一样，所以名叫龙骨车。踏车在上端的大轴的两端，各带四根拐木，作脚踏用，放在岸上的木架之间，人扶着木架，用脚踩动拐木，就带动下边的龙骨板叶沿木槽往上移动，把水刮上岸来，流入田间。龙骨板叶绕过上端大轴，又在行道板上边往下移动，绕过下端的轴，重新刮水。这样循环不已，水从低处源源不断地被车上岸来。人力龙骨水车因为用人力，它的汲水量不够大，但是凡临水的地方都可以使用，可以两个人同踏或摇，也可以只一个人踏或摇，很方便，深受人们的欢迎，是应用很广的农业灌溉机械。

畜力龙骨水车。大约在南宋初年，龙骨水车有了新的发展，出现了用畜力做动力的龙骨水车，这是龙骨水车发展的一个新阶段。它的水车部分的构造和前面讲的相同，只是动力机械方面有了新的改进。在水车上端的横轴上装有一个竖齿轮，旁边立一根大立轴，立轴的中部装上一个大的卧齿轮，让卧齿轮和竖齿轮的齿相衔接。立轴上装一根大横杆，让牛拉着横杆转动，经过两个齿轮的传动，带动水车转动，把水刮上来。因为畜力比较大，能把水车上比较大的高度，汲水量也比较大。宋沈辽："黄叶渡头春水生，江中水车上下鸣。谁道田间得机事，不如抱瓮可忘情。"张耒："踏车激湖水，车众湖欲竭。得泉如沸汤，旱土湿未彻。"诗人深知水车的作用和人民的疾苦，诗中将抗旱的景与情紧密地联系在一起。

宋代苏轼对水车之美，赞誉有加。他在"无锡道中赋水车"一诗中云："翻翻联联衔尾鸦，萦萦确确蜕骨蛇。分畦翠浪走云阵，刺水绿针抽稻芽。洞庭五月欲飞沙，鼍鸣窟中如打衙。天翁不见老翁泣，唤取阿香推雷车。"前两句用"翻翻联联""萦萦确确"描述水车结构中的构件的连接和构件的造型的形式美，三、四句"浪走云阵""针抽稻芽"描述水车造就的绿色、动态环境美。

范仲淹对水车之美也格外眷顾，他在"水车赋"中赞曰："器以象制，水以轮济，假一毂汲之利，利为万顷生成之惠。扬清激浊，诚运转而有时；救患分灾，幸周旋于当世"，"轧轧临川初，有认于埋轮，翘翘在渚是车也，匪疾匪徐彼水也。突如来奼，补畎亩之不足，损溪壑之有余，渤潏腾波忽若刺山之泉，涌潆漫去，浪渐如澄江之练。舒讵见瓶，赢那惭绠。短流洋洋兮乍若膏，润苗欣欣兮初如律。暖载脂载，舟楫通郑国之渠，弗驰弗驱，自解成汤之旱。"在这里，水车的形式美、功能美，跃然纸上。

苏轼、范仲淹都是心系人民的水利专家、诗人、文学家，他们对水工具、水机械及水工程的热爱，自然而然地会表达于他们的文学、文艺作品之中。他们的作品同样是水工程文化学需要认真探求的宝藏。

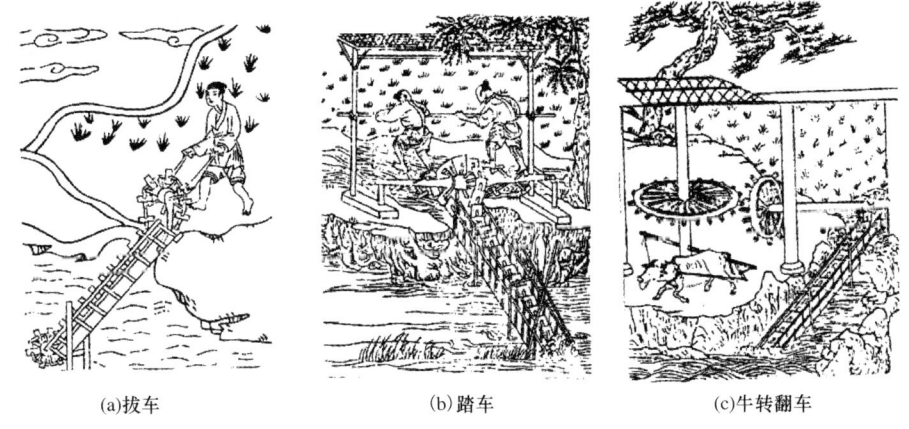

(a)拔车　　　　　　　　(b)踏车　　　　　　　　(c)牛转翻车

不同动力驱动的龙骨水车（引自明代宋应星《天工开物》）

（9）水力水车。

唐朝中期，已有了水力提水机械的文字记载，最早称之"水轮""机轮"。在元代王祯《农书》记载了两类水力提水机械：筒车和水车。水车有水转翻车、水转高车（明代徐光启记做水转筒车）。

1）筒车：利用水流冲动来提水的水车称"筒车"。最早的文字记载见于唐陈廷章《水轮赋》，

筒车（摘自王祯《农书》）

水轮即为提水水车，"鄙桔槔之繁力，使自趋之转毂"，汲具一般是竹筒系在水轮上，水轮既是动力机械又是工作机，以水力为动力，冲动水轮自动运转而提水。"水能利物，轮乃曲成。升降满农夫之用，低徊随匠氏之程。始崩腾以电散，俄宛转以风生。虽破浪于川湄，善行无迹；既斡流于波面，终夜有声。观夫斫木而为，凭河而引，箭驰可得。而滴沥辐辏，必循乎规准。"可见筒车的制作已有一定的规程。《宋史·太祖纪三》："六月庚子，步至晋王邸，命作机轮，挽金水河注邸中为池。"北宋梅尧臣《水轮咏》："孤轮运寒水，无乃农者营，随流转自速，居高还复倾。"宋李处权《土贵要予赋水轮》诗："江南水轮不假人，智者创物真大巧。一轮十筒抱且注，循环下上无时了。"宋张孝祥"筒车无停轮，木枧着高格。秔稌接新润，草木丐余泽。府公为霖手，号令行顷刻。愿持一勺水，敬往寿南伯。"因为结构简单，造价低廉，且维修方便，在宋代便已广泛流行于民间，及至近代仍是农村常用的水力机械。南宋时有人经过广西兴安，记途中所见："筒车无停轮，木枧着高格。"显见所谓孤轮、水轮、筒车均为同一水力提水机械，其汲具系于水轮之上，随水轮的转动将水提到水轮的最高处，自动倾入输水槽中，水轮的直径几乎同于提水高度。

元代，王祯《农书》对筒车有很详细的介绍，并有图谱。对于农业灌溉器械，王祯一方面把传统的龙骨水车创新为用水力来推动，大大节省了人力与畜力，是古代少有的"自动化"机械。

王祯对筒车赞曰："象龙唤不应，竹龙起行雨。联绵十车辐，咿轧百舟橹。转此大法论，救汝旱岁苦。横江锁巨石，溅瀑叠城鼓。神机日夜运，甘泽高下普。老农用不知，瞬息了千亩。抱孙带黄犊，但看翠浪舞。余波及井臼，春玉饮酥乳。吴江夸蹋车，足茧腰背偻。此乐殊未知，吾归当教汝。"

明王临亨《粤剑编》卷三："水车，每辐用水筒一枚，前仰后俯，转轮而上，恰注水槽中，以田之高下为轮之大小，即三四丈以上田，亦能灌之，了不用人力。"。

2）水转翻车：元代王祯《农书》始见记载，动力传动部分与人力、畜力水车相同，出水端有传动轮；进水端位于水下，为动力轮。水轮有立式、卧式两种，适用于低水头的水力条件。王祯对水转翻车赞曰："从来激浪转筒轮，却恨翻车智未仁。谁识人机

水转翻车
（摘自王祯《农书》）

盗天巧，因憑水力貸疲民。"

3）高转筒车：水轮愈大，需要的水动能愈大，宋元时大水轮被广泛用在提水机械上。王祯还创制了一种名为"高转筒车"的灌溉机械，能够把水提高到33米高的地面进行灌溉。两部筒车相接，就可以把水提高66米。这在古代是一个很了不起的创造，而且它的结构又那么简单，对许多地高水头地区的作用尤为显著。这个筒车的动力，既可以是人力或畜力，在具备较高流速与较大水量的地区也可以是水力。水转龙骨水车的装置，水车部分完全和以前的各种水车相同。而它的动力机械装

高转筒车（引自明代徐光启《农政全书》）

在水流湍急的河边，先树立一个大木架，大木架中央竖立一根转轴，轴上装有上、下两个大卧轮。下卧轮是水轮，在水轮上装有若干板叶，以便借水的冲击使水轮转动。上卧轮是一个大齿轮，和水车上端轴上的竖齿轮相衔接。把水车装在河岸边挖的一条深沟里，流水冲击水轮转动，卧齿轮带动水车轴上的竖齿轮转动，也就带动水车转动，把水从河中深沟里车上岸来，流入田间，灌溉庄稼。如果水源比较高，可以作大的立式水轮，直接安装在水车的转轴上，带动水车转动，这样可以省去两个大齿轮。在利用流水作动力的灌溉机械上应用了一对大的木齿轮，把水轮的转动传递到水车的轴上，来带动水车把水刮上来，进行灌溉，这是元代机械制造方面的一个巨大的进步，也是人们利用自然力造福于人类的一项重大成就。王祯认为"此近创捷法，已经较试"，可见应是当时的产物，王祯称平江府（治今江苏吴县）虎丘寺剑池安装了这种水车供水，它的形制"其高以十丈为准，上下架木，各竖一轮，下轮半在水内，各轮径可四尺"。高转筒车提水高度可达约30米，水轮直径1米以上，说明水轮的制作工艺和水工建筑物的修建技术都有相当高的水平。

4）水转高车：这是一种可以垂直或接近垂直提水的机械，王祯说："（水转高车的制作）此诚秘术，今表暴之，以谕来者。"据王祯的记载可以推想它的形制："但于下轮轴端别作竖轮，傍

水转高车（摘自王祯《农书》）

用卧轮拨之。"主动轮在下端，水流冲动卧轮，卧轮拨动竖轮（传动轮）。王祯又说其构造与"水转翻车无异"。水转高车在元大都（今北京）有使用的记载，"今都城已有高车，用水飞上楼阁，散若雾雨，颇闻费力"，是用作屋顶降温的一种设备。

王祯对水转高车赞曰："通渠激浪走轰雷，激转筒车几万回。水械就携多水上，天池还泻半天来。竹龙解吐无云雨，旱魃潜消此地灾。安得临流施此技，楼居涤去暑天埃。"

（10）井车。

井车即成串的辘轳，由许多水斗组成一条长链，装在井口一个大的立齿轮上，大立齿轮和另一卧齿轮相啮合。提水时只要用动力拉动卧齿轮上的套杆，井水就会由水斗连续不断地提上来。后世行之。唐刘禹锡《何处春深好》诗："分畦十字水，接树两般花。栰比载篱樵，咿哑转井车。"《太平广记》卷250引《启颜录·邓玄挺》："唐邓玄挺入寺行香，与诸僧诣园，观植蔬。见水车以木桶相连，汲于井中，乃曰：'法师等自踢此车，当大辛苦。'答曰：'遣家人挽之。'"

（11）水磨。

磨，最初叫硙，汉代才叫做磨，是把米、麦、豆等加工成面的机械。至迟至南北朝的宋以前，已有水磨。杰出科学家祖冲之曾设计制造过一个用水作动力，同时转动一个磨和带动一个碓的"水碓磨"。此外，又有在一般磨的基础上发展起来的连磨，如畜力连磨、连二水磨、水转连磨等，都是由一个动力源带动几个相同的工具一起工作的装置。史载，晋刘景宣发明了畜力连磨，杜预发明了水力连磨。这些在世界科技史上都有重要的地位。汉崔寔《四民月令》："六月……馔治五谷、磨具。"《三国志·蜀志·许靖传》："[许]劭为郡功曹，排摈靖不得齿叙，以马磨自给。"晋嵇含《八

水磨（摘自王祯《农书》）

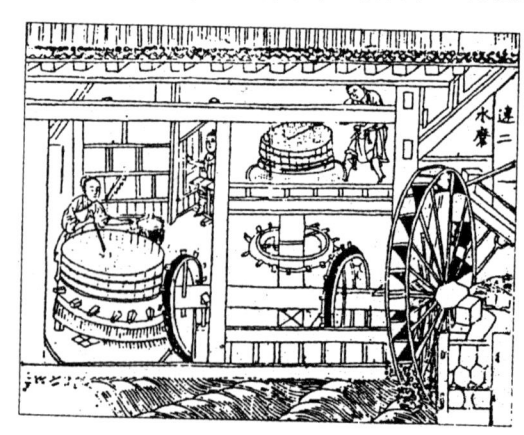

连二水磨（摘自王祯《农书》）

磨赋》:"外兄刘景宣作为磨,奇巧特异,策一牛之任,转八磨之重。因赋之曰……下静以坤,上转以干,巨轮内达,八部外连。"《魏书·崔亮传》:"亮在雍州,读《杜预传》,见为八磨,嘉其有济时用,遂都民为碾。及为仆射,奏于张方桥东堰谷水造水碾磨数十区,其利十倍,国用便之。"《南齐书·文学传·祖冲之》:"于乐游倍造水碓磨,世祖亲自临视。"

王祯对水磨赞曰:"用水良有法,假物役机智。夫碨固利民,复以水为利。湍流激轮转,坤轴发枢秘。星坠化石圆,风旋疑鬼掣。动静法阴阳,造化出精粹。造化动间,乾坤具兹器。人唯盗物巧,越古入极致,今看益世功,机事讵同视。"

明陶宗仪《南村辍耕录》卷五:"尚食局进御麦面,其磨在楼上,于楼下设机轴以旋之。驴畜之蹂践,人役之往来,皆不能及,且无尘土臭秽所侵,乃巧工瞿氏造焉。"清黄钺《船磨》诗引:"歙东南濒溪居人,载磨于船,碇急流中,夹两轮以运之,日得面可数斛,较架屋遏防法更简易。"清王光彦《名胜杂记》卷六:"山民水磨,皆上动下静,庄村西数里制则静上动下,其坎水卑漩磨,下层近水转之,较上层动者尤速。"清史善长《轮台杂记》卷上:"不源于山,聚于沟,顺沟建栅,食栅置轮,水阻栅,怒激轮,轮转磨随,一轮牵六磨,昼夜无停,事逸工倍。"

(12)水碓。

水碓是利用水力舂米的机械,在西汉末年就出现了,汉桓谭《新论》有关于水碓的记载:"宓牺之制杵舂,万民以济,及后人加功,因延力借身重以践碓,而利十倍杵舂。又复设机关,用驴、牛、马及役水而舂,其利乃且百倍。"汉扬雄《方言》五:"碓机,陈、魏、宋、楚、自关而东,谓之延岂。"三国魏鱼豢《魏略》:"司农王思弘作水碓,免归田里。"晋傅畅《晋诸公赞》:"杜预元凯作连机水碓,由此洛下谷米丰贱。"北周庾信《幽居值春》诗:"决渠移水碓,开园扫竹林。"清陆廷灿《南村随笔》卷六:"水碓闽浙最多。凡山溪急流处,皆可为之。以木为轮,植木于岸旁水中,置轮其上,水冲轮转,昼夜不停,屋内排碓具数只,以机拨杵,逐曰自舂,周而复始,不用人力。"水碓的动力机械是一个大的立式水轮,轮上装有若干板叶,轮轴长短不一,看带动的碓的多少而定。转轴上装有一些彼此错开的拨板,一个碓有四块拨板,四个碓就要十六块拨板。拨板是用来拨动碓杆的。每个碓用柱子架起一根木杆,杆的一端装一块圆锥形石头。下面

连机水碓(摘自王祯《农书》)

的石臼里放上准备要加工的稻谷。流水冲击水轮使它转动,轴上的拨板就拨动碓杆的梢,使碓头一起一落地进行舂米。利用水碓,可以日夜加工。

王祯对槽碓赞曰:"刳槽制碓水为功,积注涓流满不容。螳腹低时泉自泻,蜂腰转处杵还舂。一区机利无时辍,百口精粮可日供。借便田家应窃喜,代人工力不须佣。"

古代水工具的设计理念就是"假物役机智",设计之初就贯以"阴阳""动静""乾坤",文化内涵跃然纸上。

3. 风力水车

明清时出现关于风力水车的记载。风力水车的动力装置是风帆,工作机的构造与龙骨水车相同。

明·宋应星《天工开物》:"扬郡风帆数扇,俟风转车,风息则止,此车为救潦,欲去泽水,以便栽种。"这类提水机械用于太湖流域排水,有风就转且可经常工作。清代长芦利用风力水车提取海水制盐,一具风帆可带动两部水车。

4. 明代铜水闸

明代铜水闸是在南京解放门的武庙古闸中发现的。铜水闸为正方形,由上下两合组成,总重约5.5吨,中设圆槽,槽中有大小5圆孔。铜水闸置于石砌涵洞,上面用条石固定,启动上合,河湖之水经下合5孔流入,闭合时阻止水的流入或流出,利用水闸的开合来控制水的排放流量。该水闸结构紧密,构思设计精巧,形制罕见,是沟通城内外的地下排水设施。

明代铜水闸

(四)古代水工器具的文化内涵及美学欣赏

人类的发展史和工具、器具的创造、发展密不可分,《周易·系辞》有云:"易有圣人之道四焉",其中之一就是:"以制器者尚其象",又说"形而上者谓之道,形而下者谓之器,化而裁之谓之变,推而行之谓之通。"实际上讲的是"器"之道、"器"之变、"器"之通。孔子在《周易·系辞》中还专门总结了中华民族自伏羲至商周时代的人类的工具发展史,从结绳为网、以佃以渔;斲木为耜、以教天下;刳木为舟、舟楫之利;断木为杵、万民以济;剡木为矢、以威天下;到上栋下宇、以待风雨等。人类每进化一步，无不与器具相伴。

从先秦的诸子百家到王祯《农器图谱》、宋应星的《天工开物》和徐光启的《农政全书》等古典文献，可总结出古代水工机械的设计和美学思想。

1. 备物致用，立器为利

《周易·系辞》云："备物致用，立成器以为天下利，莫大乎圣人"，这是器具设计的第一原则。师古曰："备物致用，谓备取百物而极其功用。"此之谓也。制造器具的目的很明确，就是要充分发挥其功能，为民谋利，即所谓"厚生"。厚生最早出自《尚书·虞书·大禹谟》中："水、火、金、木、土、谷，惟修；正德、利用、厚生、惟和。"孔颖达疏曰："正德以率下，利用以阜财，厚生以养民，三者和，所谓善政。"又曰："厚生，谓薄征徭，轻赋税，不夺农时，令民生计温厚，衣食丰足，故所以养民也。"在这里致用厚生就是为民造福之意。《春秋传》曰："先王之正时也，履端于始，举正于中，归余于终。"又曰："闰以正时，时以序事，事以厚生，生民之道。"在《周易·系辞》中，孔子总是把"器"和利紧密地联系在一起："耒耨之利，以教天下"，"致天下之民，聚天下之货，使民宜之，吉无不利"，"舟楫之利、致远以利天下"，"引重致远、以利天下"，"掘地为臼，臼杵之利"，"万民以济、弧矢之利、以威天下"等等，无不突出"利"，紧紧围绕功利。

"备物致用、立器为利"的造物设计思想作为整个社会思潮的一部分，虽然有形而上的文化政治思想特征，但是它却在很大程度上影响了传统水工机械设计的发展，影响和制约着其他造物思想特征的走势。

2. 人为物本，物因人用

在设计、制造器具时，设计者首先要解决的是人与物的关系。

《管子》云："一物能化谓之神，一事能变谓之智，化不易气，变不易智，惟执一之君子能为此乎！执一不失，能君万物。君子使物，不为物使。"这表明，自先秦以来，我国造物思想即主张人第一、器第二的观点，重视人与物之间的有机联系，试图在人与物之间建立一种有人性的关系和营造一种亲切的互换的感觉，即天人合一。关于人与物的关系问题，王祯对"君子使物，不为物使"的理解很到位，他换了个说法："人为物本，物因人而用。"

人生活在地球上，是以地球为中心的，我们是在地球的地理生态条件下来研究物的。在工程设计领域，造物设计的研究目的是如何创造物，以解决和满足各式各样的问题和要求，同样是以人为中心，而物才是被人利用、认识、改造、控制和保护的对象。造物设计成为人生存和发展的一种有效手段，因此元代王祯等人就认识到了"人为物本、物因人用"的辩证关系，这与现代设计思想是不谋而合的。"君子使物,不为物使",古今中外,概莫能外。

3. 随地所宜,观物取辨

《淮南子·齐俗训》云:"使各便其性,安其居,处其宜,为其能";"各用之于其所适,施之于其所宜,即万物一齐,而无由相过";"地宜其事,事宜其械,械宜其用,用宜其人。泽皋织网,陵阪耕田,得以所有易所无,以所工易所拙";"朴至大者无形状,道至眇(miǎo,妙,指精微;奥妙)者无度量,""工为奇器,历岁而后成,不周于用";"其导民也,不贵难得之货,不器无用之物。"

王桢依照上述思想在农书《农器图谱》的总论中提出"随宜而制物,或设机械而就假其力,或用挑浚而用赖其功",在"镫锄"条又进一步论证,镫锄因其"无两刃角,不致动伤苗稼根茎",他认为这是"创物者随地所宜,偶假其形而取便于用也"。另在"䂪碡"条曰:"余谓'䂪'、'碡',字皆从'石',恐本用石也。然北方多以石,南人用木,盖水陆异用,亦各从其宜也",并在该篇后赞之为"物用随所宜,人兮胡不尔?"䂪碡是一种圆柱形的农具,用来轧谷物和平场地,北方多用石材,南方多用木材。这虽然是针对镫锄、䂪碡等普通农具而言,其实对于水工机械而言何尝不是如此。"随地",是遵照自然规律和客观现实所提供的条件来抉择,需要对外事外物给予充分的注意,并且要顺应外物,同它取得协调和一致;而"所宜",就是量力而行,用之得宜,简单适合复杂,使最后的效果既符合客观规律,又能解决实际问题。

明徐光启在著述《农政全书》时,要求自己"察地理,辨物宜,考之载记,访之士人"。所谓"察地理,辨物宜"就是"观物取辨"。"观物取辨"是一种以直观类比的认识去解释器具和生产活动的。王桢在《农桑通诀·垦耕篇》曰:"今备述经传所载农事之法,兼高原下田地势之宜,自北自南,习俗不同,曰垦曰耕,作事亦异。通变谓道,无泥一方。"在坚持兼"地势之宜"的前提下积极"通变"取辨,这实际是"随地所宜、观物取辨"的造物设计思路的又一次体现。"观物取辨"就是要师法自然,但要辩证地去思考和取舍、顺应自然,并因势利导。在材料运用上就是要"随材所宜",广泛利用竹木石等地产材料。纵观水工机械其工匠的选材原则,大多是"就地取材""因材施艺"。

"随地所宜、观物取辨",按孔子《文言传》的说法,就是要做到"与天地合其德,与日月合其明,与四时合其序",也就是只有遵从客观规律,主观符合客观,才能达到"与天地合其德"的最高境界。因此,"观物取辨、随地所宜"是中国人传统的造物法则。《淮南子·齐俗训》提出的四宜:"地宜其事,事宜其械,械宜其用,用宜其人"是"观物取辨、随地所宜"的总纲,由"地"递阶到"事"、到"械"、最后归结到"人",在人机对话中,所谓"宜人",就是人的满意度、舒适度,这里最早提出宜人设计,即人、机、环境系统分析和设计。"随地所宜、观物取辨"首先考虑到机械的操纵者的舒适度，当操纵者在使用机械时，运用自如、怡然自得时，对器具的赞叹、对环境的欣赏，便会油然而生，人对自然的美的感受，也会顺理成章的产生。对器具的美的评价来源于人，来源于器具的使用者和旁观者，可以试想：一幅幅车欢人笑的春灌图，怎能不激发诗人的创作灵感呢？

4. 工役俱省，简易便利

《管子》云："奚仲之为车器也，方圜曲直，皆中规矩钩绳，故机旋相得，用之牢利，成器坚固。明主犹奚仲也，言辞动作，皆中术数，故众理相当，上下相亲。巧者，奚仲之所以为器也，主之所以为治也，斲削者，斤刀也，故曰：'奚仲之巧，非斲削也。'"

《墨子》云："物，甚长甚短，莫长于是，莫短于是，是之是也，非是也者，莫甚于是。""故所为功，利于人谓之巧，不利于人谓之拙。"

王祯按照先秦诸子的学说在《农书》中提出"工役俱省"。在《农器图谱》中强调翻车的设计时，王祯就谈到要遵守"俱省工力"的原则。如"牛转翻车"："人踏功将倍之。与前水转翻车皆出新制，欲远近效之，具省工力"；"水转翻车"条："然亦当视其水势，随宜用之。其日夜不止，绝胜踏车。……今以水力代之，工役既省，所利又溥，其殆仁智事欤！"王祯在《农书》中还指出："夫一机三事，始终俱备，变而能通，兼而不乏，省而有要，诚便民之活法，造物之潜机。"我们从中还可悟出中国古代器械设计中，不仅注重效率，节省工力，而且更注重"一机多事"。其实在先秦《韩非子·难二》中就有"机械之利，用力少致功大，则入多"，这是最早提出的"工役俱省"的指导思想，说明器械设计就是要达到高效、省工、增加效益的目的。王祯《农书》在介绍一种农业机具时有一个特点，就是十分注重其与人力劳作和农具之间的效率比较。手摇及足踏翻车的发明，虽然使农民有效地增加了抗旱排涝的能力，但每天手摇脚踏不仅耗费体力，而且将人束缚在劳动中。正所谓："日日车头踏万回，重劳人力亦堪哀"。牛转翻车的问世，改变了人类单靠体力劳作的状况，使得升水器械有可能以其他能量替代人力。"从今垅首浇田浪，都自乌犍领上来"，但牛转翻车的抽水能力又受到了畜力的限制，而水转翻车的使用则摆脱了这一束缚因素，"今以水力代之……从来激浪转筒轮，却恨翻车智未仁。谁识人机盗天巧？因凭水力贷疲民。"因此王祯"工役俱省"的目的就是实现"人无灌溉之劳，田有常熟之利"的"致用厚生"的美好愿望。这里的"省"实际上是两省：省力和省人，以距离增长换取力输出的减少谓之省力，以畜力、水力代替人力谓之省人。人从繁重的劳动、繁琐的事务中摆脱出来，才会拥有闲暇，才会去欣赏美、享受美。

5. 假物役机，凭智巧先

《考工记》云："审曲面埶，以饬五材，以辨民器，谓之百工。"《汉书》"王吉传"云："古者，工不造雕琢,商不通侈靡。""雕琢"又与"雕瑑"同。《淮南子齐俗训》云:"材美工巧为之,谓之参均。""天有时,地有气,材有美,工有巧。合此四者,然后可以为良,材美工巧,然而不良,则不时,不得地气也"。提出器具美学的四大要素:天、地、材、工,当下"接地气"的时髦说法皆源于此。

《考工记》在谈到车的制作美学设计时说到:"轸之方也,以象地也。盖之圜也,以象天也。轮辐三十,以象日月也。盖弓二十有八,以象星也。"小小的一个车体,竟涵天盖地、揽月追日、缀星求象,美学构思已发挥到极至。

"假物役机"出自王祯《农书》。王氏在论述水磨时有"用水有良法,假物役机智,夫砣固利民,复以水为利";赞美水转翻车时:"谁识人机盗天巧,因凭水力贷疲民";颂驴转筒车时:"世间机械巧相因,水利居多用在人,可是要津难必遇,却将畜力转筒轮。"让水力、畜力作为动力使机械运转,将水能、畜能转变为可利用的机械能,这种"假物役机"思想,给水工机械设计带来更加广阔的可持续利用的资源供给。宋应星在《天工开物》中也体现了"假物役机"的思想,所谓"杵臼之利,万民以济……为此者岂非人貌而天者哉"、"汲灌之智,人巧已无余矣",他主张自然力与人工相配合、自然界的行为与人类活动相协调,人类借助一定的技术手段从自然资源中开发物产来为己所用。

驴转筒车
(摘自王祯《农书》)

在器械造物方面,中国人一向重视"巧"功,这成为中国人典型的造物思想观。这是从先秦时期就遗留下来的造物准则,也得到了历代有识之士的推崇。例如:战国时《荀子·荣辱》中就有"农以力尽田,贾以察尽财,百工以巧尽械器"的名言。王祯在《农书》中说到刮车时亦有"创物须凭智巧先,泝流能使迅如川"的诗句。他在述及耧车的机制时称:"近有创制下粪耧种,于耧斗后别置筛过细粪,或拌蚕沙,耩时随种而下,覆于种上,尤巧便也。"他认为翻车在"水具中,机械巧捷,唯此为最"。明代宋应星在《天工开物·锤锻》中也说:"金木受攻而物象曲成。世无利器,即有般、倕安所施其巧哉?"这里的"巧",从物理上说是省力不省功,是功能要求,充分体现功能美。

这里涉及物力、智力的关系。器具可视为人的感官(眼、耳、鼻、舌、身)的延伸,智力为物力的假借提供方案和可行性,智力役使物力,为人所用。这正是"假物役机凭智巧先"的真谛。由于水转大纺车确实已达到很高水平，因此它的工作性能颇佳，工作效率甚高。诚如王祯所赞的那样，"大小车轮共一弦，一轮才动各相连。机随众檊方齐转，鑪上长纴却自缠。可代女工兼倍省，要供布缕未征前"；"车纺工多日百斤，要凭水力捷如神"！"比用陆车，愈便且省"（王祯：《农书》"农器图谱二十·麻苎麻门"）。

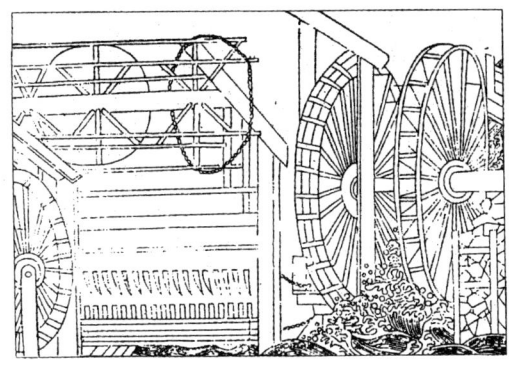

水转大纺车（摘自王祯《农书》）

6.器完不饰，素朴质真

"器完不饰"出自《淮南子·齐俗训》："治国之道，上无苛令，官无烦治，士无伪行，工无淫巧，其事经而不扰，其器完而不饰。"在这里"器完而不饰"意为不作多余无谓的修饰、不虚饰无用之物，目的是提倡朴素平实的民风，它是从国家治理方略层面探讨"器"与"饰"的关系的。"质真素朴"则出自《淮南子·本经训》："太清之始也，和顺以寂漠，质真而素朴，闲静而不躁，推移而无故，在内而合乎道，出外而调于义。"这里的"质真而素朴"既是对平实无华、闲静不躁的社会风尚的规定，也是传统水力器械的重要的设计原则，所谓上质不饰，以章天德是也。

《荀子》："性者、本始材朴也；伪者、文理隆盛也。无性则无所加，无伪则性不能自美。性伪合，然后成圣人之名，一天下之功于是就。故曰：天地合而万物生，阴阳接而变化起，性伪合而天下治。"讲的是"本始材朴"和"文理隆盛"的协调发展。讲的是由于要满足人的爱美之心，也应适度"伪之"。

传统水力器具结构，单纯为了美观的附件部分虽然较少，却非常强调对功能部件进行形式上的审美处理。古代造物设计的目的是为了器用，即器物必须具备一定的实用价值，其首要任务应当是实用价值的设计。例如升水器械翻车、筒车等器物结构部件多为实在的功能部件，而较少出现单纯为了装饰目的的结构，这同强调器物实用性能的价值取向有着明显的联系。在保证结构部件具备实际功能的基础上还表现出明显的对耐用性的追求，也就是"质真"。

中国翻车、筒车等水车的美在于展示材料、结构、功能特性上的技术美。北宋梅尧臣赞美筒车："既如车轮转，又若川虹饮。能移霖雨功，自玫禾苗稔"；王祯也无不感慨筒车"水激轮转，众筒兜水，……日夜不息，绝胜人力，智之事也"；宋应星盛赞筒车"天泽不降，……挽水以济。……激轮使转，挽水入筒，……昼夜不息，百亩无忧"。可见是因为筒车所反映的济田救旱的功能之美感动了文人骚客，虽然它没有被纹样或金银所包裹。在探讨美的根源时，俄国普列汉诺夫（1856—

1918）曾经指出："人最初是从功利观点来观察事物和现象，只是后来才站到审美的观点上来看待它们。"升水器械以自己的现实存在和生产功用的完整性而成为当时农业时代主要的器械代表，应该说从它们身上最早反映出技术美学的萌芽，体现了中国传统的朴素意匠思想——"器完不饰、素朴质真"。

7. 器具为用，蔚为大观

水力机械除自身必须完成其必备功能外，还作为器具在空间中占有一定的位置，和周围环境不得不发生一定的联系，这就是水力机械的美学构图和布局。李渔在《闲情偶记》对器具布置美学独有心得："器玩未得，则讲购求；及其既得，则讲位置"，"安器置物者，务在纵横得当"。"忌排偶"反对对称排列，讲求"似排非派，非偶是偶；又有排偶其名，而不排偶其实者"；"贵活变"："或卑者使高，或远者使近，或一屋别之既久，二使一旦相亲，或数物混处多时，而使忽然隔绝，是无情之物变为有情，若有悲欢离合于其间者。但须左之由之，无不宜之"，李渔在这里虽讲的是器玩，但其理同样适合于水工机械。

形象思维比较发达的诗人对水工机械的构形、布局则很敏感，多有艺术性开拓。

唐刘禹锡的"菜园篱落短，遥见桔槔斜。"（《同乐天和微之深春二十首（同用家花车斜四韵）》）充分体现构图美，"篱落"近，"桔槔"远，远近相映；"篱落"短，"桔槔"斜，高下相倾。

唐顾况的"新系青丝百尺绳，心在君家辘轳上。我心皎洁君不知，辘轳一转一惆怅。"（《相和歌辞·短歌行六首》）以情观景，以物传神，井绳系心结，辘轳转我情。

宋吴泳"堰上"："行上周宪堰上行，桃花灼灼春水生。水纔一石泥数斗，弥漫滹池浸渠口。树以淇园竹，笪以汉堤石。石填竹落知几丁，驾作青霓千百尺。一夫搴（qiān签，拔取）茭前，一夫荷锸去。旋烧香纸祭水庸，更酹村醪赛田祖。鹿头北，海眼西，绵洛一带填淤肥。苎麻沤池禾稻长，虽有旱暵无凶饥。今年狼头窥井络，罗堰九星几缺角。匪天十风五日雨，陆海将贫水维浊。上帝悯下民，亲遣苍水使。西门骏前白渠后，指画田塍若鳞次。新堰举，旧堰修，野媪含笑溪童讴。自言春种皆苗土，桔槔长闲卧畦圃。明朝百役非所知，且乐丰年。燕泥新湿花雨斑，四牡趣向东郊还。地平天成九功叙，今秋都筑沙堤路。"这是一幅妙不可言的春灌图，建了新堰、修好旧堰，桔槔长卧、踏车飞舞、池漫渠浸、麻沤稻长、地平天成。

元周权诗："野碓春泉分涧急"，不说杵米，却道春泉，境界犹生。

唐白居易云："独到山下宿，静向月中行。何处水边碓，夜春云母声。"（《山下宿》）夜静碓动，静动相生。

宋陆游云:"虚窗熟谁惊觉?野碓无人夜自春。"贯休云:"水碓无人浩浩风",水碓无人值守,自动化跃然纸上。

唐郑云:"碓喧春涧满,梯倚绿桑斜"(《张谷田舍》),涛声、碓喧构成农家交响曲,梯倚、桑斜形成非对称构图。

唐岑参云:"岸花藏水碓,溪水映风炉。"(《晚过盘石寺礼郑和尚》)水碓忽隐忽现,比一览无余更有味道。

(五)古代名画中的水力机械欣赏

《闸口盘车图》描绘一官营面房,左中堂安置水磨,两端置有望亭,堂屋基前傍河道,有引渡的蓬船两艘,画下段为坡道、木桥、独轮车,太平车运载于上,或前行或息置路边。全图画面中心为盘车、水磨,中堂屋顶造型为一组十字交叉的三角形,岸墙构造为木桩固定,横木构成挡土台;水流应从画面上方流入,以带动水磨,闸口在画面上方隐去。

我国先民使用石磨的历史非常久远,早在新石器时代石磨盘与石磨棒已经成了他们加工粟、稻的常用农具。到了春秋战国时期,我国出现了圆转磨,不过那时圆转磨的形制还不完善,比如磨齿不像后来呈分区状。到三国时期,我国的圆转石磨技术已趋成熟,当时的石磨是依靠人力与畜力推动的,利用水力推动的水磨出现在北魏。不过,北魏时期的水磨到底是什么样子,我们对它们的了解反而不如之前的人力、畜力磨清楚,这是怎么回事?因为之前的石磨实物或者明器模型均有考古出土,古代的水磨的磨盘虽然是石料,可驱动磨盘的机构基本是木质的,由于腐烂的缘故,考古发掘中很难发现它们的踪影。不过也别太失望,古代的绘画给我们留下了有关水磨的一些技术特征。

《闸口盘车图》是我国现存最早的这幅水磨图像,现藏上海博物馆。此画过去有人推测为五代时的大画家卫贤,可这一说法并无确证,目前可以确证的是其绘于五代到北宋年间。该画呈现的是一个官营水磨作坊加工粮食的忙碌场景,从《闸口盘车图》局部中可以看到该画的最核心部分,它完全呈现了当时水磨的模样,透露了水磨的许多技术细节,这是技术史学者梦寐以求的东西。如果仔细看这幅画的话,会发现这部水磨的上磨盘是悬挂在屋顶上的,包括粮斗也是如此,也就是说水磨底部的立柱驱动旋转的是下磨盘,上磨盘不动。如今这种形式的水磨在我国青海、甘肃等地仍有应用。图上还能清楚地看到水磨底部带有双层辋轮的水轮,而且是卧式,也就是水平放置的。在水轮的右侧,还能看到一个小水轮驱动的一个水力筛,或者叫水力面罗,它用来筛选加工后的面粉，但由于水力筛上部的图像有遮掩，其具体机械结构并不清晰，至今仍是技术史界的一大谜案。

闸口盘车图（局部）

《闸口盘车图》描绘的是一部卧式水轮驱动的水磨，那么我国古代有没有立式水轮驱动的水磨呢？事实上，最早反映这种形式水磨的资料也是一幅绘画，它就是北宋王希孟于1113年完成的《千里江山图》，现藏北京故宫博物院。此画规模宏大，纵向有51.5厘米，横向竟有近12米，就在画面不起眼的一处绘有一部立式水轮驱动的水磨。从技术史研究的角度看，这可是我国第一次使用正交齿轮系统的机械装置，尽管考古发现的实物齿轮比其早许多，但是明确表现正交齿轮系的结构，该画是第一次。由于这部水磨在画中比例过小，卧式木齿轮的细节看不清楚，但是磨盘的结构与《闸口盘车图》一样，也是上磨盘悬吊的方式，从而说明这种形式的水磨在我国宋代比较常见。

另外，在山西繁峙岩山寺还有一幅绘于1167年的金代壁画，后世称之为《水碓磨坊图》。该图描绘的也是一部立式水轮驱动的水磨，同样利用了正交齿轮系，但与《千里江山图》描绘的水磨有些不同：《水碓磨坊图》细节表现突出，比如磨盘上的推板（向磨眼里推粮食）、笤帚等均有表现，而且其立式水轮没有辋板，直接由水流冲击叶板驱动水轮，而王希孟绘的立式水轮有辋板。《水碓磨坊图》在我国技术史上还具有特殊的意义，图中左侧其实还有没显示完整的两个水

千里江山图（局部）

《水碓磨坊图》（局部）

碓——用来舂米的，这是我国最早呈现的由一个水轮同时驱动碓与磨的机械装置。

到了1313年，元代王祯在其《农器图谱》中对我国古代的传统农具进行了空前的总结，这样，有关我国古代利用水力的水工（用）具的许多图谱及其技艺、文化内涵才得以保存至今。但是在其之前我国古代利用水力的水工（用）具的具包括前面谈到的水磨，我们只能依赖这几幅宝贵的绘画作品了。

明代之后，我国绘画注重写意，对一些器物表达仅仅简单勾勒轮廓，尽管有不少的画作也描绘了水磨，但对技术史、艺术史研究的价值已大打折扣。我国宋金时代水磨坊劳作的场景，被永远地定格在了历史的画廊中。

（六）井文化欣赏

井是最简单的水工程建筑，也是人类历史上最悠久的水工程建筑，更是最富有文化特色的水工程建筑，从井文化的面面观中，我们可以悟出如何以文蕴、哲理去建构水工程文化学的真谛。

1. 井的解读

浙江余姚的文化、出土文物极为丰富，其中就包括水井。水井在锅底形水坑中，用两百多根底部削尖的桩木和长圆木构成木构水井，分内外两部分，外围是直径约6米的近圆形栅栏桩，外围栅栏桩用以加固井口或井架，内井其口部近似方形，边长近2米，井深约1.35米，井壁用四排桩木和8根长圆木加固；碳14测定年代为距今5500～5800年，是人类社会有实物可考的最早的水井。这个水井的木结构的实体构造，活生生勾勒出"井"

河姆渡—汉字"井"的原型

这个汉字的笔画造型的由来。"井"字下边的一横表示井底，上边一横表示井盖，两竖表示木桩井壁。所以《说文解字》云："井，八家一井，象构韩形"。对韩的解释是："韩，井垣也。从韦，取其帀也。"对韦的解释是："韦，相背也。"这是从结构上对井的定义，而《释名》云："井，清也。泉之清洁者也。"则是对井的功能的定义。河姆渡水井的外圆内方的结构，是功能设计：外桩为阻滑桩，抵抗大块土体的下滑；内桩为过滤网，避免小颗粒淤塞井底和污染水质。除了功能的需求外，还有哲学涵义，体现了天圆地方的宇宙观，井字的上一横代表天，下一横代表地，两竖代表天地的联系。

司马迁在《史记》中作《河渠书》，对水利工程专门作了总结。谈到井时说："其后庄熊罴言：'临晋民愿穿洛以溉重泉以东万余顷故卤地。诚得水，可令亩十石。'于是发卒万余人穿渠，自征引洛水至商颜山下。岸善崩，乃凿井，深者四十余丈。往往为井，井下相通行水。水颓以绝商颜，东至山岭十余里间。井渠之生自此始。"这里已经谈到滑坡、隧洞、渠道等水利工程与井的关系。

《周易》六十四卦中涉及建筑的卦有大壮等，涉及水工程的卦有水风井、风水涣、泽水困等卦。水风井卦是坎上巽下，《序卦》云："困于上者必下，故受之以井。"在此卦的六爻中，自下而上，依此说到"井泥""井谷""井渫""井甃""井洌"、"井收"，面面俱到，由浅入深，论说完备。

2. 井的分类

从《古今图书集成》中关于井的461条记载中，可看出，井大致可分为几类：地名井、人名井、传说井、功能井、结构井等。

地名井：华山井："井中有鸟，金喙黑色而园翅，此鸟若见，则有大水"；庐陵井："井半青半黄者，甜滑宜煮，粥色中金，似灰汁，甚芬馨"；茅山井："井水白，不学道者饮水亦寿考也"。

人名井：如尧井、舜井、神农井、轩辕井、司马井、东坡（苏公）井、魏太武井、褒姒井、诸葛井、赵襄子井、季桓子井、吕公丹井、鲁班井、项羽井、烈女井、烈妇井等。

传说井，如女国井："海中有女国，视井即有孕，彼国无男子"；顺德府的仙井："井北有庙塑仙女、龙母象"；凤阳的圣母井："大禹锁水怪处"；鹿邑县的炼丹井："相传老子炼丹处"；姚安府的西岭井："老人磨杵于此，其石犹存"；岳州的柳毅井、顺宁府的观音井、黄姚镇仙人古井等。

功能井如临沅县的丹井："丹砂因泉水渐染入井，是以饮其水而得寿"；丰润县的神惠井："尝之有药味，病者饮即愈"；

广西昭平县黄姚古镇仙人古井

阳谷县的阿胶井："煮乌驴皮为胶，服之可疗风疏痰"；河间府的寒冰井："泛甘瓜于清泉，沉朱李于寒冰";镇江的沸井:"井有四,二清二浊,腾涌滚沸,昼夜不绝";始兴县的温泉井:"每遇霜雪,见其上蒸气高数丈,生物投之须臾可熟";江宁县的响井:"以纱帛蒙其上,作鼓声。投以瓦砾,其声如钟盘然";荆州巴通县的通幽井:"饮此可治病,常有鼓乐声";邛崃的文君井:"文君所凿,水有酒味";成都的薛涛井:"水极清,石栏围之,为蜀藩制笺处";安顺府的胭脂井:"汲水炊饭,色如胭脂";东平县的灵泉井:"皆石壁,州人取水祷雨,多应";永平府的谯楼井:"每天将雨,云自井中出,后井通旱以占候";真定府的清泉井:"所凿其井比他井清而重市人,取以酿酒";开封杞县神井:"取水祷雨,辄应"。

结构井,如保定的鸳鸯井,两泉并出;长清县的琉璃井:"每井皆以琉璃甃砌,其水莹光夺目";五龙井:"甃为八角,以象八卦,四时清澈";梧州府的七星井:"形如北斗";东昌府的玉环井:"井中有石如玉,凿其中,浑然如井甃";莱州的轮井:"石穴下,井口如轮,无雕琢痕";临清县的琉璃井:"遂围以八角石栏、复亭,上匾曰'清泉'";彰德府的墨井:"井水中有石如墨,晋左思赋:墨井砚池,元滋素液是也";永宁县的龙井:"三井相连,木复其上,相传动则有风雷继出";如皋县的潮井:"其泉随潮涨落";靖江市城中的四眼井。

江苏靖江市四眼井

3. 井的诗篇

历代文人墨客对井这个最古老的水工建筑物情有独钟,为我们留下脍炙人口的诗篇和名句。

周武王:"原泉滑滑,连旱则绝。取事有常,敛赋有节。"

梁范云:"乃鉴长秋曲,有浚广庭前。即源已为浪,因方自成圆。兼冬积温井,叠暑秘寒泉。不甘应未竭,既涸断来翾。"

唐代钱起:"片霞照仙井,泉底桃花红。那知幽石下,不与武陵通。"

唐代司空曙:"苔色偏春石,桐阴入寒井。幽人独汲时,先落残阳影。"

唐代苏味道:"玲珑映玉槛,澄澈写银床。流声集孔雀,带影出辘羊。"

唐代郭震:"纵无汲引味清纯,冷浸寒空月一轮。凿处若教当要路,为君常济往来人。"

唐代白居易:"井底引银瓶,银瓶欲上丝绳断;石上磨玉簪,玉簪欲成中央折。"

唐代韦应物："田家已耕作，井屋起晨烟"，

唐代孟郊："阳崖泄春意，井圃留冬芜"，

唐代李绅："堤绕门津喧井市，路交村陌混樵渔。"

宋代苏辙："江波浮阵云，岸壁立青铁。胡为井中泉，涌浪时惊发。"

元代张甫："古井何泓然，不食自甘冷。去来绝攀缘，挽断辘轳绠。唯有中宵月，圆中时照影。"

明代谢恭："玉泉百尺深，古甃涵光冷。何以鉴虚明，差差辘轳影。"

明代姜文羔："天开龙井万峰幽，龙向天门井自流。遂有风云蒸大宙，岂无鳞甲动灵湫。"

明代谢肇制："济水伏流三百里，迸出珠泉不盈咫。银床玉甃闭苍苔，余沥争分青石髓。"

井文化涉及天文、地理、人文、道德、神话、医药、养生、建筑、美学等，真是美不胜收。井文化涉及的哲理已进入人们潜意识，在成语"坐井观天""落井下石""井井有条""次序井然"等中已有深深的烙印。反映在历代文献中，如说井蛙的有《庄子·秋水》的"井蛙不可以语于海者，拘于虚也"，还有《盐铁论·复古》的"宇宙之内，燕雀不知天地之高也；坎井之蛙，不知江海之大"；说井鱼的有《淮南子·原道》的"夫井鱼不可与语大，拘于隘也"，还有《水经注·赣水》的"聊记奇闻，以广井鱼之听矣"等。

唐朝韩愈在《原道》中云："老子之小仁义，非毁之也，其见者小也。坐井而观天，曰天小者，非天小也。'见'井"是井，井又不仅仅是井，井又是坐井、落井、井鱼、井蛙、井瓶，井又是市井、次序、美学布局，井是文化，井是哲学，井是生活，井是民俗，井是记忆，井是历史，井是万花筒，井是透视镜。

4. 井文化底蕴的挖掘和文化氛围的营造

明文震亨撰的《长物志》中专设"凿井"一节："井水味浊，不可供烹，然浇花、洗竹、涤砚、拭几，俱不可缺。凿井欲于竹树之下，深见泉脉，上置辘轳引汲；不则盖一小亭，复之石栏，古号银床，去旧制最大而古朴者，置其上。"

寥寥数语，却道出水利工程文化底蕴的挖掘和文化氛围的营造的基本手法："盖一小亭，复之石栏，古号银床，去旧制最大而古朴者，置其上"讲的是文化氛围的营造；"井有神井，傍可置顽石，凿一小龛，遇岁时奠以清泉一杯，亦自有致。"讲的是文化底蕴的挖掘，这对水利工程的美学建构具有普遍意义，值得我们深思。

现以成都望江公园薛涛井为例，进一步探求水工程文化底蕴的挖掘和文化氛围的营造的基本规律和手法。

(1)文化底蕴的挖掘。

薛涛是唐代著名女诗人,与同时代的名流元稹、白居易、刘禹锡、杜牧等人多有诗歌唱合,曾久居成都西郊浣花溪,制作薛涛笺,这就是古籍中有关薛涛井的记载。

自明代至今,历代官员、学者都愿意加入到对薛涛井这个水利工程的建造和吟唱中来。

薛涛井原名玉女津,明代蜀王命人在此汲水仿制薛涛笺,故名薛涛井。清初康熙三年,成都知府冀应熊手书"薛涛井"三字,刻石碑立于井后,开挖掘文化底蕴之先河。乾隆六十年,翰林院编修周厚辕手书王建《寄蜀中薛涛校书》及已作《薛涛井》诗各一首,刻石立于碑旁。嘉庆十九年四川总督常明奉皇帝之命,建雷祖庙于薛涛井之左,四川布政史方积与成都府知府李尧栋等建吟诗楼及濯锦楼于井之右,李尧栋有跋记此事,文曰:"兹于井旁造小楼数楹,乃颜曰吟诗楼,以存其遗迹,登览者勿泥其地焉。"这位官员深知文化底蕴的挖掘之奥妙,劝后来者,不必计较此地是否真为薛涛故居。

薛涛井

此后咏井怀人之作,络绎不绝。

明王士性:"为染薛涛笺,来看薛涛井。"明曹学佺:"七八百年间,陈事如俄顷。西川锦江畔,犹有薛涛井。"清陈矩:"无波古井因涛重,有色遗笺举世珍。"清陈志喆:"千秋井以美人传,无数楼台绕宅前。"

(2)文化氛围的营造。

1)壁、楼、阁、亭、桥、池。

薛涛井后有影壁,两低一高,呈对称分布,红墙灰瓦,影壁后有围墙环绕,同样的灰瓦红墙与之呼应,上面雕刻21幅与薛涛有关的诗、词、书、画,浓郁的文化氛围,扑面而来。

望江楼又称崇丽阁,位于锦江畔与薛涛井相对,原为风水建筑,取名于左思《蜀都赋》的"既丽且崇,实号成都"之句。该楼造型为"崇",楼分四层,下两层四角形,上两层改八角形,层层收分,飞檐重阁,婀娜多姿。屋面覆盖绿色琉璃瓦,阁尖配以鎏金宝顶更显壮观;屋角悬缀风铃,风过铃鸣,可谓声形并茂。该楼装饰为"丽",底层雕梁画栋,各层斗拱雕有古典戏剧人物,杂以猴、鹿等动物,形象生动活泼,天花板上的"凤凰戏牡丹""龙图",线条洗练,色彩绚丽。

吟诗楼在崇丽阁东侧,可拾阶而上。一边临江,两翼伸展,三间相连,四面轩畅,楼面起伏,建筑精巧俯视波涛，潮声澎湃，吟诗作赋，文思如涌，可谓"云影波光活一楼"。

薛涛井、浣笺亭之左，有流杯池景区，右枇杷门巷、五云仙馆、泉香榭、清婉室、流杯池及三座小桥构成，珍竹异石点缀，玲珑纤巧，疏密相间，与临江峙立的一阁两楼高下相倾，遥相呼应。

诗、联、画、树、花：

中国园林中的文学品题指的是厅堂、楹柱、门楣上和庭院的石崖、粉墙上，留下的历代文人墨迹，即匾额、楹联和石刻等。它们是建筑物典雅的装饰品、景观的说明书、园主的心灵陈辞，是园林景观的一种诗化。

园林中的匾额主要被用作题刻园名、景名，陶情写情咏景或颂人写事，典雅含蓄，立意深邃，融辞、赋、诗、文意境于一炉，系诗情画意于一词，成为一种独立的文艺小品。匾额使物景获得"象外之境、境外之景、弦外之音"，获得灵魂和生气，人们得以涵咏乎其中，神游于境外。匾额为游人点出景观的美学特点，可"使游者入其地，览景而生情文"，获得绵绵无穷的深永意蕴。写意式的抽象题咏更催人遐思，点出了虚实相济的园林欣赏空间主题，为风景传神写意。匾额升华了创作情感，耐人品味、涵咏，给人以种种美感。

现在题刻在望江楼公园的楼、馆、井、亭的匾额、楹联多达三、四十幅，起到了提挈景观、引导游览、发人遐想、提高游兴的作用。

"少陵茅屋，诸葛祠堂，并此鼎足而三；饰崇丽，荡漪澜，系客垂杨歌小雅。元相诗篇，韦公奏牍，总是关心则一；思贤才，哀窈窕，美人香草续离骚。"

"此薛校书旧日枇杷巷，为古天府第一郊外公园。"

这是现在和原来分别耀亮在望江楼公园大门的两幅楹联。前幅把望江楼、武侯祠和杜甫草堂相提并论，都同为成都的著名历史名胜。通过对望江楼崇丽景致的描绘和对历史人物才华的评述，表达了对女诗人薛涛的敬仰和称赞。后幅是简洁明确地指出昔日诗人的枇杷门巷，就是今天的望江楼公园，并赞誉为第一。本文开头所引的两幅楹联，使游人一到门前，就为望江楼的特点，绮丽的风光，纪念薛涛的古迹和文化内容所吸引。进而在薛涛井旁的题刻楹联："古井平涵修竹影，新诗快写浣花笺。"使人自然从薛涛井联想到薛涛笺，借翠竹倩影追求美好的向往。

吟诗楼的对联："花笺茗榭香千载，云影波光活一楼。"又让人从薛涛笺联想到女诗人的美姿才华和沁人心脾的茶香，把游人引到新建的"茗楼"品茶赏景。

枇杷门巷又有一联曰：古井冷斜阳，问几树枇杷，何处是校书门巷；大江横曲槛，占一楼烟月，要平分工部草堂。"古井夕阳，枇杷门巷，诱人探寻诗人当年的故居。烟波江水，秀丽江楼，又何以与杜甫草堂同为成都的著名风景名胜!

2)在崇丽阁正厅中的长联。

"几层楼独撑东面峰,统近水遥山,供张画谱;聚葱岭雪,操白河烟,烘丹景霞,染青衣露。时而诗人吊古,时而夕猛士筹边。最可怜花蕊飘零,早埋了春闺宝镜;枇杷寂寞,空留着绿野香坟。对此茫茫,百端交集,笑憨蝴蝶,总贪迷醉梦中。试从绝顶高呼,问问问,这半江月属谁家物?

千年事屡换西川局,尽鸿篇巨制,装演英雄;跃冈上龙,殒坡前凤,卧关下虎,鸣井底蛙,忽然铁马金戈,忽然银笙玉笛。倒不若长歌短赋,批撒些闲恨闲愁;曲槛回廊,消受得好风好雨,嗟予蹩蹩,四海无归,跳死猢狲,终落在乾坤套里。且向危梯俯首,看看看,哪一块云是我的天!"

这幅长联,赞高江楼统领着远近山水,展示出望江楼和周围胜景。忆千百年来,无数英雄名垂青史,抚今思昔,不胜感慨。史载薛涛独爱菖蒲与竹,曾有"种菖蒲满门"之说,元稹给她的赠诗中也有"菖蒲花发五云高"之句。薛涛对竹之喜爱可见于她的诗中,如"众类亦云茂,虚心宁自持。""晚岁君能赏,苍苍劲节高。"等诗句,足可见她以竹自喻的气质情怀。

如今的望江公园内遍种中外名竹,亦可看作是薛涛情致的遗韵流芳。自古以来,蜀人便有以种竹作为其雅致性情标志的传统。薛涛之爱竹,亦可见其虽沦落红尘,却也不妨其品质之高洁。旧时薛涛井一带便多竹林,明人戴火景前往薛涛墓前凭吊时,有一首题为《薛涛井》的诗,其开篇两句便写到了薛涛井边的竹阴:"寒泉翠条午阴清,读罢残碑感慨生。"而清人吴升在同名为《薛涛井》的诗中写道:"我昔寻此井,一径入深竹。萧然地半弓,围以万竿绿。"可见当时这一带竹林茂密,要寻访薛涛井,需得踏入密竹间的幽深小道,方可到达。

自20世纪50年代,由昔年邓锡侯所题"郊外第一园"更名为"望江楼公园"以后,园内更是遍种名竹,到如今,竹荫面积达200余亩,品种多达150多种,堪称"竹类博物馆";在中国众多著名园林中,亦以观竹佳处闻名,享有"天下第一竹园"之别称,是目前中国规模最大的竹类植物城市公园。

这里的竹类以本土名竹——慈竹林为主,同时广植江浙粤桂,以及海外所产之名竹。在种植配置上,依据"竹韵冷,宜江岸,宜盘石,宜曲槛回环,宜全长竹万竿"的特点,以成林成片的慈竹,辅之以丛植的观音竹、琴丝竹、小簌竹等;并引种培植佛肚竹、紫竹、方竹、粉单竹、龙胆竹、人面竹、佛肚竹、方竹、鸡爪竹、紫竹、毛竹、绵竹、胡琴竹、麦竹、实心竹等。位于成都市东南角的锦江南岸。岸边杨柳依依,园内翠竹浓荫。公园占地12万平方米,大部分地面被竹林覆盖,是国内名竹荟萃之地,因此被称为"竹子公园",或叫"锦城竹园"。

在布局设计中,以长竹烘托楼景;以竹篁点缀亭、馆、池、桥;以竹篱植路旁增添稀疏古意。

从而形成了竹海深深、竹影重重、竹径萧萧、竹丛扶疏的特色景致。只要你踏进望江楼公园,就如同走入一片竹的海洋,连周围的空气都充满了浓浓的绿意。

二、历史水工程文化的鉴定

对历史水工程文化的鉴定的目的是为其准确定位、突出特色,为保护、发展指明方向。鉴定的定义是鉴别审定事物的真伪、优劣,并进行分类。历史水工程的分类,大致可分为:哲学型、艺术型、科技型、景观型、历史型、民俗型、生态型、复合型等。

(一)哲学型:都江堰(2000年入录世界文化遗产)

世界遗产委员会对都江堰的评价是:"建于公元前三世纪,位于四川成都平原西部的岷江上的都江堰,是中国战国时期秦国蜀郡太守李冰及其子率众修建的一座大型水利工程,是全世界至今为止,年代最久、唯一留存、以无坝引水为特征的宏大水利工程。2200多年来,至今仍发挥巨大效益,李冰治水,功在当代,利在千秋,都江堰不愧为文明世界的伟大杰作,造福人民的伟大水利工程。"

都江堰治水法则

都江堰是三级调节的自动控制系统,水、沙的信息在系统内反馈流动,导引着物质的交换;都江堰的景观、人文美学的信息流动,自二王庙顺山而下,通过南桥至离堆公园,构成第二主题的信息的竖向、环向流动;由鱼嘴至飞沙堰、宝瓶口顺流而下的第一主题的信息构成穿环而过的纵向流动,由此形成两大主题的交织、信息交换。

李冰对水工建筑搞的是天地对应、天人合一,在整体设计之初就形成其辩证的哲学内涵。李冰继承大禹的历史遗产,他不仅为后人留下都江堰这个千古绝唱,更重要的是他将大禹的哲学固化成治水的基本构件——竹笼。竹笼既阻水,又透水。竹属木、石属土、水生木、木克土、土克水,

都江堰治水使用至今的竹笼

相生相克，竹柔石刚，以柔束刚，竹石合一；小水时，与水共存、友好相处；大水时自行溃决，以宣泄更大的洪水。竹笼是对"治"字诀的图解："左水右台，抬水为治，筑坝兴利；厶有山形，山下开口，禹疏洪患，冰凿离堆，其源于斯"。即阻又泄，这不仅是治水原则，也是治家、治国的原则。

现今的大坝、水闸的基本原理就是对竹笼哲理的演绎，是对竹笼文化内涵的外延，也是在竹笼阻水和泄水这一构造物上演化出来的水工建筑物。都江堰的鱼嘴，飞沙堰，宝瓶口的导、泄、引的功能，在和谐社会的构建中具有普适性。

被称为"文明世界的伟大杰作"，都江堰的鱼嘴、飞沙堰、宝瓶口的导、泄、引的功能，在和谐社会的构建中具有普适性。都江堰的水工程文化理念是"开"、是"放"、是"延"、是"引"，是耗散结构，系统在同外界进行信息、物质、能量的交换过程中，达到新的平衡，求得更高、更大、更快的发展，都江堰这一重要人文特性、哲学内涵，是中华水文化的精髓，也正是新时期民族精神的主体。

（二）艺术型

1. 书法、题刻艺术宝库——白鹤梁水文工程

重庆涪陵白鹤梁水文题刻，以其特有的历史、科学、艺术、文化内涵，在中国乃至世界水工程文化学史中占有重要地位。

（1）号称"三绝"的历史文化遗产。

白鹤梁是位于长江上游重庆直辖市涪陵城北江中的一道天然石梁。处北纬29°43′，东经107°24′。全长1600米，宽10～15米，自西向东延伸，呈一字形与江流平行。水位标高137.81米，梁脊高出最低水位2米，低于最高水位30米。距长江南岸100米；东临长江与乌江的汇合处。由于常年受江水冲刷，石梁形成上、中、下三段。被誉为"长江一绝、中国一绝、世界一绝"的水下碑林"白鹤梁题刻"主要分布在220米长的中段上。

北魏郦道元著《水经注》记述："白鹤梁，尔朱真人修炼于此，后乘鹤仙去。"南宋祝穆著《方舆胜览》记述："州(涪陵)西一里白鹤滩，尔朱真人冲举之处。"皆言尔朱真人"仙去"、"冲举"之处为"白鹤滩"。乐史编著的北宋地理总志《太平寰宇记》记载："开宝四年，黔南上言:江(长江)心有石鱼见，上有古记云:广德元年二月，大江水退，石鱼见"王象之编著的南宋地理总志《舆地胜志》记："在涪陵县下，江心有双鱼，刻石上……"据此，白鹤梁也曾有过"涪陵石鱼"的称谓。

清同治版《重修涪州志》在白鹤梁条目下注释："尔朱真人浮江而下，渔人有白石者举网得之，击磬方醒，遂于梁前修炼，后乘白鹤仙去，故名。"民国版《涪陵县续修涪州志》也注释："白鹤梁石鱼，在城西江心，旧志：尔朱真人浮江而下，渔人有白石者举网得之，击磬方醒，遂于梁前修炼，后乘鹤仙去，故名。"而直接把"白鹤梁"三字镌于石梁上的，则是清光绪辛巳年间的孙海。

唐广德元年（763年），长江水枯，时人在露出的白鹤梁中段石梁上镌刻了两尾石鱼，记录了当年最枯水位线。经后人长年观察认为：当江水退，石鱼现时，来年将有丰收年景，即"石鱼出水兆丰年"。于是，每逢冬春相交的枯水季节，人们喜盼石鱼的出现，一旦石鱼露出，人们奔走相告，观者如潮，络绎不绝。有文人墨客将石鱼出水的时间，石鱼与水距的尺度，观察者姓名及情景，用诗文形式刻记在石梁上，也有另刻石鱼、白鹤及观音像以标水位或表心愿者。开始，题刻集中于梁东段唐石鱼附近，后石鱼周围无空隙，逐渐向石梁上端或左右发展，形成今天颇具规模的石刻群。

据目前统计：白鹤梁共有文字题刻165段，3万余字，其中唐代1段，宋代98段，元代5段，明代16段，清代23段，年代不详者21段。另有18尾石刻"石鱼"，其中立体浮雕1尾，浅浮雕2尾，平面线雕15尾，线雕白鹤1只，观音像3尊，深水中是否还有题刻，仍待进一步考查。

（2）世界第一古代水文站。

白鹤梁水文题刻不仅是我国而且是世界上目前发现时间最早，延续时间最长，石刻数量最多的枯水水文题刻。埃及尼罗河中虽也有类似的水文石刻题记，但石刻的数量远逊于白鹤梁。1974年在巴黎召开的国际水文工作会议上，中国代表团以《涪陵石鱼题刻》为题，向大会提交报告，白鹤梁的科学价值遂得到世界公认。白鹤梁上所刻石鱼，实际是前人用来记录当时长江水水位最枯的标志。这些浮雕和线雕的大、小鱼形图案分布在不同的部位和高度上，各时代题刻文字的内容多数是以石鱼为标准记载当时的水位高度，因而可将其称为"石鱼水标"。刻石鲤为水标，以记录枯水变化，预卜农业丰歉，这是古代先民的伟大创举。令人敬佩的是，古人铭刻的石鲤水标，和现代水文站测量水位升降数据的原理完全相同。设固定水标系统观测江河的水位变化，迄今不足百年历史，这里的"唐代所见石鱼水标"要比1865年我国在长江上所设立的第一根水尺——武汉江汉关水尺早1100多年。

白鹤梁水文题刻记录了1200余年的历史水文数据，这些数据可精确地核算出千年一遇的特枯水位线。在174段题刻中，有枯水水文价值的114段，它记录了历史上74个年份的枯水水位。在12尾石鱼中，以清康熙二十四年(1685年)涪州牧萧星拱重刻之双鲤的水文价值最高。据长江流域规划办公室重庆水文站实测，这对石鱼的眼睛海拔高程为137.91米，与现在水位标尺零点的海拔高程相差甚微。以此推演，可以得出自唐广德元年以来1200余年的长江枯水水位统计和枯水发生的周期。从中得出长江上游每隔3年或5年就有一次枯水发生；10年或数10年就有一次较枯水位，600年就有一次极枯水位出现的结论。成为"长江中最古老的水文站"，不愧为"长江水文资料的宝库""世界水文史上的奇迹"，为长江水利、水电、航运等方面的开发，特别是为葛洲坝、三峡水利枢纽工程的动工兴建，提供了确切可靠的科学依据。

（3）世界第一水下碑林。

白鹤梁水文题刻数量可观，艺术价值极高。字体篆、隶、楷、草、行皆备，风格颜、柳、欧、苏氏尽有，年代唐、宋、元、明、清俱全。从年代的跨度到字体、风格的齐备，到数量规模的宏大及艺术价值的上乘，再加上它独特的环境风貌，可谓世界上绝有的水下碑林。"白鹤梁题刻"不仅很有历史价值和科学价值，而且有较高的文学艺术价值，可以说是书、艺、文三绝，美不胜收，165段文字题刻共三万多字，既有古今官员，文人墨客的手迹，又有名不见经传的无名氏题字，所刻的字体，篆、隶、行、草、楷诸体皆备，黄（庭坚）、虞（世南）、褚（遂良）、颜（真卿）、柳（公权）、欧（阳询）各派书体并呈。各派书法家的题刻，有的遒劲，有的刚健，有的隽秀，有的飘逸，有的纤细秀丽，有的古朴厚重，各有特色。那只线雕的白鹤，昂首独立，振翅欲飞，潇洒豪放，形象逼真，使人百看不厌。那对线刻鲤鱼，一前一后，前者口含莲花，后者口含灵芝，呈溯江而上的游动姿势，生动活泼。这些石鱼围绕"石鱼出水兆丰年"的民谣，反复论证了"石鱼现，果大稔"的历史事实。18尾石鱼雕法各异，有立体浮雕、浅浮雕、平面线雕、均表现了流畅、古朴、精细、明快的自然风格，表达了人们对石鱼出水的爱慕流连之情。自唐始，历代文人雅士，官吏商贾，过往涪陵，值石鱼出，乘舟来白鹤梁上，驻足流连，吟诗作赋，题铭江心，姓名可考者300余人。无论黄庭坚、朱昂、秦九韶、王士祯、谢彬、张师范等名家留题，还是无名之作，尽显

众多的名家题刻

线刻鲤鱼

雄浑、遒劲、刚健、俊秀之风。刻工洗练稳健、流畅自然，运刀如笔。把书画与镌刻技术巧妙结合在一起。尤以北宋诗人、大文学家、书法家黄庭坚的"元符庚辰涪翁来"的题刻最为著名（黄庭坚被贬涪州自号"涪翁"）。七个字，笔笔凝练，洒脱雄健，格外引人注目。寥寥数字，却永留心态气宇，表现其盛期之作。另有蒙古族八思巴文题刻一幅，大意是"生命的意义在于荣誉"，读音"阿弥图土萨塔"，也极为珍贵。

历代诗人对白鹤梁题刻的艺术、哲学内涵进行讨论，成为白鹤梁题刻水工美学的重要内容。

宋代刘忠顺："七十二鳞波底镌，一衔口草一衔莲。出来非自贪芳饵，奏去因同报稔年。方客远书徒自得，牧人嘉梦合相先。前知上瑞宜频见，帝念民饥刺史贤。"

宋代丘无逸："谁将江石作鱼镌，奋鬣扬口似戏莲。今报丰登当此日，昔模形状自何年。雪因呈瑞争高下，星以分宫较后先。八使经财念康阜，寄诗褒激守臣贤。"

宋代赵汝："预喜今穰验石鳞，未能免俗且怡神。晓行鲸背占前梦，瑞纪龟陵知几春。拂石已无题字处，观鱼皆是愿丰人。片云不为催诗黑，欲雨知予志在民。"

宋代材望："何代潜鳞翠琰镌，双双依藻更依莲。符瑞报屡丰兆，物盛宜歌大有年。玉烛调和从可卜，金刀题咏文开先。浑如泼剌波心跃，感召还知太守贤。"

明代黄寿："时乎鸾凤见，石没亦是丰。时乎鸱口见，石出亦是凶。丰凶良有自，奚关水石踪。节用爱民心，胡为有不同。"石没是丰，石出是凶，凶吉和水的涨落相关，这位太守看到是：水情牵动国情。

明代张献、刘永良等人的联句："鱼出不节用，年丰难为丰；鱼没知节用，年凶未必凶。造化存乎人，丰凶岂无踪。神官俭且廉，小子心当同。"意境新颖，哲理凸现，强调了节俭和为官清廉的重要性，读后给人启迪，发人深思。

明代刘冲霄："石鱼见处便丰年，自我居官亦有年。愿得从今常献瑞，民乐业永安然。"

清代王士禛："涪州水落见双鱼，北望乡园万里余。三十六鳞空自好，乘潮不寄一封书。"

2. 古代名画中的水工程文化

南宋刘松年《四季山水图》以桥点化四景，别出心裁，创意独特。此画分别绘春、夏、秋、冬四季景象：春景表现山峦清新，疏林庄院，湖面水气蒸腾，水天一色，人在画中；夏景描绘水荷清凉，主人面水而望，纳凉赏景，远山淡淡，树木葱茏；秋景展示清闲气象，老者端坐室内，户外熟果缀枝，苍石嶙峋，湖水烟波浩渺，一派秋高气爽；冬景显示白雪皑皑，一人骑马撑伞，一人牵马蹒跚，冒雪前行。在四景时空转换中，桥起到画龙点睛的作用：春景，堤岸翠柳环绕，水草丛生的湿地生态，两者用梯形单跨平板桥联系，桥用其轻；夏景，水榭以木桩承重，亲水平台以块石直立挡墙护岸，两者以简易平桥跨接，由近水至临水而亲水，桥用其平；秋景，突出环水效应，沟渠用块石砌筑，小板桥轻骑其上，点缀其间，桥用其巧；冬景，用怪石堆岸，木桩架立，斜桥三跨，桥面拱曲，行者蹒跚，冬意犹浓，桥用其重。

南宋刘松年《四季山水图》

宋代张择端《清明上河图》，分上、中、下三段，首段描绘郊区农村景色；中段描写以汴河为代表的水工建筑物；后段描写城市街道、风土人情。中段画面中心为一座规模宏大的木拱桥，"其桥无柱，皆以巨木虚架，饰以丹艧，宛如飞虹"。画面的视角为上游左岸仰视，矢跨比大于1/10，七节木桁架组成拱架，桥台为条石砌筑。画上博平、张世积题跋赞曰："画桥虹卧浚仪（亦有写作"汴河"的）渠，两岸风烟天下无。满眼而今皆瓦砾，人犹时复得玑珠。繁华梦断两桥空，惟有悠悠汴水东。谁识当年图画日，万家帘幕翠烟中。"较大的矢跨比，除为交通航运提供方便外，还作为取景框，两岸风情皆入画中。

（三）科技型

灵渠是世界上最古老的运河之一，是目前所知世界上最古老的盘山渠道，沟通长江水系的湘江和珠江水系的漓江。

世界大坝委员会的专家称赞"灵渠是世界古代水利建筑的明珠，陡门是世界船闸之父。"秦人将松木纵横交错排叉式的夯实插放在坝底，其四围再铺以用铸其四围再铺以用铸铁件铆住的巨型条石，形成整体。2000多年来任凭洪水冲刷，大坝巍然屹立。内中奥秘，直至20世纪80年代维修大坝时才发现。灵渠一些地段滩陡、流急、水浅，航行困难。为解决这个问题，古人在水流较急或渠水较浅的地方，设立了陡门，把渠道划分成若干段，装上闸门，打开两段之间的闸门，两段的水位就能升、降到同一水平，便于船只航行。灵渠最多时有陡门36座。高科技含金量是灵渠水工程文化的突出特色。

天下第一陡

灵渠，则以其高超的技术水平和独特的历史作用引起了诗人们的深切关注。如明代诗人解缙的《兴安渠》："石渠南北引湘漓，分水塘深石作堤。若是秦人多二纪，锦帆直到是天涯。"全诗以精炼的笔墨描绘了兴安渠的概貌，并隐括了其开渠的历史。诗人用感叹的口气告诉我们：兴安渠的开凿，终于助秦始皇统一了岭南，如果秦朝能多延续两代，那么运河一定能开到天涯海角。灵渠的铧嘴与都江堰"分水鱼嘴"的水力学原理一样，起着减缓上游来水冲刷的作用，"铁嘴观澜"是兴安旧有著名的八景之一。每当山洪暴发，湘江怒涛翻滚，声若巨雷，直击铁嘴，蔚为壮观，但经铧嘴排流后，水势减缓，平复如故，这种奇妙变化，令人叹为观止。清代彭容有诗赞道："澎湃汹汹激上矶，横流倒泄震声威。惊疑蛰起龙分水，舞爪掀鳞势欲飞。"还有这样一副对联赞美灵渠沿途的殊丽风景："桃花满路落红雨，杨柳夹堤生翠烟。"

参观灵渠，就可以感受到古代水工程的这种整体观及其厚重的水工程文化。到了灵渠，不仅可以看到水工程的主体建筑，三七分流的大小天平坝，世界船闸之祖陡门，形似犁铧的铧嘴；还可以体会灵渠兴建的艰难过程，四贤祠里奉祀着对开凿和完善灵渠有功的秦监御史禄、汉伏波将军马援、唐桂管观察使李渤、防御使鱼孟威，三将军墓里埋葬的是为兴建灵渠献出生命的三位将军，飞来石镇压着兴风作浪的猪婆精；还可以走过状元桥，念念劣政碑碑文，看看古树吞碑的奇观，亲自感受千年灵渠之水的灵性和德行；又可游览秦文化广场，观明朝"伏波遗迹"和清朝"湘漓分派"两块石碑，感悟历史的沧桑；再沿着灵渠，探访蒋介石偕夫人宋美龄游览灵渠后修建的"美龄亭"，李宗仁参观灵渠后修建的"南陡阁",吟诵郭沫若游览灵渠时题写的《满江红·灵渠》诗"北自长城,南来至,灵渠岸上。亲眼见,秦堤牢固,工程精当。闸水陡门三十六,辟湘铧嘴二千丈。有天平小大,溢洪流,调分量。湘漓接,通汉壮,将军墓,三人葬。听民间传说,目空君相。史禄开疆难复忆,猪龙作孽忘其妄。说猪龙,其实即祖龙。能开创。"慨叹灵渠的伟大。最后游览依灵渠水而成的水街,水街是灵渠历史文化的重要组成部分,这里的古建筑、亭台、古桥、雕塑等载体鲜活地再现着灵渠曾经的沧桑和辉煌。漫步水街有如徜徉于一条历史文化长廊,而触手可及的市井风情清晰地演绎着中原文化与岭南文化的碰撞和融合。

(四)景观型:西湖(2011年入录世界文化遗产名录)

世界遗产委员会评价:"自公元9世纪以来,西湖的湖光山色引得无数文人骚客、艺术大师吟咏兴叹、泼墨挥毫。景区内遍布庙宇、亭台、宝塔、园林,其间点缀着奇花异木、岸堤岛屿,为江南的杭州城增添了无限美景。数百年来,西湖景区对中国其他地区乃至日本和韩国的园林设计都产生了影响,在景观营造的文化传统中,西湖是对天人合一这一理想境界的最佳阐释。"

西湖三潭映月

西湖"还湖于民",是中国第一家也是迄今为止唯一一家不收门票的5A级景区,世界遗产委员会的评价强调了西湖作为文化景观的特质。西湖的文化景观由自然山水、"三面云山一面城"的城湖空间特征、"两堤三岛"景观格局、"西湖十景"题名景观、西湖文化史迹和西湖特色植物6大要素组成。

西湖群山是因地质构造运动形成的古泻湖周边的褶皱山,峰峦层叠起伏,自然风光秀美,也是西湖主要天然水源的发源地。西湖的山水空间所表现出的人与自然的和谐特征,高度契合中国文人士大夫的理想山水模式,而被历代推崇为反映中国山水美学思想的典型景观和山水人居的典范,维系和传承千年。

西湖的"三面云山一面城"的湖、山、城整体的景观空间特征,呈现出人与自然的独特的整体感和亲和感:以西湖为中心,东面是靠近市区的湖滨公园;西南依次有南高峰、大慈山、龙井山、南屏山、凤凰山等山峰，总称南山；北面有灵隐山、北高峰、宝石山等，总称北山。山峰连绵，与西湖构成众星捧月之态。

西湖"两堤三岛"的景观格局，是由白堤、苏堤和小瀛洲、湖心亭、阮公墩以及它们所构成的西湖水域共同组成。这种以堤岛分割和组织空间的方式，是中国景观设计中营造适度的景观空间尺度的重要手法，并融合了中国江南特有的湖堤景观风貌，形成了西湖代表性的景观格局特征。

"西湖十景"系列题名，每个景观，前两个字写实，后两个字写意，两两相对。景观涉及了春夏秋冬、晨晌昏夜、晴雾风雪、花鸟虫鱼等关于季节、时段、气象、动植物的景观特色以及堤、岛、桥、园林、宅院、佛寺、水上园林、佛塔、亭、台、楼、阁等极为丰富的景观元素，并各有侧重地表现出或生动、或静谧、或隐逸、闲在、冷寂、禅境、仙境等审美主题。

西湖文化史迹涵盖儒释道、历代文人墨客及民间传说，构成西湖深厚的文化底蕴。

西湖植物，很有特色，两堤为桃柳相间的景观；环湖春桃、夏荷、秋桂、冬梅的四季花卉；分布于西湖群山中，承载了中国茶禅文化重要价值的传统龙井茶园以及其云栖竹径的深绿景色，都能让人目不暇接。

杭州倚湖而兴、因湖而名、以湖为魂。

（五）历史型

郑国渠水利风景区，具有独特的水工程文化资源，不仅有郑国渠遗址，先后历经汉代的白公渠、唐代的三白渠、宋代的丰利渠、元代的王御史渠、明代的广惠渠和通济渠、清代的龙洞渠等历代渠道。各代均有历史遗存，是其水工程文化的独特性，其景观具有唯一性，是水工程演变的一比一的原型博物馆。

郑国渠记事、颂德碑刻

郑国渠现存文物有记事碑九通，颂德碑二通，议、诗碑二通，水利制度碑二通，李仪祉墓碑一通，李仪祉纪念碑四通，石刻门联两副四件，以及位于仪祉陵园内的雕石祭坛一座。这些文物随同各朝代的进水口遗址，默默注视着郑国渠的沧桑巨变。

郑国渠水利风景区，具有独特的水文化资源，问题是如何开发这些水文化资源。目前仅存宋、元引水枢纽遗址，仅作沿河长廊，各遗址未有详细说明,如宋、元进水闸底板高差、距离等参数都应有介绍,使游览者一目了然;加强考古,发掘出汉、唐、明、清枢纽遗址,使景区真正成为水利史博物馆;加强文脉的发掘与展示,树立每一时期水利代表人物塑像,同时期的水利诗词、治水和生活画面,或刻在岩石上,或立雕刻石板于侧;像《汉书·沟洫志》所载民谣:"田于何所?池阳谷口。郑国在前,白渠起后。举臿为云,决渠为雨。泾水一石,其泥数斗,且溉且粪,长我禾黍,衣食京师,亿万之口",可请国内知名书法家书写,立于显赫处,有提纲挈领之妙。长廊外侧,因河床下切,泾河底怪石林立,是不可多得的文化资源,可仿黄山奇石,发挥神似、形似的想象力,沿途命名,对游客进行引导,稍加点缀,平添胜景。

(六)民俗型

1. 皖南古村落——西递、宏村供水系统(1999年入录世界文化遗产)

世界遗产委员会评价:"西递、宏村这两个传统的古村落在很大程度上仍然保持着那些在上个世纪已经消失或改变了的乡村的面貌。其街道的风格,古建筑和装饰物,以及供水系统完备的民居都是非常独特的文化遗存。"

西递、宏村是安徽南部民居中最具有代表性的两座古村落,它们以世外桃源般的田园风光、保存完好的村落形态、工艺精湛的徽派民居和丰富多彩的历史文化内涵而闻名天下。

宏村人规划、建造的牛形村落和人工水系,是当今"建筑史上一大奇观":宏村是一座"牛形村",整个村庄从高处看,宛若一头斜卧山前溪边的青牛。巍峨苍翠的雷岗为牛首,参天古木是牛角,由东而西错落有致的民居群宛如庞大的牛躯。一条400余米长的溪水盘绕在"牛腹"内,被称作"牛肠",流入村中半月形的池塘称为"牛胃"后,经过滤流向村外被称作是"牛肚"的南湖。人们还在绕村的河溪上先后架起了四座桥梁,作为牛腿。这种别出心裁的科学的村落水系设计,不仅为村民解决了消防用水,而且调节了气温,为居民生产、生活用水提供了方便,创造了一种"浣汲未防溪路远,家家门前有清泉"的良好环境。宏村供水系统完备的民居都是非常独特的文化遗存,体现出给排水工程文化的魅力。

2. 丽江古城(1997年入录世界文化遗产)

世界遗产委员会对丽江的评价:"古城丽江把经济和战略重地与崎岖的地势巧妙地融合在一起,真实、完美地保存和再现了古朴的风貌。古城的建筑历经无数朝代的洗礼,饱经沧桑,它融汇了各个民族的文化特色而声名远扬。丽江还拥有古老的供水系统,这一系统纵横交错、精巧独特,

丽江古城家家门前溪水流

至今仍在有效地发挥着作用。"

临河就水,你可观古城水情。古城充分利用泉水之便,使玉河水在城中一分为三,三分成九,再分成无数条水渠。使之主街傍河、小巷临渠,使古城清净而充满生机。水系组织聚散合理,配置得当,再加上石、石桥、木桥、花鸟虫鱼、琴棋书画、民风民俗,生发出无穷意趣,使古城独具魅力。"三眼井"是纳西族生态用水的独创,最上面的水井是饮用水,中间水池用于洗米、洗菜,最下游的水池用于洗衣,一水多用,各安其位,卫生节水的系统自然生成。白天为市,傍晚关闭西河水闸,利用高差使西河水自动冲洗四方街,洗街之水归入中河,灌溉农田,清洁、灌溉两不误,用水文化如此精致,令人叹为观止。

(七)生态型:哈尼梯田(2013年入录世界文化遗产)

以元阳县为代表的"哈尼稻作梯田系统"被称为"全球人工湿地典范"。世界遗产委员会认为:"红河哈尼梯田文化景观所体现的森林、水系、梯田和村寨"四素同构"系统符合世界遗产标准Ⅲ和标准Ⅴ,其完美反映的精密复杂的农业、林业和水分配系统,通过长期以来形成的独特社会经济宗教体系得以加强,彰显了人与环境互动的一种重要模式。"

哈尼梯田至今有1200多年历史,规模宏大,分布于云南南部红河州元阳、红河、金平、绿春四县,总面积约100万亩,其中元阳县是哈尼梯田的核心区。哈尼族各支系普遍存在着对水的祭祀,各个村寨都要在一定的时间对水源头、水井、河流、河沟等进行全村性的祭祀活动。

朝看梯田美如画

河水通过日照、蒸发、升空汇集到山顶,形成云雾、露珠,经由森林涵养,变成地下水,通过沟渠集结，灌溉梯田，余水又回归河流，如此循环反复，形成江河、村寨、梯田、森林四位一体的生态自动控制、自动修复系统。在这个自动控制系统中，位于系统顶端的森林和末端的河流，一旦任何一端消失或破坏，整个生态系统将会崩溃。这种水生态循环系统在世界文化遗产中是独一无二的。

（八）复合型

2005年，郑孝燮、罗哲文、朱炳仁三位老专家联名致函18个运河城市市长，呼吁拉开中国大运河申遗序幕。2014年6月22日在卡塔尔首都多哈举行的联合国教科文组织（UNESCO）第38届世界遗产大会上，大运河终于被列入世界遗产名录，成为我国第46项世界遗产和第32项世界文化遗产。世界遗产委员会认为：大运河是世界上最长的、最古老的人工水道，也是工业革命前规模最大、范围最广的土木工程项目，它促进了中国南北物资的交流和领土的统一管辖，反映出中国人民高超的智慧、决心和勇气，以及东方文明在水利技术和管理能力方面的杰出成就。历经2000余年的持续发展与演变，大运河直到今天仍发挥着重要的交通、运输、行洪、灌溉、输水等作用，是大运河沿线地区不可缺少的重要交通运输方式，自古至今在保障中国经济繁荣和社会稳定方面发挥了重要的作用。符合世界遗产标准Ⅰ、标准Ⅱ、标准Ⅲ。

中国大运河是复合型的历史水工程文化，涉及区域之广达2个直辖市、6个省、25个地级市、10个县级市，大运河及其支流长度达到3000千米，时间跨度之大前后历2000年，与大运河相关遗存总数1100多处。这次申遗选取其中典型河道27段，重要遗产点58处，总长1011千米。中国大运河是古代中国人民创造的伟大水利工程，是我国历史上南粮北运、水利灌溉的黄金水道，是军资调配、商旅往来的经济命脉，是沟通南北、东西文化交融的桥梁，是集中展现历史文化和人文景观的古代文化长廊。它承载着上千年的沧桑风雨，见证了沿河两岸城市的发展与变迁，积淀了内容丰富、底蕴深厚的运河文化，是中华民族弥足珍贵的物质和精神财富，是中华文明传承发展的纽带，涉及文化品类极为丰富，有哲学、艺术、科技、景观、历史、民俗等，大运河是漕运文化、都市文化、民俗文化的复合型水工程文化，开放性与凝聚性的统一、流动性与稳定性的统一、多样性与一体性的统一是大运河水工程文化的深刻内涵。中国的京杭大运河与所有已经列入世界遗产名录的其他运河完全不同，它同时具备了文化线路、文化景观、工业遗产等多种价值。

从控制论的角度来看，大运河出现以前，黄河流域系统和长江流域系统各自独立，彼此没有交集,是开环系统。大运河将两大流域沟通后,黄河、长江可视为同源,两大流域就组成同一系统,形成闭环反馈系统,网络流(物质流、能量流、信息流)可以与水流方向相同或相反。由于反馈的存在,利用输入和输出的比较,使系统本身能够随着环境条件或结构的不可预计的变化,自行调整或修改系统参量,从而保持系统的稳定性和正常运转。从这个意义上说,大运河贯通南北,连接东西,增强了中华民族的向心力和凝聚力。

大运河河道及其独特的工程设施、城镇网络、河政管理机制、社会结构与产业结构、商业发展等方面的特点及运河区域人们的心理意识、宗教信仰、生活习俗等方面的趋同,是中国运河区域文化的基本表现形态。开放性与凝聚性的统一,流动性与稳定性的统一,多样性与一体性的统一,是中国运河文化的突出特点。

雕塑"运河魂"反映运河上劳动人民"顽强、不屈、团结、进取"的不朽精神。历史通过艺术塑造才能变活,艺术有了历史元素才能勾魂。2005年5月,杭州运河人在对运河历史资料的收集整理中发现一幅1891年由美国传教士拍摄的运河货船过坝旧照片时引起一阵激动,刹那间有一种艺术构思诞生:船,昂首向上;牛,埋首奋蹄;人,肩驮背扛;运河、船、坝、牛、人五要素组合雕塑,诠释着运河的不朽精神。

运河魂

以上对历史水工程的分类,如哲学型、艺术型、科技型、景观型、历史型、民俗型、生态型、复合型等,仅对历史水工程文化的主要特征而言,这种划分是初步的,不是绝对的,各种类型的特征往往互相交叉,你中有我,我中有你。

第二节 历史水工程文化的保护与开发

我国各地都有悠久的治水历史,不少水利工程沿用至今,要十分注重对历史水工程,特别要注重对历史水文化工程的挖掘和保护。

一、水工程文化的保护

（一）历史水工程文化的发掘

历史水工程文化的发掘，应分解成两个层次：一是历史水工程的挖掘，二是水工程文化的发掘。

历史水工程的发掘，应包括对本地区的历史水工程摸底、排队，确定历史水工程遗址的名称、性质、位置、范围、内容、年代、功能、影响、主要人物、工程修建、工程演变等。

历史水工程文化的发掘，首先是对历史水工程文献资料的全面地收集，时间跨度从先秦至清代，文体种类范围涵盖地方志、水利志、游记、碑记、散记等，涉及水工程的相关资料均一一收录，为系统分析、研究历史水工程文化，做好资料准备。某些历史文化底蕴很深厚的地方，其文化产品、文化产业发展相当滞后，反观一些缺乏历史文化资源的地方却打造得很好，原因就是对文化内涵发掘不够。

历史水工程文化的发掘，其次是要在广度、深度、准度上下工夫。

在广度上，应注意的是涵盖其空间序列，历史水工程文化的发掘就是要探究该文化的性质、特征、范围、艺术风格、形态构成、传播途径、人种群落、社会历史背景、创造和形成的过程、对社会发展和文化演进的影响等等，涵盖哲学、艺术、科技、景观、历史、民俗等。

在深度上，应注意的是涵盖其时间序列，揭示其在历史长河的不同阶段所具有的不同形态，探究造成这些不同形态的各种因素，从中引出规律性的东西，指导现代水利的实践，如都江堰的建堰材料经历了软—硬—软的过程，由最初的竹笼、马叉发展为铁牛、铁龟的鱼嘴到现代的混凝土；管水、用水制度由粗放到细致，岁修制度由简单的维护到周密的规划。

都江堰鱼嘴在元明时代使用的铁牛与铁乌龟

在准度上，就是要去粗取精，去伪存真，由表及里，由此及彼，把握实质，准确定位，明确核心价值。如对北京历史文化内涵的发掘，将其定位实质是南北方文化交流与冲突形成了北京以"开放、兼容、进取"为特征的文化内涵，显然是对北京历史文化内涵的作了比较准确地发掘，是抓住本质、得其精髓的。

历史水工程文化的发掘就是要读懂水工程的地域，读懂水工程的历史，读懂水工程的文化。

读懂地域，是在广度上做文章；读懂历史，是在深度上做文章；读懂文化，是在准度上做文章。在广度上做够功课，才能找到表现历史水工程文化的丰富多彩的形式和手段；在深度上做够功课，才能有创意十足的历史文化外延；在准度上做够功课，才能准确定位，明确方向，才有可能达到全面保护、科学开发、服务现代、传承后世的目的。

绍兴市水利局在绍兴浙东古运可的整治工程中，十分重视对这条千年运河历史文化的发掘，理清了此河先秦时期已有存在，晋代增凿西兴运河、唐代修运道塘，南宋已成国家级运河，绵长的历史，成了古越文化孕育的源流。古今越中名人多留有与此河相关的或业绩或佳话：有古纤道、太平桥、柯亭、钟山寺、迎恩桥等全国、省、市、县文保点数十处；绍兴的主要城镇都或在运河周边或穿越而过，桥乡、酒乡、名士之乡沿河分布，形成了特色古运河风情。为此河的整治工程提供了大量宝贵素材，也为古河道的保护作了重大贡献。

（二）历史水工程文化的保护

1. 保护

对历史水工程文化应实施综合保护。实施综合保护涉及确立保护原则和规划编制、法规制定、生态保护、环境美化、文脉延续、景观修复、水质治理、建筑整治等多方面内容。

（1）保护原则。

年代久远和受大自然侵蚀是对水工程文化遗产最大的威胁，这是人力所无法改变的。但水工程文化遗产保护要解决的问题，是认识观念的落后和保护技术的匮乏，如盲目追随遗产开发、利用的热潮，就会严重影响社会对水工程文化遗产保护的正确认识和评价。在抢救和保护水文化遗产的实践中，一般应遵循以下原则。

本真性原则。世界遗产委员会明确规定本真性是检验世界文化遗产的重要原则，要求真实、全面地保存并延续文化遗产的历史信息及全部价值，被登录的遗产不能是按照今人臆想过去历史情况重建恢复的东西。本真性原则是要保护原生的、本来的、真实的历史原物，保护它所遗存的全部历史文化信息，体现历史延续变迁的真实原状。切忌把水工程文化遗产的价值直接等同于旅游经济效益或产业效益，而由此造成急功近利和过度开发的行为。本真性原则是定义、评估和保护水文化遗产的基本原则。

整体性原则。整体性原则要求在一定范围内尽可能保持水工程文化遗产的文化概念、自身结构的完整，以及与所在环境的统一和谐。水工程文化遗产既包含着丰富多样的内容与风格，又与特定的生态环境相互依存。要以全方位、多层次的方式来反映和保存水工程文化的多样性、丰富性，完整地继承祖先留下的宝贵财富。

科学性原则。随着历史的变迁和时代的发展，水工程文化遗产不可能一成不变。要客观地看待仍然有实际使用功能的水工程文化遗产的发展和流变，遵循遗产自身传承、演化规律，不断调整保护措施；正确处理保护水工程文化遗产与发展地方经济的关系，将水工程文化遗产与人们的生产、生活联系在一起，以水工程文化遗产的文化优势促进经济发展和社会生产水平的提高，实现水工程文化遗产与社会生产力的同步发展。

（2）法规制定。

法规是历史水工程文化保护的根本保障，建议由省市人大对省级、市级历史水工程的保护进行立法，形成如《历史水工程保护条例》的法规，以行政法规的形式，理清各有关部门和地方政府的监管职责，明确保护主体、保护范围、保护内容、保护措施、奖惩办法等。为历史水工程保护提供强有力的法律保障。

（3）规划编制。

规划编制是历史水工程文化保护的行动计划和指导性大纲。建议由水行政主管部门和文化、文物管理部门共同编制特定的历史水工程文化保护的总体规划。层层落实，编制省级保护规划，颁布市级保护规划。保护规划是历史水工程文化遗产保护的重要依据。规划内容应包括生态保护、环境美化、文脉延续、景观修复、水质治理、建筑整治等，有关历史水工程保护的重要政策或重大项目要事先征求专家咨询机构的意见，坚持专家论证，综合考量，科学决策。

（4）生态保护。

对历史水工程的生态保护包括自然生态和文化生态的保护。

文化生态泛指人类在社会历史实践中所创造的物质财富和精神财富的状况和环境。我们不能重复工业化走过的"先污染、后治理"的破坏自然生态的弯路，在文化生态上也来个"先拆毁、后重建"。文化生态的特点之一就是不可再生性。许多历史文化遗产一旦毁损，传统风格一旦变异，人居环境一旦破坏，这将是人类文明的损失和历史的遗憾。这不应该是现代化的结果，而是对现代化的一种扭曲，其损害的将是人类自身。从这一点上来讲，保护文化生态的重要性，其意义不但不在保护自然生态之下，而且更加深远。

保护无形文化遗产有两种主要方法：将它转变为有形的形式；在它产生的原始氛围中保持它的活力，即通过鼓励世代相传和复兴无形文化遗产来保持它的活力。保护无形文化遗产的这两种方法是相辅相成、不可分割的。保护规划需要综合社会、经济和文化发展规划，将文化生态保护与振兴地方经济、保护自然环境和促进科学发展等区域发展目标进行整合，在保存和利用、传承与创新、看护与生产、记录与传播之间寻找平衡，创造有利于文化与自然、历史环境与生态条件、无形文化遗产与有形文化遗产共同的可持续发展的条件。例如对待我国大运河的遗产保护，在杭州市、淮北市、洛阳市已建有专门的大运河博物馆。

对具有文化价值和一定物质形态的所有遗产资源的保护，必须遵守原真性和完整性原则；对地域文化生态的乡土性保护，需要协调、维持和保存村落景观、自然环境、文化传统以及其有形和无形的联系；对文化多样性保护涉及空间、时间和文化等多种因素，注重文化生态的异质化选择、可持续发展以及保育机制的形成。

自然生态保护应综合考量各方面工作的实际需要，加强保护规划与水利、环保、交通、土地利用、历史文化名城（村、镇）保护等相关专项规划的衔接，提高规划的科学性和可操作性。统筹协调区域内水工程文化遗产保护、管理和利用，确定重点保护的文化遗产点段及其保护范围和建设控制地带，以及相关的保护维修、环境整治、展示利用项目。建立健全生态保护法律法规和标准体系，制定和完善生态保护经济政策，构建生态系统监测体系，加大生态保护和建设的投入，大力开展生态保护宣传教育。

（5）环境美化。

对历史水工程的环境美化，包括营造亲切和谐的历史水工程文化环境、拆除违法及有碍观瞻的建筑，亮出天际线。一些地方在保护理念上存在偏差，大规模的房地产开发、现代人造景观和相关设施建设等，不仅严重影响了历史水工程的历史风貌，也对水工程文化遗产的真实性、完整性造成了直接威胁。应进一步加强对历史水工程沿线房地产、工业开发和其他生产、生活活动的管理，严格控制历史水工程文化遗产保护范围和建设控制地带内的新建项目，防止过度开发和建设性破坏对历史水工程文化遗产、环境景观和生态系统的损害。根据保护规划的要求，确定本地区历史水工程遗产本体保护、环境整治的重点项目，编制技术方案并履行相应的审批程序。区分轻重缓急，逐步实施相关的保护、整治工程。在保护好历史水工程文化遗产本体，延续其传统功能的同时，将环境整治和展示工作结合起来，改善水工程周边环境，维护历史水工程历史风貌，展现历史水工程文化特色，营造亲切、和谐的历史水工程文化景观。

（6）文脉延续。

历史水工程的文脉延续涉及众多的学科和工作领域，专业性很强。应当充分发挥专家咨询作用，提供重要的智力支持和专业保障。紧密结合当前的工作实践，组织开展历史水工程文化遗产的历史沿革、流域分布、构成与特性、突出普遍价值和比较研究等多学科、跨领域的综合性研究，阐释历史水工程遗产深厚的文化积淀和独特的文化价值，探索文化遗产保护的科学规律和有效途径。如绍兴市水利局不仅注重保护、打造浙东古运河的硬件建设，而且很重视相关文脉延续的软件建设工作，研究、编辑、出版了《浙东古运河》一书。

（7）景观修复。

景观是历史水工程氛围和原貌的组成部分，景观修复要以历史水工程为基调，紧紧围绕着历史文脉进行。从宏观布局、结构到细节样式、装饰都应有凭有据，维持原有历史风貌。景观遗产在修复时，其中的建、构筑物应当尽可能以考古学的方法处理，对于植物造景则应通过对历史景观风格的研究、生态体系分析来选择恰当的修复方法，应准确把握总体风格、演变过程、体量尺度。景观修复应避免随意性、不伦不类、张冠李戴。在景观遗产的保护中，应重视其独有的特性，有别于建筑遗产的保护方式，景观遗产保护中的原真性原则，应按照联合国教科文组织、国际文化遗产保护与修复研究中心和国际古迹遗址理事会1994年11月1—6日由45位专家在日本奈良参加的就《保护世界文化与自然遗产公约》相关的真实性召开的会议上，起草的《奈良文件》的精神为准，设置景观遗产保护区，这一种行之有效的保护方法去办。

（8）水质治理。

水质治理是保护历史水工程的重要环节，水质的好坏直接反应保护的效果，生态和水环境的持续改善，净化是美化的前提。进行城市湖泊生态引水和优化调控技术及示范工程，高氮引水、高效低耗降氮技术和示范工程，重污染的湖区要进行生态修复技术和示范工程，进一步优化水域水生植物群落。水质治理应采取截污、清淤、配水、驳岸、水土保持等综合措施。通过截污、治污，减少污水排放；通过疏浚保证一定水深，避免水深过浅，水温升高过快，造成水葫芦、水藻的疯长现象；通过疏浚，去除底床中氮磷高含量的淤泥，截断水质富营养化的营养来源，为水生态的自我修复创造有利条件；通过配水，可大大稀释有害物质浓度；通过驳岸等水土保持措施，可稳定边界、治理滑坡塌岸等病害。人工湿地具有水质治理和景观修复的双重功能，它的生态作用主要体现在以下几个方面：净化水质，降解污染物，通过沉淀、曝气、生物降解等各种手段使水中杂质沉淀分解、过度繁殖的藻类下降、降低去除水中的毒素等；调节保护城市的小气候环境，减轻了城市的热岛效应，使区域内温度降低；提供可利用资源，被污染的水源经过人工湿地的净化也可以再次进行利用，形成循环，大大减小了城市用水的无谓消耗；给动植物多提供休养生息之地，充分体现物种的多样性,使环境水质由劣五类达到国家地表水质规定的三类。

2. 修缮

(1) 建筑物修整。

建筑物修整应按世界遗产公约规定,如实反映历史水工程所包含的独特的文化;切实维护历史水工程文化遗产本体和环境景观的真实性和完整性,力求做到无一景无来历,无一物无出处,无一题无依据。修整通常采取恢复、重建、小修小补三种手段。

恢复是指历史水工程部分存在,部分已损毁,因有部分实体可供参照,恢复整体,若遗迹存在,应尽量保留,进行仿古修复;若遗迹不存,则可采用"会意"的办法,在事件发生地或历史名人出生地建立纪念碑亭、纪念馆、小广场、雕塑,引发人们对历史的想象。

重建是指原历史水工程已消失,在原址上再建历史水工程,重建必须重视历史,不能闭门造车。想当然的仿古建筑,不在真实性和完整性上继承历史原貌,将成为伪历史文化建筑,势必从整体上破坏了景观环境。遗产的保护,是动态的保护;遗产的重建,是延续历史的创造。它的核心在于保持和发扬文化内涵和特色。通过"挖掘、恢复、提升、打造",在进行遗产保护的同时,把发展放在非常重要的地位,不但要保护好祖宗留下的珍贵遗产,而且要为后代留下我们这一代创造的传世瑰宝。

小修小补是指发现历史水工程有少量损坏的及时修补。

(2) 修缮中的注意点。

二王庙修缮

修缮的原则是修旧如旧,在形制、造型、材料上尽量达到原来的历史原貌,修缮后让游客看不出修缮的痕迹,方是最高水平。修缮历史水工程的目的:既要以科学技术的方法防止其损坏,延长其寿命,更必须最大限度地保存其历史、艺术、科学的价值。而后者更加重要,如果因为修缮工作而损害了它原有的价值的话,这项修缮工作就毫无意义。历史水工程建筑所承载的历史信息以及它的不可再生性,决定其具有珍贵价值,同时也决定对其实施保护工作的重要性,应坚持客观、求实的科学精神,在有据可依、严格论证的前提下进行整体保护,力求展现历史建筑的传统风貌,最大限度保留其所承载的历史信息,必须做好历史信息的收集和鉴别,构件残损情况鉴定、现状图纸绘制、修缮设计、修缮施工,综合工作需要各相关专业紧密配合运用多学科知识才能做好。在修缮中要力求做到。

保存原来的建筑形制，古建筑的形制包括原来的平面布局、原来的造型、原来的艺术风格等。

保持原来的建筑结构，历史水工程的结构主要反映了科学技术的发展。随着社会的发展，对各种建筑物的要求不断提高，各个时期和各种建筑物的结构方式都有所不同，它们是建筑科学发展进程的标志。桩木（基础）砖石结构、铜铁结构等都有其不同的时代、地区、民族的特点，在修缮中不要随意改变。

保存原来的建筑材料，古建筑中的建筑材料种类很多，有木材、砖、石、铜、铁等。水泥是修缮工作中的大忌，尽量少用。

运用原先的工艺技术，复古复得越彻底越好。继承传统工艺技术，充分利用现代化工具与设备，使之为维修古建筑服务。

特色墙面需要保留，墙面做旧效果须与周围协调，红砖不能外露，马头墙、烽火墙须符合地方特色，沿河、沿街阳台必须拆除，阳台改坡须达到设计要求，并与环境协调；雨披做法须符合规划要求，并与原有结构相符，披水板须符合要求；门、窗外观与周围房屋档次协调，门、窗的防盗设施、式样与做法、油漆效果与环境协调；窨井盖须与地面协调；阶沿石须用旧石做踏石、砌坎须用旧石板，要求平整，其他输电、电信、有线、自来水管线外露不能影响整体风貌。

总之，建筑保护，要尽量采用原建筑之同样材料。采用原建筑之同样工艺施工。恢复原建筑几何尺寸及式样。尽可能保留原建筑之旧构件。总的原则，建筑保护就是要尽可能地做到修旧如旧。

二、历史水工程的利用

历史水工程的利用价值很高，需要认真研究、对待。

（一）历史水工程功能性利用

部分历史水工程至今还在发挥效力，如都江堰、芍陂、坎儿井、河套灌区、大运河、灵渠等。例如，都江堰灌区已发展成为灌面超过1000万亩的大型灌区，显示可持续发展的强大生命力，大运河在南水北调的东线方案中起到重要作用。

对历史水工程的功能性的利用应在维持、保护历史水工程原貌的前提下进行，要正确处理保护与发展的关系。

1. 芍陂

芍陂由春秋时楚相孙叔敖主持修建，是中国古代淮河流域水利工程，又称安丰塘，位于今安徽寿县南。芍陂引淠入白芍亭东成湖，东汉至唐可灌田万顷。隋唐时属安丰县境，后萎废。1949年后对芍陂进行了综合治理，开挖淠东干渠，沟通了淠河总干渠。芍陂成为淠史杭灌区的调节水库，是淠史杭灌区的重要组成部分，现蓄水约7300万立方米，灌溉面积达到60余万亩，并有防洪、除涝、水产、航运等综合效益。

2. 坎儿井

新疆坎儿井是在地下暗渠输水，不受季节、风沙影响，蒸发量小，流量稳定，可以常年自流灌溉，其结构是由竖井、暗渠、明渠、涝坝（积水潭）四部分组成。坎儿井，早在《史记》中便有记载，时称"井渠"。

坎儿井龙口

根据1962年统计资料中国新疆共有坎儿井约1700多条，总流量约为26立方米/秒，灌溉面积约50多万亩。其中大多数坎儿井分布在吐鲁番和哈密盆地，如吐鲁番盆地共有坎儿井约1100多条，总流量达18立方米/秒，灌溉面积47万亩，占该盆地总耕地面积70万亩的67%，对发展当地农业生产和满足居民生活需要等都具有很重要的意义。当时各公社（乡）均有挖坎专业队并制定了"定领导、定人员、定时间、定任务、定质量"的"五定"制度，常年对坎儿井进行捞泥、维修、延伸，保证坎儿井出水量逐年增加。

3. 河套灌区

河套灌区远在秦汉时代即开始挖渠，唐贞观年间，在河套修建了大型渠道，有的渠可灌600公顷以上。清中叶后，开渠种植日盛，清末已建成八大干渠。民国时代，将灌区向东延伸至乌拉山前的三湖河地区。1959年修建三盛公黄河水利枢纽工程，是一座以灌溉为主，兼有航运、公路运输、发电及工业供水、

三盛公黄河水利枢纽工程

渔业养殖综合利用的闸坝工程。建成后的三盛公水利枢纽很好地发挥了调节水量的作用，根除了内蒙古河套地区的水旱灾害，还发挥了防凌作用，促进了农业生产的发展；在沟通黄河两岸交通、保障下游用水等方面也起到了重要作用，三盛公黄河大坝使黄河两岸天堑变通途；还保证了包头市的工业用水，不再因枯水季节水量小而影响生产。这也是世界上屈指可数的特大型自流区源头枢纽工程、国家水利建设的重点工程，堪称"万里黄河第一闸"，设计灌溉面积达73.7万公顷。

4. 都江堰

都江堰是无坝取水的水利枢纽，鱼嘴、飞沙堰、宝瓶口是该历史水工程的三大标志，具有分、泄、引三大功能。原有的自然分流无法满足扩大灌区的日益发展的需要，有必要在枯水期引进更多的流量，这需要在保护和发展之间找到平衡点。在鱼嘴修外江闸，在飞沙堰下游200米出口处修节制闸，这两项措施既维持了都江堰的原有历史风貌和有功能配置，又满足了现代发展的需要。

从以上几例可看出，历史水工程的功能的利用，有维持、扩大、拓展三种状态，但均离不开保护和发展。河套灌区由最初的单一灌溉功能，发展成为一个以灌溉为主，兼有航运、公路运输、发电及工业供水、渔业养殖综合利用的水利工程，焕发历史水工程的强大生命力。

（二）历史水工程文化性利用

历史水工程文化是中华民族的珍贵文化宝库，取之不尽、用之不竭，对今人和后代既有哲学的启迪、艺术的灵感，又有美好的享受、文脉的延续。

1. 哲学的启迪

李冰治水用的是当地最常见的竹子、卵石构成竹笼，竹笼既阻水，又透水。竹柔石刚，以柔束刚，竹石合一；小水时，与水共存、友好相处；大水时自行溃决，以宣泄更大的洪水。既阻又泄，将鲧的治水术——堵和禹的治水术——疏，巧妙地结合在一起，这不仅是治水原则，也是治家、治国的原则。

马槎，三杆系于一点，既三足鼎立，又构成整体。正投影呈三角形，是最稳定的几何不变的闭合形。马槎的三足鼎立的普适意义在于现今社会的三权分立：决策权、执行权、监督权，相互联系又相互制约。三峡截流用的四面体，是马槎的围合体，是面数最少、

都江堰治水口诀

重心最低（重心位于高度的四分之一处）的最能抵抗滚动的稳定体，多面体中，面数越多越接近球体（重心位于高度的二分之一处），稳定性越差。"三易"在都江堰治水口诀中得到充分体现："乘势利导，因时制宜"，是"变易"；"岁勤修，予防患，遵旧制，毋擅变"是"不易"；竹笼，马杈是"简易"。

汉代贾让的"治河三策"提出"不与水争地"，其哲学意义在于顺应自然，在干预自然上是适度，而不是过度；明代潘季驯束水攻沙理论，其哲学意义在于利用水沙的机制，以河治河，在事物内部寻找自身稳定机制，对社会的失稳和维稳有指导意义。

2. 艺术的灵感

历史水工程文化为各类艺术提供了创作灵感，如文学、诗歌、绘画、音乐等，白居易指出山水对孟浩然诗歌创作的影响："楚山碧岩岩，汉水碧汤汤。秀气结成象，孟氏之文章。"（《游襄阳怀孟浩然》）他认为山水的秀气浸润着孟浩然的诗歌。孟浩然认为山水可陶冶性灵、启迪文思。

明代公安派的袁宏道认为"文心与水机"相通，其《文漪堂记》以水喻文，他以水乡人对水的体验解读文学创作的过程："余，水国人也。少焉习于水，犹水之也。已而涉洞庭，渡淮海，绝震泽，放舟严滩，探奇五泄，极江海之奇观，尽大小之变态，而后见天下之水，无非文者。既官京师，闭门构思，胸中浩浩，若有所触。前日所见澎湃之势，渊洞沦涟之象，然然现前。然后取迁、固、甫、白、愈、修、洵、轼诸公之编而读之，而水之变怪，无不毕陈于前者。或束而为峡，或回而为澜，或鸣而为泉，或放而为海，或狂而为瀑，或泄而为泽，蜿蜒曲折，无之非文。"袁宏道讲"见天下之水，无非文者"，由习水到涉水，由观水到思水，用自己的亲身经历解读"水生文学"的奥妙。

水利工程的西湖激发了苏东坡的创作灵感，于是就产生了千古名篇："水光潋滟晴方好，山色空蒙雨亦奇。若把西湖比西子，淡妆浓抹总相宜。"

宋李唐《清溪渔隐图》在构图上，大胆舍弃，上不留天，下不留地，只截取景物局部特写；

宋李唐《清溪渔隐图》

在用笔上，大斧劈皴，或略加渲染，或不假修饰，是他个人开宗立派的代表作。此画在岸线设计上表现为水草湿地、浅滩曲岸、块石辅岸，水流两边，洄环有纹。画面中心为水车提水，通过木制渡槽，将水输至对岸。水车左侧设茅屋水榭，水车当以河中孤石和水榭为支撑，水车位于河中流速最大处，茅屋水榭以正立面示人，挡板格栅，悬挑地板，屋顶以正交三角构形、两层坡面，应是工作房，从房屋宽度看，房内应有与水车连动的水椎或水磨。

如果把中华民族当作一个认识主体，如果把文学史当作中华民族的认知过程，如果以水作为基本逻辑解读中国文学史，我们可以得出这样的结论：诗经——水态，先秦散文——水理，汉赋——水象，唐诗——水意，宋词——水境，元曲——水情，明清小说——水事。明清小说大多以京杭大运河为背景，以水事串联起国事、家事、政事、商事、战事、情事等。

《水浒传》沿大运河展开故事、演绎情节，突出官民的冲突、水舟的角力。前七十回描述超稳定封建社会的失稳，揭示社会失稳的形态及原因；后五十回描述超静定的封建社会的维稳，揭示各种维稳的手段及效果。失稳与维稳的矛盾的产生、积累、激化、爆发、协调、妥协、缓和、解决等各种形态，依次展开，作为一条主线贯穿于《水浒传》的始终。

《金瓶梅》透视社会，剖析人性，解读文化，是大运河的万花筒。它诠释了大运河造就的都市文化、漕运文化、民俗文化，揭示大运河促进了黄河文明与长江文明的融合，指出大运河造就了东部运河带经济的繁荣。其代表人物西门庆生活在运河边，他既是大运河的宠儿，又是大运河的怪胎，他从河水的昼夜不息的流动中悟出理财之道，他对物质、能量、信息的流动和交换见解独到，在第五十六回中，他对应伯爵分析金钱的特性时说："兀那东西，是好动不好静的，怎肯埋没在一处？也是天生应人用的。"马克思曾说"资本作为一种增殖的价值，……它是一种运动"，"不能理解为静止物"(《资本论》第二卷)，二者对资本的理解有令人惊讶的相似之处。西门庆是恶霸、地主、官僚、商人的混合体，受运河的熏陶感染，深谙流通之妙、交易之要，他的发迹可归结为色、财、官三要素的流动：由色进财、由财买官、由官敛财、由财猎色的循环。

《三国演义》是黄河文明统一长江文明的波澜壮阔的史剧，《西游记》展示了黄河文明与恒河文明的交流、儒释道的融合的传奇，而《红楼梦》则是水工程文化景观规划、设计、实施的百科全书。

3. 美景的享受

杭州西湖在 2011 年入录世界文化遗产名录，最早是以作为水工程的西湖申报的，世界遗产委员会对杭州西湖文化景观给了极高的评价。西湖与丽江同样以水工程的秀美激发了文化人的灵感，创造出融民间传说与水工程水景于一体的现代水文化作品给人以更为高雅的美景享受。

《印象西湖》中张艺谋以历史水工程为实体背景，以历史水工程文化为元素，演绎出西湖的水工程文化。《印象西湖》展现的是杭州西湖景致的最美瞬间，将杭州西湖十景极致化，印象化。在演出中寻觅到春日苏堤的杨柳依依，夏日西湖的十里荷香，中秋佳节的三潭印月，以及冬日的断桥残雪。《印象西湖》挖掘杭州西湖的神话传说，将唯美的爱情故事，以及历史传奇以片段化的形式展现给观众。全剧以各种虚幻的西湖景色片段构成，从开始小船载着"许仙"登上"水中阁楼"开始，所有的表演都没有故事，而是一种意向的表演。其中最令人感到震撼的是从湖面升起的三角形雨帘，两只大鸟在雨中翱翔，伴着张靓颖《印象·西湖雨》的歌声，你还能看到白娘子与许仙诉情的情景。分"相见""相爱""离别""追忆""印象"五幕。

《印象·刘三姐》表现的是当地的民情（渔民，少数民族），《印象·西湖》则侧重幻觉。在《印象·刘三姐》中水仅是一个载体，船在水上漂，人在水中动，而在《印象·西湖》中，水不再是载体，水是灵动的生命，水是充斥宇宙的主角，用水来表现水，用水来表现空间，用水来表现酷，用水来表现诗意，水会幻化成雨，时而大雨，时而小雨，时而方雨，时而圆雨，雨雨独特，它既是一个视角，也是一个形象，又是一个感情，更是一个情结。

张艺谋在探索山水艺术美学方面，以实景演出构造景观的唯一性，培育出人们对水精神消费的心理和习惯，开拓出持久不衰的水工程文化市场。

西湖是全国唯一入录世界文化遗产名录的不收门票的景区，让民众无偿地尽情享受西湖之美。

4. 文脉的延续

历史文脉是历史水工程遗留下来的历史文化精髓，代表着这个工程的风格和文化风貌，是历史水工程大的灵魂，它的延续是个动态的过程，它源于对水工程文化内涵的准确把握，对其核心的文化元素的提取，然后在时空序列中利用现代科技手段和表现方式，进行外延和演绎。

把握历史文脉就是把握水工程时空的根，研究水工程物质和非物质层面的属性是把握历史文脉的关键；文脉是人类适应、改造自然的反映；历史文脉塑造是其历史文化不断更新的表现；历史文脉是水工程景观建设的基础；历史文脉是不同历史时期文化的综合体现。

在解说历史文献和传说时，应以群众喜闻乐见的方式和语言进行解释和介绍，要注入新意，将远古传说和现代社会沟通起来，要使静态的客观实在物更具飞动的灵性，使逝去的历史人物依然徜徉在这个地方的风物之间，使民众由现实追寻到遥远的过去，增强人们对生活的热爱。在利用历史名人资源时应通过实事求是的深入发掘和认真的科学研究，对争议的问题应通过学术研究、反复考证，求得可靠的结论，不能以管辖权力或经济手段代替科学研究。

诗心、书骨、画眼、园趣、乐感、文蕴、哲理，构成水工程文化的深刻内涵。文化内涵的发掘和表现，不是简单的贴标签，也不是贴金镶银，在认真品读水工程所在地的地域特征，深入了解水工程所在地的历史渊源，仔细品味其文化精髓后，去全面展示地方、个性特色。要使文蕴、史迹、哲理和水工程有机地结合在一起，做到虽由人作，宛自天成，方能构成水利景观的生命力和唯一性。从地域自然和文化过程，历史，场所的现状问题和当地人的生活及休闲方式诸方面入手，理解分析问题和解决问题，并将景观的艺术设计理解为解读地域和场所精神的过程。

注重保存历史文化遗存的完整性、真实性和连续性，不仅在规划上注重文化导向，更要在建设中着重体现文化品位；不仅要注重整体文化氛围，更要注重历史细节和文明碎片；不仅要重视风景名胜的文化内涵，还要注重水利风景区内外商业环境的文化特色，加大文化资源的整合力度，做到水工程与山水、与人文完美结合、天然与人工精致和谐，保持历史文化序列完整、特色鲜明，使人们在观看水工程的同时，能领略湖光山色，从如画风景中体味独特的文化气息，在抒发怀古之情中感受人文风景的魅力。

《道解都江堰》运用山水实景演出形式，以源远流长的"水"文化和博大精深的"道"文化为主题，利用苏联遗留下来的废弃水坝建成了中国首座遗址剧场，把都江堰的建坝理念与"道"的思想在对抗中展开，两座博物馆，一个是功在千秋的水利工程，另一个是人定胜天的非理性建筑、沉睡的遗址废墟，岷江将它们联系在一起，一前一后、一上一下、一明一暗，构成强烈的逻辑对比。《失道——疯狂年代》定格于新中国成立初期的时间凝固，《问道——寻找本源》求教于李冰，《解道——天人合一》解读上善若水，《平常道——天府家园》诠释川西平原的和谐社会，《非常道——千年感恩》反思人类的行为。

五幕演出中，500多名演艺人员的精彩表演，对顺应自然、天人合一、造福千秋万代的都江堰水利工程进行了深层次的艺术解读，展示出都江堰的千年文化底蕴和人与自然和谐相处的美妙画卷。在演出设计上，《道解都江堰》大量使用了歌队的元素，既可以述事，也可烘托情绪，更重要的是它的仪式感，使演出的观赏性大大提高。另外，演出中出现了一组强烈的现代元素，如巨大的现代水坝、吊车、机械、摇滚乐队和歌手等，其意义在于"反衬"，在古今的对比中烘托出都江堰的谦和与伟大。将观众席前的水面、右侧的山坡、左侧的岷江以及目光所及的远景山峰和建筑全部作为演出背景，利用高科技的声光技术和造浪技术，营造出如梦如幻的美景。

展示都江堰水工程文化内涵是打造《道解都江堰》的初衷。都江堰的精髓在于它阐释了人在自然关系中的正确位置和姿态，它教会我们怎样与自然亲密合作，这是一种来源于中国古代道家思想的极高境界，正是所谓的"道法自然""天人合一"。如果说都江堰是"和谐自然"的典范，那么"天府之国"便是"和谐社会"的缩影；而正是因为有了都江堰这座伟大的古堰，才使得成都平原"水旱从人，不知饥馑"，可以说，是都江堰造就了天府之国。《道解都江堰》表现了对自然、社会、对人类生存状态的终极关怀。《道解都江堰》以时间和空间的巨大跨度展示出一种超级的浪漫精神。"一幕千年"体现的是时间的印象，高原与平原展示的则是空间的概念。这些元素被和谐统一在岷江和水的概念里，从遥远的过去流到今天和未来，体现出都江堰水利工程不但造福天府之国2000多年，今后也还将继续泽被后人。

现场观察发现，《道解都江堰》上座率明显不如《印象·刘三姐》《印象西湖》，偌大剧场不足两成，这是不大不小的遗憾。上座率不足造成演出亏本，将直接威胁到该水工程文化产品的生存和发展，应从市场营销、旅游产品推介上下工夫，从旅游驻点，面向旅游团队，交通设施完善上下工夫。

（三）文化水工程遗产的利用

1. 建立国家级和省、市、县级水工程文化遗产名录

要建立物质和非物质水文化遗产价值评估体系，研究制定水工程文化遗产分级评价标准和申报程序，分期分批确定水工程文化遗产保护名录，逐步建立国家级和省、市、县级水工程文化遗产名录体系，最终建成全国性的水工程文化遗产数据库。

对我国现存水工程物质文化遗产的分布进行梳理，按照水工程文化历史遗产的类型，对水工程文化遗产的地点、数量、工程规模、所有权属、管理状况、利用现状和工程效益等基本情况进行调查，并汇总建立《中国水工程文化历史遗产国家级名录》，同时建设水工程文化历史遗产数据库，实现数据共享。

全面查清水工程非物质文化遗产的数量、分布、本体特征、基本数据、保存环境和传承情况，建立全国水文化遗产档案和信息管理系统，逐步构建水利文化图谱。确定水工程非物质文化遗产的发掘、保护和利用工作目标和调查范围，利用现代科学技术手段，认真做好与水工程有关的碑刻、典籍、档案、族谱以及乡规民约等非物质文化遗产的普查。有计划的，分批、分期申报《国家非

物质文化遗产名录》，现已入录与水工程有关的的有：都江堰放水节、禹的传说、永定河传说、海洋号子、江河号子、码头号子、木拱桥传统营造技艺、石桥营造技艺等，数量偏少。对列入非物质文化遗产名录的项目，要制定科学的保护计划，明确有关保护的责任主体，进行有效保护。对列入非物质文化遗产名录的代表性传人，要有计划地提供资助，鼓励和支持其开展传习活动，确保优秀非物质文化遗产的传承。

进一步出台相关规章，加强对文化生态保护区建设的管理，防止文化生态保护区变成一般意义上的经济开发区。非物质文化遗产法明确提出了对非物质文化遗产项目集中、特色鲜明、形式和内涵保持完整的特定区域，实行区域性整体保护。

进一步完善调查制度，注重调查成果的利用，认真将普查收集的各种资料，进行系统化整理研究、建立档案及相关数据库、出版普查成果，对通过调查发现的濒危项目采取抢救性保护措施；征集有关珍贵实物资料，开展重点项目专项调查；要建立对境外组织和个人在我国境内开展"非遗"调查的审批制度，并加强管理。

要强化名录保护机制，以保护"非遗"代表性项目为重点，进一步规范申报评审工作，将工作重心转移到保护上，制定富有针对性的分类保护标准规范，综合运用抢救性保护、整体性保护和生产性保护等多种保护方式；要健全传承机制，进一步抓住"传"和"承"两个环节，推动企业、家庭、学校、社会等各个渠道的传承，进一步落实对代表性传承人的保护措施，同时研究制定对学艺者、继承者的助学、奖学等激励措施，逐步建立起长效的传承机制。

2. 申报世界文化遗产

严格按照国际标准，遴选水工程申报世界文化遗产点段。认真研究《世界遗产公约》相关规定，认真研究国内外水工程申报成功的案例，总结申报失败案例的教训，理清思路，减少盲目性。不具备条件的不要盲目申报，确保成功率，一次失败，便失去资格。

在申报过程中，对文化遗产的阐释绝不仅仅是停留在对其具体物化形态的简单罗列和展示层面上，如何深刻、全面地认识、挖掘并展示遗产所蕴涵的独特历史文化价值及其在人类整个历史文化演进过程中所发挥的作用和意义，已经成为影响申遗能否成功的决定性因素之一。

加强组织领导，明确工作要求，多部门合作协调，成立了申遗省部级会商小组，负责协调申报世界文化遗产的重大工作事项，制定申报世界文化遗产总体计划和各阶段工作方案，分解、细化各项工作任务，明确责任、质量和进度要求，定期检查、督促相关工作进展。

完善法规制度，启动条例制定工作。以行政法规的形式，理清各有关部门和地方政府的监管职责，明确保护管理的要求，为申报世界文化遗产工作提供强有力的法律保障。

层层落实，编制省级保护规划，颁布市级保护规划。保护规划是文化遗产保护的重要依据。确定重点保护的文化遗产点段及其保护范围和建设控制地带，以及相关的保护维修、环境整治、展示利用项目。

完成文化遗产认定，落实保护措施。已列入保护规划的水工程文化遗产点段，应由地方人民政府依法公布为省级、市县级文物保护单位或不可移动文物。及时做好基础工作，制定公布具体的保护措施和要求，将保护工作落到实处。建立水工程文化历史遗产的认定和评估体系，分别从水工程文化遗产的历史、艺术、科学、社会、自然与历史景观等自身价值，及其保存、使用、管理等方面进行全方位的评价，提出评估结论和主要问题。同时制定申报程序，建立国家、省、市、县级水工程文化历史遗产保护项目体系，根据评估结果，分期分批确定各级水工程文化历史遗产保护项目。这么多年进入中国世界文化遗产预备名单的水工程，除大运河历经八年努力刚申报世遗成功以外，仅有灵渠、白鹤梁水文石刻、坎儿井，显然数量太少，与中国历史水工程的丰富遗产远远不相称。

加大管理力度，保持历史风貌。各地应进一步加强对遗产所在地沿线房地产、工业开发和其他生产、生活活动的管理，严格控制文化遗产保护范围和建设控制地带内的新建项目，防止过度开发和建设性破坏对文化遗产、环境景观和生态系统的损害。区分轻重缓急，逐步实施相关的保护、整治工程。在保护好文化遗产本体，延续其传统功能的同时，还要将环境整治和展示工作结合起来，改善遗产的周边环境，维护遗产历史风貌，展现遗产文化特色，营造亲切、和谐的水工程文化景观。

发挥专家咨询作用，提高相关研究水平。坚持专家论证、综合考量，科学决策。紧密结合当前的工作实践，组织开展文化遗产的历史沿革、流域分布、构成与特性、突出普遍价值和比较研究等多学科、跨领域的综合性研究，阐释遗产深厚的文化积淀和独特的文化价值，探索水工程文化遗产保护的科学规律和有效途径。

加大宣传力度，鼓励民众参与。积极鼓励和引导社会各界参与，使保护文化遗产的理念深入到千家万户，使每一个人都愿意并且能够尽一份心，出一份力，形成全社会参与保护的浓厚意识和良好氛围。

运用先进科学和技术手段，结合相关文献、档案，对水工程文化历史遗产进行分析和深入挖掘，揭示其蕴含的先进科学和技术因素，以服务于现代水利建设。

第三节 当代水工程文化的鉴赏

一、国内水工程文化的鉴赏

鉴赏是鉴定和欣赏，鉴定是鉴别审定事物的真伪、优劣。欣赏是品味和玩赏。对当代水工程文化鉴赏，可以为水文化方兴未艾的浪潮提供典型案例，更可以为当代水工程文化功能的开发提供资源。当代水工程文化既有对历史文化的传承，又有对外来文化的开放包容、辩证取舍、转化再造，对当代水工程文化的鉴赏可从上述几个视角推进。

当代水工程文化鉴赏以不同类型的工程为样本，从文化内涵的发掘、文化氛围的营造、文化产业的拓展等方面着手。文化内涵发掘的三要素是：工程类型、地域特色、历史积淀；文化氛围的营造可从构筑物、景观、文博、艺术作品着手；文化产业的拓展应在品牌的建立、产业链的形成上布局。

（一）水电工程文化鉴赏（以三峡水利枢纽工程为例）

1. 水电工程的美学欣赏

大坝是河流连续的中断，大坝的美学评价应从平面布局、下游立面、景观品味入手。从结构美学上看，三峡大坝闸孔整齐的折线一字排开，韵律感极强，堰顶高程为158米，位于同一高程的工作桥的立柱间距加大，以不断地重复构成另一种韵律，从而形成变奏；第二层是23个7米宽、9米高的深孔，底部高程为90米，因宽度的变化，与表层孔位相错布置，上下对应。

2. 水电工程文化的衍生

水工程文化是以水工程为依托的，在水工程的规划、设计、施工、运行、管理过程中，在政治、经济、社会、科技诸因素的作用下，衍生出文化群，是独特的文化现象，值得深入研究。

现代水电工程具有高科技含量，如三峡工程的枢纽设计，机电设计，金属结构设计，施工设计等许多成果都是创世界一流水平的，它使我国的科技文明进入了一个崭新的阶段，它记录了人类开创现代文明的艰苦历程，成为当代水工程文化的富矿。

三峡水工程文化，作为一种正在形成和发展的地域文化，其个性鲜明，内涵丰富，具有不可替代的垄断优势，通过开发和构建将形成大系列文化品牌，即：现代水电工程文化品牌、水电科教文化品牌、坝库区移民文化品牌、坝库区旅游文化品牌。现代水电工程文化品牌包含：大坝、电站文化，水电科教文化，水库文化，船闸、航运文化。水电科教文化品牌包括：世界最大的水电生产基地、世界著名的水电科研基地、水电教育基地和水电人才中心。坝库区移民文化品包含：移民搬迁文化、移民新区（县城、村镇）文化、移民企业文化、外迁移民安置区文化，以及由此衍生的"对口支援文化"等。从构成文化的基本要素看，三峡工程坝库区移民文化是传统文化与现代文化、故土文化、原居地的本土文化与迁居地文化的混合体，包容性强，传播面广，富有活力，开发潜力巨大，是三峡水工程文化的重要组成部分。三峡工程坝库区旅游文化资源十分丰富，不仅有绮丽的自然风光，而且有集中反映古老巴楚文化的人文景观和世界第一的现代建筑——三峡工程。体现出自然景观与人文景观交相辉映，古代文明与现代文明齐发光华的显著特点，具有不可替代的品牌优势。

3. 文艺作品对水工程文化的依托和烘托

《盛世峡江》是依托现代水工程创造的艺术作品，以三峡大坝为背景，利用现代声光电技术，运用综合立体广场式表演，生动展现了三峡工程宏伟壮观、大气磅礴的特点。序幕以写意的手法表现中华民族对三峡的神往和对大自然的礼赞；第一场表现的是历史上的长江水患对两岸生灵的毁灭性的冲击和人类自强不息的信念。第二场借助"纤夫"的形象讴歌了中华民族坚韧不拔、顽强拼搏的精神。第三场和第四场展现了新中国成立以来在我党的领导下，三峡建设者几代人为三峡工程不懈奋斗的场面和创造世界奇迹的壮举。第五场采用与序幕相呼应的手法，跨越时空地表现"高峡出平湖"后，三峡工程造福人民，两岸人们在风景如画的环境中和谐美好的生活愿景。尾声以抒情的方式，表达了三峡人对更加美好未来的向往和憧憬。这是一部气势磅礴的革命史诗，展现了大气而辉煌的盛世峡江。整场演出蓬勃激昂，荡气回肠。令人眼界大开，是不可多得的生动的爱国教材。

4. 三峡大坝雕塑

坛子岭景区位于三峡大坝左岸，是国家首批 4A 级景区，也是三峡坝区最早开发的景区，于 1997 年正式开始接待中外游人，因其顶端观景台形似一个倒扣的坛子而得名，景区所在地为大坝建设勘测点，海拔 262.48 米，是观赏三峡工程全景的最佳位置，不仅仅能欣赏到三峡大坝的雄浑壮伟，还能观看壁立千仞的"长江第四峡"双向五级船闸。整个园区以高度的递增从上至下分为三层，主要由模型展示厅、万年江底石、大江截流石、三峡坝址基石、银版天书及坛子岭观景台等景观。

中国三峡大坝坛子岭景区利用截流"功臣"——四面体作雕塑，朴素至极；块体倒置，上大下小;斜面向上,动感顿生;简约而不简单。截流纪念公园的围墙用三角形卵石透空作栏板提取竹笼、马杈的地域文化元素,用各类施工材料构造的雕塑展示长江文化,如"纤夫"。体现中华民族讲求意象的传统美学特征。

(二)城市水系改造工程文化鉴赏

国内各大城市借鉴国外著名城市水系治理和滨河景观打造的实践,能准确地认识和

四面体

把握自己城市的历史特点和现实优势,找到体现继承其历史特点和弘扬现代都市相结合的途径。使其能依据当地的历史与现状条件及特点,建设具有鲜明历史特色和文化特点及地域特色的环城滨水生态景观。

1. 城市水系改造工程的特点

(1)趋于现代化。

从水系整治的理念看,趋于现代化,具有鲜明的伦理性、前瞻性。各地均把截污、治污放在水环境治理的首位,以水环境的整治,改变城市面貌,带动城市跨越式发展,诠释"因水而兴、因水而荣、因水而困、因水而发"的逻辑。对水要"还账",还水之尊严、水之空间、水之自然、水之健康。

还水之尊严,水是有灵性的,有感情的,有生命的,水孕育生命,催生文明,创造美学。远古的先民对水有着虔诚的崇拜,现代人在物欲的驱动下,把水当作奴隶,招之即来,挥之即去,不懂得珍惜,已经遭到大自然的报复,治污是人类的自我救赎。

还水之空间,人类在自身生存过程中,在过度的开发中,挤占了动植物的空间,也挤占了水的生存空间,与水争地,限制乃至取消水的生存,也就取消了人类的生存。维持河流形态的多样性,同时维持生物群落的多样性,方能给水以生存空间。

还水于自然,人类对水资源的过度攫取,恣意浪费,恶化了自然生态,人类必须反省,节水、还耕、还湖,休养生息,维持水在自然界的生态平衡。

还水之健康,水多、水少、水浑、水脏是人类视水为奴隶的直接后果,水的污染直接威胁河流的健康,也威胁到人类的健康。控制污染、最大限度减少污染,方能实现利水,构建人水和谐、

人水共生的局面。

（2）逐步开放化。

从水系整治形成的滨水带的范围和管理方式看，已逐步开放化。一是不设围墙，让滨水公园真正成为市民自由、方便游览休闲的公共绿地。二是围墙消失的同时，边界也在消失。一些不属公共所有，习惯认为是附属绿地的部分，由于用地与公园毗连，并具有较好的景观，从而与公共绿地融合，使广大市民具有了更大的近水、亲水和赏绿的空间。

（3）更加多样化。

从水系整治造就的滨水带的功能和服务内容看，更加趋于多样化和更加具有包容性。休闲、教化、娱乐、旅游、家居等功能成为现代水利的重要内容，极大丰富水工程文化的内涵与品位。

（4）形成多元化。

从水系整治规划设计布局和造景看，形成多元化，各自具有鲜明的个性和地方性能。充分利用河流的串联功能，诠释水工程文化的形、景、情、理的基本逻辑结构，顺河展开品题系列，或过去、现在、未来演绎时空的转换，或春、夏、秋、冬展示季相美，或历史遗迹、人物荟萃、传说再现，或地理要素山、水、林、建筑相互交替。济南环城公园突出了泉城水景的特征；西安环城公园别具古都风范；合肥环城公园较好地利用了起伏的地形和平缓的水域，形成优秀的山水园林。

（5）实现综合化。

从水系整治的效益看，实现了综合化，且具有高效性。通过水系整治形成了较高的生态效益、社会效益、审美效益、旅游效益。水系的整治改变城市面貌，改善城市生态，拉动房地产，带动经济发展。

2. 城市水系改造工程鉴赏实例

（1）成都沙河整治。

2006年沙河整治获国际舍斯河流奖。沙河像一条跳动的城市脉搏，串起成都水文化、桥文化、茶文化、诗词文化、工业文化、客家文化。整治沙河的定位是"自然性、生态性、亲水性"，改善了府河、南河高筑的"直立断面"和"硬质堤防"阻碍了人水相亲的不足，确定了"大绿量、花园式、开放型、生态化"的建绿方案环境设计，在满足"以人为本，生态优先"的基础上，还讲求个性化、多样化，特别强调自然性、休闲性，设计必须满足防洪、绿化、截污、文化、交通、工业企业改造等七大功能。沿河22千米的两岸，建设50～200米宽的绿化带。沿着这条绿色走廊布置沙河八景：北湖凝翠、新绿水碾、科技秀苑、三洞古桥、麻石烟云、沙河客家、塔山春晓、东篱翠湖。各景区主题各异。北湖公园为亲水性主题公园；生态公园为特殊的城市湿地生态公园；三洞桥公园体现都江堰水文化；麻石桥公园展示成都的工业文明；塔子山体现传统园林景观；东湖则为自然野趣的田园风光。将广场、建筑、河堤、桥、雕塑、色彩等各景观要素和谐融为一体。上述这些城市格局特点和地方水工程文化不仅有突出的独特性，而且城市空间结构的可继承性强，能够通过准确认识、正确处理作到继承与发展的统一。体现城市格局的特征，对这一特征外在形态的保护，富有内在文化的特色共融性和功能的多样性决定了整治的综合性。

整治后的成都沙河

秦淮河夜景

（2）南京秦淮河整治工程。

整治后的南京秦淮河，宛如一幅绚烂多彩的超长画卷，品题系列呈线性展开。首段"源远流长"，分别命名为"湿地林""乡情林""春花秋叶林"。中段为"秦淮古韵"，品题展开为"幽游香融""绮阁飞锦""天妒秦云"。两岸众多建筑古色古香，飞檐漏窗，雕梁画栋，画舫凌波，桨声灯影，在树荫中时隐时现，诸多前来休闲的人们游乐其间，笑语欢声响彻两岸，一派其乐融融的景象。岸上有《两小无猜》《李白》《牧童遥指杏花村》雕像及"太白亭""杏花亭""凤凰台"等著名景点。北岸临水一堵长达百米的《南都繁会图》壁画，全部由青石精雕镶嵌而成，实为一浮雕石刻的"巨无霸"，谌称金陵之最，乃至江苏之最。它再现了明代鼎盛时期秦淮居民市井生活的繁华景象。通过古典建筑、雕塑小品、碑廊诗亭等，配以诸如苍松、翠柏、香樟、紫竹、广玉兰等遒劲、幽雅类树种，通过精心布局，以营造充满诗情画意的古朴风韵，下段为"新城风貌"，品题系列名为"花木扶疏""暗香浮影""杉林魅影""烟柳秦淮"。以植物绿化为主，将休闲绿地、现代小品、园艺造型等灵巧穿插其间，构成条状滨河绿带来美化沿河景色。尾段，亚洲首座双孔护镜门闸——三汊河口闸，以结构奇特、气势雄伟的造型，"银雪飞瀑"的绮丽景观，变幻莫测、绚烂多彩的夜景，为秦淮河的水工程文化画上完美的句号。秦淮河的成功治理使南京市于 2008 年获得了联合国人居署颁发的"最佳人居奖"。

（3）合肥环城公园水景。

合肥公园为水串园，环城公园总面积达 173.6 公顷，环老城区段长达 8.7 千米，由一系列开敞式公园连缀而成。该公园的规划建设充分利用有利的自然因素和历史形成的特有条件，在已有的逍遥津公园、大片林带和水面的基础上，结合城市道路绿化和块状绿地建设，构成点、线、面结合的系统公园绿地。根据各地段自然和历史特点，全园分为六大景区。包河景区以纪念性为特色，银河景区

合肥环城公园水景

以水景为主，西山景区以六组动物雕塑为象征，环西景区为大型游乐设施中心，环北景区突出自然山林野趣，环东景区布置综合服务设施和展览徽派盆景。合肥环城公园的景点设计主要以绿色植物为基调，园林建筑、小品稍加点缀，并和城市建筑相互因借，构成优美、和谐的园林空间。

（4）济南四大泉公园及玉绣河改造工程。

济南是有名的泉城，济南环城公园突出这一优势和特点，以泉水为中心内容作文章。规划将著名的趵突泉、珍珠泉、黑虎泉、五龙泉等四大泉群建为公园，利用环城园林绿带把城河湖面及四大泉联系起来，形成一个以湖山泉水为特征的园林绿化中心，即滨河环城公园。济南环城公园沿护城河全长 6.26 千米，环城公园东护城河沿线为四季花园，自北向南依次为冬景园、春景园、夏景园和秋景园。冬景园遍植松竹梅，最宜踏雪赏玩。春景园绿带如茵，春色撩人，夏景园榴林绕屋，夏木荫荫。秋景园枫叶如丹、秋实累累，形成春华秋实之景观，与对岸雄伟庄严的解放阁

泉城济南

遥相呼应。四季花园还建有"隆冬瑞雪""旋律"。"喜迎新春""盛夏清泉""戏鹅""智慧""金秋""椰汁""顽童戏水"等雕塑,突出花园的特征。南护城河东端是以黑虎泉为中心的泉石园,黑虎泉喷珠溅玉、声如虎啸,九女泉、白石泉、玛瑶泉、琵琶泉等20多个泉池似众星捧月环列四周。泉旁怪石嶙峋,形成泉石辉映的泉石园。依势而建的清音阁、五莲轩、琵琶桥、伴月亭、金虎亭、对波亭等仿古建筑风姿各异,与泉水山石、繁花绿树融为一体,令人流连忘返。花卉园建在"五三"街旧址,园中心建有"济南惨案"纪念碑。

2004年市政府决定对玉绣河进行改造。中水站的建设是济南市玉绣河综合治理的重点项目,是济南市节水保泉的重要措施之一。整个工程包括玉绣河沿岸景观改造和中水再利用工程。玉绣河沿途分设四个中水处理站,采用国际先进的ETS处理系统分三级进行处理,除去水中的氮、氨、磷、有害细菌及有机物等,日处理能力7500吨。使处理后的污水能够重新用于喷泉、景观的布置,绿化灌溉,补充河道等,节约了大量的水资源。玉绣河及其周边环境的改造,改变了玉绣河周边的自然环境,为市民提供了又一休闲、游玩的场所,成为济南新的风景线。

上述这些城市水系分布的格局和水系改造工程的文化,不仅有突出的独特性,而且表现了对城市文化的继承性,能够通过准确认识,正确处理,做到继承与发展的统一,水系的改造体现城市水系格局的特征。除这一特征外,在水体形态的保护上,充分表达了水工程内在文化的特色,水系改造工程独具特色的共融性和功能的多样性决定了城市水系整治的综合性。

(三)灌溉工程文化鉴赏(以红旗渠工程为例)

1. 水工程文化核心价值的铸造 ——红旗渠精神的形成

红旗渠以浊漳河为源,渠首位于山西省平顺县石城镇侯壁断下,总干渠长70.6千米,渠底宽8米,渠墙高4.3米,纵坡为1/8000,设计加大流量23立方米/秒,全部开凿在峰峦叠嶂的太行山腰,工程艰险,灌区有效灌溉面积达到54万亩。红旗渠精神蕴含着党的领导、群众路线、干部作风、革命精神等十分深刻而丰富的内涵,体现了中国共产党人的优良品质和劳动人民的光荣传统,体现了社会主义制度的优越性和巨大凝聚力。立足

欧阳可人作品《红旗渠》

本地条件、依靠自己力量的自力更生精神，战天斗地、百折不挠的艰苦创业精神，顾全大局、齐心协力的团结协作精神，不计报酬、不怕牺牲的无私奉献精神，构成红旗渠精神的基本内容。

2. 水工程文化艺术作品系列的构成及配套

水工程文化艺术作品系列构成及配套，将形成强大的气场。为了弘扬红旗渠精神，一批文学、绘画、影视作品纷纷问世，如《杨贵与红旗渠》报告文学、《红旗渠》纪实电影片、《难忘岁月——红旗渠的故事》（电视剧）、《红旗渠的儿女们》（电视剧）、红旗渠邮票（72年版）、《经典红旗渠》邮票，文化品种齐全，覆盖面广，实施全方位、立体辐射。

3. 文化品牌向文化产业链转化

进入市场经济时代，红旗渠的品牌功能日益显现。为进一步增强品牌竞争力，发挥品牌效益，打造"红旗渠"的"经济航母"，1999年林州市到国家工商总局注册了"红旗渠"商标，成立了"中国红旗渠集团"。红旗渠系统产品有香烟、啤酒、白酒、水泥、

红旗渠邮票

汽车配件、铝型材、扑克、食品等25类230种。2000年经北京北方亚事无形资产评估事务所评估，红旗渠品牌价值达10.4亿元。随着时代的发展，红旗渠品牌功能将转化为更大的经济效益。

（四）城市湖泊工程文化鉴赏

城市湖泊工程文化鉴赏的视角是点、线、面，分别对应"景观节点""景观轴""观区域"。景观节点构成景观特征的个体，景观轴构成景观骨架，景观区域是构成景观特征的主体。城市湖泊工程文化鉴赏要看其水脉、绿脉、文脉。绿脉是肌肤，水脉是骨骼，文脉是精神。绿脉是基础，水脉是特征，文脉是内涵。

1. 水脉空间

水脉空间的鉴赏要一看水域的通透性；二看沿岸景观视域的可达性；三看水域空间的分割及与陆域空间的组合、变换，塑造成特征鲜明的单体和个性空间，如岛中有湖、湖中有岛；四看河湖系统相互依存、水体交换；五看水质自我净化能力和生态修复能力；六看水脉与绿脉的交融，你中有我，我中有你。浮水植物、挺水植物、沉水植物、水生动物构成生物链，维持生态平衡。

2. 绿脉空间

绿脉空间的鉴赏看的是山、林、建筑物组成的耦合系统的序结构，表现为层次和纵深。空间的多层次，体现在纵向的层次感、横向的节奏感、韵律感和群集效应上，并应与地貌环境相融合。由于大尺度的水面的映衬，绿脉的天际线显得格外重要，处理方法不外隐去法、突出法、融合法。一是绿脉自身的变化，避开建筑物单纯由植物生成天际线，包括不同生境植物的变化和过渡，植物林相的立体层次变化和过渡；季节变化和植物自身的色彩变化，由孤植、行植、群植、片植等形成的"点—线—面"的多样的观赏视域的变化。二是绿脉与地脉的融合，在规划、设计湖边天际线时应考虑建筑物的存在，围绕城市标志物建筑，绿脉或高或低，或遮或露，或浓或淡，或连或断，或隐或衬，高度上可分为高层引导集聚区、高层限制区、开敞区和标志物，结合地势特点，形成有个性的天际线。

3. 文脉空间

文脉空间的鉴赏看的是风土人情、文化传统、历史沿革，看的是历史文化内涵的充分挖掘、合理地诠释、运用保护、恢复、调整、创新等设计手法。诚如明代计成《园冶》中对湖滨景观的概括："江干湖畔，深柳疏芦之际，足征大观也。悠悠烟水，澹澹云山，泛泛鱼舟，闲闲鸥鸟，漏层阴而藏阁，迎先月以登台。"水脉、绿脉、文脉巧妙地融为一体。

4. 城市湖泊工程鉴赏实例

（1）南京玄武湖。

南京玄武湖景区，充分挖掘和调动了玄武湖"十朝烟云、六朝繁华"的历史文化内涵，展现南京城"江南佳丽地，金陵帝王洲"的独特韵味。南京玄武湖中绿洲有五：一为"环洲烟柳"，步入环洲，碧波拍浪，细柳依依，烟云舒卷；二为"樱洲花海"，樱花飞舞，九曲回廊，四月风雨，落英缤纷；三为"菱洲山岚"，钟山游龙，气势雄伟，紫金云霞，神秘莫测；四为"梁洲秋菊"，金秋十月，丹桂飘香，沁人心脾，菊花争艳，令人目迷；五为"翠洲云树"，长堤卧波，绿带缭绕，苍松翠柏，嫩柳淡竹。

（2）武汉东湖。

武汉东湖生态风景旅游区总面积82平方千米，其中水域面积33平方千米，12个大小湖泊，120多个岛渚星罗，112千米湖岸线曲折，湖水镜映，是中国最大的城中湖，这是东湖的水脉。东湖一年四季，景色诱人；春季山青水绿、鸟语花香，夏季水上泛舟，清爽宜人；秋季红叶满山，丹桂飘香；冬季踏雪赏梅，候鸟竞翔，10000余亩山林林木葱郁，环湖34座山峰绵延起伏，山体如屏，山色如画，这是东湖的绿脉。东湖的文脉呈多点辐射，历史遗迹类有梅园、樱园、海光农圃（苍柏园）、赵氏花园、放鹰台、北洋桥（武汉最古老的桥）、刘备郊天坛、摩崖石刻、离骚碑、蛮王冢、行吟阁、屈原纪念馆、水云乡、长天楼、九女墩、湖光阁等；博物馆类有湖北省博物馆、湖北省艺术馆、东湖海洋馆、武汉华侨城欢乐谷；高等学府类有武汉大学、华中科技大学、中国地质大学、华中师范大学，这些学校风景优美；庙宇类有古卓刀泉寺、云岩寺等。生态公园类有寓言园、音乐喷泉。磨山景区、疑海沙滩、武汉植物园、东湖生态园、马鞍山森林公园等。

寓言园是全国第一座以中国古代寓言故事为题材的雕塑园，位于东湖听涛区的南端，占地4.4公顷，已建成"狐假虎威""对牛弹琴"、"愚公移山""自相矛盾"等11组寓言雕塑。行吟阁名出"楚辞"，三层四角攒尖顶，古色古香，雄健俏丽，颇富民族风韵。阁前立屈原全身塑像，像高3.6米，基座高3.2米，造型端庄凝重，屈原翘首向天，款款欲步。楚文化与现代文化交相辉映，这是东湖的文脉。

（五）水生态修复工程的文化鉴赏

水工程从根本上说，是对水原生态系统的一种人工干预，对自然环境的一种胁迫，主要表现在自然河流的渠道化和自然河流的非连续化。水生态修复工程的目的是尽量减少这种人工干预对生态系统的不利影响，尽量弥补这种胁迫带来的环境损失。水生态修复工程包括污水处理、河流生态修复、人工湿地、自然湿地等。

1. 水生态修复工程的基本伦理

还水以清洁和健康，是人类的自我救赎。水孕育生命，水自身也具有生命。日本科学家江本胜在《水知道答案》中，用122张前所未见的水结晶照片，向世人展示了一项独一无二的科学观察：水能听，水能看，水知道生命的答案。没被污染的水的结晶体照片是漂亮的六角形，而加了氯的水的照片却构不成六角形；受到感谢话语的水的结晶体照片是漂亮的六角形，而受到责骂的水的照片却构不成六角形。水之灵性，又一次得到佐证。

远古的先民对水有着虔诚的崇拜，现代人在物欲的驱动下，把水当作奴隶，招之即来，挥之即去，剥夺了水的健康和生命，已经直接威胁到人类自身的健康，遭到大自然的报复。水生态修复工程将原水变成可饮用的自来水，将污水处理成中水，将水净化，还水之清洁、还水之健康，是人类的自我救赎，这就是水生态修复工程文化内涵的基本伦理。

2. 水生态修复工程的美学欣赏

《诗经》描绘了先民对水的原生态的崇拜,调动各种手段生动表现物种的多样性、河流形态的多样性、共生系统的时空转换。"关关雎鸠,在河之洲,窈窕淑女,君子好逑"(《周南·关雎》),河流形态的多样性、物种的多样性、人体结构的多样性,激发了人类对美的追求。这里的"在",既是对两者空间位置的确定,也是对两者因果关系的摹写,河流形态的多样性是物种多样性的先决条件。河流形态的多样性体现在:水陆两相和水汽两相的联系紧密性、上中下游的生境异质性、河流纵向的蜿蜒性、河流断面形状的多样性、河床材料的透水性河多样性。河流形态的多样性,造就物种的多样性,形成生态的共生美。

(1)人工湿地,是经过设计和人工建设形成的用于模仿天然湿地,供人类利用并给人类带来益处的由饱水基质、挺水或沉水植物、动物与水组成的复合系统。这种对天然湿地的模拟,成为自然湿地的有益补充。广义的人工湿地包括池塘、水塘、灌溉地、运河、排水渠和地下输水系统等组成,甚至包括水稻田,而狭义的人工湿地目前泛指一些具有更强生态功能的人工湿地。

湿地是地球上具有多种功能和价值的独特生态系统。如果湿地被誉为"地球之肾"的话,那么人工湿地可以说是地球的"人造肾",在城市中人工湿地的生态作用与景观功能也表现得很突出。

人工湿地的生态作用体现在:净化水质,降解污染物,通过沉淀、曝气、生物降解等各种手段使水中杂质沉淀分解、过度繁殖的藻类下降、降低去除水中的毒素等;调节保护城市的小气候环境,减轻了城市的热岛效应,使区域内温度降低;提供可利用资源,被污染的水源经过人工湿地的净化可以再次进行利用,形成循环,大大减小了城市用水的无谓消耗;给动植物提供更多休养生息之地,充分体现物种的多样性。

人工湿地的生态功能无一不具有景观功能和美学价值。首先水质的净化,使臭不可闻、惨不忍睹的污水变成可闻、可视、可近、可亲、可嬉的具有生命力的清洁之水,本身就具有极大的美学欣赏价值。河流形态的多样性、物种的多样性是美学的基石。凹凸交替、曲直相错、岛滩相望、洲潭相邻,瀑布涌泉、小溪潺潺、弯道环流、水跌塘泄,百态斗艳;挺水植物、浮水植物、沉水植物交相辉映;水路蜿蜒,白鹭争鸣,锦鳞潜底,在形、光、声、色上构成绝美的画面,组成国家公园、城市公园、滨水绿带、街区游园、小区绿地乃至庭院小景,提供有人参与的公共空间、半公共空间,或是私人住所的空间,远观、近赏、把玩、休闲、游憩,无一不给人的感官以美的享受。要想亲水,就要近水,缩短与水的距离;要想亲水,就要敬水,敬若神明;要想亲水,就要嬉水,与水交朋友,与水交流。

（2）给排水规范对水处理工程的美学、景观处理作了基本规定。

改善水质、净化水源将给人以美的享受，净化是美化的姊妹篇，而净化的生态水工措施又具有美学价值，丰富了水工程的美学范畴和美化手段。

《室外给水设计规范》规定，水厂生产构筑物布置应符合下列要求："高程布置应充分利用原有地形坡度"，"构筑物间距宜紧凑，但应满足各构筑物和管线的施工要求"，"生产构筑物间连接管道的布置，应水流顺直和防止迂回"。

"各建筑物的造型宜简洁美观，材料选择适当，并考虑建筑的群体效果与周围环境的协调。""水厂应考虑绿化，新建水厂绿化占地面积不宜少于水厂总面积的20%。清水池顶宜铺设草皮。"

"污水处理厂的总体布置应根据厂内各建筑物和构筑物的功能和流程要求，结合厂址地形、气象和地质条件等因素，经过技术经济比较确定，并应便于施工、维护和管理。""污水处理厂的工艺流程、竖向设计宜充分利用原有地形，符合排水通畅，降低能耗、平衡土方的要求。""污水和污泥的处理构筑物宜根据情况尽可能分别集中布置。处理构筑物的间距应紧凑、合理，并应满足各构筑物的施工、设备安装和埋设各种管道以及养护维修管理的要求。"

"污水处理厂厂区内各建筑物造型应简洁美观，选材恰当，并应使建筑物和构筑物群体的效果与周围环境协调"，"污水处理厂的绿化面积不宜小于全厂总面积的30%。"

污水处理厂环境设计

显而易见，水处理工程建设在满足经济实用的前提下，应考虑美观。除在厂区进行必要的绿化、美化外，应根据水处理工程厂内建筑物和构筑物的特点，使各建筑物之间、建筑物和构筑物之间，水处理厂和周围环境之间均达到建筑美学的和谐一致。

自来水厂的主要构筑物有：取水泵房、初沉池、反应池、滤池、清水池、送水泵房等。污水处理厂的主要构筑物有：初次沉淀池、生物滤池、二次沉淀池、一级消化池、二级消化池、污泥干化场。水处理工程的平面布置是和纵断面水力设计紧密相连的，体现力学与美学的统一。纵断面水力设计实际上确定各构筑物的水头分配，如由反应池到滤池，再到清水池实现自流，这种内在联系，势必造成布局紧凑、高低错落的美学效果。

各种多边形，当周长一定时，圆的面积最大，污水处理厂的二沉池形状采用圆形，使配水面积最大化，提高水处理效率；环形结构受到均布荷载时，环向受力均匀，使用的材料也最省，这些是圆的力学特性。圆是最美的曲线，英国的威廉·荷加斯在其所著的《美的分析》一书中论线条的美学内涵时，作了精确的说明："波状线，作为美的线条，变化更多，它由两种对立的曲线组成，因此更美，更舒服"。显而易见，力学和美学在污水处理厂的二沉池上体现了绝妙的和谐。

自来水厂限于水质安全不能对外开放，污水处理厂则可对外开放，利用二沉池的溢流的瀑布景观、厂区绿化景观、企业文化的人文景观，成为游人的参观景点，引处理后的中水，自流成水景，美人蕉摇曳多姿浮于上，锦鳞欢快畅游其中，构成生动图画，也是对青少年进行科普教育的最好基地。

3. 水生态修复工程文化鉴赏案例

（1）银川鸣翠湖国家湿地公园。

著名画家、雕塑家、景观艺术家朱仁民长期以来倾心于水工程文化的发掘和塑造，莲花岛内塑罗汉，运河边上现民俗，大漠中心作湿地，大手笔、大创意、大制作，别开生面，令人耳目一新。

朱仁民将银川的1.3万亩的沙漠打造成银川鸣翠湖国家湿地公园，分东翠湖、中翠湖、西翠湖。东翠湖狭长柔美，东堤六桥桃红柳绿，拱桥鱼贯，西边坐落着会议中心、休闲中心、别墅、野林，一派塞上江南风光的人文美景。中翠湖轻纱迷帐，曲桥流水，线形婀娜，简洁明了，人文景观与自然景观相得益彰，左右逢源，得天独厚。西翠湖在西区功能环抱之中，湖线曲折盘缠，变幻无穷，岸线上功能丰富，造型各异，水体变幻，产生了众多的州、汀、浦、滨为生态的自然循环链制造了良好的条件，也为西区创造了目不暇接的景观变化。万亩碧波中，点缀着星星点点的景区，个个都有诗意的名字，百鸟天堂、车水排云、碧水浮洋、千步廊桥、迷宫寻鹭、轻纱漏月、绿帐问茶、芦花追日、东堤夕照、白沙落雁。泛舟湖面，一边观赏美景，一边品味诗境，全部廊桥横贯湖心，廊桥茶室是游客漫步的湖心驿站，在这里喝茶观景，东有水景台、西有观景台，南北苇荡湮水浩渺，听鹂啼莺鸣，芦苇瑟瑟，独居水中，可谓神仙难得。茶室采用回廊环式，廊中碧水风荷、泉涌汩汩令人心旷神怡，万年归一，朱仁民的每一幅作品都充满着"禅"的意境，实践着"自然生态、艺术生态、心灵生态"的理念。

（2）微山湖湿地。

微山湖湿地红荷旅游风景区总面积90平方km，为我国北方地区面积最大、自然生态最原始、景观最美的湖区湿地之一。万顷红荷、百里芦荡、鸥鹭翔集、碧水白帆，构成了微山湖独有的风韵，被专家誉为华东地区最佳湿地之一。景区内还有古龙泉、牧仙洞、元明百寿石坊等景点和"渔舟唱晚""芦荡飞雪"等奇景。百荷诗廊位于芙蓉街南，南北走向，廊长550米。廊两侧引进各色荷花120余种，有"贵妃出浴""玉楼人醉""杏花春雨""倩影落雁""状元红""霍兰迪亚"等。诗廊上建古色古香栅栏诗牌近百架，刻古贤今人咏荷诗赋于其上，和百荷相间摆放，使淡淡墨香和幽幽荷香交织融汇，烘托出浓浓的红荷文化氛围，游客可于此受到传统红荷文化的熏陶先后被评为国家AAAA级景区、国家湿地公园、国家级水利风景区、国家生态文明教育基地。

（3）活水公园案例。

成都府南河活水公园是河道整治美学设计的杰出范例，在概念设计上，以环保为主线，将景观、教育、游戏巧妙地融合在一起，在河道美学领域内，独树一帜，形成重大突破。

活水公园是由中、美、韩三国水利、园林、环境专家共同精心设计而成，被誉为"中国环境教育典范"，是成都市府南河综合整治的代表作，成都市府南河获联合国颁发的"人居奖"。

为有源头活水来

活水公园是世界上第一座以水为主题的城市生态环保公园，采用国际先进的"水工湿地污水处理系统"。活水公园傍依府南河畔，占地24000平方米，其平面整体设计为鱼状，寓意鱼水难分的人与水、水与自然的亲密关系。它将取自府南河的原水依此经厌氧沉淀池、水流雕塑、兼氧池、植物塘、植物床、养鱼塘、氧化沟等水净化系统处理，水流在处理流程中，或涓涓细流，或起伏叠荡，美轮美奂，千姿百态，其间水质发生根本的变化。活水公园向人们演示了水在大自然中由"浊"变"清"，由"死"变"活"的生命过程，故取名"活水"。

在景观设计上，活水公园体现了城市园林的自然生态特性，其中的中心花园、雕塑喷泉、自然生态河堤、峨眉山自然植被、黄龙五彩池等自然风景与几十种水生植物、观赏鱼类自然地结合在一起，集教育、观赏、游戏为一体，使人们在走近自然、融入自然的过程中，充分领略、体验到大自然的美妙和神奇，由此唤起人们热爱自然、保护自然的激情。取名"活水"，将水生态与水工程文化相结合，以水的净化的生态过程为载体，融入仿古川西水车的地域水工程文化元素，展示着蜀人治水的历史文脉。

二、国外水工程文化鉴赏

世界文化遗产是水工程文化学的宝库,世界遗产委员会的评价为我们打开探索水工程文化学奥秘之门,琳琅满目、绚丽多彩的各类水工程作品提供了丰富的素材和案例,供我们思考、学习、借鉴。

世界遗产公约明确规定:

第1条 在本公约中,以下各项为"文化遗产":

文物:从历史、艺术或科学角度看具有突出的普遍价值的建筑物、碑雕和碑画、具有考古性质成分结构、铭文、窟洞以及联合体;

建筑群:从历史、艺术或科学角度看在建筑式样、分布均匀或与环境景色结合方面具有突出的普遍价值的单立或连接的建筑群;

遗址:从历史、审美、人种学或人类学角度看具有突出的普遍价值的人类工程或自然与人联合工程以及考古地址等地方。

第2条 在本公约中,以下各项为"自然遗产":

从审美或科学角度看具有突出的普遍价值的由物质和生物结构或这类结构群组成的自然面貌;

从科学或保护角度看具有突出的普遍价值的地质和自然地理结构以及明确划为受威胁的动物和植物生境区;

从科学、保护或自然美角度看具有突出的普遍价值的天然名胜或明确划分的自然区域。

从上述条款规定可看出,文化内涵、美学标准是入选世界遗产名录的重要标准。因此世界遗产名录中收录的世界各国的文化、自然遗产极具美学价值,为我们提供了取之不尽、用之不竭的美学数据库,值得我们认真发掘、思考、研究、总结,并应用到水工美学的理论构建和实践创新中。作为"文化遗产",规定提出评价的角度是历史、艺术、科学,评价的要素是式样、分布,与环境的结合,为探讨水工程文化内涵指明了方向。

(一)灌溉工程

1. 荷兰的贝姆斯特圩田(1999年入录世界文化遗产)

世界遗产委员会评价:"贝姆斯特圩田代表了人类创造力的优秀成果,将古典和文艺复兴的理念融入到圩田的设计中;独特的优美的圩田景致对欧洲及世界其他地区的圩田建设产生了深远的影响;贝姆斯特圩田的建成标志着在一个重要的社会经济发展历史时期内,人类在治水实践上所迈出的一大步。"

17世纪的荷兰人在海上取得了不可一世的荣耀之后，便开始行使起了原本属于上帝的职责，重新设计和改造自己那片并不丰饶且凭遭水患的国土。于是"沧桑变幻"就在荷兰人的手中成为了现实。400多年来，荷兰人从填湖造田到后来和大海争夺土地，如今荷兰近三分之一的国土都是这种依靠修建堤坝、抽干湖（海）水而得来的圩田，而"圩田模式"也已成为荷兰历史上最有代表性的成就之一。

贝姆斯特圩田

世界遗产委员会的评价强调了"古典和文艺复兴的理念"对灌溉工程的融入，这是对水工程文化的极大的肯定，别具一格的高屋顶的房屋、错落有致的风车、方形的圩田、河流使灌溉工程成为别有一番风味的景观。

2. 印度尼西亚的苏巴克灌溉系统（2012年入录世界文化遗产）

世界遗产委员会评价：巴厘文化景观拥有五块水稻梯田和它们的水神庙，占地19500公顷。水神庙是以"苏巴克"闻名于世的由水渠、水坝组成的协作水管理系统的中枢，其历史最早可追溯至9世纪。在遗产地内还有一座18世纪的皇家寺庙（水神庙），它是岛上同类型建筑中最大、最具震撼力的一座。苏巴克体现了"幸福三要素"的哲学概念，是精神王国、人类世界和自然领域三者的相互结合。这一哲学思想是过去2000年

水神庙

多年中巴厘岛和印度文化交流的产物，促成了巴厘景观的形成。尽管供养岛上稠密的人口是一大挑战，但苏巴克体系所倡导的民主与公平的耕种实施原则使得巴厘人成了群岛中最多产的水稻种植者。

苏巴克灌溉系统始建于11世纪，由占地20974公顷的水稻梯田和水渠、水坝、印度教神庙等建筑物组成，至今仍正常运行，成为巴厘著名人文旅游景观之一。在我们这个星球之上，几乎没

有几处秩序井然的封闭世界,为独特习俗和文化的形成提供地理背景。但印度尼西亚的巴厘岛就有这种独一性,并且形成了带有强烈自身特质的印度教本土文化。

巴厘岛是活火山带,它们形成了山冈和水源,山冈和大海之间的大地进一步细分为下降的梯田。这些纵横交错的梯田由合作社(苏巴克)共同开发和管理。一般来说,一个苏巴克占据一个山脊或山谷,在上头修建水坝,拦住一条从山上流向大海的溪流。从这里开始,水流被分开,流向各块梯田。每一块梯田四周都有泥做的土坎围合,土墙上留有缝隙,供水流通过,沿着轴线继续流动。这里,土、水和太阳同心协力参与到稻谷生长、结实和腐烂的周期之中。引导苏巴克的根本原理就是和谐,苏巴克成员间签订的协议统管着种植循环、水资源的分配、成员的经济付出以及权利和义务。

正如苏巴克土地由水系统连接的梯田构成一样,村庄是房舍和庙宇通过简单的循环系统构成的一个组合体。巴厘岛上有一个严格定义的传统布局:主轴线沿着山海之轴南北贯通,次轴线与日出—日落轴线相平行。轴线相交之处即是村庄的中心,也是市场的位置所在。村子里一般会修建三座庙宇:普拉普塞在主轴线上坡,专门祭祀主管创造力的天神;普拉德萨位于中心附近,供开会和举行仪式使用;还有普拉达勒姆,位于下山处的海边,专门供奉死亡和腐烂的神灵。街道、庙宇和中央的榕树构成方位系统的轴线、两极和中心,与溪流、太阳的弧线、阿贡火山的垂直山体以及海洋的排列相同。

3. 伊朗舒什塔尔的古代水利系统(2009年入录世界文化遗产)

世界遗产委员会评价:"位于伊朗舒什塔尔市的历史水利系统是一个天才杰作,时间可追溯至公元前5世纪的大流士一世时代。该系统在克鲁恩河上建造了两个主引水河道,其中一条名为伽格(Gargar)的河道目前仍在使用,然后通过一系列水车和若干地道向舒什塔尔城供水。该系统使水流从高耸的崖壁形成瀑布,注向舒什塔尔市南部下游盆地的平原,那里有超过4万公顷的果园和农场,被称为Mianâb(天堂之地)。该遗产包括许多名胜,如整个水利系统的运作中心、萨拉塞尔(Salâsel)城堡、水平面测量塔、大坝、桥梁、盆地和水车磨坊。它们见证了依拉密特人、美索不达米亚人和近期的纳巴泰人

舒什塔尔古代水利系统

的聪明才智,也反映出罗马建筑的影响。"

舒什塔尔古代水利系统建于3世纪,可能是在公元前5世纪的老基地上重新建立的。这是一个多功能、大规模的水利工程,在土木工程结构以及多样性用途(城市供水、磨坊、灌溉、内河运输、防御系统)方面出类拔萃。这个水利系统是早期依拉密特人与美索不达米亚人专有技术的结合。

(二)运河工程

欧美共有五条运河入录世界文化遗产,其中有法国米迪运河、比利时中央运河上4座水力升降机、荷兰的阿姆斯特丹运河、加拿大丽都运河、英国的庞特斯尔特渠。

1. 法国米迪运河(1996年入录世界文化遗产)

世界遗产委员会评价:"米迪运河蜿蜒流淌360公里,各类船只通过运河在地中海和大西洋间穿梭往来,整个航运水系涵盖了船闸、沟渠、桥梁、隧道等328个大小不等的人工建筑,创造了世界现代史上最辉煌的土木工程奇迹。运河是在1667—1694年挖掘出来的,它为工业革命开辟了一条航线。"

高瞻远瞩的太阳王路易十四下令开凿米迪大运河。其目的在于避开直布罗陀海峡、海盗和西班牙国王的船队,连通大西洋和地中海,大大提高朗格多克-鲁西永大区的地理战略优势。米迪运河蜿蜒流淌360公里,整个航运水系涵盖了船闸、沟渠、桥梁、隧道等328个大小不等的人工建筑,创造了世界现代史上最辉煌的土木工程奇迹。

2. 荷兰阿姆斯特丹辛格尔运河内侧17世纪运河区(2010年入录世界文化遗产)

世界遗产委员会评价:"阿姆斯特丹运河区作为一个历史市区是16世纪末至17世纪的一项新'港口城市'规划的结果。这一运河网络位于历史市镇及中世纪市镇的西面和南面,它们围绕着老城区,沿着防御边界向内延伸,直至辛厄尔运河。运河网络的修建是一个长期过程,主要任务是通过运河来排干同心弧形沼泽地,并填平中间的空地来扩大城市空间。这些新的空间可以用来统一发展建造商业房屋与大量的纪念性建筑。阿姆斯特丹的城市扩张是这一历史时期同类发展中规模最大,同时也是最均衡的。这一历史市区也是大规模城市规划的一个范例,直到19世纪还仍旧为世界各地所参考。"世界遗产委员会的评价,强调了阿姆斯特丹运河网状构型,对新城市的扩张起到举足轻重的作用。

3. 加拿大丽都运河（2007年入录世界文化遗产）

世界遗产委员会评价："丽都运河建于19世纪初，全长202千米，北起渥太华，南接安大略湖金斯顿港，连通了丽都河与卡坦拉基河。在英美两国争相控制这一区域之际，为战略军事目的开通了这条运河。丽都运河是首批专为蒸汽船设计的运河之一，防御工事群是它的另一个特色。1826年，在运河建造初期，英国人选用'静水'技术，避免了大量挖掘工作，并建立了一连串的水库和50座大型水闸，将水位抬高到适航深度。丽都运河是北美保存最完好的静水运河样本，表明当时北美已大规模使用这项欧洲技术。丽都运河是唯一一条始建于19世纪初北美运河大兴建时代，流经途径至今保持不变，且绝大多数原始构造完好无损的运河。运河上建有六座'碉堡'和一座要塞，后来又在多个闸站增建防御性闸门和管理员值班室。在1846—1848年期间，为加固金斯顿港口的防御工事建造了四个圆形石堡。丽都运河见证了为控制北美大陆发起的战争，具有重要的历史价值。"

丽都运河上古老的船闸

世界遗产委员会的评价，突出了丽都运河的"静水"技术、军事价值和航运特色。

4. 英国旁特斯沃泰水道桥与运河（2009年入录世界文化遗产）

世界遗产委员会评价："位于英国威尔士的东北部，总长18千米，是工业革命土木工程技艺的典范，完成于19世纪初。由于运河横跨各种不同地形，因此需要建造技术出色而大胆，甚至不用闸门。水道桥为泰尔福德所设计，为土木工程与金属建筑划时代之创举，其使用生铁与锻铁强化弧形结构，重量

英国旁特斯沃泰水道

轻但坚固。旁特斯沃泰水道桥与运河被誉为天才创意经典作品,显示出欧洲已经获得的综合专业知识,并启发了全球无数土木工程。"

世界遗产委员会的评价强调:旁特斯沃泰水道桥与运河是"工业革命土木工程技艺的典范",金属的桥身与石作的桥墩的结合,演奏出工业革命盛大的金石交响乐。

5. 比利时中央运河上的4部升降机(1988年入录世界文化遗产)

世界遗产委员会评价:"四座水利船舶高架桥在拉卢维耶尔和勒勒地区的路程中是工业遗址中质量最高的。同时拉卢维耶尔和勒勒自身也与建筑结构联系在一起,它们得到良好的保护并组成19世纪末期工业风景的范例。在这个世纪开始和最后的时间,8座船舶高架桥建立起来,其中仅有的一座仍然保留在最初的工业状态,四座在拉卢维耶尔和勒勒地区。因此,它们在这个世界上是独特的。"

比利时中央运河上的升降机

升降机是成对的,由两个垂直的移动水槽或沉箱组成,每个中央均由铁柱所支持。这两根柱子通过水压以下述方式相联结,即一个沉箱在另一个下降时抬升,一个的重量制衡另一个的重量。世界上独一无二的水力船舶升降机。运河及其相关部分构成一幅保存完好的完整的19世纪工业图景。是19世纪欧洲水利工程高度发展的有力见证。

(三)湖泊工程——奥地利新锡德尔湖/匈牙利费尔特湖(2001年入录世界文化遗产)

世界遗产委员会评价:"新锡德尔湖/费尔特湖八千年以来一直是多种文化的汇集地,形成了自己丰富的景观,是人类行为和自然环境相互作用,逐步演变发展的结果。湖区周围出色的乡村建筑和几座18—19世纪的宫殿为该地区增添了浓厚的文化色彩。"

世界遗产委员会的评价指出,湖不但是河水的集散处,更是文化的汇聚地,湖边的建筑对营造湖区的文化氛围,是不可替代的。

（四）供水工程——法国的加尔水道桥与塞哥维亚古罗马输水道

1. 法国的加尔水道桥（1985年入录世界文化遗产）

世界遗产委员会评价："加德桥建于公元前夕，是为了长约50千米的高架渠横跨加德河所建。这座桥计3层，高约50米，最长的地方为275米，设计出这座桥的水利工程师和罗马建筑师创造了技术上同时也是艺术上的一件杰作。"

世界遗产委员会的评价，指出工程师与建筑师在水工程上的合作，对提升水工程文化内涵及品位至关重要，水工程要成为艺术珍品，必须有建筑师、艺术家的参与。

法国的加尔水道桥　　　　　　　　　　　塞哥维亚古罗马输水道

2. 塞哥维亚古罗马输水道

世界遗产委员会评价："塞哥维亚古罗马输水道，大概建于公元50年前后，迄今完好，令人称奇。这一建筑以双层拱洞为特点，给人留下深刻的印象，成为塞哥维亚历史古城一道亮丽的风景线。在这里，人们还可以参观阿尔卡萨尔这—始建于11世纪，完成于16世纪的哥特式大教堂。"

塞哥维亚古罗马输水道之所以成为历史古城的一道亮丽的风景线，一是本身的双层拱洞的造型挺拔、俊秀，二是高30米、长813米的输水道对空间的分割，高大的拱洞既是景框透视借景，又融于周边景观之中。

（五）桥梁工程

1. 西班牙的维斯盖亚桥（2003年入录世界文化遗产）

世界遗产委员会评价："维斯盖亚桥横跨毕尔巴鄂西面的伊拜萨巴河口。这座桥由巴斯克建筑师阿尔贝托·德·帕拉西奥设计，于1893年完工。桥高45米，跨度160米，融合了19世纪的钢铁传统和当时新兴的螺纹钢筋轻质技术。维斯盖亚桥是世界上第一座供行人和车辆通过的高空拉索桥,欧洲、非洲和南、北美洲的很多大桥都是仿照该桥建造的,不过保存至今的为数不多。由于别出心裁地使用了螺纹钢筋轻质技术,比斯开桥被誉为工业革命时代最杰出的钢铁建筑之一。"

世界遗产委员会的评价突出了维斯盖亚桥的高科技含量,是"世界上第一座供行人和车辆通过的高空拉索桥",特别强调了"使用了螺纹钢筋轻质技术",领导科技的新潮流。

西班牙的维斯盖亚桥　　　　　　　　英国的乔治铁桥图

2. 英国的乔治铁桥区（1986年入录世界文化遗产）

世界遗产委员会评价:"众所周知,乔治铁桥区是工业革命的象征,它包含了18世纪推动这一工业区快速发展的所有要素,包括矿业和铁路工业。附近有1708年建成的煤溪谷的鼓风炉,以纪念此地焦炭的发现。连接铁桥峡上的桥是世界上第一座用金属制成的桥,它对科学技术和建筑学的发展产生了巨大影响。"

世界遗产委员会的评价突出了桥的高科技含量,铁桥建于1779年,是一个拱形结构,跨度100英尺,高52英尺,宽18英尺,全部用铁浇铸,重量与罗德岛的巨人像可相抗衡。作为世界上同类大建筑中的第一座,这座位于英格兰的科尔布鲁克代尔的塞文河上的大铁桥有一种完全适合18世纪的古典的匀称和雅致,它对于世界科技和建筑领域的发展具有很大的影响,是18世纪英国工业革命的象征。

（六）河流工程

入录世界文化遗产名录的外国河流有匈牙利布达佩斯多瑙河（1987年入录）、法国巴黎的塞纳河（1991年入录）、法国沙洛纳和卢瓦尔河畔叙利间的卢瓦尔河流域（2000年入录）、中上游莱茵河河谷（2002年入录）等。

世界遗产委员会评价："从罗浮宫到埃菲尔铁塔或是从协和广场到大小凡尔赛宫，巴黎的历史变迁被看作源于塞纳河。当豪斯曼的宽阔广场和林荫道影响着19世纪末和20世纪全世界城市主义的时候，巴黎圣母院和圣徒教堂成为了建筑上的杰作。巴黎的美，在很大程度上归功于在城区缓缓流过的塞纳河，它将城市分为南北两部分，而且两岸的发展速度相同，这种现象在世界大城市中是极为罕见的。巴黎起源于塞纳河，城市的主要建筑大都集中在塞纳河的沿岸。因此，塞纳河堪称为巴黎的生命线。"

一座城市总会有一个城市地标，或是一条街，或是一座山，一条河流，在巴黎，这个城市地标就是那条闻名遐迩的河流——塞纳河。塞纳河像一条闪闪发亮的绿色丝带，缓缓流过巴黎的市中心。塞纳河的波光，宛如柔丽发丝，浅荡低回，曼妙无穷。塞纳河的两岸，簇拥着一栋栋高雅华丽，美轮美奂的不朽建筑。它也串起了一座座多姿多彩的桥梁。在塞纳河的两岸，巴黎的优雅浪漫，被挥洒地淋漓尽致。

巴黎的塞纳河畔

罗马尼亚多瑙河三角洲

（七）湿地——罗马尼亚多瑙河三角洲湿地（1991年入录世界文化遗产）

世界遗产委员会评价："多瑙河奔流直下，汇入黑海，形成了欧洲面积最大、保存最完好的三角洲。多瑙河三角洲不计其数的湖泊和沼泽哺育着300多种鸟类和45种多瑙河及其支流中特有的鱼类。"

多瑙河河长2850千米，平均流量6500立方米/秒，挟带的淤泥每年约有两亿吨。作为欧洲仅次于伏尔加河的最大河流，它的汇水面积超过80万平方千米，它流经前南斯拉夫、罗马尼亚、保加利亚和乌克兰，欧洲中部和东南部、奥地利、德国以及匈牙利的河流都汇集其中。多瑙河三角洲是欧洲最具有生态功能的一种湿地，它能调蓄洪水，净化水质，调节气候，对维护生态安全和保护生物多样性具有重要作用。三角洲两岸长满了高大的橡树、白杨、柳树和各种灌木。"浮岛"是三角洲最为著名的自然景观之一，是三角洲腹地的一大奇景，它就像一个巨大而美丽的花园，漂浮在海面之上。"浮岛"上面长着茂盛的植物，与陆地无异，但下面却是一片湖泊，湖面碧波荡漾，湖水清澈无比。浮岛在风浪中飘游，不停地改变着三角洲的自然面貌。多瑙河三角洲是一个仍在形成中的世界，它散发着海草、湿土、飞鱼和鲜鱼子酱的蛮荒气味。

第四节　当代水工程文化的运用

一、水利风景区的建设

将水工程打造成水利风景区是彰显水工程文化功能的最主要手段。因此，有必要在此对相关水利风景区的内容作些介绍。

（一）水利风景区的概念及实质

水利风景区是 2004 年 5 月水利部颁发的《水利风景区管理办法》提出来的，其概念是指以"水域（水体）或水利工程为依托，具有一定规模和质量的风景资源与环境条件，可以开展观光、娱乐、休闲、度假或科学、文化、教育活动的区域"。而且，对其中的"水利风景资源"作了如下解释："指水域（水体）及相关联的岸地、岛屿、林草、建筑等能对人产生吸引力的自然景观和人文景观。"从上述概念的内涵中，可以看出其真正的核心概念，是指以"水"为依托的"能对人产生吸引力的自然景观和人文景观"。进而，透过这一核心概念，再进一步思考"吸引人"这三个字，并不是指水能提供人饮用、灌溉等从物质层面对人的吸引力，而是指一种能对人的精神层面施加影响，能让人激发出联想和感受水及涉水环境对人的吸引力，这种吸引力其实质就是能达到"化人"的水的文化。

（二）文化是水利风景区的灵魂

在水利风景区的核心概念中，将景观分为自然景观和人文景观两类。其中人文景观如都江堰的"二王庙"等，是以"李冰父子建造都江堰"的文化来吸引人的。文化是人文景观的灵魂，是无可厚非的。在自然景观中，文化同样也是灵魂！在水利风景区中，水景、地貌、天象及生物等属自然景观，这些水景、地貌、天象及生物都是客观存在的，有些可能是由于受到水利工程建设对自然条件进行的干扰，又重新经大自然若干年调整后再形成的（人化）自然景观。这些客观存在的自然景观要成为水利风景区，关键是要有能首先与这些景观产生心灵感应的人去点破或解读，才能产生让大多数人去欣赏、读懂和理解的景观区。从古至今很多自然景观都是靠能与水产生心灵感应的人去发现的。在我国古代诗人的眼中，我国的江、河、湖、海、瀑、溪、涧、池等水，都有可成为他们赞颂的风景，如李白写黄河"黄河之水天上来，奔流到海不复回"，"黄河西来决昆仑，咆哮万里触龙门"，"黄河万里触山动，盘涡毂转秦地雷"，"黄河落天走东海，万里写入胸怀间"，李白把黄河上、中、下游的景观尽纳诗中。他不仅写黄河，也写长江，"登高壮观天地间，大江茫茫去不还"；写钱塘江"浙江八月何如此，涛似连山喷雪来"；写浙江绍兴的水"镜湖水如月，耶溪女似雪"；写洞庭湖"淡扫明湖开玉镜，丹青画出是君山"；写涧水"山山白鹭满，涧涧白猿吟"；写瀑布"挂流三百丈，喷壑数十里"；写洲滩"三山半落青天外，一水中分白鹭洲"。我国其他诗人吟诵风景的诗篇里，也有大量吟诵江、河、湖、海、瀑、溪、涧、池等水景，且能为人们广为传颂的诗句，如王勃写云霞"虹销雨霁，彩彻区明"；陆游写闲云"晴空万里宽多少，一片闲云足卷舒"；杜牧写秋雨"深秋帘幕千家雨，落日楼台一笛风"；李商隐写夜雨"君问归期未有期，巴山夜雨涨秋池"；李世民写大海"拂潮去布色，穿浪日舒光"；杨广写春江"流波将月去，潮水带星来"；杜甫写长江"无边落木萧萧下，不尽长江滚滚来"；王维写潮水"日落江湖白，潮来天地青"；刘禹锡写黄河"九曲黄河不尽沙，浪淘风簸自天涯"；白居易写钱塘江"日出江花红胜火，春来江水绿如蓝"；苏轼写西湖"欲把西湖比西子，淡妆浓抹总相宜"；韦应物写涧水"春潮带雨晚来急，野渡无人舟自横"；王安石写溪水"溪深树密无人处，唯有幽花渡水香"；杨万里写泉水"坐看跳珠忽抛玉，忽然一喷与檐齐"；谢灵运写池塘"池塘生春草，园柳变鸣禽"。这些摘录只是李白及众多诗人写我国江、河、湖、海、瀑、溪、涧、池等（涉）水景观的诗句中的沧海一粟，但已可说明，在李白等著名诗人的眼中，他见到的水（当时没有被污染的水）都是美的，都是和周边的自然环境浑然一体的，他们在某时或某地见到水，就会产生人和自然的感应，才思从他们的胸中喷涌而出，写下了为人们千古吟唱的诗篇。人们读到他们的诗，就似乎看到当地的风景；到了当地的风景区，就自然而然地会联想起他们的诗篇。反过来，正由于有了这些诗人的诗篇，使这些地方的水犹如注入了灵气，而成为这些地方引以为豪的风景区了。刘禹锡在《陋室铭》中说"水不在深，有龙则灵"。什么是"龙"？龙就是（水）文化，有文化，水才有灵气。当然，不仅是诗人对水有感应，从古至今的思想家、文学家、艺术家、学者、名人，甚至历代的一些皇帝、官员抑或民间的百姓，也都会对水产生心灵感应，留下了众多的名篇、名句或美好的故事，这些文化信息就是涉水景观与人之间联系的通道，凡与这些文化信息相关联的涉水景观，都极有可能被开发成水利风景区。涉水景观是客观存在的，关键是要有人去欣赏，要有人去发现，并要能使这些涉水景观给更多的人以感应，才能成为水利风景区。这样，除了客观存在的水景观物质资源外，极重要的一条就是还要有能启迪人们与水产生感应的通道——精神资源，这就是文化。因此，水文化就是水利风景区的灵魂。水利风景区品质的高低，关键在其对人产生感应的大小和形成的水文化品位的高低。

刘禹锡

（三）水利风景区应是彰显和弘扬水文化的典型物质载体

我国对水文化的认识渐趋清晰，渐趋理性，渐趋完整。不管是"广义水文化"说、"狭义水文化"说，抑或"载体"说、"水事"说、"治水"说，都谈到水文化构成的两个基本要素，即"水"和"人"，水和人本是自然物，但人又是一种特殊的具有智慧的生物，人能以其智慧去利用自然、影响自然、改变自然（人化），而且人也能改变人类自己（化人）。"人化"与"化人"取得的成果总和就是文化，说穿了，文化就是人类智慧的显性化。水文化就是人类在认识水、改造水、利用水方面智慧的显性化。因此，我们可以这样认为，自然界中的水，最能引发人产生感应、能使人感到有话要说的地方，就有水景。大多数人们对某一处水景都感兴趣，说的话较多的地方就应该成为风景区。将人们对这一自然景观的感受和说出的话，相对集中一下，就是水文化。就如壶口瀑布就是以其气势震撼激荡着每一位看到它的人，每一位看到壶口瀑布的人，无不有话要说，这些要说的话，就是相对壶口瀑布的水文化。壶口瀑布当然属国家水利风景区，设想，如果在这个风景区内能将古今中外的名人、名家对壶口瀑布赞美的诗篇、文章、对联、绘画、摄影以及古今治理黄河的传说、治理黄河的精神及现代应珍爱母亲河的要旨，进行整理、分类、翻译、出版、销售，让这些名篇、名著再去影响以后到这里来的人或未到这里来的人，让他们也产生共鸣和遐想，这样，必然会使壶口瀑布的魅力更能增色几分。借助风景区这个最佳物质载体，弘扬水文化，可得到事半功倍的效果。

（四）用文化的理念打造水工程，使水工程逐步风景化

1. 自然、水工程泛化与人化自然景观

自然是指天然，非人为的。数千年来，人类对自然界，特别是对河、湖、江、港进行了大量的改造，建设了大量的工程，如堤防、大坝、涵闸、泵站、护坡、护岸、改道、导控等。对河流水量、水能的开发利用是由小到大、由弱到强。这些活动几乎遍及所有的淡水载体——河、湖、江、港，乃至海洋、地下。人类在地球上的活动，已上可登珠峰，

1959年建造我国第一座自行设计、自制设备的大型水力发电站——新安江水库（苏卫忠 摄）

下可潜海底，南至南极洲，北达北冰洋。在地球上要找未曾经人干预过的纯自然淡水载体及景观，已是微乎其微。现在大量所说的自然河、湖、江、港实际上已是"人化自然"性质的河、湖、江、港。例如，浙江千岛湖自然风景区，其实质是新安江水库。连长江也为三峡大坝截成两截，"高峡"出了"平湖"。这些原本属自然河流的河流，就纳入了水利工程管理范围，也统一被视为水利工程了。由于在我国已将水利工程泛化到每一条江河和每一个湖泊，凡属涉水的风景区都可称为水利风景区。因此，水利风景区概念中的自然景观，其实也是被人工干预后，在大自然力的调整下，局部恢复的类似自然的自然景观，其实质已成为"人化自然景观"了。

2. 人化自然、美化自然与水工程美学

由于地球上人们对自然资源无休止的掠夺和肆意的干扰，大自然也开始对人类进行报复，气候失常、水体污染、冰山融化、水平面增高……面对这些报复，有识之士开始提出"人类寻求经济发展及享用自然界丰富的资源，必须符合资源有限的事实及生态系统的支持能力，还必须考虑到子孙后代的需要"。此后，世界各国对河湖的修复提出了"完全复原"、"部分修复"、"自然化"和"创造"四种模式。由于人类已经发展到70多亿之众，要想完全复原到人类从未涉足过的河流并使水生态系统的结构和功能完全恢复到干扰前的状态，显然是不科学的，也是不现实的。河湖修复学家们提出的"自然化"这个目标比较科学，这是针对已经人工化和受人工影响较大的河湖而言的，旨在使这些河湖尽量自然化。这一目标承认人类出自对水的需求，长期对河湖进行开发是必要的这一前提（例如，我国的南水北调工程），并承认这样的河湖所形成的新的生态系统与原始地貌的生态系统有一定的差别。这种差别是指对局部地区的生存发展有可能产生不利影响（如坝库区域内）。

应采取必要的措施（移民和建立新的生态垦区作补偿），并对新形成的人工河湖，要尽量使其形成类似原始河流所拥有的生物群落。能达到这一目标的，即为自然化的河湖，这样的水利工程就是人化自然河湖。现代水利工作者，一方面必须清醒地认识到历史上水利活动给生态带来的负面影响；另一方面也应该了解，当人类一旦觉悟到生态失衡后，是可以用自己的智慧，创造出人化自然的河湖来的。但是，这还不够，由于人类经济社会的发展，对水的无形功能又产生了巨大的需求，因此，水利工作者仅仅去创造出人化自然的河湖，还远远不够。必须在此前提下，同时创造出既是自然的，也是风景的，能给人产生美感、能让人欣赏、能让人留下赞叹等有人文感应的河湖，这才是水利工作者应追求的现代水利之目标。2390多年前，希腊哲学家亚里士多德就提出："城市，让生活更美好。"生活在地球上的人类，对生活的追求，不仅要有物质上的更好，还要有精神上的更美。几千年来，特别是新中国建立以来直至改革开放以前，我国的水利工程应该说是越做越多，也越做越好，但却未能越做越美。没有美，就没有景。不管从规划到设计，从图纸到实物，以前都是十分重视多、快、好、省，就是不谈美。现在不同了，不管在城市建设还是新农村建设中，美与好的要求同时被提了出来，城市与乡村都提出了要建设美好家园。面对要建设的美好家园，我们就必须要在"美"字上大做文章，更要在"水美"上做大文章。这样，摆在水利工作者面前，就有一门新学科要去研究，这门学科就是《水工程美学》（其中包括土工程美学）。《水工程美学》是研究水、土工结构及水周边的地物、地貌之序列结构和研究这一序列的形体、光影、声响、色彩的最优配置。使水利工程能做成形、景兼备，能使人触景生情、由情参理的水、土工构造物的一门学问。在建设和修复河湖的过程中，必须进行有关水工美学研究，才能将兴建和修复的河湖（即水利工程）打造成美丽的水利风景区。

3. 让自然注入文化——水利工程文化的挖掘与建设

我国从2004年颁发《水利风景区管理办法》及《水利风景区评价标准》以来，已有518个水利风景区被评为国家水利风景区，形势喜人。但就我国960万平方公里的大地上，具有"三山、六水、一分田"的水面比例，仅有这么一点国家水利风景区还是不够的，这就需要我们去挖掘和建设。首先，要挖掘水利工程的文化。各级水利部门首先要了解自己所管辖的水域及水利工程中自然资源的状况，特别是要用文化的视角去观察、感受和体验，千万不能"不识庐山真面目，只缘身在此山中"。而且，要查找和挖掘相关历史文献，了解当地民间传说，尽量为自然水资源注入灵魂，并按部颁标准配齐开发利用条件，把我国水利工程的风景资源充分挖掘出来，为改革开放服务，为发展地方旅游事业和当地休闲事业服务；其次是打造或建设国家水利风景区。不管是国家，还是地方，凡搞水利建设就要同时确立将水利工程打造为水利风景区的目标，使水利工程的功能做到有形和无形并重。具体要抓好两个方面的工作：一是要把水利风景区列入水利总体规划。在一个流域、一个地域搞水利总体规划时，就要把水利工程同时打造成风景区的计划纳入规划中。二是抓文化工程要与水工工程同步推进。泰州 2003 年新开挖的凤凰河工程就是按以上两个方面的要求推进的。凤凰河工程竣工后不到两年，经过验收评审，于 2007 年 9 月 4 日被水利部批准为国家水利风景区。对此河的建成，不管是泰州社会文化人士或广大市民，评价都很高。近期，泰州城市区划进行了调整，泰州市水文化研究咨询小组建议，新一轮的水系规划要对其九横、九纵骨干水系的名称及对每条河道注入什么内涵的文化都应列入研究和编列之中，并已初步形成《抢抓区划调整机遇 加快构建泰州大水城》的研究成果，如果今后对泰州的骨干河道都能按此成果的理念进行规划、设计，并锲而不舍地对河道中的各项水利工程建设注入各自的主题文化内涵，逐步使这 18 条骨干河道都建成为有形功能与无形功能并重的河道，届时，整个泰州城市将会成为一个特大型的水利风景区，抑或还可提升成为"水利风景城市"。

4. 让文化凸显自然——水利风景区的管理和宣传

水利风景区获批后的管理，《水利风景区管理办法》第四章已写得很清楚。另外，对水利风景区建成后的解读和宣传也是至关重要的事。要使水利风景区发挥更大的作用，就得在解读上下工夫。一是对文化工程的题款或题记；二是撰写文化工程的解读、赏析或评价文章。要通过这些文字、信息来激发和传输从风景区的景观和到风景区观光、游览、休闲、娱乐、度假、科研以及工作的人之间的感应。水利风景区还应在报纸、刊物、广播、电视上强化宣传。在现代，多元产品的市场经济时代，"酒好也怕巷子深"，要让旅游市场了解你，要让文化市场容纳你，才会产生更大的效益或效应。即使是自然风景区，也要让更多的人有情趣来感受这自然的风光，特别要组织一些文化界、艺术界、摄影界、影视界的知名人士来体验风景区的风光，留下他们与风景区相关联的佳作，用这些人的文化来进一步凸显自然，使这些精品文化成为自然风景区永恒的灵魂。

（五）打造水利风景区是人对水的精神需求

1. "玩水"是人类本能性水精神需求

人类对自然利用的进程，"有意识的功利观点来看待事物，往往是先于以审美的观点来看待事物的"。我国古代人们对自然美的认识，开始也是以功利为出发点的。例如《说文解字》对"美"字的解释"美，甘也，从羊，从大。羊在六畜，主给膳也，美与善同义"。人们先是认为好吃的和大的就是美。随着人类社会经济的发展,"人类已经开始摆脱直接的物质功利性,而代之了较为高级的精神功利性了",对美的认识也就引申到了"美与善同义",形成了"夫水者,君子比德焉"的对水的认识,在意识形态方面有了质的升华。例如,范仲淹就用"云山苍苍,江水泱泱,先生之风,高山水长"的以水比德的文字赞美严子陵,形成了人与自然同形、同构的感应交流。这种感应交流,从远古至现代又客观地存在于能从大自然中得到精神感应的智慧和知识人群里。从诗经的"关关雎鸠,在河之洲"到孔子的"智者乐水,仁者乐山",从王维的"言入黄花川,每逐青溪水"到宋释道原所录文偃禅师的"游山玩水去",从沈从文的"年纪六岁七岁时节,……大家于是脱光了身子……向河水中跃去"到季羡林的"我抬眼四望,唯见青螺数点,微痕一抹,出没于烟雨迷蒙中",可以看到人类亲水、乐水、喜欢、欣赏水的本能和人类社会精神上对水的客观需求。

2. 水利风景区建设是现代人类文明新的水需求

根据社会、经济、文化发展的情况,国家于2009年及时提出了要把旅游作为"战略性支柱产业"来发展,要求旅游要与文化、水利等部门"融合发展",打造新的旅游"消费热点",通过旅游产生基本不消耗物质资源的对文化、对水的精神消费,进而形成国家社会经济发展新动力。从水利的角度,就是建设能为旅游服务的水利工程,也就是要建设水利风景区。

3. 水景观是水工程功能的拓展

风景是指人们欣赏的风光和景物,较多地存在于山水之间,水又是大自然中最丰富多彩、绮丽多姿、变幻无穷的物质。水不仅可供人们饮用、灌溉、航运,还可给人以美的享受和愉悦;当然,也能给人们以震撼悲悯和其他感受。历史上人们对水的欣赏多以水的自然风光为主。但是由于从鲧、禹治水至今已有四千多年,受人类的影响,自然界不断地被"人化",人类自己也不断地被"化人"所改变。时至今日,因"水利文明"的强力推进,造成了从未受到人类活动影响的纯天然的自然水景所剩无几,更多的涉水区域已变成水利工程和人化自然了。但人类对可供人类欣赏、游览的风景区的需求,却与日俱增。旅游、观光、休闲在我国古已有之,新中国成立前,一般多集中在少数王公贵族、士大夫及文人雅士等有闲阶层。建国后,直至改革开放前,国家从积贫积弱中逐渐复苏,国家需要恢复生产,人民需要解决温饱,对这方面的需求并不突出。改革开放后,我国生产力得到极大解放,从温饱迈向小康的地域越来越大,人口越来越多,旅游、观光、休闲已成为人们的一种时尚和经济现象,成为人们追求生活质量的新标识,也成为个人消费的新构成。在国外,特别是一些发达国家用于旅游、观光、休闲的消费已占全部消费的三分之一,美国每年这方面的消费已超过1万亿美元。有喜爱和消费的群体,就要有为其服务和消费产品的提供,人们对以水景为主的风景区给予了更大的关注和热情，这就决定了水利功能必须外延和拓展到水利风景区的建设和管理上来，为人们日益发展的水精神消费需求提供更多、更美的水精神消费品——水利风景区。

二、提供旅游休闲的必要设施

水利风景区要满足游人的吃、住、行、游、购、娱的需求。服务设施需要设置导游设施、餐饮接待设施、住宿设施、购物设施、医疗救护设施、安全防护设施、游乐设施、交通设施。

导游设施指问询、导游、解说、介绍等设施，区内标牌指示应简单明确，应有足够数量浅显易懂的文字资料随时分发。

餐饮接待设施应能满足一般游人餐饮的需要，餐饮座位数量的确定应保证顾客的等待时间不致过长；住宿设施应与客流量相匹配，设施档次应照顾各类游客的不同需要；购物设施布局应合理，大、中、小商场应比例适中，能满足游客购物需求；医疗救护设置应满足紧急救护的基本需求，医疗设施和医护人员的配置应和景区、游客的规模相匹配；安全防护设施主要指景区中安全护栏、护网等设置、消防设施、疏散通道，应结构合理、安全有效、覆盖面广；游乐设施能吸引儿童和游人，融教育、健身、趣味于一体；交通设施是水利风景区开发、利用及可持续发展至关重要的因素。区外交通应具备对景区的可进入性，高速公路，一、二级公路可直达或有交通专线（站点）；区内交通的线路布局合理及通行便利，陆路应硬化、平整、便利，水路是应顺畅安全，交通标识的布局合理；景区中必须设置一定的停车场或专用码头，且布局合理，方便游人。

整合了参观、游览、餐饮、住宿、娱乐、购物、会展等一系列高品质服务，游客们的一切需求在综合体的空间架构内都能得到满足，越来越多的人也愿意选择驻留在综合体内。大力发展美食、茶楼、疗养、休养、演艺、保健、运动、休闲、工艺、美术等十大与旅游产业息息相关的潜力行业，从观光经济到休闲经济，从旅游城市到城市旅游，从游客宜游到市民宜居，不断提升水工程文化旅游的品位与档次。

三、申报国家或省水利风景区

为科学合理地开发利用和保护水利风景资源，水利部于 2001 年 7 月成立了水利部水利风景区评审委员会。2004 年 5 月 8 日颁布实施《水利风景区管理办法》，2004 年 8 月 1 日施行行业标准《水利风景区评价标准》。《水利风景区评价标准》是为加强水生态环境保护,科学、合理利用水利风景资源,促进人与自然和谐相处,规范水利风景区的建设、利用、保护和管理,科学评价水利风景区质量而制定的。水利风景区评价内容包括风景资源评价、环境保护质量评价、开发利用条件评价、管理评价等。

风景资源评价包括对水利风景区的水文景观、地文景观、天象景观、生物景观、工程景观、文化景观及其组合的评价。环境保护质量评价包括对水利风景区的水环境质量、水土保持质量和生态环境质量的评价。开发利用条件评价包括对水利风景区的区位条件、交通条件、基础设施、服务设施、游乐设施和环境容量的评价。管理评价包括对水利风景区的景区规划、管理体系、资源管理、安全管理、卫生管理和服务管理的评价。

评价方法:水利风景区评价的赋分权重以总分为200分计。各项评价内容赋分权值分别为:风景资源评价80分、环境保护质量评价40分、开发利用条件评价40分、管理评价40分。总体评价分应按下列公式计算:总体评价分 = 风景资源评价分 + 环境保护质量评价分 + 开发利用条件评价分 + 管理评价分,总体评价分不少于150分的风景区可评定为"国家水利风景区"、总体评价分为120～149分的风景区可评定为"省水利风景区"。

申报水利景区的类型可分为:水库湖泊型、沿江沿河型、滨海湿地型、滨水湖荡型、城市河湖型、灌区水道型等6种类型。

目前申报国家水利风景区的景区单位,存在的主要问题是:景区价值缺乏深刻认识、景区规划缺乏科学意识、景区建设缺乏文化内涵、景区旅游项目缺乏特色、景区缺乏持续有效管理。为有效地解决这些问题,应在下述环节下大力气。

加强水利风景资源特别是水文化资源的挖掘,为提高景区品位以及传承、弘扬水文化奠定基础;加强水利风景区规划中的水生态水环境保护,树立正确的水文化理念;加强各种资源的整合,突出水文化元素,提高水利风景区品位;加大宣传力度,扩大水利风景区的影响力;重视水利旅游的开发建设,拓宽投融资渠道;利用人的亲水性搞好旅游假日经济,加快休闲式水利旅游风景区的建设;拓宽各种有效途径,开展水文化的立体传播。

在水利风景区展示水文化的途径很多,主要体现在以下方面:风景区景观展示水文化,利用景观水文化教育传播水文化,建设亲水设施传播水文化,设计旅游纪念品传播水文化的等等。突出水文化元素、传播水文化,能够提高水利风景区的品位,增加其社会、经济和环境效益。水利风景区是传播和传承水文化的重要载体;利用具体景观主动开展水文化传播。水文化的传播可以通过景点知识介绍、传说的讲述、建立景区博物馆等等手段；建设亲水设施增进水文化传播如亲水平台、亲水广场等；设计高品位的旅游纪念品延伸水文化传播。

第五节　水工程文化的综合性开发

一、文化水工程的品位、品赏、品牌

对历史水工程文化的综合开发时，我们将会遇到"三品"：品位、品牌、品赏。品位促成水工程文化精品，品牌形成水工程文化产业，品赏构成水工程文化需求和构建水工程文化市场。有人去欣赏、品味水工程文化，有人去消费、研究水工程文化，这就是水工程文化市场。水工程文化市场需要培育和开发，水工程综合性开发包括：水工程文化消费心理及需求的培养；水工程文化精品的打造；水工程文化产业链的创建；水工程文化市场的开拓。

（一）品位

1. 品位的二重性

品位原指矿石中有用元素或它的化合物含量的百分率，含量的百分率越大，品位越高，据此可以确定矿石为富矿或贫矿。水工程文化品位，一指水工程中文化内容的水准、档次的高低、内涵的文野之分；二指水工程形象审美客体的艺术档次与格调之分。文化学界把文化品位分为日常生活品位、艺术审美品位、价值理解品位三个层次。日常生活品位系通俗、普及层次，后两种属提高层次。品位要靠人们通过品味去鉴定，品位是指人们对事物分辨与鉴赏的能力，文化的品位就是指一个人对意识形态所创造的精神财富的分辨和鉴赏的能力。这样，品位高低又不仅仅决定于水工程文化载体有高质量的文化内涵，还决定于水工程文化受众——决策者、使用者、管理者及游客对水文化的知识素养、知识储备、欣赏水平和消费心理。品位往往会受品赏水工程文化审美主体的体会、鉴赏的能力高低得到不同的评价。

2. 以人为本的唯一性

水利景区的文化品位应具备以下特性：穿越时空，定位明确，要素显现，风格淳朴，建筑大气，个性鲜明，独特创新。

纵观国内水景观和以水为亮点的地产项目，几乎都在引水、植草、种树、造景，有些景观苍白无力，千景一面。必须追求景观的唯一性，所谓"民族的才是世界的"就是要强调个性，才能创造出有生命力的水景观。

品位最终要由人来品评水工程文化、品评水景观，这就需要使水工程具有"以人为本"的亲和力——做到能引人入胜、动人心弦、发人深省、惠人以久。

打造水景观要"以人为本"体现在水利景观规划中，就是要注重"四人"：有"形"无"景"，不引人，由"形"构"景"，方能引人入胜；有"景"无"情"，不动人，触景生情，方能动人心弦；有"情"无"理"，不度人，由"情"参"理"，方能发人深省；有"理"无"市"，不惠人，市场开拓，方具可持续性，方能惠人以久。

若景观分上、中、下三品，那么，一般仅植草、种树、理水、叠山的景观是下品；能"引人入胜"达到"悦目"的景观是中品；既"引人入胜"又"动人心弦"达到既"悦目"又能"赏心"的景观是上品；始而"引人入胜"、继而"动人心弦"、终而达到"寓游于教"之"发人深省"的景观则是极品。

都江堰是水工程文化的极品，具有气韵生动，大巧若拙，知雄守雌，归返朴真。历史厚重，哲理深邃，文脉悠长，穿透时空。三峡工程为水工程文化的画品，横空出世，气势磅礴，天地与立，神化攸同。现代科技，水驰电掣，云蒸龙变，造化在我。都江堰、三峡水利枢纽都是大工程，达到极品效果，小工程只要认真打造，同样可达这一效果。泰州市凤凰河百水园的游人翁振权，在2007 年 3 月 30 日《泰州晚报》所载《百水园游思》中写道："读这些石刻，你会感到警醒，感到启发，感到怡悦；读这些石刻，你不由对古今仁人的水之情深深慨叹，对生活中的点滴之水也想到节约，对江河湖汊之污染感到担心，对蓝天之下的绿水倍加珍爱……"凤凰河工程的百水园的建设，也起到了"发人深省"的效果。

（二）品味与品赏

品味，顾名思义，品是品尝，味是味道，通俗说就是品尝食品的味道。而对非食品的其他物及水工程之品味则要延伸理解为：品，指人品、品质、品德，味是趣味、体味、回味。品味还指一个人的品质，趣味，情操和修养。如果说品位是指水工程文化的档次和格调，那么品味就是指人对水工程文化的鉴赏、玩味、品尝等。

对生活不同的感受和态度体现出一个人品味的高低。品味高的人，生活优雅、精致、有情趣、有格调、有追求、有意义；品味低的人生活粗鲁、低俗、愚昧、无聊。

提高品位就是要提高修养。第一是品格的修养，第二是文化艺术的修养。品格的修养，能从内在提高一个人的品位。如果一个人的品格高尚、正直、正义、宽容、有爱心、有责任感、进取、勤奋、豁达等等，那么这个人品位表现的格致自然是高的。品格的修养能体现品味中的"高"字；而文化艺术的修养，则体现品味中的是一个"雅"字，所谓高雅是也。

有品位的水工程文化精品自然会有人去品赏、去品味，这样的水工程文化才会有消费，才能形成水工程文化市场。水工程文化市场的形成应包括：水工程文化精品的打造、水工程文化产业链的创建、水工程文化消费心理、消费需求的培养、水工程文化市场的开拓等几个方面。

（三）品牌

品者，口口相传也，顾名思义，口口相传的牌子才称得上品牌。

品牌是给拥有者带来溢价、产生增值的一种无形的资产。它的载体是用以和其他竞争者的产品或劳务相区分的名称、术语、象征、记号或者设计及其组合，增值的源泉来自于消费者心智中形成的关于其载体的印象。

品牌是产品或企业核心价值的体现，品牌是识别商品的分辨器，品牌是质量和信誉的保证，品牌是"摇钱树"。品牌是无形资产，不具有独立的实体，不占有空间。但是，品牌必须有物质载体，需要通过一系列的物质载体来表现自己，使品牌有形式化。品牌的直接载体主要是文字、图案和符号，这就是文化内涵；间接载体主要有产品的质量，产品服务、知名度、美誉度、市场占有率。没有物质载体，品牌就无法表现出来，更不可能达到品牌的整体传播效果。

品牌文化是社会物质财富和精神财富在品牌中的凝结，是文化特质在品牌中的沉积，是消费心理和价值取向的高度融合。品牌文化意味着品牌的个性差异，品牌文化意味着品牌的竞争优势，品牌文化意味着品牌的超凡魅力，品牌文化意味着品牌的生命，品牌文化是品牌的人格化，品牌文化是一个调研、整理、取舍、提炼与提升的科学过程，是一个提高品牌核心竞争力的过程，是一个与品牌共同成长的过程。

树品牌、创名牌是企业在市场竞争的条件下逐渐形成的共识，人们希望通过品牌对产品、企业加以区别，通过品牌形成品牌追随，通过品牌扩展市场。品牌，特别是名牌的出现，使用户形成了一定程度的忠诚度、信任度、追随度。品牌以质量取胜，品牌常附有文化，情感内涵，所以品牌给产品增加了附加值。同时，品牌有一定的信任度、追随度，企业可以为品牌制定相对较高的价格，获得较高的利润。

水工程文化的品牌就是以经典的、高文化含量的、高艺术品位的水工程为核心所形成的与之相关连的水工程文化产业。

1. 精品与品位

文化精品就是一个国家、地区和城市文化发展，甚至是经济社会发展的标志。文化精品也是文化影响力和竞争力的集中体现。人类文化交流的历史表明，各种不同文化的相互交流和影响主要是通过文化精品来进行的。一部人类文化的交流史，实际上就是不同的文化精品对不同文化的人们产生感召力、吸引力和引导力的历史。文化精品密切了人类之间的联系，加深了各民族之间的相互理解，促进人类进步事业和世界和平的发展。文化精品是民族的精神食粮，也是民族的文化基因。文化精品是文化自觉的产物，也是文化自信的依托和表现。文化精品是文化的精髓，它能够反映时代的精神，引导和帮助人们形成正确的价值取向，团结并鼓舞人民创造新的生活。

文化的发展以文化精品为支撑，文化的繁荣以文化精品为代表，文化的竞争是文化精品的竞争。打造文化精品，必须以文化资源为依托，应深入挖掘历史、人文、等文化资源，系统梳理文化脉络；文化发展的本质是创新，创意、创造、创新，是文化精品的魅力所在；文化精品和群众性文化事业是紧密联系、相互依存的；文化精品是文化产业发展壮大的核心要素，文化产业是生产文化精品的有力支撑。因此，必须通过发展文化产业推动文化精品的生产，再通过延伸产业链条将文化精品推向市场，赢得观众。

品位是文化的一种行为表现模式，观众的文化水准层次通过其品位来体现，利用塑造高品位的精品水文化工程这种显性方式，才能吸引更多的高素质有品位的人群来欣赏。因此，必须通过打造高品位的水工程文化，精品方能实现。

《大河秀典》

用精品创品牌，向品牌要精品。《大河秀典》是黄河文化的精品，是中原首部演绎5000年华夏文明与中原文化的大型全景演出。整体结构分为《河之灵》《河之华》《河之情》《河之荣》等四大篇章，演绎了华夏文明神秘起源、恢弘发展和辉煌篇章，突出强化独特的大河文明文化特色和浓郁的中原风情。"河之灵"：轩辕黄帝肇人文，太极易经论哲理，红焰青铜铸巨鼎;"河之华"金戈铁马花木兰,龙门伎乐飞天籁;"河之情":清明上河三月三,蝶舞天际梁祝情,功夫盖世少林僧;"河之荣":牡丹艳芳颂新世,龙翔天宇舞辉煌。

大河秀典演出以时间为主线,从"盘古开天地"—"轩辕皇帝肇人文"—"花木兰替父从军"—北宋"清明上河图"—"梁祝化蝶"—"少林古寺"到今日的"百家姓",《大河秀典》以舞台艺术的手法全面、鲜活地展现了中原华夏5000年的历史文化。

《大河秀典》以浮现5000年中原文明史的璀璨片段为内容,以纷呈百余种全息舞台感官激赏为体验,以回拜河南的宗族历史与基因脉络为精神内核,以全息、立体的全新表现方式释放河南作为文化大省的无穷魅力。在表现形式上和技术运用上,改变了传统舞台平面空间的二维性和封闭、单一表现形式,开拓了全国旅游演艺的崭新境界。借助现代舞台工业的最新前沿技术,集合声、光、电、气息、味道、水幕、背景、道具、舞台、特效等超多元手段,将整个剧目进行完全立体编排,实现舞台、演员、观众的完全融合和统一,全面调动和满足受众视觉、听觉、嗅觉、触觉等多种人体感受,带给观众前所未有的立体化全息感受,让观众在"无穷无尽"变化中领略到独特而又多姿多彩的梦幻"秀"的神奇之感。

该剧目虽以大河为名,演绎的却是中原文化,虽然似有展示黄河文明的内涵,但未能真正运用黄河的涉水文化为主线,也未曾以水利工程为实体背景,似有文不对题之嫌,希望黄河流域的著名水利工程如小浪底等管理单位,借鉴此剧,整合各方面资源,精心规划、精心设计,定能像三峡、都江堰那样尽早拿出演绎黄河的水工程文化精品。

2. 品位与品牌

任何定位成功的品牌,都有一个共同的特性,即以一种始终如一的形式,将品牌准确地转化为目标受众对于这个品牌的心理认知。品牌经营,是一种核心的信念,必须反映出这个品牌的个性,体现出这个品牌为受众所接受的元素,而且是一个通过品牌实力的积累和长期的锻造最终形成品牌优势的过程,从而以此为主导,来关联、带动、组合其他资源和资本。通过品牌升级,使之符合时代的节拍,让品牌保持新鲜感、吸引力和高水平的沟通能力,从而让品牌焕发出新的生命活力,是品牌能够持续发展的关键。

水工程文化产业必须树立品牌意识,打造水工程文化经济品牌。一个好的工程枢纽,应该说就是一个好的品牌支点。水工程品牌定位,应具有穿透力、生命力、发展力。一要有丰富文化的内涵,超越时空的穿透力。二要有鲜明的特色、个性,在抓好自身特点上寻求发展的突破点、创新点,才有特色,才有优势。有特色才有水利的发展,有特色才有竞争力,有特色才有品位,有品位才能有水文化产业的成效、成果、成功。人无我有，人有我新，人新我精，使别人无法复制，独特性、唯一性，才能造就旺盛的、永久的生命力。三要最大限度满足目标受众的文化需求和心理需求，受到群众的喜爱，方具有可持续的发展力。都江堰是水利文化产业最成功的品牌，饱经历史沧桑和对中华民族的贡献，使其既具有历史文化的内涵品位，又成为享有很高知名度的品牌。

品牌定位的弊病通常是：趋同、过宽、过窄、过浅，这些弊病是品牌的大忌。定位趋同完全没有个性，品牌就立不住；定位过宽迷失方向，进退失据，品牌就认不清；定位过窄限制自身的受众，失去市场，品牌就叫不响；定位过浅没有深刻的文化内涵，难以持久，品牌就活不久。

3. 品牌与宣传

水工程文化品牌的形成，会给一个地区的生活方式、生活质量带来影响。水工程文化品牌是地区精神，是地区形象，是地区联系的载体、平台，更是一个地区发展水平的窗口。

一个有品位的产品，要成为品牌，必须经过宣传和包装，甚至还要适度的推广。从宣传到包装，再到推广，反映的是物质的丰富，思想的多元，文明的发展，是一种自由，是一种进步。包装的核心是品牌的建立、巩固和营销传播。在商品交换中，无论对于买者，还是对于卖者，最重要的问题是对商品价值的认识和判断。包装是产品内在质量的外部展现，同样也是产品质量进一步提高，炒作则是产品立体的全方位的无形包装。炒作和包装，实际上就是产品在市场上的体现、宣传，乃至提高价值的最常见的有效手段。炒作和包装越来越受到人们的青睐，这是我们的生活在逐步从计划经济进入到市场经济的一种表现。

在市场经济条件下，"好酒不怕巷子深"的观念需要更新，影视作品虽说"好坏最终是观众说了算"，但首先得把观众吸引到影剧院或电视机前，激发他们的观赏欲望。推广一定要有卖点，考虑消费者的需求，即对消费者需求的一种预设，在某方面迎合消费者，对消费者有所许诺，这是推广成功的先决条件。

在商品交换中，无论对于买者，还是对于卖者，最重要的问题是对商品价值的认识和判断。而推广和包装，就是体现、宣传，乃至提高价值的最常见的有效手段。一般人认为卖者才需要推广和包装。这是确实的，卖者要把自己的商品推销出去，肯定是要挖空心思去推广和包装的。但推广和包装对于买者也是需要的。买者面对诸多的卖者，消费者面对林林总总的商品海洋，如何进行选择，是最难的课题。再加上他们的时间有限，知识有限，很需要有人向他们宣传介绍。推广和包装，恰恰满足了他们这方面的需求。没有推广和包装，不仅将失去市场经济生动活泼的局面，而且也会影响市场交换的广度、深度和速度。

推广和包装必然是卖者的推销和买者选择的结合与吻合,一方面要研究透所要推广和包装的对象(商品、项目、企业)的特性;一方面要研究透市场的需求,不仅是一般的需求,还要了解细化的需求。

水工程文化品牌的宣传应正确运用市场手段推广与包装,以水工程品牌带动水利经济的发展,使之成为经济发展新的"增长点",将为解决部分就业问题提供直接渠道,水文化品牌将给一个地区带来人气、财气、运气。

二、水工程衍生的文化项目

水工程衍生的文化项目实际上是水工程文化项目策划。所谓衍生品是指从原生事物中派生出来的事物,如豆浆就可以称为大豆的衍生品。金融衍生品是指过去传统的金融业务中派生出来的交易形态。它是从现代人们的生产生活中的思维方式、生产方式中派生出来的文化经济形态。文化衍生品是蕴含固有文化特征,对其文化延伸,富有纪念价值的文化产品。文化产品的研发要有一定的故事性、趣味性。文化产品的研发要大众化、实用性、产品的研发要种类丰富能满足不同群体,尤其是对于中小学生团体,产品要起到教育作用。

将文化符号创造性地转化为艺术符号。文物及文化遗存体现的是历史文化的风韵与魅力,具有区域特性和时间特性。地方博物馆的文化衍生品开发不能简单地通过对文物标本和文化遗存的实体进行简单的影像反映与实体复制进行开发,必须将文化衍生本体的文化精神浓缩为文化符号,并通过艺术创造,将其转化为更易为人们接受、鉴赏的艺术符号。文物及文化遗存体现的是历史文化的风韵与魅力,具有区域特性和时间特性是将文化精神创造性地与时尚元素结合。文化衍生品开发面向的是各类公众,在考虑年龄层面的因素时,必须将喜欢时尚的年轻人作为重点客户群体进行培养。因此,衍生品的开发要考虑时尚元素。

依据开发衍生产品,拓展文化产业链条,全方位开发水工程文化作品的衍生产品,提高其附加值,拉长其产业链条,是水工程文化产品走文化产业之路的重要环节。因此,衍生产品所带来的利润在创造循环的过程中确实起到了一种推动作用。这样一种获得利润的手段也比单一依靠文化产品来获得利润要更加有效,而新鲜、健康的文化产品也能凭借这一利润来源被更大量的制造出来,从而推动文化产业的发展,丰富人类的精神生活。文化产业对经济的拉动力来自两个巨大的引擎,一是文化产品本身的市场交易,二是文化衍生产品。

如果说本生态是非物质文化遗产的存在根据,是基础的,那么衍生态则是非物质文化遗产的发展与创新,是非物质文化遗产生命活动的体现,二者相辅相成,离开本生的衍生是不存在的,同样没有衍生的本生也是不存在的。把握衍生态是非物质文化遗产发展和创新的基础,认识衍生态是发展和开发的前提。

本生态与衍生态是非物质文化遗产的一体两翼,非物质文化遗产的本生态与衍生态是非物质文化遗产的两个侧面,它们共同构成非物质文化遗产的生态。本生态侧重于非物质文化遗产生态中时空稳定的、体现本质的生态,是传承中必须坚持的部分。衍生态是非物质文化遗产中时空变化的、衍生的部分,是间接反映本质的部分,这是在传承非物质文化遗产时对其进行发展的部分。

资源转化为产品的途径是策划,水工程文化资源转化为水工程文化产品的途径是水文化项目策划,以水文化融入与氛围营造的手段或者水工程文化项目(如水工程文化主题公园、水工程山水实景演出作品等)的建设,把厚重的水工程文化转化为轻松的、大众化的、可体验的水工程文化产品,达到宣传水文化的目的。精品水工程文化项目策划可分为准备、调研、分析、设计、推广五个阶段。

水工程文化项目的策划,是指以水工程为载体的文化为依托,联系良好的网络关系,弘扬水工程为载体的水文化,研究并实施实现其市场价值的谋略。它又具体分为水文化产品定位、市场营销、水文化产业布局、水文化产业链构成等环节。水工程文化项目策划应考虑社会性、创造性、时效性、超前性和功利性。所谓社会性是指它的社会效益,只有具备社会性,才能为更多的受众所接受;创新性是指策划必须要有创造性的新思路、新创意、新办法;时效性是指充分考虑民俗、民情、传统、节日的时间的规定;超前性是指必须预测未来行为的影响及其结果,必须对未来的各种发展、变化的趋势进行预测,必须对所策划的结果进行事前、事后评估;功利性即指策划能给业主方带来经济上的满足或愉悦。

三、构建水工程文化产业链

(一)意义、概念和方法

发展文化产业,提高文化产业竞争力是全面提升国家竞争力的必然要求。提高国家文化产业的竞争力具有双重意义:一方面文化产业竞争力状况反映了一个国家的经济实力,科技水平和创新能力;另一方面,文化产业竞争力也是一种文化影响力和精神控制力。

产业链是由一个主导产业与其相关产业共同组成的一个产业系统。价值链则是企业进行的设计、生产、营销、交货以及对产品起辅助作用的各种活动。一系列价值链共同组成了价值系统，价值链生成价值，而产业链则扩展了价值。

文化产业链是主导文化产业及其相关文化产业所构成的文化产业群。文化产业链设计的目的是：最大化文化产品的内在价值，把一种成功的文化产品嫁接到其他相关文化产品上。文化产业链有三种类型：一是向上关联，指某一产业的发展与变化引起其上游产业的变动效应，如播出与制作的关系；二是向下关联，指某一产业的发展与变化引起其下游产业的变动效应，如作品与产品的关系；三是横向关联，即以主导品牌产品为基础，开发系列相关产品和服务。

目前文化产业链中存在的主要问题是：政府补贴、扶持较多，民间资本介入还较少，产业链远未激活；核心业务没有做强，产业链配套能力较差；增"规模"而不增"效益"，产业核心竞争力较弱。

要走出误区，水工程文化产业链的设计应遵循以下原则：充分利用本地水工程文化资源，培育优势文化产业；塑造文化品牌，适当积聚，发挥聚集效应；重视产品创新、技术创新和观念创新，把内容原创作为产业的核心竞争力；做好定位，将合理开发与有效保护结合起来；打破体制壁垒，推动产业联动与融合；形成水工程文化产业集聚，实行差异化、集群化发展。

打造水工程文化产业园，入园的企业都将成为产业链中的一个环节，既不能过多重复，也不能在某个环节上"断链"。能否符合规划要求，将成为一个产业的重点考核指标之一。力争引进国外的一批大型文化产业落户园区，打造出一种"多龙聚首"的水工程文化产业格局。

以产业公司的形式，打破部门所有和行业界限，让新的水工程文化产业形态不断产生，实现经济和社会效益双赢。水工程文化旅游，已经成为当代世界文化产业发展的新潮流。要打破行政划分，整合水工程义化旅游资源，创新促销方式，提高在海内外的知名度，搭建水工程文化旅游网络，充分发挥旅游企业的专业与市场优势；开发创意产业，形成组合拳，做大产业蛋糕；还要与高校合作，在充分利用现代高科技手段保护文物的同时，开发水工程文化数字创意产业领域，科技教育介入水工程文化产业发展，为文化产业提供科技支撑。开发数字博物馆、数字影院、动漫等衍生产品，做大水工程文化产业，使水工程文化产业链无限延伸。

（二）案例

1. 水工程文化产业园实施案例——苏州工业园

苏州工业园以三湖为规划根本，金鸡湖谐意为经济湖，是金融商贸集聚区；阳澄湖谐意为养生

阳澄湖（沈井韦 摄）

湖，是休闲旅假集聚区；独墅湖谐意为读书湖，是科教创新集聚区。

金鸡湖位于"园区"中部，西距苏州古城约4千米，水域面积7.38平方千米，比著名的杭州西湖还大1.88平方千米，是苏州工业园区新城市景观的重要组成部分，也是苏州市总体规划中最大的市内景观区。

金鸡湖环湖景观由美国一家著名的景观设计公司与苏州本土设计院联合规划设计。该设计整体性突出，景观特色鲜明，在环湖设置了城市广场(世纪广场)、滨湖大道、水巷邻里、望湖角、金姬墩、文化水廊、玲珑湾、波心岛等8个各具特色的区域，规划总面积为11.38平方千米，2003年度获得了美国景观设计师协会（ASLA）优秀设计奖。

金鸡湖景观设计的核心内涵有二：一是表现苏州古城的历史文化内涵，二是力挺一个现代化国际都市的建设目标。景观设计在尊重苏州传统历史文脉的基础上，将旧城与新城、商业与娱乐、生活与教育功能结合起来，在苏州的新城与旧城之间建立连接过去与未来、艺术与建筑、山体与水体、城与乡、本土与世界的象征性链接。

金鸡湖中的李公堤

东西方景观设计特色的融合与共生，金鸡湖区的景观设计在继承传统小型尺度的私家古典园林精髓的基础上引进西方园林景观建筑技艺，注重现代与传统的融合，体现地方色彩与现代景观的和谐。在金鸡湖设计中，选用了苏州传统园林中卵石小径或石板铺地等传统元素，现代感十足的平面纹样，传达出浓浓的苏州传统信息。

金鸡湖的景观设计突出环境优先原则，遵循"斑块·廊道·基质"模式：①湿地斑块——芦苇荡，位于波心岛与北岸陆地相连处，用于净化水质；②自然植物斑块——望湖角，用于保护本地植物及鸟类；③湖滨大道——位于湖西人工坡地绿化公园；④金鸡湖面——用于鱼类、水生鸟类、水生植物的保护。建立的廊道为：①水面，同时又是一个巨大的廊道，以联系各主要斑块；②道路系统，沿湖有较稠密的车行、步行系统，是连接相邻斑块的一些线性走廊。

金鸡湖不仅是苏州的重要城市资源,更是苏州工业园区的灵魂所在。园区以约占苏州市 3.5% 的土地、5% 的人口、7% 的工业用电量以及 1% 的二氧化硫排放量和 2% 的 COD 排放量,创造了全市 15% 左右的 GDP,金鸡湖及周边人气商气不断积聚,环金鸡湖商圈初现雏形,世界 500 强入住苏州工业园就有 53 家,优美的生态环境成就良好的投资环境,凸显经济价值。

一到夜晚,四处的灯火把金鸡湖变成了璀璨的水上天堂。现代湖滨景观、科文中心等现代建筑为代表的高水准自然和人文景观。园区的夜色,最美还是李公堤,流光溢彩,浪漫迷人,成为集高端特色餐饮娱乐、观光休闲为一体的国际性风情商业水街。逢周末节庆,还可以欣赏到城市广场旁边的音乐喷泉和水幕电影,随着动感的音乐,高达 108 米的宽阔水柱直冲天幕,伴着万紫千红的烟火在夜空中绽放。1 月 16 日刚刚开业的圆融时代广场,500 米巨型神奇天幕、空中连廊、水雾广场……圆融时代广场成为苏州市域 CBD 最繁华的商业中心。

2. 扬州水工程文化产业园规划案例

水工程文化产业园的机遇是扬州的水文化资源优势,运河"申遗"、上海世博会、国家南水北调东线工程,诸多天时、地利因素使扬州形成文化产业高地。扬州是运河"申遗"牵头城市,2014 年中国大运河申遗成功。运河"申遗"将大幅提高运河包括扬州在世界范围内的知名度和美誉度,为扬州水文化产业的发展带来重大机遇。加快建设水文化产业有利于主动策应运河"申遗";上海世博会的召开,加速促成了扬州成为文化产业高地。

水工程文化产业园主要内涵是:扬州水文化产业是以扬州运河和长江扬州段(包括自然风光、历史文化遗址等)为主轴,以邵伯湖、高邮湖、宝应湖和瘦西湖为副中心,以水文化为特征,以旅游、美食、地方工艺等为基础,以古城博览业和文化产业园为依托,以图书报刊业、演出业、影视音像业、动漫业、创意产业等为载体的复合产业。

扬州水工程文化产业园主要定位是:水景观和水工建筑物以及河道岸线景观相结合,水景观和历史文化景观相结合,水文化和古城文化相结合,水文化和文化产业相结合,古代文明和现代文明相结合,具有扬州风格、扬州气派,具有国内领先地位、国际重要影响的水文化产业。

扬州水文化产业园的规划模式是"T"形模式,即轴圈片组合模式。扬州水工程文化产业园功能分区:一轴以长江扬州段和运河自然景观和人文景观带为主轴,形成以运河文化和长江文化为主要特征的综合文化产业,重点建设大江大河自然风光带、文化艺术走廊、文化旅游业、美食业、地方工艺业等。二节点(运河和长江交汇点、南水北调东线源头工程和长江交汇点)形成集中体现江河神韵的文化产业。重点建设江都全国水利著名风景区以及三江营南水北调东线源头工程展示区、瓜洲"春江花月夜"主题公园区，再现"春江花月夜"意境。利用瓜洲古镇、瓜洲闸、古渡等建筑，挖掘其历史文化内涵，体现古代水利和交通枢纽以及古渡新韵的特色。三圈（运河与邵伯湖、运河与高邮湖、运河与宝应湖）扩充运河体量，发展河湖纵深，形成河湖湿地生态文化产业。重点建设宝应湖国家湿地公园、高邮邮驿文化产业、邵伯休闲度假产业等。三片（古运河、古城和瘦西湖），形成以古城为核心，古运河和瘦西湖为两翼，河湖城为一体的水文化产业发展格局。重点建设古城文化博览休闲业、瘦西湖旅游业、古运河文化艺术业和创意文化业。以申遗为手段，坚持保护和开发并举，将古运河、古城和瘦西湖建设成为个性鲜明又互为依托的综合文化产业，充分体现运河发源地、中国文博城的特色。

扬州水文化产业园形态创新表现为：水城主导型、运河影视演艺基地型、生态湿地休闲度假型、动漫创意文化产业型等。引进战略投资者和影视演艺名人，实行影视和演艺联姻的方式，采用"扬州景点、扬州故事、扬州演出、扬州拍摄"，使扬州成为国内一流的影视演艺城。以美食、沐浴为代表的"三把刀"文化，以漆器、玉雕、剪纸等为基础的精湛技艺，以扬剧、清曲、木偶等为内容的文艺表演等积极向沿古运河、沿瘦西湖集聚，形成流动的文化风景线[①]。

扬州玉雕

扬州剪纸

规划案例点评：该规划在读懂地域、历史、文化上下足工夫，使水文化产业园定位准确，特色突出；规划模式逻辑清楚，一轴、二节点、三圈、三片的功能划分合理，涵盖面宽；水文化产业园形态准确，很好地把握了历史文脉的外延。

---

① 刘怀玉，苏迎春，栾虹.扬州水文化产业规划及其产业形态创新[J].江苏商论，2010：146-148.

四、引导对水工程文化的消费

（一）提高文化消费意识

2009年国务院正式出台《文化产业振兴规划》，明确提出，要"扩大文化消费"，"提高文化消费意识，培育新的消费热点。"

水工程文化消费是指人们根据自己的主观意愿，选择文化产品和服务来满足精神需要的消费活动。它的基本特征体现在两个方面：一方面它所满足的是消费主体的精神需要，使主体感到愉悦、满足；另一方面是能有满足主体需要的对象，主要是精神文化产品或精神文化活动，如美丽的风景和感人的艺术品。我们必须不断适应当前城乡居民消费结构的新变化和审美的新需求，创新水工程文化产品和服务，提高水工程文化消费意识，培育新的消费热点。

文化消费与文化产业间存在着双向互动关系。一方面文化消费是文化产业发展的动力和最终目的；另一方面文化产业的发展进一步推动大众文化消费需求和能力的提高。文化消费结构一般划分为文化娱乐型消费和文化教育型消费，其中前者又包括文化娱乐用品消费和文化娱乐服务消费。两类文化消费都有自己独特的地位。目前文化教育型消费大于文化娱乐型消费，而文化教育消费的绝大多数都用于子女消费，成人居民的文化消费支出只占了极少的一部分。

（二）扩大文化消费的方法

（1）提高对文化消费重要性和紧迫性的认识，明确文化消费政策的目标。把文化消费政策纳入文化产业政策，同时把文化消费相关指标纳入文化产业发展规划甚至文化发展规划，并将之作为地方政府考核指标之一。

（2）强化对文化消费的经济政策和经济杠杆调控。针对文化产品和服务消费的不同类型，在市场准入、税收、税率等政策方面区别对待，比如对需鼓励的高层次、高质量的消费品，可降低税率、利率，否则，进行相反调节。

（3）培育和扩大新的消费增长点，提高热点文化消费项目的比重。对目前居民最热衷的文化消费项目进行挖掘，提升其内涵、层次和服务质量，扩大服务范围，从中培育出新的消费增长点。例如重点发展旅游消费。

（4）加强文化消费市场的制度建设。要降低市场准入标准，兴办中小型文化企业和个人工作室，以满足不同层次居民不同领域的文化需求。文化主管部门应积极维护文化消费市场的正常秩序，避免"越位"和"缺位"现象，为不同所有制企业营造一个公平、公正、透明的体制和政策环境。

（5）制定和完善文化消费相关的法律法规体系。按照消费者权益法制定文化产品和服务的消费法规，使消费者文化消费权益得到法律保护。有关这方面的法规可以包括：对文化产品的检验标准、根据大众的消费水平制定文化消费标准、严格区分娱乐业和高雅文化并制定相应的税收政策等。对文化产业市场行为应随着文化产业市场准入的进一步开放加强规范化和法制化。

（6）引导确定合理的文化消费品价格。一方面可以通过政府宏观调控的方式，对需重点培育的文化产业尤其是服务性文化产业进行倾斜性支持，降低居民基本发展需要的文化产品及服务价格；另一方面还应降低文化产品的流通和管理成本，规范文化产品的价格体系，降低文化消费门槛。

（7）以惠及文化民生的高度，消除城乡、地区和不同收入户之间过大的文化消费差异，实现文化消费的均衡、协调发展。对低收入和特殊人群，可以进行文化消费补助。2006年国家"十一五"文化发展规划纲要提出了"文化低保"的概念，宁波积极响应。对低保户和外来务工人员。持卡人能免费在规定的次数内，观看电影、戏曲和参观博物馆（现在全国大多数博物馆均已免费开放），免费参加技能培训，以及优惠购书等。

五、携手旅游业共同发展

水旅游是传播水工程文化的重要途径，是其他媒介传播方式所不能比拟的。水旅游经济是水工程文化产业的典型要素，发展前景十分广阔。水工程旅游经济是其他任何旅游经济所无法替代的，具有自身的特点和优势。水旅游看什么？看工程，看水景，看文化，这些涉及到的都是现代水工程的精神功能。

（一）水工程应成为旅游产品

水工程文化旅游，关键是如何将水旅游的资源优势转化为水旅游的资产优势，进而转化成水旅游的资本优势，要注重开发新的旅游项目，并且不断地注入现代水文化内涵和科技含量，这样才能成为吸引游客的旅游产品。

水工程旅游是旅游产业不可或缺的组成部分，水旅游已成为水文化产业极其重要的经济增长点，充分利用文化资源，发挥文化资源的优势是发展水旅游的关键因素。从文化的视野看，水工程是水旅游的基础，水景观是水旅游的视点，而水文化则是水旅游的灵魂。水工程足以引人，水景观足以动人，水文化足以度人。

思想工作中有句行话:"无水平的讲道理,有水平的讲故事"。水工建筑是语言、是符号,建筑的构形、建筑系列的组合,应该有一个主题,设计者总要告诉人们一些东西,这就是故事。故事就要有人物、场景、情节。建筑可以拟人化,有各自的表情语言和性格,这就是人物;场景可以通过空间的分解、围合来实现;情节可以通过建筑在空间中的联系、变换来实现。

故事讲得浅才能抓住人,让人觉得工程有品位,使人读得懂;故事讲得好,才能感动人,使人过目难忘;故事讲得深,才能使工程有看头、内容有想头,使参观者成为回头客,这次没看懂,下次再来看,再来细细品味,总之故事要讲得言简意赅,有穿透力。

(二)打造独具特色的都市河流旅游观光带

有河流的城市,应形成以河流为轴线,以老城民俗旅游区、中心商贸旅游区、会展商务休闲旅游区和个性风貌旅游区为版块的都市观光主体区域。按照繁荣两岸、活跃水面、上下延伸、水陆结合、综合开发、分步实施的原则,突出历史文化、城市发展、环保生态、休闲娱乐四大旅游主题,优化配置水体景观、建筑景观、文化景观、园林景观、夜景景观和舟船景观,开发循环贯通的水路游览线,延伸多个陆域旅游圈,建设传承城市文脉、包蕴地域风情、展现都市繁华的城市名河核心旅游产业带。

(三)加快发展滨海旅游

要加快发展滨海观光度假旅游区,要以海洋、古海岸、古湿地、地热为资源基础,以海岸为主线,以港湾为中心向两侧延伸,建设亲海休闲黄金海岸。大力发展以海洋生态、海防文化、海滨风情、亲海娱乐、滨海新貌为特色主题的都市滨海大旅游,开发环海豪华游轮航线,做大、做足海的文章。

(四)目前水工程旅游存在的不足之处

目前水旅游已成为热潮,但在水旅游开发过程中对于水文化资源的发掘和运用并不充分,对于水工程文化的运用更是仅限于单纯的水智能文化和水精神文化(文学作品,诗词歌赋)的展示,对于其他类型的水工程文化形态利用相对比较少。

1. 水工程文化未被足够重视

未来的旅游者对旅游产品的文化内涵甚为重视,旅游者的文化层次将越来越高,文化审美要求也将越来越高,没有文化氛围的旅游产品将很难吸引到游客。因此,加强旅游地的文化研究,提升产品的文化品位就显得尤为重要。

目前存在的主要问题是：旅游业者不了解本地区究竟有多少水文化资源，对已有的文化资源缺乏深度发掘和利用，对本地区丰富的水文化类型利用的比较少，有些虽有开发，也是表面开发，没有将之与有联系的文化内容容纳进去。

郑国渠

例如郑国渠水利风景区，具有独特的水文化资源，不仅有郑国渠遗址，先后历经汉代的白公渠、唐代的三白渠、宋代的丰利渠、元代的王御史渠、明代的广惠渠和通济渠、清代的龙洞渠等历代渠道。其景观具有唯一性，问题是如何开发这些水文化资源，打造水旅游的品牌？目前所存宋、元引水枢纽遗址，仅作沿河长廊，各遗址基本未做详细说明，如宋、元进水闸底板高差、距离等参数都可作介绍，使游览者一目了然；为此，该风景区应加强考古，发掘出汉、唐、明、清枢纽遗址，使景区真正成为这一古代水工程的水利史博物馆；加强文脉的发掘与展示，树立每一时期水利代表人物塑像，同时期的水利诗词、治水和生活画面，或刻在岩石上，或立雕刻石板于侧；像《汉书·沟洫志》所载民谣："田于何所？池阳谷口。郑国在前，白渠起后。举臿为云，决渠为雨。泾水一石，其泥数斗，且溉且粪，长我禾黍，衣食京师，亿万之口"，可请国内知名书法家书写，立于显赫处，有提纲挈领之妙。长廊外侧，因河床下切，泾河底怪石林立，是不可多得的文化资源，可仿黄山奇石，发挥神似、形似的想象力，沿途命名，对游客进行引导，先入为主，这样就可平添不少胜景。

2. 水工程文化展示手段比较单一

目前涉及水工程的游览区，主要展示手段多为游览和观光，游客只能停留在一些诸如坐船、漂流和观水、玩水的旅游项目之上。另外，对于一些水精神文化，开发较多的仅是一些静态的展示，如石碑诗文等，比较枯燥呆板。

将水工程文化资源转化成为可视、可听、可感、可娱的水工程文化产品是今后水工程文化开发的重点之一。第一要使文化载体充实文化的灵魂；第二要让没有载体的非物质性文化获得恰当的表现形式；第三要对粗放利用的水文化资源充实和强化文化内涵；第四要将水文化旅游开发与自然基地开发进行有机融合；第五在一般静态展示基础上，运用现代视听技术，使水文化旅游产品动态化、可参与；第六加强解说系统的建设，专业性和普及性并重，提高水工程文化产品的可读性。

文化与科技创新的互动是近代文明演进的主旋律。建立水文化博物馆，宏扬水精神文化；水工程文化博物馆如果能将古今中外、各个朝代这些水工程文化人文遗产用诗词歌赋、书法、绘画、音乐等形式展现出来，游客不仅可以得到美的体验，还可以领略到水文化的博大精深。建立水利设施展览馆，展示水物质文化；开发涉水民俗旅游，展现民俗水文化，泼水节、放水节、祭水节、会船节、节水节、端午节龙舟竞赛等节日及活动可以丰富水旅游的产品类型，解决旅游产品单调呆板的问题。

杭州中国水利博物馆

另外，还可以以文字的手段向游客展示泉、湖、冰川的形成过程，以图片的形式来展现多姿多态的地表水，以模型的形式来演示水循环过程，以照片的形式展现触目惊心的水污染等，这种方式集观赏性与教育性为一体，可以针对中小学生游客群体来开发，使大家在领略水资源神奇奥秘的同时，提高人们的环境保护意识。

参考文献

[1] 刘冠美.水工美学概论［M］.北京：中国水利水电出版社，2006.

[2] 董文虎，刘冠美.水工程文化内涵与品味的提升途径［M］.苏州：苏州大学出版社，2011.

[3] 董文虎.乐水集［M］.苏州：苏州大学出版社，2011.

[4] 刘明武.黄帝文化与皇帝文化［M］.深圳：海天出版社，2010.

[5] 郑华敏.浅析城市湖泊景观构成要素［J］.武夷学院学报，2010：81.

[6] 李晓华，等.全国水利风景区建设管理与水文化论坛论文集［C］.2010.